国家社科基金青年项目"杨慎与中晚明考据学群体研究"（17CZW027）最终成果

"十四五"江苏省重点学科——江苏第二师范学院中国语言文学学科建设成果

江苏第二师范学院学术著作出版资助项目成果

杨慎与中晚明
考据学群体研究

朱仙林 著

中国社会科学出版社

图书在版编目（CIP）数据

杨慎与中晚明考据学群体研究／朱仙林著. -- 北京：中国社会科学出版社，2025.8. -- ISBN 978-7-5227-5326-3

Ⅰ.K825.6；K092.48

中国国家版本馆CIP数据核字第20257NV735号

出版人	季为民
责任编辑	刘志兵
责任校对	李　锦
责任印制	李寡寡

出　版		中国社会科学出版社
社　址		北京鼓楼西大街甲158号
邮　编		100720
网　址		http://www.csspw.cn
发行部		010-84083685
门市部		010-84029450
经　销		新华书店及其他书店
印　刷		北京明恒达印务有限公司
装　订		廊坊市广阳区广增装订厂
版　次		2025年8月第1版
印　次		2025年8月第1次印刷
开　本		710×1000　1/16
印　张		25.25
插　页		2
字　数		377千字
定　价		136.00元

凡购买中国社会科学出版社图书，如有质量问题请与本社营销中心联系调换
电话：010-84083683
版权所有　侵权必究

序

　　仙林在《罗泌〈路史〉文献学及神话学研究》问世不久，既而又完成《杨慎与中晚明考据学群体研究》，这是一部考据学断代史研究的专书，作者系统地从明代典籍中爬梳抉剔，搜寻出大量的实例，证明了杨慎及中晚明在考据学史上的作用和地位，也为深入研究打下了基础，实在可喜可贺。

　　考据学作为一门学问，兴起于何时，一直是个有争议的问题，各种异说无须一一列举，即以近代三位著名学者的观点来看，也各自不同。影响最大的为梁启超，认为考据学兴起于清。他在《清代学术概论》中说："有清一代学术，可纪者不少，其卓然成一潮流，带有时代运动的色彩者，在前半期为'考证学'，在后半期为'今文学'，而今文学又实从考证学衍生而来。"（见《清代学术概论》卷首《自序》）并言顾亭林是清代考据学开山之祖。其次为钱穆据焦里堂、方以智之说，主张考据学兴起于明。他批评梁启超误把陈第的话当作顾炎武之说，指出"亭林之治古音，乃承陈第季立之遗绪"，"序清儒考证之学，亦谓沿明中叶杨慎诸人而来，不自谓由清世开辟也"（见《中国近三百年学术史》第四章《顾亭林》），肯定了杨慎在考据学史上的作用。再次为张舜徽，他据皮锡瑞刊于《湘报类纂》乙集第四次讲义，主张考据学"始于宋儒"。皮锡瑞说："汉学出自汉儒，人皆知之；汉学出自宋儒，人多不知。国朝治汉学者，考据一家，校勘一家，目录一家，金石一家，辑搜古书一家，皆由宋儒启之。宋以前著书讲考据者，如《颜氏家训》《匡谬正俗》之类甚少。至宋，此类书极多。《容斋五笔》《困学纪闻》《考古质疑》《能改斋漫录》《学林》之类,指不胜屈,是考据一家始于宋儒也。"张氏还写了不少短文推介这个观点(见《学林脞录》)。我读杨慎书时,也深有同感。杨慎虽常批评宋人,尤其是朱子,但他的治学思想和研究方式却深受宋人和朱熹的影响,《升庵经说序》、《卮言序》引程颐语、《丹铅总录·郑玄解经有不通处》引朱熹语,即为明证。他的考据条目有许多来自宋人的学术笔记,也充分证明这一点,其间的学术渊源是清晰可见的。

近人或将考据学史分为萌芽期、发展期和兴盛期三大段,明中后期是个重要的过渡阶段,明人在考据学上做出了哪些贡献,"正杨""翼杨"的学术辩论起了什么作用,考据、校勘、辑佚、金石诸分支由宋及清如何演化等,都是值得进一步研究的。因受明代"学术空疏"偏见的影响,此等研究常被忽视。现在有了大量实证,就可进一步加以梳理,分别不同门类,揭示其上下传承的线索,说明其源流,以推动考据学研究的进一步发展。仙林新著《杨慎与中晚明考据学群体研究》,以问题为导向,围绕杨慎及其考据学著作在中晚明学者间的传播及影响,对上述系列问题做了较为深入的探索,补上了此前常被人忽视的细节,提供了丰富的第一手史料,为进一步的研究打下了坚实的基础,实有功焉。

我与仙林先后供职于南京一所高校,因学有同好而结识。南京是明代的留都,明成祖迁都北京后,仍置官留守,人文荟萃,是江南的一个文化中心。明万历年间,南京出了一个焦状元——著名学者焦竑,是杨慎的"崇拜者",爱读杨慎的书,相交的许多朋友,也都景仰杨慎,有相同的志趣,南京遂成了杨慎研究的第二中心。第一中心在成都,主要人员为四川地方官和新都的家族,他们侧重收集杨慎的诗文创作,编辑、刊印杨慎的文集、遗集等。南京多为学者,侧重搜集刊印杨慎考据性及古音学的著作,研究成果简言之有三项:

一是搜集、编辑、刊印《升庵外集》。

杨慎是明代著名学者,以博洽闻于当世,著述为明代第一,是一个在学术上卓有建树和开风气的人。杨慎逝世时,焦竑方二十岁,服膺其学,爱读杨慎的书,毕生致力于杨慎著作的搜集。顾起元说:

"澹园生平读其书而好之，凡所为阅而不传者，广为搜辑，聚于帐中。"杨慎逝后，其书多散落，焦竑"购之数十年"，仍有"不及闻者"。"曹能始观察入蜀"，又"托以访求"，"复得如干种以寄"。搜罗之富，当世无匹。他将杨慎的著作分为三类：诗文十五种，为正集；选辑批评成书者八十三种，为杂集；考证论议者三十八种，为外集。杨慎著述多为偏部短记，互有重叠。编辑时，异者疏之，同者合之，复者删之，疑者阙之，误者正之。"一部之中，别之以类；一类之内，辨之以目"（见顾起元《升庵外集序》），使之成为一部便于阅读的书。编辑由同乡叶循甫、豫章王曰常协助，刻印由顾起元、汪焕负责，校对由顾起元（四十六卷）、周达（十八卷）、吴良辅（二卷）、汪煇（八卷）、桂有根（二卷）分担，十分严谨、认真。正文中还添加了不少夹注，内容有的为引文，有的是纠谬，有的"引述陈耀文、胡应麟等人的批评"，不知为何人所加。全书一百卷，大抵杨慎考证著作尽收其中。其中许多考证辩论，多所发明，亦足资参考。顾起元在序中说："新都立言，已悬日月，寥寥一代，几见斯人"，"升庵之不朽……何幸而得澹园先生，为之表彰于后世哉"（见《升庵外集序》），高度肯定了焦竑收集、保存杨慎遗作之功。这部书《四库全书》未收，有万历四十四年刻本，崇祯十一年翻刻本，清道光新都刻本。

二是陈第古音学论著的问世。

古音学是考据学中的一支，汉唐注疏已开其端，宋吴棫《韵补》始有成编。因古韵久不传，后人读古诗悉谓之叶韵。朱熹注《诗经》《楚辞》尽从其说，云"叶某某反""与某叶"。嘉靖九年（1530），杨慎流放云南，与李元阳同游点苍山，夜宿感通寺，闻寺僧读反切、诵等字（同音字），应李元阳之请，著《转注古音略》。所谓转注，即转读、转声。后在《答李仁夫论转注书》中还说："转注也，古音也，一也非二也。"（见《明文海》卷一七五）相继又作《古音丛目》《古音猎要》《古音骈字》《古音余》等，遂启清人考订古韵之先河。

陈第是明代一位军事家和古韵学家。年轻时投笔从戎，驻守边陲。四十二岁辞官归乡。少年时受诗家庭，其父木山公不信叶音说，期望他毋忘父望，日后有悟，能著一书。因而陈第归里后，一心研究古音学，久之豁然自信。万历二十九年（1601），他读到焦竑的《古诗无叶音》（见《焦氏笔乘》卷三），喜遇知音，并受到很大鼓舞，听说金陵焦家藏书极富，遂于万历三十二年，亲往南京访问焦竑，二人谈经说史，一见如故，此后陈第常常居焦宅，借阅焦竑藏书，完成了《毛诗古音考》，前后约五年之久，于万历四十二年，又撰就《屈宋古音义》。这是两部里程碑式的重要著作，焦竑在陈第写作过程中，不仅"假以诸韵书"（包括杨慎之作），提供种种帮助；书成之后，"又为补其未备，正其音切"。（见《毛诗古音考跋》）还为二书写序书跋，亲为谋划，刊印于金陵，实大有功于陈第古音学之研究。陈第十分感激，曾写诗说："毛诗本古韵，自少闻趋庭。晚逢焦太史，即可诸心灵。"（《寄心集》卷一《毛诗古音考咏》）又说："著书原自写吾心，不向何人解赏音。偶值金陵焦太史，却将字字比南金。"（《寄心集》卷一《知己咏》）可见古音学研究取得突破中焦竑之功。

三是李贽著《读升庵集》和《杨慎年谱》。

李贽为明代思想界怪杰。自幼家贫，二十二岁中秀才，二十六岁中举人，做过几任小官，万历中升任云南姚安知府。又自辞官去任，剃发出家，寄寓佛寺，聚众讲学，他的思想行为被视为异端，遭受迫害下狱，以剃刀断喉，自刎而死。

李贽两度为官南京，一次在嘉靖三十八年（1559），任国子监教官；一次在隆庆四年（1570），任刑部员外郎。李贽与焦竑于隆庆四年订交，自此书信来往频繁。万历二十六年（1598），焦竑罢官，回到南京，李贽还一度住在焦竑家里，共同生活了一段时光，一起进行《易因》的研究。李贽利用焦竑的藏书，进行著述，其中也包括编辑杨慎年谱。

李贽景仰杨慎，在《读升庵集》中说："吁！先生人品如此，道德如此，才望如此，而终身不得一试……有矮子者从风吹声，以先生但可谓博学人焉，尤可笑矣。"（见《焚书》卷五）他反对仅从博学评价杨慎，在《与方切庵》信中说："升庵先生固是才学卓越，人品俊伟。……岷江不出人则已，一出人则为李谪仙、苏坡仙、杨戌仙，为唐宋并我朝特出，可怪也哉！"（见《续焚书》卷一）他把杨慎与李白、苏轼并列，称他们为"仙"，认为是绝世之才，足以流芳百世，其评可谓高矣。

杨慎去世后，至万历年间，著述已多散佚，李贽读杨慎书时，欲求其生卒之年月竟不得，因而"欲考其生卒始末，履历之详，如昔人所谓年谱者，时时置几案间，俨然如游其门，蹑而从之"（见《读杨慎集》）。他给杨慎编的年谱，即《续藏书》卷二六中的《修撰杨公》。杨慎最早的年谱，为友人简绍芳所编，陈文烛于杨慎殁后十八年，过新都时偶得之于友人朱秉器家（见程封《改辑杨文宪升庵先生年谱书后》）。朱秉器与简绍芳为同乡，当得之于简。二谱小异，疑系李贽转录自简谱，略加改动而已。这不仅表现了李贽对杨慎的崇敬，也反映出他推崇杨慎的急切心情。

李贽在南京时，利用焦竑的藏书，研读杨慎的著作，写了《读升庵集》，选录集中三十篇作品进行了考证和评说，如《钟馗即终葵》考证钟馗是否实有其人，《李白诗题辞》考证李白的籍贯等，这不仅可扩大杨慎著述的影响，亦可加深对原作的理解。

我和仙林供职的学校，在南京城西清凉山余脉石头城（又名鬼脸城）畔，清凉山上的崇正书院就是焦竑年轻时读书讲学的地方，东去不远同仁街焦状元巷，为焦竑故居和藏书楼所在，焦竑与李贽、陈第等尝出入其间，读书论学其中。这一带的土地上，留下了他们许多足迹。四百多年后，我们又在同一空间，沿着他们的足迹研读杨慎，这既是学术缘分，也是学术继承。

杨慎生前与南京也有过一段缘。晚年在江阳时，曾将自己的画像寄赠南京友人朱曰藩。朱曰藩时为南京主事，收到画像后，于嘉靖三十八年（1559）正月初七，邀集杨慎在南京的友人，"悬用修画像于寓斋，焚以东官香，荐以阳羡茶"（见《明诗综》卷四八《朱曰藩》）。参加的人有顾应祥、何良俊、文伯仁、盛时泰等八人，瞻仰后并各赋诗一首寄杨慎，表达对他的怀念和敬仰（见《山带阁集》卷三一《人日草堂诗引》）。然诗至云南，杨慎已逝，令人无限怅惘。

李贽把杨慎与李白、苏轼并列，学界对三人的研究，相比之下，杨慎远不及李、苏。杨慎著作多，又是个开风气的人，考据学仅是一个方面，其他方面尚有待我们从不同角度进一步开掘。仙林的《杨慎与中晚明考据学群体研究》即将付梓，索序于我，是为序。

丰家骅

二〇二四年七月

（丰家骅：原江苏教育学院中文系教授，著有《杨慎评传》《丹铅总录校证》等）

目　录

绪论　杨慎研究述评及展望 …………………………………………（1）

第一章　经学·书籍·杨慎：明代考据学的逆势成长 …………（16）
　第一节　经学背景下的明代考据学 ………………………………（17）
　第二节　书籍文化视域下的明代考据学 …………………………（33）
　第三节　杨慎的异军突起与明代考据学 …………………………（48）

第二章　杨慎与中晚明考据学群体的形成 ……………………（66）
　第一节　明代考据学群体意识的觉醒 ……………………………（66）
　第二节　中晚明考据学群体的成员构成 …………………………（78）
　第三节　结论 ……………………………………………………（100）

第三章　杨慎与中晚明经学考据群体 …………………………（102）
　第一节　"求朱子以前六经"与杨慎的经学考据 ………………（103）
　第二节　杨慎影响下的中晚明经学考据群体 …………………（122）

第四章　杨慎与中晚明史学考据群体 …………………………（195）
　第一节　抉隐探微与杨慎的史学考据 …………………………（195）
　第二节　杨慎影响下的中晚明史学考据群体 …………………（213）

第五章 杨慎与中晚明子学考据群体 …………………………（248）
  第一节 子学复兴与杨慎的子学考据 ……………………（249）
  第二节 杨慎影响下的中晚明子学考据群体 ……………（261）

第六章 杨慎与中晚明文学考据群体 …………………………（278）
  第一节 稽古博文与杨慎的文学考据 ……………………（278）
  第二节 杨慎影响下的中晚明文学考据群体 ……………（299）

结语 ……………………………………………………………（317）

附录一 杨慎研究论著目录续补
   ——以 2005—2017 年中国内地为中心 …………（320）

附录二 杨慎研究论著目录再续补（2018 年 1 月—
   2023 年 7 月） ………………………………………（350）

参考文献 ………………………………………………………（363）

后记 ……………………………………………………………（392）

绪论　杨慎研究述评及展望

杨慎是明代最负盛名的学者之一，所涉猎的学术领域涵括传统的经史子集，且多有创获，故于中晚明学术进程有广泛而深刻的影响。对杨慎学术的研究，自20世纪80年代以来，已逐渐成为学界研究的焦点。特别最近十多年，伴随研究者数量的增加，研究方法和研究角度的渐次多样，杨慎研究更已成为明代学术研究中最具活力的领域之一。据笔者统计，从2005年初到2017年底，学界对杨慎学术的研究呈现"井喷式"发展，共得单篇论文279篇，硕士、博士学位论文56部，各类著作18部，国家社科基金项目2项。[①] 本绪论即试图借助对上述统计资料的深入分析，梳理十多年间学界对杨慎研究的优势与不足，并以此为基础，结合笔者相关思考，对今后的杨慎研究试做展望，以此作为本书研究的开始。

一　杨慎研究现状述评

若对上述统计结果进行分析，排除那些非学术性的研究成果，十

[①] 详细统计资料，请参阅本书附录一《杨慎研究论著目录续补——以2005—2017年中国内地为中心》，此文已刊载于《中国文哲研究通讯》2018年第28卷第3期。而截至2004年底的杨慎研究现状，已有林庆彰、贾顺先的《杨慎研究论著目录》（《中国文哲研究通讯》1992年第2卷第4期）、侯美珍的《杨慎研究论著目录续编》（《中国文哲研究通讯》1995年第5卷第2期）、李勤合的《杨慎研究论著目录增补》（《中国文哲研究通讯》2005年第15卷第2期）三文进行了详细考察和著录，敬请查阅。另需说明的是，2018年1月至2023年7月的杨慎研究的最新成果，未在此部分一一评述，但已作为附录二《杨慎研究论著目录再续补》置于书末，其中与本书所讨论的内容密切相关者，均已在书内加以引述。

多年间关于杨慎的研究论著及论文可大致分为以下五大类:

1. 综合研究。此方面的研究成果虽不多,却给相关研究者提供了丰富的资料,为深入研究打下了基础。如倪宗新所撰杨慎年谱,较为详尽地记述了杨慎的家世情况、生平事迹、文学活动、书法创作以及对后世的影响,为深入研究杨慎及其学术积累了丰富的资料。① 但限于条件,书中对某些问题的讨论仍然存在疏漏,需要进一步挖掘材料进行补充。② 蒋怀洲所编《杨慎传》则尝试沿着杨慎一生的生命脉络,梳理杨慎发配云南期间诸多鲜为人知的细节,取得一定成绩;但该书在材料的运用和写作的技巧上却存在不小的问题。③ 王镱容从文学与文化传播角度入手,探究杨慎其人其文远传广播的原因;同时也处理杨慎其文的读者反应议题,借由正反两方如李卓吾、谢肇淛、考据学群等对杨慎的阅读、理解、评论,重新检视此一文化与文学接受现象;其文是近年来讨论杨慎学术较有新意的一篇文章。④ 姜晓霞通过研究指出,杨慎贬谪云南,虽是杨慎之不幸,但其寓滇三十余年,却结交了张含、李元阳、杨士云、王廷表、胡廷禄、唐锜、吴懋、董难等云南名士,即所谓"杨门诸子"。诸子与中原文士的交流,尤其是与杨慎的交游和相互砥砺,造就了文学在云南的兴盛。⑤ 刘辉亮则讨论了新都杨氏家族的发展历程和兴衰起伏,讨论虽不够全面,但能为我们了解杨慎家族的基本情况提供必要的说明。⑥

2. 生平交游。此方面为历来研究者所瞩目,研究成果较为丰富,但限于材料,仍存在不少有争论之处。如关于杨慎卒年卒地问题,此前因材料的缘故未能得到合理解答。而在 2006 年先后有丰家骅、董运来利用《明文海》卷四三四所载游居敬《翰林修撰升庵杨公墓志铭》,

---

① 倪宗新:《杨升庵年谱》,中央文献出版社 2013 年版。
② 吕红光:《〈杨升庵年谱〉补正——以新发现的哈佛大学藏书馆资料为依据》,《浙江树人大学学报》(人文社会科学版) 2017 年第 2 期。
③ 蒋怀洲编:《杨慎传》,云南美术出版社 2014 年版。
④ 王镱容:《知识生产与文化传播——新论杨慎》,博士学位论文,"中央大学",2014 年。此博士论文已于 2018 年由花木兰文化事业有限公司出版。
⑤ 姜晓霞:《杨慎与杨门诸子研究》,复旦大学出版社 2015 年版。
⑥ 刘辉亮:《明代新都杨氏家族研究》,硕士学位论文,西华师范大学,2016 年。

得出杨慎于嘉靖三十八年（1559）七月六日卒于昆明高峣寓所的结论。① 此结论的提出虽一度受到质疑②，但最新的研究成果再次证明游文所载杨慎卒年的结论可信。③ 关于此问题，自 20 世纪 80 年代初张增祺提出不同意见以来④，已有众多学者参与讨论，经过三十余年的反复辩难，研究者不仅对此问题有更具体的认知，且通过对此问题的讨论，既掌握了大量相关材料，也挖掘出诸多此前不为人知的杨慎本人、家族及其学术的细节，为全面深入的讨论提供了资料储备。又如关于杨慎交游问题，经过研究者的不懈努力，进一步梳理和讨论了杨慎与刘大谟、张含、曾玙、李元阳、张佳胤等人的交游情况。⑤ 而关于杨慎交游的综合研究，则有蒋乾在前人研究成果基础上所做的相关研究。蒋氏围绕杨慎谪滇时期的行踪与交游进行考述，进而讨论了杨慎交游活动成果和杨慎旅迹交游对云南当时及后世的影响。⑥

3. 文献整理与研究。此项研究主要包括以下三个方面的内容：（1）文献真伪。任何坚实可靠结论的获得，必定要建立在可信材料的基础上，尤其是"明世记诵之博，著作之富"，推为第一的杨慎⑦，因其存世著作众多，且真伪杂糅，故在利用时更需要进行严格审查。如张仲谋就注意到杨慎《词品》存在因袭前人著述的现象⑧，而朱志先也观察到明末张燧的《千百年眼》存在因袭杨慎《升庵集》处，并对其因袭缘由进行了分析⑨，因此在利用两书时要注意辨析。王亦旻、

---

① 丰家骅：《杨慎卒年卒地新证》，《南京师范大学文学院学报》2006 年第 2 期；董运来：《杨慎卒年卒地新考》，《图书馆杂志》2006 年第 6 期。
② 邓新跃：《杨慎卒年新考》，《成都大学学报》（社会科学版）2007 年第 3 期。
③ 周雪根：《杨慎卒年卒地再证》，《贵州文史丛刊》2016 年第 3 期。
④ 张增祺：《有关杨慎生平年代的订正》，《昆明师院学报》（哲学社会科学版）1980 年第 1 期。
⑤ 杨钊：《杨慎与刘大谟交游考》，《中华文化论坛》2014 年第 12 期；李宇舟：《张含与杨慎之交游及唱酬研究》，硕士学位论文，云南大学，2012 年；杨钊：《杨慎、曾玙交游考》，《文艺评论》2014 年第 4 期；刘辉亮：《杨慎与李元阳交游考》，《文艺评论》2015 年第 12 期；杨钊：《杨慎张佳胤交游考》，《北方论丛》2008 年第 2 期。
⑥ 蒋乾：《杨慎谪滇时期旅迹交游研究（1524—1559）》，硕士学位论文，云南大学，2015 年。
⑦ 《明史》卷 192《杨慎传》，（清）张廷玉等撰（后略），中华书局 1974 年版，第 5083 页。
⑧ 张仲谋：《杨慎〈词品〉因袭前人著述考》，《古籍整理研究学刊》2008 年第 4 期。
⑨ 朱志先：《张燧〈千百年眼〉因袭杨慎〈升庵集〉考论》，《古籍整理研究学刊》2011 年第 1 期。

朱国伟分别讨论了杨慎《行书禹碑考证卷》[①]《汉杂事秘辛》[②]的真伪问题,为我们利用相关材料提供了参照。此外,关于杨慎所编词选《百琲明珠》的真伪,张仲谋曾提出疑问[③],后经朱志远据相关文献进行的详细考辨,得出该书并非伪书,其"价值与意义有待重新认识和评价"[④]的结论。(2)文献整理。杨慎著作众多,刻本质量参差,故对其著作进行全面整理显得十分必要。如王大厚[⑤]、岳淑珍[⑥]、王大淳[⑦]、丰家骅[⑧]等,就分别对《升庵诗话》《词品》《丹铅总录》进行了整理,极便利用。而2014年雷磊教授获批的国家社科基金重大项目"《杨慎全集》整理与研究"(编号14ZDB075),更是对此需求的全面回应。此项目的完成,将是对杨慎相关资料的一次较为彻底的搜寻和整理,无疑能够提供给我们一份全面的杨慎资料,极大地推动杨慎研究向深度和广度两方面拓展。当然,整理著作,考察版本是前提,因此学界也对杨慎著作的版本问题进行了初步考察,如付建荣对杨慎《俗言》成书问题的考察[⑨],王永波对《升庵文集》版本源流的梳理[⑩],赵永康对《廿一史弹词》版本源流及蜀中流布的考辨[⑪],罗超华对《全蜀艺文志》版本及流传的考察[⑫],就是其中的代表。(3)文献考论。对文本真伪进行考察,且对文本进行全面整理后,文献的全面研究才能得以顺利进行。但限于杨慎著作的全面整理尚未完成,故相

[①] 王亦旻:《杨慎〈行书禹碑考证卷〉真伪考辨及文献价值》,《文物》2010年第5期。
[②] 朱国伟:《"〈汉杂事秘辛〉明杨慎作伪说"考辨》,《明清小说研究》2012年第3期。
[③] 张仲谋:《明词史》,人民文学出版社2002年版,第125页。
[④] 朱志远:《万历本〈百琲明珠〉非伪作辨考——兼论杨慎〈词品〉与〈百琲明珠〉的承传关系》,《文献》2016年第1期。
[⑤] (明)杨慎撰,王大厚笺证:《升庵诗话新笺证》,中华书局2008年版。
[⑥] 岳淑珍校注:《杨慎词品校注》,中州古籍出版社2013年版。
[⑦] (明)杨慎撰,王大淳笺证:《丹铅总录笺证》,浙江古籍出版社2013年版。
[⑧] (明)杨慎撰,丰家骅校证:《丹铅总录校证》,中华书局2019年版。
[⑨] 付建荣:《杨慎〈俗言〉成书考》,《图书馆杂志》2012年第3期。
[⑩] 王永波:《〈升庵文集〉版本源流考》,《古籍整理研究学刊》2012年第6期。
[⑪] 赵永康:《〈杨慎廿一史弹词〉考——兼析版本源流与蜀中流布》,《中华文化论坛》2014年第12期。
[⑫] 罗超华:《杨慎〈全蜀艺文志〉版本及流传考略》,《重庆邮电大学学报》(社会科学版)2015年第1期。

关研究还有待继续加强。现有的研究成果，如郭素红对杨慎经学诠释特点的阐释①，高小慧利用《升庵诗话》对杨慎考据诗学的分析②，雷磊对杨慎古音学源流进行的考察③，李晓宇对杨慎与明代巴蜀史学博雅考据之风兴起原因的讨论④，郭伟玲对杨慎图书编撰学思想的分析⑤，张祝平对杨慎等人的考据学对贬宋论的推衍的考察⑥，皮晓霞对杨慎的编辑思想及其在中国古籍编撰史上的地位的总结⑦，韩慧清对杨慎的文献学理论与实践的钩稽和阐释⑧，均是其中的代表。

4. 史学成就。杨慎在史学方面的成绩，主要是其贬谪云南之后完成的。就目前的研究现状而言，此方面的研究成果相对较少，还有待于继续深入挖掘。如杨钊对《升庵文集》失载的杨慎佚文《明故待封君南溧张公墓志铭》进行的全面考释，就为此后利用该文进行相关研究提供了帮助。⑨ 田勤耘和牟哲勤指出，在明代中期多数论者提倡"封建"之际，杨慎却能在对当时社会现实进行深刻揭露和评判的基础上，坚决反对"封建"，支持郡县，为维护祖国统一做出了贡献。⑩ 安琪对杨慎贬谪云南期间编著的《滇载记》和《南诏野史》两部滇史进行了系统分析，指出两书是一个介乎史学和文学之间的异例，是贬谪文人在边疆的地域空间中，凭借野史这一相对边缘的史学文类，来对中央与地方、正统与僭伪、华夏与夷狄的关系进行思考、书写与想象的独特文本，为后人提供了一个考察明代整体思想史图景的独特

---

① 郭素红：《论杨慎经学诠释的特点》，《兰州学刊》2006年第10期；《论明中期经学对宋学的反动——以杨慎对经学的阐释为中心》，《清华大学学报》（哲学社会科学版）2009年第6期。
② 高小慧：《杨慎〈升庵诗话〉及其考据诗学》，《郑州大学学报》（哲学社会科学版）2013年第4期。
③ 雷磊：《杨慎古音学源流考辨》，《湘潭大学学报》（哲学社会科学版）2007年第6期。
④ 李晓宇：《杨慎与明代巴蜀史学的博雅考据之风》，《蜀学》第11辑，巴蜀书社2016年版。
⑤ 郭伟玲：《杨慎与图书编撰学》，《四川图书馆学报》2005年第4期。
⑥ 张祝平：《杨慎、顾炎武考据学对贬宋论的推衍》，《广西社会科学》2011年第1期。
⑦ 皮晓霞：《杨慎的编辑思想及其在中国古籍编撰史上的地位》，《宁波大学学报》（人文科学版）2015年第5期。
⑧ 韩慧清：《杨慎的文献学理论与实践》，《图书馆学刊》2015年第10期。
⑨ 杨钊：《杨慎〈明故待封君南溧张公墓志铭〉考》，《文献》2008年第4期。
⑩ 田勤耘、牟哲勤：《杨慎"封建论"发微》，《湖北社会科学》2013年第9期。

视角。①

5. 文学成就。杨慎在诗词曲等文学领域成就巨大，故吸引了学界广泛关注，若就研究成果的数量上言，几乎占了十多年间所有研究成果的一半；若就研究的深度和取得的成绩言，不仅发表了多篇极具分量的研究论文，还出版了多部有影响的专著。相关成果如：（1）杨慎与杜诗研究。台湾学者简恩定指出，杨慎所撰《杜诗选》不仅对所选杜诗作出许多与前人见解相异之处，也存在杨慎径以己意加注于杜诗而存有争议的情况。②白建忠认为，虽然杨慎受时代和个人诗学眼界的局限，对杜诗学的观点仍有值得商榷之处，但杨慎以含蓄蕴藉的论诗宗旨为出发点，对杜诗的成就与不足进行的深入探讨，值得后世研究者重视。③（2）杨慎文论及文章评点之学研究。吕斌认为博学思潮的兴起对明代的学术和文学产生了巨大影响，而杨慎作为博学思潮的重要倡导者和推动者，在他身上很好地体现了博学思潮与文学、学术之间的关联。在他的影响和带动下，崇博尚通的治学路径和学术观念被越来越多的学者所接受，不仅对端正当时学坛空疏之风有积极作用，而且也使明代文学和学术呈现出追博求大、注重融通的特色。④白建忠认为杨慎不仅以宗经观念为出发点，提出了文道并重的观点，且主张复古与创新并存，进一步强调"辞尚简要"的观点，主张从美的角度评价或鉴赏一篇文章的好坏。⑤而2016年白建忠教授获批的国家社科基金后期资助项目"杨慎文学评点研究"（编号16FZW026），则是对杨慎文章评点之学进行深入探讨的重要成果。⑥（3）杨慎与词曲之学研究。张宏生指出，杨慎词作深受《草堂诗余》的影响，他也是明代较早对《草堂诗余》展开全面评论的批评家。但他的创作与明代许

---

① 安琪：《在边疆书写历史：杨慎两部滇史中的云南神话叙事》，《云南社会科学》2014年第1期。
② 简恩定：《杨慎〈杜诗选〉评述》，《东吴中文学报》2010年第20期。
③ 白建忠：《杨慎的杜诗学》，《杜甫研究学刊》2013年第4期。
④ 吕斌：《明代博学思潮与文论——以杨慎为例的考察》，《文学评论》2010年第1期。
⑤ 白建忠：《杨慎文章学探要》，《山西师大学报》（社会科学版）2009年第5期。
⑥ 此研究的最终成果已作为专著出版，见白建忠《杨慎文学评点研究》，人民出版社2019年版。

多词人不同，并不为《草堂》词风所囿，而其有关评论则启发并推动了清人复兴词学和深化词学，体现出明清两代词学发展的递嬗之迹。[①]胡元翎和张笑雷指出，杨慎"以曲入词"现象关涉词、曲两大文体间的复杂渊源，关乎"明词曲化"的研究理路。杨慎词曲存在"互融"与"互异"的现象，且这种互融互异恰是明人在词曲关系方面不同认识的缩影。[②]（4）杨慎诗学研究。雷磊和陈光明从心态、师法的变化入手分析杨慎诗歌特色与风格，认为杨慎诗风有一个变化的过程，故其诗歌兼备众体，但其主导方面仍是六朝初唐体，风格是"渊博靡丽"。[③]许如苹指出，学界对杨慎的诗歌与诗学研究虽已取得一定的成果，但也存在许多待开发解决的议题。因此作者在广搜博采的基础上，将杨慎诗歌与诗学研究概况进行了总结，为人们利用提供了方便。[④]袁辉认为，杨慎以诗歌文本为立足点，肯定了六朝诗歌在题材内容和语言形式上为唐诗发展作出的重要贡献。杨慎此举旨在批判七子复古派学诗取径狭隘、"承"中求同的弊病，同时也彰显出指引和启示明人寻求诗歌振兴之路的理论动机和诗歌理想的批评史意义。[⑤]

此方面除发表了多篇高质量论文外，还出版了几部颇有质量的专著，如雷磊关于杨慎诗学的研究，系统论述了杨慎诗学在文学史上的地位及其贡献，指出杨慎不仅学术成就高，而且在文学创作上也是多面手，其诗学贡献，兼摄实践和理论两个方面，有很突出的特色。[⑥]杨钊对杨慎文学的研究，则从渊源、本体、影响三个方面入手，对杨慎的文学思想及其创作历程做了较为系统的研究。[⑦]高小慧关于杨慎文学思想的研究，认为杨慎不仅有大量的学术论著、文学作品，而且

[①] 张宏生：《杨慎词学与〈草堂诗余〉》，《南京师大学报》（社会科学版）2008年第2期。
[②] 胡元翎、张笑雷：《论杨慎词曲的"互融""互异"兼及"明词曲化"的研究理路》，《文学评论》2011年第5期。
[③] 雷磊、陈光明：《论杨慎诗歌创作的师法历程与风格趣向》，《文学遗产》2007年第4期。
[④] 许如苹：《杨慎诗歌与诗学研究现况述要》，《书目季刊》2007年第3期。
[⑤] 袁辉：《"承""变"之道与学诗之法——杨慎论唐诗与六朝诗歌文本关系的批评史意义》，《中南民族大学学报》（人文社会科学版）2013年第5期。
[⑥] 雷磊：《杨慎诗学研究》，中国社会科学出版社2006年版。
[⑦] 杨钊：《杨慎研究——以文学为中心》，巴蜀书社2010年版。

也有着比较系统的文学思想,并对后世产生了重要的影响。① 等等。

二 杨慎研究的新维度

十多年间对杨慎学术进行的研究取得了令人欣喜的成绩,不仅有众多年轻研究者的加入,且研究的深度和广度也得以加强,但取得成绩的背后,却也存在诸多需要反思之处。如此前的研究,主要侧重于对杨慎文学成就的深入挖掘,其他如生平交游、文献整理等课题的研究,则主要是为了解决文学问题而展开的,因此作为独立课题展开的程度尚嫌不够。又如此前的研究,多侧重于背景考察及个案分析,尚未有从杨慎与明代学术群体视角切入者。再如杨慎作为明代学术的领军人物,对中晚明学术的发展有全面影响,将杨慎与中晚明学术群体间的互动关系作为考察重点,无疑将全面深入地揭示明代学术的整体面貌和深刻内涵,但这正是此前研究者少有涉及而应该深入探讨的课题。下文即以此前研究者已有涉及的明代考据学为例,来谈谈新维度下如何展开杨慎研究。讨论之前,有必要先简要梳理一下目前国内外相关研究的学术史状况。

众所周知,杨慎作为中晚明最有影响的学者,不论在文学、史学还是考据学方面,均曾做出重要贡献。他著作宏富,广泛传播,影响极大,故围绕在他学术思想周围的学人,不论接受或批评其著作及其思想者,都无疑从中汲取了相当的养分,为自己的学术成长积累了丰富的灵感与素材。因此,杨慎与中晚明学术群体之间关系的探索,是极为重要却尚未深入挖掘的课题。据前文考察,杨慎文学研究已有足够多的研究者参与其中,研究角度多样,研究成果丰富;而与此形成鲜明对比的是,对杨慎考据学的研究,不仅研究者相对较少,研究角度亦相对单一,故研究成果也就相对不足。同时,此前的研究也缺乏从学术史的角度来综合考虑杨慎与中晚明考据学群体之间互动关系,故留给我们的印象是相对独立与不成系统。

---

① 高小慧:《杨慎文学思想研究》,中国社会科学出版社2010年版。

有鉴于此，将杨慎考据学的全面分析置于整个中晚明学术史背景下来考察，无疑既能凸显杨慎的学术成绩及影响，同时还能从学术史角度梳理出中晚明考据学群体的发展态势、特点，以及对明代后期学术转型的影响，对清代考据学的前导作用。据考察，目前杨慎考据学研究的现状如下：第一，考据理论。清代汉学与明代学术之动态关系，梁启超认为清代汉学乃宋明理学之反动①，钱穆认为清代汉学发端于宋明理学之内部②，虽观点截然不同，但均蕴含合理内核，亦各有值得商榷处。此后对明代考据学理论的分析，有余英时③、杨绪敏④、郑伊庭⑤等人的相关研究。第二，考据个案。研究杨慎学术，学界侧重文学角度，考据学方面略显薄弱。较早如嵇文甫对杨慎考据学给予肯定⑥，近年则有郭康松⑦、高小慧⑧等从不同角度论及杨慎考据学，虽各有侧重但均不够深入。而杨慎倡导的考据学吸引了一批考据学者参与，对他们的研究有吕斌⑨、赵树廷⑩、徐光台⑪等人的研究成果可资利用，但此类研究限于研究对象、论述角度及研究方法的相对单一，很难真正揭示明代考据学群体的形成及发展状况。第三，综合研究。林庆彰、贾顺先编纂的杨慎研究资料，对深入研究杨慎学术帮助良多，

---

① 梁启超撰，朱维铮导读：《清代学术概论》，上海古籍出版社1998年版，第3页。
② 钱穆：《中国近三百年学术史》，九州出版社2011年版，第1页。
③ 余英时：《从宋明儒学的发展论清代思想史》，《论戴震与章学诚：清代中期学术思想史研究》，生活·读书·新知三联书店2005年版。
④ 杨绪敏：《明代求实思潮的兴起与考据学的成就及影响》，《江苏社会科学》2004年第4期。
⑤ 郑伊庭：《明代考据学家之博学风气研究》，硕士学位论文，台湾师范大学，2010年。
⑥ 嵇文甫：《晚明思想史论》，河南大学出版社2008年版。
⑦ 郭康松：《论杨慎对明清考据学的贡献》，《历史文献研究》第27辑，华东师范大学出版社2008年版。
⑧ 高小慧：《杨慎〈升庵诗话〉及其考据诗学》，《郑州大学学报》（哲学社会科学版）2013年第4期。
⑨ 吕斌：《胡应麟文献学研究》，博士学位论文，南京大学，2004年；此文已于2006年由中国社会科学出版社出版。
⑩ 赵树廷：《心学的绝唱，实学的序曲——焦竑学术递嬗的个案探析》，《山东大学学报》（哲学社会科学版）2008年第1期。
⑪ 徐光台：《西学传入与明末自然知识考据学：以熊明遇论冰雹生成为例》，《清华学报》2007年新37卷第1期。

但涉及杨慎考据学者极为有限。① 孙钦善《中国古文献学史》设专章讨论明代文献考据学，但论及杨慎者较为简略。② 丰家骅给杨慎所作评传，较全面地评述了杨慎各方面成绩与不足，但限于体例诸多问题未展开讨论。③ 林庆彰、亢学军在各自讨论明代考据学的专书中，均涉及杨慎考据学的内容。但林文因成书早，且作者身处台湾，国内外所藏诸多资料未及全面搜讨，故尚有值得补充商榷处。④ 亢文是国内本领域第一篇博士论文，内容涉及中晚明考据学产生原因、发展情况及主要方法等，且具体论述了杨慎、焦竑、陈第、胡应麟、方以智等考据学家的考据方法和特点，但全文各专题研究独立成文，彼此缺乏内在逻辑联系。⑤

通过简要的学术史梳理可见，目前学界关于杨慎考据学的研究有如下几种变化的趋势：第一，研究主题的变化。学界对明代学术的研究，经历了逐渐多元化的过程，由聚焦哲学与思想，到侧重文学与史学，再到关注经学与考据。既体现研究者对明代学术认识逐渐全面、深刻，更体现随着研究方法的多样与参与研究者的增加，杨慎及其影响下的考据学群体在明代学术中所具有的价值已逐渐得到研究者的认同。第二，解释模式的变化。以个案分析和文献梳理为核心组成要素的明代考据学解释模式，是此前研究者所常用的，它在分析单个考据学者方面效果突出，但也存在难以在理论深度和广度两方面深入挖掘的缺陷；故近年逐渐转向以群体分析和文本阐释为主的解释模式，这无疑对从事中晚明考据学研究有重要的方法论和实践性的指导意义。第三，发展趋势的变化。随着研究的深入和方法的多样，对明代考据学的研究已逐渐从单一研究模式转向多元研究模式。这就要求研究者必须从学术史的脉络中把握和评价杨慎及其与中晚明考据学群体间的

---

① 林庆彰、贾顺先编：《杨慎研究资料汇编》，台北："中央研究院"中国文哲研究所筹备处1992年版。
② 孙钦善：《中国古文献学史》（修订本），中华书局2015年版。
③ 丰家骅：《杨慎评传》，南京大学出版社1998年版。
④ 林庆彰：《明代考据学研究》，台湾学生书局1986年版。
⑤ 亢学军：《明代中晚期考据学研究》，博士学位论文，苏州大学，2004年；此文已于2010年由大众文艺出版社出版。

密切关联,必须深入理解中晚明考据学群体意识的觉醒对明代学术转变的影响,深入探求杨慎等文献学家重视和从事文献研究背后的动因及学术史意义。

随着杨慎学术研究趋势的逐渐转变,运用新的研究模式和方法来从事相关研究显得尤为迫切。以杨慎考据学研究为例,在群体分析和文本阐释为主的新的研究模式指引下,它必然要求研究者从杨慎与中晚明考据学群体的多元互动中来展开讨论:

1. 正德、嘉靖间的历史境遇与杨慎学术思想的形成及影响。如果就杨慎学术思想形成的具体原因而言,则是对明代中期(特别是正德、嘉靖间)种种变化了的历史状况、个人遭际的回应。但深层次看,它理应是整个明代前期历史发展演变的必然结果,尤其是在对明代中期以后日益僵化的程朱理学与流于变异的陆王心学的反思中逐渐走向独立与成熟的。因"大礼议"事件,杨慎被贬谪云南永昌卫直至去世,故其学术思想能够对时人及后人产生重要影响,端赖其数量众多且不拘一格的学术著作,因此其著作的编纂、刊刻与流通,无疑既承担起传播其学术思想的重要作用,同时也吸引了一大批志同道合者参与到学术研究中来。

2. 政治、学术、文化交织下的明代考据学群体意识之觉醒。考据学作为宋明理学之学术他者,实发轫于宋代。但受到元代及明初政治环境及学术发展不利因素的限制,已趋于沉寂。伴随着明中期政治环境的松动和商业文化、出版事业的发达,特别是杨慎的异军突起,围绕着考据学而形成的考据学群体意识从沉寂中走向觉醒,而考据学则逐渐成为有别于道学的学术范式,以及反思道学自身问题的入口。

3. 纠杨与翼杨之争:杨慎学术思想影响下中晚明考据学群体的形成。伴随着中晚明书籍文化的发达及文人结社活动的活跃,那些在学术及思想文化领域颇具特色的论著,得以快速传播,因此往往形成某种"对话"的态势。而杨慎的考据学著作渊博而饶富新意,其开启的博古崇尚的考据之风,逐渐成为有别于心学的风潮,吸引着众多士子慕其人、读其书,但他们又纷纷发现杨慎的诸多考据之作存在问题,因此又开启了纠驳杨慎考据谬误及回护杨慎考据成绩的热潮(如陈耀文、胡应麟、周婴等），而伴随着此热潮而来的正是考据学群体的逐渐形成。

4. 读经须从识字始：杨慎学术思想影响下中晚明经学（含古音学）考据群体。明代科考以八股取士，"自八股行而古学废，《大全》出而经说亡"（顾炎武），士子不仅不通经，甚或不识字。阳明心学本为挽救日益颓废的世风而发，但王学末流却又走向束书不观的深渊。杨慎对此均极力反对，经过他的倡导，经学在中晚明逐渐走向复兴。这场复兴运动吸引了众多学者（如郑晓、陈第、方以智等）的加入，经学群体已然形成。而这场复兴运动与两宋疑经辨伪运动本质上相同，是一次经典的古文献复归运动，很大程度上体现的是将经典视为古代文献进行考据、校勘、辨伪的求实学风。

5. 辨伪与造伪并存：杨慎学术思想影响下中晚明子学考据群体。自西汉独尊儒术之后，先秦诸子之地位一落千丈，后世研究者也代乏其人。自唐柳宗元辨子书真伪始，宋高似孙《子略》、明宋濂《诸子辨》对子书进行专门著录与辨析，但子书越辨，伪书越多。自杨慎开启评点子书（评点子书六十余种）风气后，明代子书考据之风逐渐弥漫，吸引了胡应麟、焦竑、李贽、傅山等一批学者参与其中；而杨慎在考辨子书真伪的同时，又通过造伪的方式来论证自己的观点。而受到杨慎学术影响并逐渐形成的子学考据群体，在对诸子之书进行大量考辨的同时，又以杨慎所为为戒，逐渐形成一种新的学术规范。

6. 史学书写与考据：杨慎学术思想影响下中晚明史学考据群体。中国学术，建安、正始而还，天宝、大历而还，正德、嘉靖而还，并晚周为四大变局，皆力摧旧说，别启新途。[①] 作为中国古典时期学术的最后一次大变局，正德、嘉靖朝推动了史学考据的发展，而此时正是杨慎活跃的时期。作为史学家，杨慎现存的史学考据主要保存在两类著作中，一是笔记类（如《丹铅总录》"史籍"、《升庵外集》"史

[①] 蒙文通：《评学史散篇》，《蒙文通文集》第3卷《经史抉原》，巴蜀书社1995年版，第402页。

部"），二是著作类（包括史注类，如《山海经补注》《水经补注》等；方志类，如《全蜀艺文志》《滇程记》《滇载记》等）。这些著作在当时流传颇广，受其影响而从事史学考据者大有人在，如为人熟知的李贽、焦竑、张燧等，在文献编纂中所表现出来的考据实践正是其中的典型代表。故正可借此考察中晚明文献编纂中文献意识的流变和考据方法的自觉运用及其意义。

7. 博学思潮与文论：杨慎学术思想影响下中晚明文学考据群体。杨慎博物洽闻，于文学为优。① 杨慎之文，无一体不备，亦无备不造。② 作为明代博学风潮的重要倡导者和推动者，杨慎在文学创作与文学批评方面首先将考据学方法引入其中，以经史博证考据之法治诗文，对中晚明文学产生了广泛而深远的影响。如后七子领袖王世贞虽"深贬用修而阴法之"③，胡应麟"少癖用修书"，"于杨子业忻慕为执鞭"④，特别是杨慎因长期谪居云南，故对当地之士人如张禺山、杨宏山、唐延俊、梁佐等人，均造成了极大的影响。在对杨慎博考风潮的批判和吸收下，明代文学考据群体逐渐形成，这对明代文学乃至清代乾嘉考据学均有相当帮助。

总之，杨慎对中晚明学术转型有全方位影响，尤以对考据学影响既深且巨。受其考据实践与思想影响，逐渐汇集了一群考据学者，形成了一种考据学潮流，此潮流不仅为明代学术注入新鲜血液，且为清代考据学导夫先路。故研究杨慎与中晚明考据学群体，既是明代学术史研究中不可或缺的一环，更是廓清宋元义理之学转变为清代考据之学轨辙的关键。因此，若按照上述新的研究模式展开讨论，那么对杨慎与中晚明考据学群体的研究，将会在如下三个角度上取得明显突破：（1）学术视角。全面提出中晚明考据学群体形成的政治、学术、文化条件和原因，确立以杨慎为中心的中晚明考据学群体的形成及发展态

---

① 《明史》卷192《杨慎传·赞》，中华书局1974年版，第5105页。
② 《焚书》卷5《读史》"杨升庵集"条。见（明）李贽著，陈仁仁校释《焚书·续焚书校释》，岳麓书社2011年版，第339页。
③ （明）许学夷著，杜维沫校点：《诗源辩体》，人民文学出版社1987年版，第412页。
④ （明）胡应麟：《少室山房笔丛》，上海书店出版社2009年版，第190、53页。

势。(2) 学术思想。深刻揭示以杨慎为首的中晚明考据学群体形成与发展背后的学术文化语境,深入分析中晚明考据学的学术史意义。(3) 学术观点。全面探究杨慎学术思想的形成及对中晚明考据学群体形成的影响,杨慎著作的传播对中晚明考据学群体学术自觉的促进作用,中晚明考据学家对杨慎学术思想的响应,以及此种非正式的互动关系在多大程度上丰富了明代学术的内涵。

通过研究可知,明代学术绝非仅是心性之学的代称,中晚明是考据学发展的重要阶段,杨慎是推动中晚明考据学复兴的核心人物。中晚明的自由论争、疑古求真之学风促进了考据学原则的自觉,城市商业的发展、印刷文化的普及、书院私学教育的发展等推动了学者对于读书治学的重视。杨慎影响下中晚明考据学群体的形成,围绕杨慎学术思想产生的诸多论争,对中晚明考据学的发展起到了极大促进作用,既丰富了明代学术的研究视野,也开启了清代乾嘉考据学的序幕。

三 结语

十多年间,学界关于杨慎的研究取得了诸多可喜的成绩,上述梳理的相关研究成果即是明证。这些学术成果的存在,既为推动杨慎学术研究及中晚明学术研究提供了重要的参照,也无疑体现出杨慎研究仍然是明代学术研究中的重要聚焦点和学术生长点。但如实而言,在研究取得成绩的同时,却也存在不少问题,如研究过程中为了追求速度,有些课题,有些视角,有些成果,有些目的,反复出现,过去已经获取的成果,依然在新的标题下再次出现。有时非常重要的成果,反而没有引起足够的重视,甚至被学界淡忘了。[①] 而更大的问题是,很多研究者仍然习惯于固守在对杨慎学术本身的研究中,视角单一,方法陈旧,以至于研究结论往往是陈陈相因,叠床架屋,因此无法赋予杨慎研究以全新的活力和持久的价值。出现此类问

---

① 相关研究,请参阅附录《杨慎研究论著目录续补——以2005—2017年中国内地为中心》。

题最主要的原因,是由于研究者受习惯思维的影响,方法单一,眼界狭窄,无法运用创造性思维,将杨慎的学术研究置于更广阔的视野中去考察,辨析其演进轨迹,探明其发展路径。鉴于此,笔者不揣简陋,在对十多年间杨慎研究的相关成果进行全面评述的基础上,以杨慎与中晚明考据学群体之关系为讨论切入点,就相关问题进行简要探讨,希望能引起学界同人的关注和思考,以推动杨慎研究乃至明代学术研究的发展。

第一章　经学·书籍·杨慎：明代考据学的逆势成长

明代考据学在学术形态、学风取向以及治学方法等方面都与当时盛行的程朱理学及陆王心学有较大的区别。[①] 此一学术新变的产生，是对宋代以来考据学思潮的一种延续[②]，对明代儒学走向歧途这一时代课题的必然回应[③]，这与明代正德以后书籍文化空前繁荣紧密相连[④]，更与杨慎所提倡的考据学的异军突起密切相关。[⑤] 可见，以杨慎为代表的明代考据学群体的出现，既是对时代课题的回应，又是历史的必然选择。

[①] 郭康松：《清代考据学的启蒙》，《湖北大学学报》（哲学社会科学版）2001年第2期；亢学军、侯建军：《明代考据学复兴与晚明学风的转变》，《河北学刊》2005年第5期；赵良宇：《明代考据学的学术特点及其学术地位》，《辽宁大学学报》（哲学社会科学版）2008年第4期。

[②] 关于宋代考据学的相关情况，详见张富祥《宋代文献学研究》，上海古籍出版社2006年版；温志拔《知识、文献、学术史：南宋考据学研究》，中国社会科学出版社2019年版。

[③] 正如《明史·儒林传》所言："有明诸儒，衍伊、洛之绪言，探性命之奥旨，锱铢或爽，遂启歧趋，袭谬承讹，指归弥远。至专门经训授受源流，则二百七十余年间，未闻以此名家者。经学非汉、唐之精专，性理袭宋、元之糟粕，论者谓科举盛而儒术微，殆其然乎。"《明史》卷282，中华书局1974年版，第7222页。

[④] 关于此一时期书籍编辑、刊刻、典藏、发行及流通的基本情况，参阅郭孟良《晚明商业出版》，中国书籍出版社2011年版。

[⑤] 对此，林庆彰先生曾指出："理学家王阳明之反朱学运动，风起云涌，蔚为全国之运动。其时杨慎之提倡考据，亦能鼓动风潮。"见林庆彰《明代考据学研究》，台湾学生书局1986年版，第26页。

第一节 经学背景下的明代考据学

任何学术思想的出现，都有其深刻的历史文化背景，明代学术思想亦不例外。梁启超先生曾指出："自秦以后，确能成为时代思潮者，则汉之经学，隋唐之佛学，宋及明之理学，清之考证学，四者而已。"① 据梁先生所说，中国学术发展的历程中可称为"时代思潮"者凡四，"宋明理学"即属其一。可见，"宋明理学"乃作为一整体而存在。② 然而，这种整体性，或者说连续性，实际非常微妙，甚至可以说只能用"不绝如缕"四字来形容。③ 因此，明代学术思想虽然在某种程度上延续了宋代以来的传统，但也有其极为独特的一面。而这种独特性，又必然与时代环境的变迁密切相关。④ 下文的探讨，即首先从影响明代考据学发展的经学背景入手进行讨论。

一 经明行修与博通古今

经学，乃治经之学，朱维铮先生认为，"特指中国中世纪的统治学说。具体地说，它特指西汉以后，作为中世纪诸王朝的理论基础和行为准则的学说"。⑤ 清人皮锡瑞曾说："论宋、元、明三朝之经学，元不及宋，明又不及元。……明人又株守元人之书，于宋儒亦少研究。如季本、郝敬多凭臆说，杨慎作伪欺人，丰坊造《子贡诗传》《申培诗说》以行世而世莫能辨，是明又不及元也。"并据此总结称："经学至明为积衰时代。"⑥ 就皮氏所论经学发展各时期的状况而言，可见经

---

① 梁启超撰，朱维铮导读：《清代学术概论》，上海古籍出版社1998年版，第1页。
② 葛兆光先生认为，对"宋明"连续的研究思路的关注，将会引起文化史、思想史研究的一些根本性改变。详见葛兆光《"唐宋"抑或"宋明"——文化史和思想史研究视域变化的意义》，《历史研究》2004年第1期。
③ 余英时：《宋明理学与政治文化》，吉林出版集团有限责任公司2008年版，第2页。
④ 陈安仁：《明代学术思想》，商务印书馆1940年版，第1页。
⑤ 朱维铮：《中国经学史十讲》，复旦大学出版社2002年版，第9页。
⑥ （清）皮锡瑞著，周予同注释：《经学历史》，中华书局1959年版，第283—284、289页。

学自产生之日起，在各个时期的发展存在较大差异。那么，是何种因素的影响，才导致经学由皮氏所说宋代的"变古"①逐渐转变为明代的"积衰"呢？其中最直接的影响因素恐怕就来自明初政府对待经学的态度。朱元璋早在元末至正二十六年（1366）就曾下令：

> 有司访求古今书籍，藏之秘府，以资览阅。因谓侍臣詹同等曰："三皇五帝之书不尽传于世，故后世鲜知其行事。汉武帝购求遗书，而六经始出，唐虞三代之治始可得而见。武帝雄才大略，后世罕及，至表章六经、开阐圣贤之学，又有功于后世。吾每于官中无事，辄取孔子之言观之，如节用而爱人，使民以时，真治国之良规。孔子之言，诚万世之师也。"②

洪武元年（1368）冬十月又下诏曰："秘书监、国子监、太史院典籍、太常法服、祭器、仪卫及天文、仪象、地理、户口、版籍、应用、典故、文字，已令总兵官收集，其或迷失散在军民之间者，许赴官送纳。"③可见，朱元璋对于古今书籍十分重视，而这些书籍中自然包括大量的经书。

朱元璋不仅重视古今书籍，而且重视与当时的儒者进行交流，并从中了解到儒家思想在国家治理中的作用。对此，清赵翼在《廿二史劄记》卷三六《明祖重儒》中曾分析道：

> 明祖初不知书，而好亲近儒生，商略今古。徐达往取镇江，令访秦从龙，致愿见之意，即令侄文正、甥李文忠以币聘至应天，朝夕过从，以笔书漆简，问答甚密。从龙又荐陈遇，遇不受官，

---

① 关于宋代经学变古的详细分析，参见杨世文《走出汉学：宋代经典疑辨思潮研究》，四川大学出版社2008年版，第52—67页。
② 《明太祖实录》卷20，《明实录》第1册，"中央研究院"历史语言研究所校印（后略），台北："中央研究院"历史语言研究所1966年版，第287页。
③ 《明太祖实录》卷35，《明实录》第1册，台北："中央研究院"历史语言研究所1966年版，第634页。

而尊宠之逾于勋戚。后置江南行中书省，省中自李善长、陶安外，又有宋思颜、李梦庚、郭景祥、侯元善、杨元杲、阮弘道、孔克仁、王恺、栾凤、夏煜、毛骐、王濂、汪河等，皆燕见无时，敷陈治道。又聘刘基、宋濂、章溢、叶琛至，曰："我为天下屈四先生。"下婺州后，又召吴沈、许元、叶瓒玉、胡翰、汪仲山、李公常、金信、徐孳、童冀、戴良、吴履、张起敬等。会食省中，日令三人进讲经史。其后定国家礼制，大祀用陶安，祫禘用詹同，时享用朱升，释奠耕籍用钱用壬，五祀用崔亮，朝会用刘基，祝祭用魏观，军礼用陶凯，一代典礼，皆所裁定。寻以胡惟庸谋反，废丞相，又设四辅官，以王本、杜佑、龚敩、赵民望、吴源等为之，隆以坐论之礼。谏院疑谳，四辅官得封驳。又有安然、李幹、何显周等，相继为之。帝尝谓听儒生议论，可以开发神智。盖帝本不知书，而睿哲性成，骤闻经书与旨，但觉闻所未闻，而以施之实政，遂成百余年清晏之治。①

朱元璋通过与儒者的交流，认识到了儒学在治国理政方面的价值，这也进一步促使他重视学校教育及人才培养。据《明史·选举志》所载：

> 科举必由学校，而学校起家可不由科举。学校有二：曰国学，曰府、州、县学。……国子学之设自明初乙巳始（实为元至正二十五年，1365——引者注②）。洪武元年令品官子弟及民俊秀通文义者，并充学生。选国琦、王璞等十余人，侍太子读书禁中。入对谨身殿，姿状明秀，应对详雅。太祖喜，因厚赐之。天下既定，诏择府、州、县学诸生入国子学。又择年少举人赵惟一等及贡生董昪等入学读书，赐以衣帐，命于诸司先习吏事，谓之历事监生。

---

① （清）赵翼著，王树民校证：《廿二史劄记校证》，中华书局1984年版，第837—838页。
② 《明史》卷73《职官志二》载："明初，即置国子学（乙巳九月置国子学，以故集庆路学为之）。"见《明史》，中华书局1974年版，第1790页。

取其中尤英敏者李扩等入文华、武英堂说书，谓之小秀才。其才学优赡、聪明俊伟之士，使之博极群书，讲明道德经济之学，以期大用，谓之老秀才。①

此后，洪武三年（1370）五月己亥，朱元璋颁发《设科取士诏》，下令开科取士："自今年八月为始，特设科举，以取怀才抱道之士，务在经明行修，博通古今，文质得中，名实相称。其中选者，朕将亲策于庭，观其学识，第其高下而任之以官。果有才学出众者，待以显擢，使中外文臣皆由科举而选，非科举者毋得与官。"② 此处明确规定"非科举者毋得与官"，这就在制度上保证了科举作为文臣出仕的唯一出路，同时也为经学在明代的广泛传播提供了制度依据。同时，据王世贞《弇山堂别集》卷八一《科试考一》所载，在此诏中还对科举考试的内容进行了说明：

> 乡试、会试文字程试。第一场试《五经》义，各试本经一道，不拘旧格，惟务经旨通畅，限五百字以上。《易》程朱氏注、古注疏，《书》蔡氏传、古注疏，《诗》朱氏传、古注疏，《春秋》左氏、公羊、穀梁、胡氏、张洽传，《礼记》古注疏。《四书》义一道，限三百字以上。第二场试礼乐论，限三百字以上，诏、诰、表、笺。第三场试经史时务策一道，惟务直述，不尚文藻，限一千字以上。第三场毕后十日面试，骑观其驰骤便捷，射观其中数多寡，书观其笔画端楷，律观其讲解详备。殿试时务策一道，惟务直述，限一千字以上。③

但遗憾的是，此次开科取士仅延续了三年，到洪武六年（1373）二月乙未，朱元璋就因"有司所取，多后生少年，观其文词若可与有

---

① 《明史》卷69，中华书局1974年版，第1675—1676页。
② 《明太祖实录》卷52，《明实录》第1册，台北："中央研究院"历史语言研究所1966年版，第1019—1020页。
③ （明）王世贞撰，吕浩校点：《弇山堂别集》，上海古籍出版社2017年版，第1969页。

为，及试用之，能以所学措诸行事者甚寡"，于是暂停科举而"别令有司察举贤才，必以德行为本而文艺次之"。① 此后，直至洪武十七年三月戊戌，方才再次开科取士，并颁行《科举成式》，其中对科举考试的内容进行了调整：

> 凡三年大比，子、午、卯、酉年乡试，辰、戌、丑、未年会试。举人不知额数，从实充贡。乡试八月初九日第一场，试《四书》义三道，每道二百字以上，经义四道，每道三百字以上，未能者许各减一道。《四书》义主朱子集注经义，《诗》主朱子集传，《易》主程朱传义，《书》主蔡氏传及古注疏，《春秋》主左氏、公羊、穀梁、胡氏、张洽传，《礼记》主古注疏。十二日第二场，试论一道，三百字以上。判语五条，诏、诰、章、表内科一道。十五日第三场，试经史策五道，未能者许减其二，俱三百字以上。次年，礼部会试，以二月初九日、十二日、十五日为三场，所考文字与乡试同。②

此次所颁行的《科举成式》的内容成为此后科举考试的定式。由其前后内容之变化可知，虽然《四书》义已被提升到《五经》义前，但对《五经》内容的考察尚未完全摒弃古注疏。可见，此时的考察重点仍然是要让士子通过学习儒家经典，最终达到"经明行修，博通古今"。

朱元璋对经学的重视，其根本目的当然是维护政权的稳定，但也无形中起到了促进经学发展的作用。如洪武十四年（1381）三月辛丑，颁《五经》《四书》于北方学校。朱元璋谓廷臣曰：

> 道之不明，由教之不行也。夫《五经》，载圣人之道者也。

---

① 《明太祖实录》卷79，《明实录》第1册，台北："中央研究院"历史语言研究所1966年版，第1443页。
② 《明太祖实录》卷160，《明实录》第1册，台北："中央研究院"历史语言研究所1966年版，第2467页。

譬之菽粟布帛，家不可无，人非菽粟布帛则无以为衣食，非《五经》《四书》则无由知道理。北方自丧乱以来，经籍残缺，学者虽有美质，无所讲明，何由知道？今以《五经》《四书》颁赐之，使其讲习。夫君子而知学则道兴，小人而知学则俗美，他日收效，亦必本于此也。①

朱元璋颁《五经》《四书》于北方学校，当然是为了"美教化，移风俗"，最终实现地区稳定，但无疑也起到了推广《五经》《四书》的作用。又如洪武十七年（1384）六月庚午，朱元璋在奉天门晓谕群臣曰：

> 治天下之道，礼、乐二者而已。若通于礼而不通于乐，非所以淑人心而出治道；达于乐而不达于礼，非所以振纪纲而立大中，必礼、乐并行，然后治化醇一。或者曰："有礼、乐不可无政、刑。"朕观刑、政二者，不过辅礼、乐为治耳。苟为治，徒务刑、政而遗礼、乐，在上者虽有威严之政，必无和平之风；在下者虽存苟免之心，终无格非之诚。大抵礼、乐者治平之膏粱，刑、政者救弊之药石。卿等于政事之间，宜加此意，毋徒以礼、乐为虚文也。②

朱元璋的观点，显然受到了孔子以来关于礼、乐、刑、政关系探讨的影响。据《论语·为政》："子曰：'道之以政，齐之以刑，民免而无耻。道之以德，齐之以礼，有耻且格。'"朱熹指出："愚谓，政者为治之具，刑者辅治之法。德礼则所以出治之本，而德又礼之本也。此其相为终始，虽不可以偏废，然政刑能使民远罪而已，德礼之效则有以使民日迁善而不自知。故治民者不可徒恃其末，又

---

① 《明太祖实录》卷136，《明实录》第1册，台北："中央研究院"历史语言研究所1966年版，第2154页。
② 《明太祖实录》卷162，《明实录》第1册，台北："中央研究院"历史语言研究所1966年版，第2516—2517页。

当深探其本也。"① 中国素来被称为礼乐之邦，礼乐文明是中华文明的核心要素，礼乐在历朝历代的统治者心目中具有举足轻重的地位，朱元璋对礼乐的重视，显然也是受到儒家礼乐思想的深刻影响的结果。

当然，我们应该注意到，朱元璋在现实政治层面对理学（经学）的重视，又与理学（经学）本身包含着的一统学术的内在要求密切结合，这种结合在永乐时期达到顶峰，并逐渐构建起以政事为中心，道德、政事、文章一体的学术思想体系，最终实现了政治权力下的学术整体化。② 朱棣以一种非常规的手段获得了帝位，并对反对者进行了残酷的镇压③，这给当时的读书人造成了巨大的心理阴影。因此要想政权稳固，就必须想办法消弭"靖难之役"所造成的阴影，并尽可能把自己塑造成贤王圣君的形象。为此，朱棣做了一系列的安排。如永乐七年（1409），朱棣亲自编纂《圣学心法》四卷，想通过此书塑造自己的圣王形象，并"把圣人之道传达给以后的继位的君主，而传达心法的人自己也就是道统的继承人，尧、舜、禹、汤、文、武等历代圣君的接班人"。④

更能体现朱棣想要改变自己形象，稳固政权的是他大力提倡儒学。永乐元年（1403）七月，朱棣对侍读学士解缙说："天下古今事物散载诸（事）［书］，篇帙浩穰，不易检阅。朕欲悉采各书所载事物类聚之，而统之以韵，庶几考察之便，如探囊取物尔。尝观《韵府》《回溪》二书，事虽有统，而采摘不广，纪载太略。尔等其如朕意，凡书契以来经、史、子、集、百家之书，至于天文、地志、阴阳、医卜、僧道、技艺之言，备辑为一书，毋厌浩繁。"⑤ 于是，解缙等奉敕组织人员，在文渊阁设局编纂。永乐二年十一月书成，赐名《文献大成》。朱棣阅过之后，对书稿内容并不满意，认为所收书籍不够丰富，于是

---

① （宋）朱熹集注：《宋本论语集注》，国家图书馆出版社 2016 年版，第 57—58 页。
② 张德建：《论明代学术思想体系的建构与分裂》，《求是学刊》2014 年第 3 期。
③ 练子宁被灭族即是其中最典型的例子。详见（明）焦竑撰，顾思点校《玉堂丛语》，中华书局 1981 年版，第 139 页。
④ 李焯然：《治国之道——明成祖及其〈圣学心法〉》，《汉学研究》1991 年第 9 卷第 1 期。
⑤ 《明太宗实录》卷 21，《明实录》第 2 册，台北："中央研究院"历史语言研究所 1966 年版，第 393 页。

敕令"太子少师姚广孝、刑部侍郎刘季箎及翰林学士兼右春坊大学士解缙"主持重修,"开馆于文渊阁,命光禄寺给朝暮酒馔。永乐五年十一月书成,更赐名《永乐大典》。帝自制序以冠之"。① 通过《永乐大典》的编纂,既笼络了人心,也为此后编纂《五经大全》《四书大全》《性理大全》提供了资料的支持。

永乐十二年(1414)十一月,朱棣命翰林院学士胡广(1370—1418)等纂辑诸儒议论及发明《四书》《五经》的文字,以及周敦颐、程颢、程颐、张载、朱熹等《太极图说》《通书》《西铭》《正蒙》等羽翼《六经》的著作。永乐十三年九月成书,其中《五经大全》一百五十四卷,《四书大全》三十六卷,《性理大全》七十卷。朱棣在《御制序》中指出:

> 朕缵承皇考太祖高皇帝鸿业,即位以来,孳孳图治,恒虑任君师治教之重,惟恐弗逮。切思帝王之治,一本于道。所谓道者,人伦日用之理,初非有待于外也。厥初圣人未生,道在天地;圣人既生,道在圣人;圣人已往,道在《六经》。《六经》者,圣人为治之迹也。《六经》之道明,则天地圣人之心可见,而至治之功可成。《六经》之道不明,则人之心术不正,而邪说暴行侵寻蠹害,欲求善治,乌可得乎?朕为此惧,乃者命儒臣编修《五经》《四书》,集诸家传注而为《大全》,凡有发明经义者取之,悖于经旨者去之。又辑先儒成书及其论议、格言,辅翼《五经》《四书》,有裨于斯道,类编为帙,名曰《性理大全书》。……颁布天下,使天下之人获睹经书之全,探见圣贤之蕴。由是穷理以明道,立诚以达本,修之于身,行之于家,用之于国,而达之天下,使家不异政,国不殊俗,大回淳古之风,以绍先王之统,以成熙皞之治,将必有赖于斯焉。②

---

① (清)黄虞稷撰,瞿凤起、潘景郑整理:《千顷堂书目(附索引)》卷15《类书类》"永乐大典"条,上海古籍出版社2001年版,第395页。
② 《明太宗实录》卷168,《明实录》第2册,台北:"中央研究院"历史语言研究所1966年版,第1872—1874页。

朱棣特别强调"道在《六经》",并定位《大全》之编纂原则为,"凡有发明经义者取之,悖于经旨者去之",这就更进一步确立了程朱理学作为官方哲学的地位。此后,《大全》三书被印发至所有郡县学堂,成为学子准备科举考试的唯一合法教材。这种政治权力下的学术整体化、统一化要求,使得读书人很难对儒家经典文本提出不同的看法,而明代科举考试中试率又相对较低①,很多读书人不得不多次反复参加科举考试才勉强获得一份功名,这就使得多数读书人只能穷于应付科举的各级考试,而无暇在《大全》三书及相关参考书之外有更广泛的阅读,更有甚者,为了应付考试,他们连《大全》三书亦不再读,而仅靠记诵时文来侥幸中试。② 如明嘉靖时的何良俊在《四友斋丛说》卷三《经三》中就对此种变化做了很生动的记录:

> 夫用传注以剿取科第,此犹三十年前事也,今时学者,但要读过经书,更读旧文字千篇,则取青紫如俯拾地芥矣。夫读千篇旧文,即取青紫,便可荣身显亲,扬名当世。而体认圣经之人,穷年白首,饥冻老死,迄无所成。人何不为其易且乐,而独为其难且苦者哉?人人皆读旧文,皆不体认经传,则《五经》《四书》可尽废矣。呜呼!有天下之责者,可不痛加之意哉!③

万历年间的孙能传在《剡溪漫笔》卷五"唐宋科举之学"条中,对比唐宋科举之后,指出明代科举的问题:

> 《白氏六帖》乃乐天应举之书。唐时课试法,以所习经,掩其两头,中间微开一行,裁纸为帖。凡帖三字,随时增损,可否不一,或得四、得五、得六为通,故取中帖之数,以名其书。(黄)[王]厚斋《玉海》一书,亦辑以应博学宏词科。唐宋科举之学,

---

① 郭培贵:《明代科举各级考试的规模及其录取率》,《史学月刊》2006年第12期;何炳棣著,徐泓译注:《明清社会史论》,台北:联经出版事业股份有限公司2013年版,第213—240页。
② 吴恩荣:《明代科举士子备考研究》,光明日报出版社2020年版,第181—188页。
③ (明)何良俊:《四友斋丛说》,中华书局1959年版,第23—24页。

该洽乃尔。今人束于制义，一经之外，目为长物，历代史册多不复着眼，问以兴亡大略，皆茫然莫知所置对。顾此，岂不羞死。①

在这样的时代背景下，基于对经学文献的研读与反思而展开的明代考据学自然很难发展起来。那么，明代考据学如何才能突破此种困境，逐渐成为一种具有重要影响的时代思潮呢？

二 诚欲正经与必先返经

理学（经学）经过明初的发展，逐渐与国家政权深度合作，形成"既包括了政治，也涵盖了学术"的政治文化概念②，即政统（政治）与道统（学术）的合而为一。然而我们知道，中国社会自孔子以后，"道统与政统的分离"就已经完成了。③ 明初道统与政统再度合一，不仅强化了专制皇权，更促进了道学（道）与政事（治）的结合，而"道者治之本"，此道"充之足以存吾仁，达之足以广吾爱"，推而广之，即是政道。④ 但随着时代的发展，此种建立在国家政治权力之下的学术一统逐渐显露出弊端，从而程度不同地削弱了理学（经学）在读书人心中的地位。以明代科举考试要求学生初场考《四书》《五经》为例，《四书》的三道题必考，而《五经》每一经均有四道题，考生则仅需选择一经作答即可。在这种情况下，士子们自然会根据自己的喜好以及经书本身的难易程度来选择究竟以哪一经来参加考试⑤，而人都会有趋易避难的倾向，因此最后的结果就是难懂的经书选的人就

---

① （明）孙能传：《剡溪漫笔》，《续修四库全书》（以下简称《续修四库》）子部第1132册，上海古籍出版社2002年版，第368页。说明：以下注释中，该丛书出版信息从略。

② 余英时：《朱熹的历史世界：宋代士大夫政治文化的研究》，生活·读书·新知三联书店2004年版，《自序二》第7页。

③ 费孝通著，刘豪兴编：《乡土中国》（修订本），上海人民出版社2013年版，第113页。

④ （明）商辂：《草庭诗序》，《商辂集》卷6，孙福轩编校，浙江古籍出版社2012年版，第89页。

⑤ 虽然也存在士子在准备乡试、会试的过程中变换自己本经的情况，但那毕竟只是少数，更多的士子一旦选定应试的本经，则不会轻易变动。详见陈时龙《明代的科举与经学》，中国社会科学出版社2018年版，第5—8页。

少，简单一些的经书选的人就会更多。① 在科考这一指挥棒的引领下，士子们不仅只能阅读《大全》三书及相关参考书，而且更进一步的是，《五经》也只需学习自己选定的参加科考的某一种经书。如此一来，经学的地位自然就下降了。

当然，对于一经取士的问题，明代社会内部始终存在不同的声音。② 如江西人张吉："初从乡先生学，见诸生简择经传以资捷径，意谓士当兼治五经，今业一经而所遗如此，岂圣人之言亦有当去取者耶？遂归而屏绝人事，力购诸经及宋儒诸书读之。"③ 张氏对时人"择经传以资捷径"的做法十分不满，并以身作则，购置诸经及宋儒诸书来读，并最终于成化十七年（1481）考中进士。但更多的人则为一经取士的做法摇旗呐喊，如余姚人倪宗正在《南垣书经讲义序》中指出："《五经》如康节四象相因之说，则举一可以备其余。即以《书》言之，有《书》之易，如《洪范》五行之类是也；有《书》之诗，如《赓歌》之类是也；有《书》之春秋，如《文侯之命》《秦誓》是也；有《书》之礼乐，如伯夷、后夔所掌是也。故穷一经而天下之道毕矣。今之专经，非独力之不相兼，亦以道无不兼也。"④ 显然，倪氏认为学一经即可兼通其他几部经书。但事实是，大多数的读书人学一经却无意再兼学诸经⑤，更何况即便兼学诸经，科考时也不能兼答。⑥ 如

---

① 据汪维真对明代48科会试的统计结果来看，选择《诗经》《周易》的人最多且有逐年递增的趋势，选择《尚书》的人较前两经少且有逐年减少的趋势，选择《春秋》《礼记》的人不仅总量最少且亦有逐年递减的趋势。详见汪维真《明清会试十八房制源流考》，《史学月刊》2011年第12期。

② 这种不同声音，甚至被吸纳进了明代通俗小说的情节中，成为小说重要组成部分。详见叶楚炎《"前后场"与"分经取士"——明代通俗小说对于科举因素的细部吸纳》，《云梦学刊》2009年第5期。

③ （清）张夏：《洛闽源流录》卷6，《四库全书存目丛书》（以下简称《四库存目》）史部第123册，齐鲁书社1997年版，第97页。说明：以下注释中，该丛书出版信息从略。

④ （明）倪宗正：《倪小野先生全集》卷1，《四库存目》集部第58册，第459页。

⑤ 明末内阁大学士蒋德璟在《五经蠹言序》中指出："明以尚经取士，士鲜兼经者。"（清）黄宗羲编：《明文海》卷230《序二十一》，中华书局1987年版，第2369页。

⑥ 明末清初的朱舜水在《答源光国问十一条》的第二条中即指出："明朝初举亦甚简易，后累年更制，定为初场试制义，《四书》义三篇，经义四篇，合七篇。举子各占一经，不许有兼经者。"（清）朱舜水著，朱谦之整理：《朱舜水集》卷10，中华书局1981年版，第346页。

此一来，不仅汉唐以来的经学传统已经遭到破坏，宋儒经学（理学）也在此时渐渐失去了应有的价值。对此，杨慎在《举业之陋》中已指出：

> 本朝以经学取人，士子自一经之外，罕所通贯。近日稍知务博，以哗名苟进，而不究本原，徒事末节。《五经》诸子，则割取其碎语而诵之，谓之蠡测；历代诸史，则抄节其碎事而缀之，谓之策套。其割取抄节之人，已不通经涉史，而章句血脉皆失其真，有以汉人为唐人、唐事为宋事者，有以一人析为二人、二事合为一事者。①

杨氏的观察无疑告诉我们，因为一经取士的存在，读书人对经学的兴趣已大不如前，而经学的衰败自然也就在所难免。那么，如何才能挽救逐渐衰败的经学？明末清初的钱谦益在为毛晋所刻《十三经注疏》所作序言中指出：

> 《十三经》之有传注、笺解、义疏也，肇于汉、晋，粹于唐，而是正于宋。……熙宁中，王介甫凭藉一家之学，创为新义，而经学一变。淳熙中，朱元晦折衷诸儒之学，集为传注，而经学再变。……再变之后，汉、唐章句之学，或几乎灭熄矣。……宋之学者，自谓得不传之学于遗经，扫除章句，而胥归之于身心性命。近代儒者，遂以讲道为能事，其言学愈精，其言知性知天愈眇，而穷究其指归，则或未必如章句之学，有表可循，而有坊可止也。汉儒谓之讲经，而今世谓之讲道。圣人之经，即圣人之道也。离经而讲道，贤者高自标目，务胜于前人；而不肖者汪洋自恣，莫可穷诘。则亦宋之儒扫除章句者，导其先路也。修《宋史》者知其然，于是分《儒林》《道学》，厘为两传，儒林则所谓章句之儒也；道学则所谓得不传之学者也。《儒林》与《道学》分，而古

---

① （明）杨慎撰，丰家骅校证：《丹铅总录校证》，中华书局2019年版，第362页。

人传注、笺解、义疏之学转相讲述者，无复遗种。此亦古今经术升降绝续之大端也。经学之熄也，降而为经义；道学之偷也，流而为俗学。胥天下不知穷经学古，而冥行擿埴，以狂瞽相师。驯至今日，轻材小儒，敢于嗤点《六经》，呰毁三《传》，非圣无法，先王所必诛不以听者，而流俗以为固然。生心而害政，作政而害事，学术蛊坏，世道偏颇，而夷狄寇盗之祸，亦相挻而起。孟子曰：我亦欲正人心。君子反经而已矣。诚欲正人心，必自反经始；诚欲反经，必自正经学始。……溯经传之源流，订俗学之舛驳，使世之儒者，孙志博闻，先河后海，无离经而讲道，无师今而非古。①

钱氏认为，经学发展至明代已"降而为经义"，道学发展至明代已"流而为俗学"，要想改变此一现实困境，就必须要在"无离经而讲道，无师今而非古"的态度下，通过"正经"而达到"返经"，最终实现"溯经传之源流，订俗学之舛驳"。所谓"返经"，即"回归原典"②，也就是说，要将经学上种种问题的解决回归到对儒家经典文本的深入研读和分析中去。而要想深入研读和分析儒家经典文本，首先要解决的就是利用何种文本来进行阅读，显然《五经大全》《四书大全》《性理大全》等专供科举考试的书籍已经无法满足阅读者的需要，因此就迫使读书人必须回到汉唐的章句之学中。对此，明何良俊在《四友斋丛说》卷三《经三》中说：

> 太祖时，士子经义皆用注疏，而参以程朱传注。成祖既修《五经》《四书大全》之后，遂悉去汉儒之说，而专以程朱传注为主。夫汉儒去圣人未远，学有专经，其传授岂无所据？况圣人之言广大渊微，岂后世之人单辞片语之所能尽？故不若但训诂其辞

---

① （清）钱谦益：《新刻十三经注疏序》，《牧斋初学集》卷28，（清）钱曾笺注，钱仲联标校（后略），上海古籍出版社1985年版，第850—852页。
② 林庆彰先生指出，中国经学史上曾经历过唐中叶至宋初、明末清初、清末民初三次回归原典运动。详见林庆彰《中国经学史上的回归原典运动》，《中国文化》2009年秋季号（总第30期）。

而由人体认，如佛家所谓悟入，盖体认之功深，则其得之于心也固。得之于心固，则其施之于用也必不苟。自程朱之说出，将圣人之言死死说定，学者但据此略加敷演，凑成八股，便取科第，而不知孔孟之书为何物矣。以此取士，而欲得天下之真才，其可得乎？呜呼！①

何氏认为，"成祖既修《五经》《四书大全》之后，遂悉去汉儒之说，而专以程朱传注为主"，进而导致"学者但据此略加敷演，凑成八股，便取科第，而不知孔孟之书为何物"的局面。于是何氏极力主张恢复《十三经》古注的刊刻，从而引领士子在《五经大全》《四书大全》之外能够广泛阅读汉唐人旧注：

余以为《十三经注疏》板头既多，一时工力恐难猝办。但得将古注《十三经》刻行一部，则大有功于圣学，而于圣朝政治不为无补；且亦可以嘉惠后学，其费不上一二百金。但得一有意太守，便可了此。惜无可与谋者。②

只可惜当时未能得到"一有意太守"，故而最终未能将设想付诸现实。但幸运的是，在何良俊之外，官方及私人层面均已有人着手《十三经注疏》的刊刻。如正德年间，原藏于福州府学的元十行本《十三经注疏》板片归入南京国子监，南京国子监将其整理并修补重印。③ 嘉靖年间，又有李元阳在福建依据元十行本翻刻《十三经注疏》（其中《仪礼注疏》可能是据汪文盛校刻本翻刻）。难能可贵的是，李元阳刻本是目前所能看到的第一部完整的《十三经注疏》。④ 万历年间，北京国子监奉敕刊刻《十三经注疏》，此本为首次官刻全套《十

---

① （明）何良俊：《四友斋丛说》，中华书局1959年版，第22页。
② （明）何良俊：《四友斋丛说》，中华书局1959年版，第24页。
③ 李致忠：《十三经注疏版刻略考》，《文献》2008年第4期。
④ 王锷：《李元阳〈十三经注疏〉考略——以〈礼记注疏〉〈仪礼注疏〉为例》，《中国典籍与文化》2018年第4期。

三经注疏》。① 而后又有崇祯年间毛晋汲古阁精刻的《十三经注疏》问世。② 凡此种种，无疑正是"注重对作为儒家原典文献根基的汉唐古注疏文本的恢复"③ 倡议的最有力回应。在此背景下，杨慎提倡重视古注就显得非常自然了。如《升庵经说》卷五《大雅·灵台》"不日成之"条：

> 古注："不设期日也。"今注："不终日也。"愚按："不设期日"，既见文王之仁，亦于事理为协。若曰"不终日"，岂有一日可成一台者？此古注所以不可轻易也。④

此"古注"指汉郑玄笺："众民则筑作，不设期日而成之。言说文王之德，劝其事，忘己劳也。"⑤ 此"今注"指朱熹《诗集传》卷一六中的相关文字："文王之台，方其经度营表之际而庶民已来作之，所以不终日而成也，虽文王心恐烦民，戒令勿亟，而民心乐之如子趣父事，不召自来也。"⑥ 杨慎认为《灵台》"不日成之"并非指建造速度之快，即一日成之，且以当时的建造能力，一日成之亦有相当之困难；而是体现出周文王的仁德，以及老百姓对他的尊重，因此"不设期日"更符合实际。姑且不论此说究竟是否符合原诗的主旨，即以杨慎重视古注，批评朱注，便可推动读书人扩大阅读范围，回归原典。此外，《升庵经说》卷九"周公用天子礼乐"条还记录了杨慎对元儒许谦（字白云）的批评：

> 元儒许白云亦尝考鲁郊庙之事不出成王之赐，然以程朱尝引

---

① 刘晓咏：《明万历北监本〈十三经注疏〉研究述论》，《文教资料》2016年第36期。
② （清）钱谦益：《新刻十三经注疏序》，《牧斋初学集》卷28，上海古籍出版社1985年版，第850—852页。
③ 侯婕：《原典回归体现明清学术转向》，《中国社会科学报》2021年4月19日第4版。
④ 王文才、万光治主编：《杨升庵丛书》（一），天地出版社2002年版，第188页。
⑤ 《十三经注疏》整理委员会整理，李学勤主编：《十三经注疏·毛诗正义》，北京大学出版社1999年版，第1042页。
⑥ （宋）朱熹：《诗集传》，《四部丛刊三编》，影印中华学艺社借照东京静嘉堂文库藏宋本。

言之，终不敢议，是敢于非周公、孔子而不敢于非宋人也。学者膏肓之病也哉！①

据此可见，杨慎对学者盲目信从程朱之说十分不满意，认为是"膏肓之病"。不仅如此，杨慎在《丹铅总录》卷一三《订讹类》"古书不可妄改"条中还特别强调，不仅古注疏不能忽视，古书亦不能妄改：

> 古书不可妄改，聊取二端。如曹子建《名都篇》："脍鲤臇胎虾，寒鳖炙熊蹯。"此旧本也，五臣妄改作"炰鳖"。盖"炰鳖脍鲤"，《毛诗》旧句，浅识者孰不以为"寒"字误，而从"炰"字邪？不思"寒"与"炰"字形相远，音呼又别，何得误至于此？《文选》李善注云："今之时馂谓之寒。"盖韩国馔用此法。《盐铁论》"羊淹鸡寒"，崔骃传亦有"鸡寒"，曹植文"寒鸽蒸麂"，刘熙《释名》"韩鸡"为正。古字"寒"与"韩"通也。王维《老将行》："耻令越甲鸣吾君。"此旧本也，近刻本为不知者改作"吴军"。盖"越甲""吴军"，似是连对，不思前韵已有"诏书五道出将军"。五言古诗有用重韵，未闻七言有重韵也。维岂谬至此邪？按刘向《说苑》：越甲至齐，雍门狄请死之。曰："昔者王田于囿，左毂鸣，军右请死之。曰：'吾见其鸣吾君也。'今越甲至，其鸣君，岂左毂之下哉？"正其事也。见其事与字之所出，始知改者之妄。②

上述对汉唐古注疏文本的恢复，以及杨慎等对古注疏的极端重视，一方面无疑可以扩大读书人阅读的范围，避免陷于除科考书籍之外无书可读的窘境，另一方面由于阅读视野的开阔，正好有利于考据学走出明代前期的低谷，走向明代中后期的辉煌。

---

① 王文才、万光治主编：《杨升庵丛书》（一），天地出版社2002年版，第279页。
② （明）杨慎撰，丰家骅校证：《丹铅总录校证》，中华书局2019年版，第529页。

第二节　书籍文化视域下的明代考据学

考据工作的展开，无疑需要建立在丰富的文献资料基础上。作为极力反对考据的袁枚，也曾在给友人的复信中说过"考据之功，非书不可"[①]的话。就明代而言，书籍特别是印本书籍在正德（1506—1521）时期的大量涌现，迎来了书籍文化活动的昌盛时代[②]，正为考据学的全面展开提供了丰富的文献资料。[③] 其实，稍早一些的陆容（1436—1497）在他的《菽园杂记》卷一〇中就已经观察到了这种变化，他说：

> 古人书籍，多无印本，皆自钞录。闻《五经》印版，自冯道始。今学者蒙其泽多矣。国初书版，惟国子监有之，外郡县疑未有，观宋潜溪《送东阳马生序》[④]可知矣。宣德、正统间，书籍印版尚未广。今所在书版，日增月益，天下古文之象，愈隆于前

---

① （清）袁枚著，胡晓蓓注析：《随园尺牍：鱼雁传不尽的情思》，南京师范大学出版社2018年版，第178页。

② 钱存训先生说："明代印刷术的发展，可以分为两个各有特色的时期，大致以1500年为分野。前100多年，主要是继承了元代的传统，体现在技术和版式上，也体现在受科举考试的影响上。国子监和别的官署继续刻印经、史及应试者所需的别种参考书；书坊商人，也主要忙于刻印课本类的书籍。"又说："1500年后一段时期，成了中国文学、艺术和技术发展史上硕果累累的年代。这时以民间口语撰写的通俗小说，在风格上成为以后几百年间中国传统小说的楷模。"详见钱存训《纸和印刷》，刘祖慰译，《李约瑟中国科学技术史》第5卷《化学及相关技术》第一分册，科学出版社2018年版，第155、156页。缪咏禾指出："明代的出版事业，至少可以分为前后两个时期，以正德为界。"见缪咏禾《中国出版通史·明代卷》，中国书籍出版社2008年版，第10页。方彦寿以明代福建建阳书坊刻书为例，亦得出同样的结论："明代建阳的坊刻，以正德为界，大致可分为前后两个时期。"见方彦寿《增订建阳刻书史》，福建人民出版社2020年版，第273页。

③ 汉唐以来的经典文本（特别是集部文献）的凝定工作也在明代正德、嘉靖间完成，这恰为考据学家进行相关考据活动提供了较为完整且稳定的文本。详见叶晔《明代：古典文学的文本凝定及其意义》，《中国社会科学》2020年第2期。

④ 明宋濂《送东阳马生序》称："余幼时即嗜学，家贫，无从致书以观，每假借于藏书之家，手自笔录，计日以还。天大寒，砚冰坚，手指不可屈伸，弗之怠。录毕，走送之，不敢稍逾约。以是人多以书假余，余因得遍观群书。"据宋濂所言，当时书籍不仅数量少且价格不菲，以至于家稍贫者即无法购读。（明）宋濂著，黄灵庚编辑校点：《宋濂全集》卷31《序十》，人民文学出版社2014年版，第662页。

已。但今士习浮靡,能刻正大古书以惠后学者少,所刻皆无益,令人可厌。上官多以馈送往来,动辄印至百部,有司所费亦繁,偏州下邑寒素之士,有志占毕,而不得一见者多矣。尝爱元人刻书,必经中书省看过下所司,乃许刻印。此法可救今日之弊,而莫有议及者,无乃以其近于不厚与。①

陆氏认为,明初书版仅国子监有存,外郡县疑无有,且此一现象至宣德(1426—1435)、正统(1436—1449)年间尚未得到根本解决,而到陆氏撰写《菽园杂记》的成化(1465—1487)年间及弘治(1488—1505)前期,书版就已经逐渐增多起来。② 伴随着书版数量的逐渐增多,印本书籍的种类也逐渐丰富起来③,除传统的经史书籍、科举用书外,各种小说、戏曲类书籍大量涌现。④ 而更重要的是,印本书籍的价格在逐渐降低,由一钱到一两这个价格范围内的书籍,读者可以有很多不同的选择。⑤ 受此影响,印本书籍逐渐成为一般百姓的日常消费品。需要大量书籍资料作为支撑的考据学群体,无疑是此一变化的最大受益者。

一 书籍编刻与明代考据学

明代印本书籍,从存世情况来看,其数量远超宋元本,且大多数

---

① (明)陆容撰,佚之点校:《菽园杂记》,中华书局1985年版,第128—129页。
② 考虑到《菽园杂记》所载大都是陆容"对自己幼年以来耳闻目睹和亲力亲为之事的追记之文与即时随笔汇集而成",那么该书所载史料的真实性在某种程度上值得信赖。详见吴道良《陆容和他的〈菽园杂记〉》,《明清小说研究》2001年第2期。
③ 据谢肇淛《五杂组》卷13《事部一》中所载:"求书之法,莫详于郑夹漈,莫精于胡元瑞,后有作者无以加已。近代异书辈出,剞劂无遗,或故家之壁藏,或好事之帐中,或东观之秘,或昭陵之殉,或传记之裒集,或钞录之残剩。其间不准之讹,阮逸之赝,岂能保其必无?"(明)谢肇淛撰,韩梅、韩锡铎点校:《五杂组》,中华书局2021年版,第437页。
④ 美国学者高彦颐指出,此时"不仅更多的人们开始接触书籍,而且除了与科举相关的格式用书、样本文章和学习辅助材料外,他们需求的种类多得令人吃惊——故事、诗歌、散文、剧本、识字课本、综合图书、宗教小册、道德课本、旅行指南、日用类书等"。见[美]高彦颐《闺塾师:明末清初江南的才女文化》,李志生译,江苏人民出版社2005年版,第37页。
⑤ 周启荣:《明清印刷书籍成本、价格及其商品价值的研究》,《浙江大学学报》(人文社会科学版)2010年第1期。

宋元本都有明代的翻刻本及重刻本；从流传利用情况来看，明代印本书籍不仅在当时为汉字文化圈的读者所广泛利用，更是众多清代书籍的祖本。之所以会有如此大的成就和广泛的影响，主要得益于明代印本书籍在雕版印刷及装帧形式中分别采用了宋体字和线装书。① 对于明代出版业出现的这种改变，有学者甚至认为，除了"革命"二字没有其他的词能够形容。② 且这种"革命"不仅是"就出版的商业化、产业化而言"，更是"针对内容的大众化、受众的广泛性立论的"。③ 显然，此时的书籍生产（包括编著、刊刻等环节）不仅极具学术性和普及性，而且更显专业化和商业化，不仅有大量编辑整理、评点、辑校前人及时人文献的情况（编书），也有大量原创性极强的学术著作（著书），更有专业性极强的刊刻队伍参与其中（刻书）。

就书籍编著的主体而言，主要有官府、私家及书坊三方的共同参与，其中官府编书的"取向是皇朝秩序的巩固、意识形态的确立、典章制度的制定"，私家编书的"取向是个人修身立命、道德文章的传承、性情的抒发"，书坊编书"则把目光投向社会各方面人士的日常生活和精神需要"。④ 与之相对的，书籍刊刻的主体也由官府、私家及坊肆共同构成。⑤

官府编著的书籍，除上文已经提及的《五经大全》《四书大全》《性理大全》《永乐大典》等之外，尚有各类史书的编修（如《元史》），各种佛藏（如《洪武南藏》七千卷）、道藏（如《正统道藏》五千三百零五卷）的编修，各类地方志的编修（如李贤等纂修《大明一统志》九十卷、王鏊纂修《姑苏志》六十卷、周应宾纂修《普陀山志》六卷），等等。焦竑在《国史经籍志》卷一中曾特设了"制书类"，此

---

① 李开升：《明代书籍文化对世界的影响》，《文汇学人》2017年9月1日第2版；陈腾：《线装书的起源时间》，《中国典籍与文化》2020年第4期。
② [美]高彦颐：《闺塾师：明末清初江南的才女文化》，李志生译，江苏人民出版社2005年版，第36页。
③ 郭孟良：《晚明商业出版》，中国书籍出版社2011年版，第67页。
④ 缪咏禾：《中国出版通史·明代卷》，中国书籍出版社2008年版，第120页。
⑤ 王帅：《藏书宜子弟　种木长风烟——明代藏书家的刻书与抄书》，《收藏家》2018年第6期。

类书籍或由皇帝亲撰（如《高皇帝文集》），或由皇帝敕撰（如《高皇帝实录》），或与朝政密切相关（如孙宜编《国朝事迹》），焦氏在文末写道：

> 古之圣哲无意于文也，理至而文从之，如典谟训诰是已。然或谓臯、夔、旦、奭代为属笔，盖间有之。若梁武唐文，赡于辞学，至与寒畯之士竞为雕虫，何其小也。我圣祖投戈讲艺，间有撰造，朝出九重，暮行四海，风动草偃，晓然如推赤心置于人腹中。窃伏而读之，亹亹乎如家人父子提耳以命，唯恐其不尽也；如导师之于弟子，唯恐其不达也。《书》之赞敷言曰："天子作民父母，以为天下王。"嗟乎，此非真有父母之心者，孰能为之？而文殆不足言矣。虽然，迹其震越辉煌，魁奇硕大，虽以凌跨百代而轶驾三王，其何让之有？列圣代兴，著作相望，今备列首篇。①

据焦氏所言，此类书籍的编撰无疑是为了体现帝王的丰功伟绩，"迹其震越辉煌，魁奇硕大，虽以凌跨百代而轶驾三王"，故具有明显的政治色彩。虽然官方编撰的书籍普遍具有较为明显的政治色彩，但这并不影响考据学家们利用其中的经史书籍、地方志等来从事相关的考据研究工作。

官府编著书籍的刊刻，主要以内府刻本、南北监本为代表。其中内府刻本如《大明集礼》《大明律》《皇明祖训》《圣学心法》《五经大全》《四书大全》《性理大全》《臣戒录》《女戒》《医要集览》《居家必用事类全集》《永乐南藏》等②，南北监本如《十三经注疏》《二十一史》等。③ 此外，尚有礼部、兵部、工部、都察院、钦天监、太医院等各级中央职能机构，以及布政司，地方各府、州、县学，寺庙等公共机构刻

---

① 冯惠民等选编：《明代书目题跋丛刊》，书目文献出版社1994年版，第220页。
② 马学良：《吹尽狂沙始见金——谈谈明代的内府刻本》，《收藏家》2018年第6期。
③ 李明杰：《明代国子监刻书考略（上）——补版及新刻图书、底本及校勘问题》，《大学图书馆学报》2009年第3期；《明代国子监刻书考略（下）——书工及刻工、版式行款、刻书经费、社会评价诸问题》，《大学图书馆学报》2009年第5期。

书。但随着正德以后政府对书籍管制的松动,私家及坊肆编刻图书逐渐繁盛,导致明初以来官府刻书占比独大的局面受到实质性的挑战。

私家编著的书籍数量十分庞大,据清初学者倪灿在《明史艺文志序》中所说:

> 第有明一代以来,君臣崇尚文雅,列圣之著述,内府咸有开板。而一时作者,亦自彬彬。崇正学者,多以濂洛为宗;尚词藻者,亦以班扬为志。迨夫博雅淹通之士,著述尤夥。故其篇帙繁富,远过前人。①

作为深度参与过《明史艺文志》编撰工作的人,倪灿对明代著述情况的总结值得我们重视。② 据倪氏的观察,明代学者的相关著述就数量上来说"篇帙繁富,远过前人"。这些数量庞大的书籍的编著者主要是文士,而文士的构成者主要是官绅阶层和山人墨客。

官绅阶层包括贵族勋臣、在职官员和退职缙绅③,藩王正是其中较有代表性者。④ 如宁献王朱权,著有《大雅诗韵》《汉唐秘史》《太古遗音》《北曲谱》《原始秘书》等;周藩镇国中尉朱睦㮮,著有《救荒本草》《授经图》《中州人物志》《中州文献志》《五经稽疑》《宗学书目》等;郑世子朱载堉,著有《律吕精义内篇》《外篇》《律学新说》《律吕正论》《韵学新说》等;沈定王朱珵尧,著有《崇玉山房稿》《修业堂稿》《沈国勉学书院集》等;鲁藩朱当㴐,著有《国朝典故》《国朝谟烈辑遗》等。⑤ 藩王们之所以有如此多的著述,不仅因为作为皇室成员,藩王们都受过良好的教育,文化素质较高;也因为藩王们的经济实力好,藏书较多,如镇国中尉朱睦㮮《万卷堂书目》著

---

① (清)黄虞稷著,瞿凤起、潘景郑整理:《千顷堂书目(附索引)》,上海古籍出版社2001年版,第804页。
② 薛新力:《〈明史艺文志〉编撰考》,《北京大学学报》(哲学社会科学版)2002年第S1期。
③ 郭孟良:《晚明商业出版》,中国书籍出版社2011年版,第22页。
④ 曹之先生认为明代有三大著者群,分别是藩王、书坊、山人墨客。见曹之《明代三大著者群》,《图书情报论坛》1996年第4期。
⑤ 陈清慧:《明代藩府著述辑考》,《古籍整理研究学刊》2009年第2期。

录其藏书四千多部，因此具备优越的著述条件。

山人墨客作为文士群体的重要组成部分，包括山人、布衣、诸生等没有功名官位的在野的城乡知识人，以及有一定功名、仕宦身份而以山人墨客自居的文士。① 较有代表性者如屠隆，《明史·文苑传》称其"诗文率不经意，一挥数纸。尝戏命两人对案拈二题，各赋百韵，咄嗟之间二章并就。又与人对弈，口诵诗文，命人书之，书不逮诵也"。② 其著作包括《读易便解》《义士传》《冥寥子》《鸿苞集》《考槃余事》《由拳集》《白榆集》《栖真馆集》等。胡应麟，著有《六经疑义》《史蘐》《诸子折中》《酉阳续俎》《皇明诗统》《皇明律范》《明世说》《古韵考》《二酉山房书目》《少室山房类稿》《少室山房续稿》《少室山房笔丛》《诗薮》等。陈继儒，《明史·隐逸传》称其"工诗善文，短翰小词，皆极风致，兼能绘事。又博文强识，经史诸子、术伎稗官与二氏家言，靡不较覈。或刺取琐言僻事，诠次成书，远近竞相购写"。③ 其编著之书极多，如所编丛书《宝颜堂秘笈》共收书229种473卷，又如《易经选注》《陈眉公先生选注左传龙骧》《新镌眉公先生四言便读群珠杂字》《读书十六观》《眉公书画史》《书画金汤》《茶话》《茶董》《茶董补》《酒颠补》《枕谭》《偃曝谈余》《妮古录》《读书镜》《书蕉》《笔记》《狂夫之言》《长者言》《模世语》《小窗幽记》《古今韵史》《福寿全书》《晚香堂集》等。

无论是官绅阶层抑或是山人墨客，除编著有大量书籍之外（其中一部分即为自编自刻），也曾刊刻过大量的书籍。如官绅阶层的藩王，其藩府刻书就极多且精。如宁献王朱权就曾刊刻过《太和正音谱》《务头集韵》《汉唐秘史》等，郑世子朱载堉刊刻过《乐律全书》及宋陈旸《乐书》等。据张秀民《明代藩府印书表》及陈清慧《明代藩府刻书辑考》的统计，明代藩府刻书共有574种。④ 此外，唐顺之在给

---

① 郭孟良：《晚明商业出版》，中国书籍出版社2011年版，第22页。
② 《明史》卷288，中华书局1974年版，第7388页。
③ 《明史》卷298，中华书局1974年版，第7631页。
④ 张秀民：《中国印刷史》，上海人民出版社1989年版，第417—445页；陈清慧：《明代藩府刻书辑考》，《中国典籍与文化》2010年第2期。

王慎中的信中曾侧面表达了当时私家刻书的兴盛,他说:

> 仆居闲,偶想起宇宙间有一二事,人人见惯而绝是可笑者。其屠沽细人,有一碗饭吃,其死后则必有一篇墓志;其达官贵人与中科第人,稍有名目在世间者,其死后则必有一部诗文刻集,如生而饭食,死而棺椁之不可缺。此事非特三代以上所无,虽唐汉以前亦绝无此事。幸而所谓墓志与诗文集者,皆不久泯灭,然其往者灭矣,而在者尚满屋也。若皆存在世间,即使以大地为架子,亦安顿不下矣。此等文字倘家藏人畜者,尽举祖龙手段作用一番,则南山煤炭竹木当尽减价矣。①

以江苏私家刻书为例,江阴令新淦人涂祯,于弘治十四年(1501)翻刻宋本桓宽《盐铁论》。吴县洞庭山人陆元大,于正德十四年(1519)翻刻宋本晋陆机、陆云《晋二俊集》,又于正德十六年翻刻宋本《花间集》。苏州人袁表,于正德十五年翻刻宋本《皮日休文薮》及《脉经》。吴县人袁褧,家富藏书,其藏书楼为磐石斋,专辟"嘉趣堂"为刻书之所,于嘉靖十二年(1533)覆刻宋本《大戴礼记》,嘉靖十三年至二十八年覆刻宋本《六家文选注》,嘉靖十四年覆刻宋本《世说新语》,均精美绝伦。吴县人黄鲁曾、黄省曾、黄贯曾三兄弟以藏书和刻书而闻名,特别是黄省曾,嘉靖十年举人,后进士不第,遂弃举子业,以"文始堂""前山书屋""南星精舍"等为室名刊刻了很多精品书籍,嘉靖四年于苏州翻刻宋本《嵇中散集》,嘉靖十三年覆刻宋本晋郭璞注《山海经》、北魏郦道元《水经注》。无锡人秦汴,于嘉靖十五年翻刻宋本《锦绣万花谷前集》《后集》《续集》《别集》。②

书坊编刻的书籍,因为书坊主能够迅速捕捉到市场最新需要,且往往能够约请到知名文士来主持编著,因此产生了许多适合市场

---

① (明)唐顺之著,马美信、黄毅点校:《唐顺之集》,浙江古籍出版社2014年版,第276页。
② 王桂平:《明代的学术流变与江苏私家刻书之关系》,《大学图书馆学报》2014年第6期。

需要的新图书，这种书商与文士联手互动的编著模式，带来了极大的经济效益和社会效益。不仅坊刻中心增多①，坊刻主及坊刻书籍也大量增加。据《全明分省分县刻书考》统计，明代仅江苏就有书坊416家，编刻之书多达1050种，其中类书最多，共218种。②据《增订建阳刻书史》统计，明代福建仅建阳一地就有书坊234家，编刻之书达1000种以上。③可见书坊编刻之书数量十分庞大。如福建建阳的刘剡编刻有《四书通义》《宋元通鉴全编》《增修附注资治通鉴节要续编》，余象斗编刻有《三台馆仰止子考古详订遵韵海篇正宗》《仰止子详考古今名家润色诗林正宗》《仰止子详考古今名家润色韵林正宗》《新刻天下四民便览三台万用正宗》，叶景逵编刻有《选编省监新奇万宝诗山》等。又如浙江钱塘人洪楩，有才学，藏书无数，曾担任过詹事府主簿一职，创立清平山堂，精通刻书，曾辑刻过《清平山堂话本》《蓉塘诗话》《六臣注文选》《路史》《医学摄生类八种》《唐诗纪事》《新编分类夷坚志》等。④浙江吴兴人凌迪知，曾任大名府通判，后升任常州府同知，罢官归里后经营书籍刊刻。曾编刻有《国朝名公瀚藻》《皇名经世类苑》《古今万姓统谱》《氏族博考》《文林绮绣》等。

就明代书籍编刻的总体情况来看，从经史典籍、时文制艺、日用类书到戏曲小说，各种类型的书籍应有尽有，这无疑为拓宽考据学家的阅读视野，提高考据学家考证内容的可信度有极大帮助，为中晚明考据学复兴提供了坚实的资料保障。

---

① 胡应麟在《经籍会通四》中说："余所见当今刻本，苏、常为上，金陵次之，杭又次之。近湖刻、歙刻骤精，遂与苏、常争价。蜀本行世甚寡，闽本最下，诸方与宋世同。"[（明）胡应麟：《少室山房笔丛》卷4，上海书店出版社2009年版，第44页] 谢肇淛在《五杂组》中说："宋时刻本以杭州为上，蜀本次之，福建最下。今刻纸不足称矣，金陵、新安、吴兴三地剞劂之精者不下宋板，楚、蜀之刻皆寻常耳。闽建阳有书坊，出书最多，而板纸俱最滥恶，盖徒为射利计，非以传世也。大凡书刻，急于射利者必不能精，盖不能捐重价故耳。近来吴兴、金陵骎骎蹈此病矣。"[（明）谢肇淛撰，韩梅、韩锡铎点校：《五杂组》，中华书局2021年版，第439页]

② 杜信孚、杜同书：《全明分省分县刻书考》，线装书局2001年版。

③ 方彦寿：《增订建阳刻书史》，福建人民出版社2020年版，第427页。

④ 周膺：《杭州洪氏家族及其家族文化》，《浙江社会科学》2007年第5期。

二 书籍典藏与明代考据学

明代书籍编刻的繁盛，固然在客观上为中晚明考据工作的展开提供了资料保障，但只有当考据学家能够自己拥有丰富的藏书，或者能够借助他人丰富的藏书，才能真正着手从事考据工作。然而明代中期以前，因为印本书籍的时代尚未到来，无论是官府还是私人藏书，均仍以抄本为主。如杨士奇等于正统六年（1441）编纂的《文渊阁书目》，著录图书计7293部①，其中"锓板十三，抄本十七"。② 明末清初的顾炎武在《钞书自序》中回顾自家藏书历史时也说：

> 炎武之先家海上，世为儒。自先高祖为给事中，当正德之末，其时天下惟王府官司及建宁书坊乃有刻板，其流布于人间者，不过《四书》《五经》《通鉴》《性理》诸书。他书即有刻者，非好古之家不蓄，而寒家已有书六七千卷。③

不仅如此，此时官府藏书无论是数量还是质量都要大大优于私家藏书。关于此点，《永乐大典》的编纂就能很好地加以说明。永乐元年（1403）七月，也就是《永乐大典》编纂之初，明成祖朱棣就已明确授意侍读学士解缙，书的内容应包括，"凡书契以来经、史、子、集、百家之书，至于天文、地志、阴阳、医卜、僧道、技艺之言，备辑为一书"。④ 在实际编纂过程中，为了充分实现这一目标，朱棣曾"命文学之臣，纂集四库之书，及购募天下遗籍，上自古初，迄于当世，旁搜博采，汇聚群分，著为奥典"。⑤ 也就是说，编纂者不仅广泛

---

① 《文渊阁书目》现存版本多种，此乃据较接近原貌的读画斋本进行统计的结果。详见刘仁《〈文渊阁书目〉版本系统考论》，《文献》2019年第4期。
② 《钦定四库全书总目》（整理本），中华书局1997年版，第1133页。
③ （清）顾炎武著，华忱之校注：《顾亭林文选》，四川人民出版社1998年版，第45页。
④ 《明太宗实录》卷21，《明实录》第2册，台北："中央研究院"历史语言研究所1966年版，第393页。
⑤ 《永乐大典目录》卷首，（明）解缙等《永乐大典》，中华书局2012年版。

征集了"天下遗籍",而且充分利用了明代皇家图书馆——文渊阁的藏书。据统计,《永乐大典》总计利用各类图书达七八千种,其中多数都是宋元珍本,甚至是孤本秘本。如此数量大质量高的官府藏书,是私家藏书无法比拟的。

然而,随着时间的推移,官府藏书因为种种因素的影响,无论是藏书的数量还是质量都在走下坡路。[①] 以文渊阁藏书的流散为例,王肯堂(1549—1613)在《郁冈斋笔麈》卷二中有如下记录:

> 文渊阁藏书皆宋元秘阁所遗留,虽不甚精,然无不宋板者,因典籍多赘生,既不知爱重,阁老亦漫不检省,往往为人取去。余尝于溧阳马氏楼中见种类甚多,每册皆有"文渊阁印"。己丑(万历十七年,1589),既入馆阁,师王荆石先生谓余与焦弱侯曰:君等名为读中秘书,而不读中秘书,何为?吾命典籍以书目来,有欲观者,可列其目以请。少顷,典籍果以书目来,仅四册,凡余所见马氏书已去其籍矣,及按目而索,则又十无一二,存者又多残缺,讯之,则曰:丙戌(万历十四年,1586),馆中诸公领出未还故也。时馆长彭肯亭(烊)已予告归,无从核问,试以讯院吏,院吏曰:今在库中。余大喜,亟命出诸库,视之,则皆易以时刻,人、事、书非复秘阁之旧矣。余亟令交还典籍,典籍亦竟朦胧收入,今所存仅千万之一,然犹日销月耗,无一留心保护者,不过十年必至于无片纸只字乃已,甚可叹也。[②]

王氏所说文渊阁库中书籍"皆易以时刻,人、事、书非复秘阁之旧",正可说明文渊阁藏书质量的下降。沈德符在《万历野获编》卷一《先朝藏书》中也说:

---

① 李玉安、李天翔:《明代的藏书管理与散佚——论明代废黜秘书监的后果》,《山东图书馆学刊》2009年第6期。
② (明)王肯堂:《郁冈斋笔麈》,《续修四库》子部第1130册,第62—63页。

> 祖宗以来，藏书在文渊阁，大抵宋版居大半。其地既居邃密，又制度卑隘，窗牖昏暗，虽白昼亦须列炬。故抽阅甚难，但掌管俱属之典籍。此辈皆贵郎幸进，虽不知书，而盗取以市利者实繁有徒，历朝所去已强半。至正德十年乙亥（1515），亦有讼言当料理者，乃命中书胡熙、典籍刘祎、原管主事李继先查对校理。繇是为继先窃取其精者，所亡益多。向来传闻，俱云杨升庵因乃父为相，潜入攘取，人皆信之。然乙亥年则新都公方忧居在蜀，升庵安得阑入禁地？至于今日则十失其八，更数十年，文渊阁当化为结绳之世矣。①

结合沈氏所说"今日则十失其八，更数十年，文渊阁当化为结绳之世"，与上文王氏所说"按目而索，则又十无一二，存者又多残缺"，说明文渊阁藏书数量骤减之程度。据此就容易理解清全祖望在《钞〈永乐大典〉记》中的下列表述的深刻意涵：

> （《永乐大典》）一切所引书，皆出文渊阁储藏本。自万历重修书目，已仅有十之一，继之以流寇之火，益不可问。闻康熙间，昆山徐尚书健庵以修《一统志》言于朝，请权发阁中书资考校，寥寥无几，则是书之存，乃斯文未丧一硕果也。②

全氏虽是在表彰《永乐大典》保存文献之功，但也侧面体现出作为官府最重要的藏书机构的文渊阁，其藏书因为天灾（主要是火灾），更因为人祸（主要是管理不善、盗窃成风），而逐渐散亡的事实。

与官府藏书日渐没落的情形有所不同，随着时代的发展，明代私家藏书却逐渐走向了兴盛。当然，私家藏书的兴盛，固然像吴晗先生所说与版刻书籍的兴盛有密切关系③，其实也与时人藏书理念的

---

① （明）沈德符：《万历野获编》，中华书局1959年版，第28页。
② （清）全祖望：《鲒埼亭集外编》卷17，（清）全祖望撰，朱铸禹汇校集注《全祖望集汇校集注》，上海古籍出版社2000年版，第1071页。
③ 吴晗：《两浙藏书家史略序言》，《江浙藏书家史略》，中华书局1981年版，第1页。

逐渐成熟息息相关。如明高濂（约1532—1606）在《论藏书》中指出："藏书以资博洽，为丈夫子生平第一要事。"高氏将"藏书以资博洽"列为读书人第一要紧事，正契合了考据学家们泛观博览的治学理念。① 而祁承㸁（1565—1628）更是在长期的藏书实践中，总结出了一套比较完整的有关图书采购、典藏、整理、分类、编目、阅读使用的理论和方法。其《澹生堂藏书约》是中国现存最早的一部图书保管规则。② 更与时人藏书热情的逐渐高涨密不可分。如朱大韶（1517—1577）为了收藏宋刻本袁宏《后汉纪》，竟以美婢易之。③ 胡应麟（1551—1602）自幼爱书如狂，他说："余自髫岁夙婴书癖，稍长从家大人宦游诸省，遍历燕、吴、齐、赵、鲁、卫之墟，补缀拮据垂三十载。近辑《山房书目》，前诸书外，自余所获才二万余，大率穷搜委巷，广乞名流，录之故家，求诸绝域，中间解衣缩食、衡虑困心、体肤筋骨靡所不惫。"④ 徐㶿（1570—1642）《笔精》卷七《文事》"藏书"中说："予友邓参知原岳、谢方伯肇淛、曹观察学佺，皆有书嗜。邓则装潢齐整，触手如新；谢则锐意搜罗，不施批点；曹则丹铅满卷，枕籍沈酣。"又在同卷"读书乐"中说："余尝谓人生之乐，莫过闭户读书，得一僻书，识一奇字，遇一异事，见一佳句，不觉踊跃，虽丝竹满前，绮罗盈目，不足逾其快也。"⑤

据范凤书先生的统计，明代"藏书家多达八百九十七人，近似宋元两代的总合"，收藏万卷以上藏书的藏书家有232人。⑥ 其中与考据

---

① （明）高濂著，王大淳点校：《遵生八笺》卷11《燕闲清赏笺上》，浙江古籍出版社2017年版，第549页。清张金吾在《爱日精庐藏书志·自序》中也说："人有愚、智、贤、不肖之异者，无他，学不学之所致也。然欲致力于学者，必先读书；欲读书者，必先藏书。藏书者，诵读之资，而学问之本也。"张氏更进一步强调藏书乃学问之根本所在。可见，藏书之于读书治学的重要性，乃是不同时代人的共识。（清）张金吾撰，冯惠民整理：《爱日精庐藏书志》，中华书局2012年版，第2页。
② 广陵书社编辑部：《出版说明》，（明）祁承㸁等《藏书记》（图文本），广陵书社2010年版，第1页。
③ （清）叶德辉著，漆永祥点校：《书林清话》卷10"藏书偏好宋元刻之癖"，北京联合出版公司2018年版，第351页。
④ （明）胡应麟：《少室山房笔丛》卷4《经籍会通四》，上海书店出版社2009年版，第41页。
⑤ （明）徐㶿：《笔精》，福建人民出版社1997年版，第238、241页。
⑥ 范凤书：《中国私家藏书史》，大象出版社2001年版，第166、168—187页。

学密切相关者略举数人如下。浙江浦江人宋濂（1310—1381），《明史》本传称其："自少至老，未尝一日去书卷，于学无所不通。为文醇深演迤，与古作者并。"① 有藏书楼名曰"青萝山房"，藏书万卷。② 以此丰富的藏书为基础，宋濂撰写了那部影响颇广的名著《诸子辨》。③ 浙江海盐人郑晓（1499—1566），博览群书，熟谙典故，且性喜收藏，有淡泉书屋、独瘖园等藏书之处，藏书颇丰。今藏于美国国会图书馆的明司礼监刻本《新编古今事文类聚》一百三十册，卷内有"淡泉"等藏书印，正是郑晓旧藏。④ 上海华亭人何良俊（1506—1573），喜读书，亦喜藏书，有藏书楼名曰"清森阁"。何氏在《四友斋丛说初刻本自序》中曾说："何子少好读书，遇有异书，必厚赀购之，撤衣食为费，虽饥冻不顾也。每巡行田陌，必挟策以随。或如厕，亦必手一编。所藏书四万卷，涉猎殆遍，盖欲以揽求王霸之余略，以揣摩当世之故。"⑤ 可见其爱书之切及藏书之富。江苏太仓人王世贞（1526—1590），作为后七子领袖，其深厚的文学造诣正建立在丰富的藏书基础上。王氏喜搜求异书秘本，有"小西馆""尔雅楼"等藏书楼，"小西馆在弇州园凉风堂后，藏书凡三万卷，二典不与，构藏经阁贮焉，尔雅楼皮宋刻书皆精绝"。⑥ 另有藏书室名曰"九友斋"，精善难得之秘本特藏其中，两《汉书》为九友斋中所藏诸本之冠，系王氏用一庄园易得，堪称王氏藏书中最可宝者。⑦ 江苏南京人焦竑（1540—1620），自幼聪慧好学，好聚书，"藏书两楼，五楹俱满"，且"一一皆经校雠探讨，尤人所难"。⑧ 曾据藏书撰为《焦氏藏书目》

---

① 《明史》卷128，中华书局1974年版，第3787页。
② （明）胡应麟：《少室山房笔丛》卷4《经籍会通四》，上海书店出版社2009年版，第48页。
③ 关于《诸子辨》的性质，传统上均将其归入辨伪类著作，但王嘉川、黄灵庚通过研究一致认为，《诸子辨》并非辨伪专著，而是宋濂辨析秦汉诸子的是非问题的论道之作。分别见王嘉川《〈诸子辨〉的性质考辨》，《浙江社会科学》2004年第5期；黄灵庚《宋濂的阐述性理之作——〈龙门子凝道记〉、〈诸子辨〉辩证》，《浙江社会科学》2014年第12期。
④ 王重民：《中国善本书提要》，上海古籍出版社1983年版，第360页。
⑤ （明）何良俊：《四友斋丛说》，中华书局1959年版，第5页。
⑥ （明）胡应麟：《少室山房笔丛》卷4《经籍会通四》，上海书店出版社2009年版，第48页。
⑦ 任继愈主编：《中国藏书楼》（贰），辽宁人民出版社2001年版，第1055页。
⑧ （明）祁承煠等：《藏书记》（图文本），广陵书社2010年版，第17页。

二卷①，惜已亡佚。福建连江人陈第（1541—1617），"性无他嗜，惟书是癖"，"自少至老，足迹遍天下，遇书辄买，若惟恐失，故不择善本，亦不争价值。又在金陵焦太史、宣州沈刺史家得未曾见书，抄而读之，积三四十余年，遂至万有余卷"（《一斋公世善堂藏书目录题词》）。②浙江兰溪人胡应麟（1551—1602），"于他无所嗜，所嗜独书，饥以当食，渴以当饮，诵之可以当韶濩，览之可以当夷施，忧藉以驿，忿藉以平，病藉以起色"③，家富藏书，有藏书楼"二酉山房"。祁承㸁《澹生堂藏书约》说，胡氏"以一孝廉，集书至四万二千三百八十四卷"④，但其中"今人自为书居三之一"。⑤福建长乐人谢肇淛（1567—1624），爱书如命，有藏书楼名曰"小草斋"，曾说："读未曾见之书，历未曾到之山水，如获至宝、尝异味。"⑥所读之书，举凡"经、史、子、集以及稗官家言，无不探讨"，曾向同乡叶向高（1559—1627）家"借秘书抄录，录竟即读，读竟复借"，不久即将叶氏家藏之书抄读了个遍，因此叶氏称其为"书淫"。⑦谢氏不仅爱读书、抄书、藏，而且真正懂得藏书的价值，他曾严厉批评三种藏书人：一种是"浮慕时名，徒为架上观美"，此类人有书如同"无书"；一种是"广收远括，毕尽心力"，只知多藏书，而不认真讨论，故所藏书"半束高阁"，此类人藏书仅如"书肆"；一种是"博学多识"，"记诵如流"，但无法运用自如，故"没世无闻"。⑧正因谢氏对于藏书有如此深刻的认识，因此其藏书、读书绝不仅仅是为了"取科第"，更是为了"明义理"

---

① （明）祁承㸁等：《澹生堂藏书记·澹生堂藏书目》，上海古籍出版社2015年版，第431页。
② （明）陈第：《世善堂藏书目录》，《续修四库》史部第919册，第491页。
③ （明）王世贞：《弇州续稿》卷63《二酉山房记》，《景印文渊阁四库全书》（以下简称《四库全书》）第1282册，台湾商务印书馆1983年版，第832页。说明：以下注释中，该丛书出版信息从略。
④ （明）祁承㸁等：《藏书记》（图文本），广陵书社2010年版，第17页。
⑤ （明）胡应麟：《少室山房集》卷83《二酉山房书目序》，《四库全书》第1290册，第605页。
⑥ （明）谢肇淛撰，韩梅、韩锡铎点校：《五杂组》，中华书局2021年版，第427页。
⑦ （明）叶向高：《小草斋集序》，《苍霞余草》卷6，《四库禁毁书丛刊》（以下简称《四库禁毁》）集部第125册，北京出版社1997年版，第464—465页。说明：以下注释中，该丛书出版信息从略。
⑧ （明）谢肇淛撰，韩梅、韩锡铎点校：《五杂组》，中华书局2021年版，第435页。

"资学问"。①

当然，在藏书之外，明代书籍"流通异常活跃，好书共享，秘本共赏，真正起到图书特有的传播作用"。② 藏书家杨循吉（1458—1546），生前就已将自己的藏书分赠给了知己好友，以使藏书能尽其用。得月楼主李如一，将自己的藏书借给学者抄阅，有求书者，莫不"倒屐相与"。天一阁主范钦和复古派领袖王世贞相约互相抄补所缺之书，增加了彼此的收藏。③ 李日华（1565—1635）曾从好友岳之律家中一次性借回《天宝遗事》《南部新书》《说郛》《白氏文集》等共18种著作。④ 胡应麟曾以重价从金华虞守愚处购得大量藏书，"遂以书雄海内"。⑤ 徐𤊹藏书甚多，其中多有罕见珍本，有人慕名而来，徐氏皆乐于借与，并从读书治学的角度强调借书与人的意义，且鼓励他人也将书籍借与有需要的人："书亦何可不借人也！贤哲著述，以俟知者。其人以借书来，是与书相知也。与书相知者，则亦与吾相知也。何可不借！来借者或蓄疑难，或稽异同，或补遗简，或搜奇秘，至则少坐供茶毕，然后设几持帙，恣所观览，随其抄誊。"⑥ 曹学佺（1574—1646）强调书籍应该流通，且提倡建儒藏："释道有藏，吾儒独无藏。释藏南北二京皆有板，道藏惟北京有板。以此见释教之传布者广，而奉释者为教之念公也。隋唐《经籍志》，以经史子集分为四库，宋《崇文总目》亦然，《文献通考》、郑夹漈《十二略》皆因之循名责实，未尝不与二藏相颉颃。惟是藏书家，馆阁自馆阁，私塾自私塾，未尝流通，故其积之不久，或遇水火盗贼之灾，易姓播迁之患，率无有存者。……天下之物，公则久，私则不能久。"⑦ 如此等等，为明代考据学的全面展开提供了重要的契机。

---

① （明）谢肇淛撰，韩梅、韩锡铎点校：《五杂组》，中华书局2021年版，第430页。
② 聂付生：《晚明文人的文化传播研究》，中国戏剧出版社2007年版，第134页。
③ 周少川：《藏书与文化：古代私家藏书研究》，北京师范大学出版社1999年版，第90页。
④ （明）李日华著，屠友祥校注：《味水轩日记》，上海远东出版社1996年版，第179页。
⑤ （明）谢肇淛撰，韩梅、韩锡铎点校：《五杂组》，中华书局2021年版，第438页。
⑥ （明）徐𤊹：《笔精》卷7《文事》"借书"，福建人民出版社1997年版，第242页。
⑦ （明）曹学佺：《建阳斗峰寺请藏碑文》，《曹学佺诗文集》第12册，香港文学报社出版公司2013年版，第1085页。

第三节　杨慎的异军突起与明代考据学

　　杨慎（1488—1559），字用修，号升庵，新都（今属四川成都）人。内阁首辅杨廷和（1459—1529）之子。正德六年（1511）状元及第，授翰林修撰，官至经筵讲官。嘉靖三年（1524），因"大礼议"① 获罪下狱，两受廷杖，毙而复苏，最终刺配云南。嘉靖三十八年，客死昆明高峣，享年七十二岁。② 隆庆元年（1567），诏赠恤建言已故诸臣，杨慎恢复原官，追赠光禄寺少卿，谥庄介。天启中，改谥文宪。③

　　杨慎自幼聪明异常，读书过目成诵，"于诸经古书无所不通，子史百家乐律之言，一阅辄不忘。至于奇辞隐义，人所难晓者，益究心精诣焉"。④ 尤其在诗文创作方面，十一二岁就已表现出了特别的才华，并得到李东阳（1447—1516）⑤、张志淳（1457—1538）⑥ 等人的

---

　　① "大礼议"既是"继统"和"继嗣"的礼仪之争，更是学术思想上程朱理学与陆王心学的冲突和较量。见欧阳琛《王守仁与大礼议》，《新中华》1949年第12卷第7期；张立文《论"大礼议"与朱熹王阳明思想的冲突》，《南昌大学学报》（人文社会科学版）1999年第2期；王剑、王子初《学理之异与议礼之争：嘉靖朝大礼议新论》，《求是学刊》2017年第2期。
　　② （明）游居敬：《翰林修撰升庵杨公墓志铭》，（清）黄宗羲编《明文海》，中华书局1987年版，第4566页。
　　③ 关于杨慎生平事迹的更详细介绍，见倪宗新《杨升庵年谱》，中央文献出版社2013年版。
　　④ （明）游居敬：《翰林修撰升庵杨公墓志铭》，（清）黄宗羲编《明文海》，中华书局1987年版，第4567页。
　　⑤ 李东阳，字宾之，号西涯，湖南茶陵人。明天顺八年（1464）进士，历仕天顺、成化、弘治、正德四朝，立朝五十载，柄国十八年。以台阁大臣主持诗坛，为茶陵诗派领袖。弘治十四年（1501），年十四岁的杨慎，随福建乡进士魏浚习举子业，偶作《黄叶诗》一首，李东阳见之，曰："此非寻常子所能，吾小友也。"故将杨慎收入门下，命杨慎"拟《出师表》及傅奕《请沙汰僧尼表》"，李东阳见之，"谓不减唐宋词人"。见（明）陈文烛《杨升庵太史慎年谱》，（明）焦竑编《国朝献征录》卷21，载周骏富辑《明代传记丛刊》第110册，台北：明文书局1991年版，第30页。
　　⑥ 张志淳，字进之，号南园，云南保山隆阳人，明代云南最著名的学者。成化二十年（1484）进士，正德中任南京户部侍郎、工部侍郎等职。张志淳与杨廷和"素厚善"，因喜爱杨慎之才，遂将其子张含介绍给杨慎，因两人年龄相仿，臭味相同，遂"终身为金石之交"。见（明）刘文征撰，古永继点校《滇志》卷14《人物志·张志淳传》，云南教育出版社1991年版，第475页。

赞誉和喜爱。此后直至高中状元（正德六年）之前，虽主要专注于准备科举考试，未能全身心地投到诗文创作上，但仍有不少优秀作品在此一段时期内面世。登第之后，常侍李东阳左右，进一步得到李东阳的精心指点，在诗文创作方面又有了精进。而稍早于杨慎的"前七子"成员何景明（1483—1521）以及稍后于杨慎的"后七子"成员谢榛（1495—1575）、张佳胤（1526—1588）等，都与杨慎有较为密切的交往。① 杨慎广泛吸收各家之长，最后形成了自己较为独特的文学创作风格。而这也正是杨慎诗文得到当代研究者广泛重视的原因之一。但不幸的是，嘉靖三年（1524）的"大礼议"彻底改变了杨慎的命运，也引发了杨慎学术的转向。

一 贬谪云南与杨慎学术的转向

杨慎在翰林院供职的十二年（1511—1523），除得到恩师李东阳的精心指点外，尚得到杨一清（1454—1530）、费宏（1468—1535）等人的指导，同时参与了编校《文献通考》及编修《武宗实录》等。在这一段时间，不仅获观皇家秘府书籍，更结交了文徵明（1470—1559）、李梦阳（1473—1530）、何孟春（1474—1536）、王廷相（1474—1544）、康海（1475—1540）、何景明（1483—1521）等著名的文学家、思想家。总之，这是一段让他收获满满的经历，不仅收获了友谊，更收获了丰富的知识。但收获之余，也颇为朝事烦忧，正德十二年（1517）八月五日，武宗微服出行，经日未还。杨慎忧心如焚，遂写了《丁丑封事》，上疏切谏。其中有云：

> 臣尝闻之，君人者无轻举，无妄动，非无事之游。……若轻举妄动，非事而游，则必有意外之悔。……鉴之往古，周穆王穷海远游，致有祁招之箴；汉武帝深夜微行，致有逆旅之辱。观之昭代，则土木之变近在己巳，未及百年也。当时尚赖中国之运，

---

① 丰家骅：《杨慎评传》，南京大学出版社1998年版，第31、218—219页。

荷宗社之灵，用谋臣之策，空府库之财，竭边廪之积，仅克以济，然其所损，亦不少矣。稽之前事既如彼，验之己巳又如此，陛下圣明，其不可不深为之念也审矣。臣等待罪史官，直书时事，以垂久远，其职分也。后之视今，亦犹今之视昔，与其令后世观之，以为今日之讥，孰若今日止之，以扬后世之休乎？故不敢避铁钺，为陛下陈之，伏望圣明，俯从舆情，早还宫阙。①

观此疏文，其忧心国事、敢于直谏的形象跃然纸上。而这样忠直的性格，最集中地体现在嘉靖三年（1524）于"大礼议"说出的那句"国家养士百五十年，仗节死义，正在今日"②的豪言中，但也正是此言惹怒嘉靖皇帝，最终与丰熙（1468—1538）等人被谪戍有差。

杨慎原本的戍地在山西雁门，后经费宏、何孟春等人的帮助，方才改为谪戍云南永昌。之所以要改到云南，是因为云南离四川较近，且远离京城，朝廷难以知晓其详情，因此杨慎可以在此地生活得更加自由和安宁。③杨慎被谪戍云南永昌卫后，饱尝人间甘苦，其个人命运及学术趋向也因此发生重大改变。就其学术趋向的转变而言，杨慎之所以能将读书治学的重点逐渐转移到需要消耗大量时间才能从事的文献考证，无疑正与其贬谪云南的经历密切相关。因为只要稍微考察杨慎现存著作的成书时间就会发现，杨慎除在正德末到嘉靖初年辑录过《风雅逸篇》（1516），编著过《水经补注》（1518）、《石鼓文音释》（1521）、《汲冢周书》（1522）等少数几部著作外，几乎所有著作都在其贬谪云南之后完成。当然，文献考证方面的著作亦不例外，如《转注古音略》《丹铅余录》（1530）、《丹铅续录》（1537）、《升庵诗话》（1541）、《丹铅别录》《谭苑醍醐》（1542）、《丹铅总录》（1548）、《升庵经说》（1549）、《艺林伐山》《杨子卮言》（1556）等

---

① （明）杨慎：《太史升庵文集》卷2，明刻本。此疏文原未署年月，据《明武宗实录》卷152所载，知杨慎此疏上于八月五日。见《明实录》第8册，台北："中央研究院"历史语言研究所1966年版，第2940页。
② 《明史》卷191《何孟春传》，中华书局1974年版，第5068页。
③ 丰家骅：《杨慎评传》，南京大学出版社1998年版，第64—65页。

均完成于谪居云南期间。① 虽然云南在明代还相对闭塞，其经济、政治乃至学术环境均远不如京畿、江浙之地，但对于一个心中有梦想但却被终身流放的人来说，正因为有此一份相对的自由和安宁，他才能在自己生命的后半程相对从容地生活交友、读书治学，这已是极为难得的了。

杨慎流放云南，政治生涯不得不告一段落，这对深受传统儒家文化熏陶，心中充满"得君行道"理想的他来说，不能不说是极为残酷的现实。因此，当嘉靖六年（1527）十一二月间云南寻甸土司安铨、武定土司凤朝文等叛乱时，杨慎说出那句"此吾效国之日也"②的话，我们并不感到意外。但一心希望世宗回心转意进而召其回到朝堂的杨慎，在一次次的希望与失望之后，终于明白那一日不会到来。但是，政治上的不得意，并没有让杨慎在学术上沉沦，反而促使他花更多时间在读书治学上，并最终取得巨大的成绩。这种变化当然更应该归因于杨慎个人心态的调整，但宋代大儒程颐在贬谪时说过的一席话也对其思想转变起到了重要的促进作用。请看杨慎在晚年所写《杨子卮言序》③中对这一心态转变的记述：

> 伊川先生谪涪州日，所居名"注易洞"。先生尝曰："今之农夫，祁寒暑雨，深耕易耨，播种五谷，吾得而食之；百工技艺，作为器物，吾得而用之；甲胄之士，披坚执锐，以守土宇，吾得而安之。却如此闲过日月，即是天地之一蛀也。功泽又不及民，别事又不能作，惟有补辑圣人遗书，庶几有补尔！"慎也庄诵此言，以为先得我心之同然。谪居滇云岁久，日取古人载籍而翻阅之，时见一斑，遂用笔之。性命之谈，经传已备言之，祇为屋下

---

① 当然，这里必须强调的一点是，考据著作的成书时间与考据工作的展开时间并不同步，考据工作的展开显然比考据著作的成书时间要早得多。
② （明）李贽：《续藏书》卷26《文学名臣·修撰杨公》，周骏富辑《明代传记丛刊》第106册，台北：明文书局1991年版，第502页。
③ 此序未署年月，倪宗新据杨慎在序末所说"走年及古稀，病膺衰飒，瞬目言动，旋踵遗忘"的话，认为是杨慎晚年寓居泸州时所写。今从。倪宗新：《杨升庵年谱》，中央文献出版社2013年版，第577页。

之屋耳。惟刊谬正误，或庶几焉。……此虽小节，实亦关系至理。①

同样的遭际，让杨慎对程颐"功泽又不及民，别事又不能作，惟有补辑圣人遗书，庶几有补"的说法深表赞同。因此，在争取政治前程无望之后，他选择了振作精神，"日取古人载籍而翻阅之"，遇有疑难处，就加以考证并记录下来，渐渐汇集成了众多的考证著作。杨慎认为"刊谬正误"这样的考证工作（考据）虽只是"小节"，但却"实亦关系至理"（义理）。也就是说，杨慎认为考据之学是探讨性命义理之学的入口，而这种理念正与清代乾嘉考据学家们所普遍认为的"六经之义理寓于训诂之中，只要通过训诂使六经之义显，则义理自然明晰而道在其中"②的理念具有异曲同工之妙。正是有了这样的理念，杨慎才会"居滇日暇"，忘掉烦恼，"尤以敷文析理自娱"。③当然，考证工作的展开需要大量文献材料的支撑，此乃不言自明的道理。因此，谪居云南的杨慎是否真能拥有如此丰富的文献材料来支撑其考证工作，确乎是关系到其考证成败的关键要素之一。对此，四库馆臣认为，杨慎贬谪云南后，因"边地无书"④且又"恃其强识"⑤，故而造成大量考据疏失。事实果真如此吗？若如馆臣所说，那杨慎在没有相关图书资料做支撑的情况下，仅凭记忆是如何展开考据工作的呢？对此，实有必要进行详细考察。

众所周知，《四库全书总目》（以下简称《总目》）以其"官学"的性质，甫一面世，即对学界产生了重要影响。复因参与《总目》之编纂者均为当时硕儒，而书成之后又经纪昀笔削，其中多有精妙之论，故余

---

① （明）杨慎：《太史升庵遗集》卷22，明万历三十四年（1606）刻本。亦见王文才、张锡厚辑《升庵著述序跋》，云南人民出版社1985年版，第89页。
② 漆永祥：《乾嘉考据学研究》（增订本），北京大学出版社2020年版，第218页。
③ （明）张素：《丹铅余录序》，王文才、张锡厚辑《升庵著述序跋》，云南人民出版社1985年版，第66页。
④ 《钦定四库全书总目》（整理本），中华书局1997年版，第302页。馆臣在给杨慎《诗话补遗》写提要时也有类似表达："此编乃其成云南后所作，其门人曹命编次者也。慎在成所，无文籍可稽，著书惟凭腹笥。"《钦定四库全书总目》（整理本），第2757页。
⑤ 《钦定四库全书总目》（整理本），中华书局1997年版，第2316页。

嘉锡先生认为《总目》是"自刘向《别录》以来,才有此书"。① 但因该书所载书籍众多,又成于众手,故也存在诸多或大或小的问题。对此,后世学者进行了诸多考辨,指出其中的谬误。但《总目》叙录经、史、子、集文献合计达到10585种,而现今经诸家考辨的总数尚不足五千,不及《总目》叙录书的半数,即便是经过诸家考辨的内容,也因材料和角度等限制,尚有可以继续挖掘者,故留待继续考辨的空间还相当可观。②

就《总目》对杨慎著作所作提要而言,著录部分收入17种(经部8种,子部7种,集部2种),存目部分收入16种(经部4种,史部3种,子部6种,集部3种),另在存目中有9种旧题杨慎的著作,已被馆臣考证为是坊贾依托杨慎之名编辑而成,可置不论。③ 在明代著作普遍不被馆臣看重的情况下,杨慎一人就有33种著作被收入《总目》,其受重视之程度可见一斑。在这些提要中,馆臣对杨慎学术的特点和不足均有所辨析。如其论说杨慎学术的特点与价值方面,《古音骈字》提要中说:"是书取古字通用者,以韵分之,各注引用书名于其下。由字体之通,求字音之通。于秦汉以前古音,颇有考证。"④《丹铅余录》等提要中说:"慎以博洽冠一时,使其覃精研思,网罗百代,竭平生之力以成一书,虽未必追踪马、郑,亦未必遽在王应麟、马端临下。……(杨慎)渔猎既富,根柢终深,故疏舛虽多,而精华亦复不少。"⑤《升庵集》提要中说:"慎以博洽冠一时,其诗含吐六朝,于明代独立门户,文虽不及其诗,然犹存古法,贤于何、李诸家窒塞艰涩、不可句读者,盖多见古书,薰蒸沉浸,吐属自无鄙语。"⑥《诗话补遗》提要中说,杨慎"赅博渊通,究在明人诸家之上,去瑕

---

① 余嘉锡:《四库提要辨证·序录》,云南人民出版社2004年版,第44页。
② 何宗美、张晓芝:《〈四库全书总目〉的官学约束与学术缺失》,人民文学出版社2017年版,第6页。
③ 高远:《论析〈四库全书总目〉对明代学者杨慎的评价》,《内江师范学院学报》2013年第11期。
④ 《钦定四库全书总目》(整理本),中华书局1997年版,第550页。
⑤ 《钦定四库全书总目》(整理本),中华书局1997年版,第1591页。
⑥ 《钦定四库全书总目》(整理本),中华书局1997年版,第2316页。

存瑜，可采者固不少也"。① 诸如此类的评论，明确指出杨慎泛观博览、娴于考证的学术特点，这显然是对杨慎学术做过深入剖析后的精辟之论。当然，这样的学术特点也正是馆臣所代表的清乾嘉考据学所要极力推崇的。正因杨慎学术中时时透露出此类特点，才会让原本对明代学术心存偏见的馆臣却对杨慎的相关著作给予更多的理解和关注。

当然，以馆臣的学术立场为评判标准来看，在给予杨慎学术正面评价的同时，也有诸多严厉的批评。② 如在《丹铅余录》等提要中，馆臣刚对杨慎学术之特点进行表彰，随即批评说："王世贞谓其'工于证经而疏于解经，详于稗史而忽于正史，详于诗事而略于诗旨，求之宇宙之外而失之耳目之内'，亦确论也。又好伪撰古书以证成己说，睥睨一世，谓无足以发其覆，而不知陈耀文《正杨》之作，已随其后。"③《升庵集》提要中亦说："至于论说考证，往往恃其强识，不及检核原书，致多疏舛。又恃气求胜，每说有窒碍，辄造古书以实之，遂为陈耀文等所诟病，致纠纷而不可解。"④ 又在《转注古音略》提要中说："姑即就慎书论之，所注转音，亦多舛误。"⑤《檀弓丛训》提要甚至将其考证疏失归结于"边地无书"，并说杨慎此著"姑以点勘遣日，原不足以言诂经"。⑥

馆臣所言杨慎"好伪撰古书以证成己说"的问题，非仅杨慎个人之学术问题，实乃明代学术风气使然。⑦ 而馆臣认为杨慎《檀弓丛训》"不足以言诂经"，进而贬低其价值，则显然是囿于传统

---

① 《钦定四库全书总目》（整理本），中华书局1997年版，第2757页。
② 琚小飞先生将《翁方纲纂四库提要稿》《四库全书初次进呈存目》与《四库全书总目》中关于杨慎著作的提要进行对比后认为，四库馆臣对杨慎的批评相当激烈，甚至杨慎的形象已被固化为"造伪者"，因此对杨慎考证成果也相当鄙夷。详见琚小飞《书写与权威：四库馆臣对〈全蜀艺文志〉作者的改撰》，《南京师范大学文学院学报》2019年第3期。
③ 《钦定四库全书总目》（整理本），中华书局1997年版，第1591页。
④ 《钦定四库全书总目》（整理本），中华书局1997年版，第2316页。
⑤ 《钦定四库全书总目》（整理本），中华书局1997年版，第565页。
⑥ 《钦定四库全书总目》（整理本），中华书局1997年版，第302页。
⑦ 朱仙林：《辨伪与造伪并存——〈四部正讹〉成书前的明代辨伪学》，《中南大学学报》（社会科学版）2014年第4期。

第一章　经学·书籍·杨慎：明代考据学的逆势成长

的学术视角，而未能深切了解《檀弓丛训》的学术价值所致，此点台湾学者黄羽璿先生已有详论。① 此处则仅就馆臣认为杨慎的考证疏失乃是因其贬谪云南，"边地无书"，故"无书可检，惟凭记忆"②而造成的这一说法略加考辨，以期能够还原一个最真实的杨慎及其学术。③

一切考证的展开都必须要建立在拥有充足的图书资料这一前提下，没有材料作支撑的考证，只能是空谈，其结论自然站不住脚。因此，如果杨慎贬谪云南后确因"边地无书"而仅能"凭记忆"进行考证，那么考证出现失误就极为自然了。然而，事实是，杨慎几乎所有的考证类著作都是在贬谪云南之后完成的。因此，馆臣的说法有何事实根据，我们又应该如何正确解读此一颇为关键的信息？

据史料记载，杨慎曾被时人梁文康认为强记不减苏颂④，《明史·杨慎传》也说他是"明世记诵之博"的第一人。⑤ 可见，其记诵能力之强毋庸置疑。陈文烛（1535—1594）在《杨升庵太史慎年谱》中

---

① 黄羽璿先生指出："《檀弓丛训》为明代《檀弓》单行之第一部专著，是书集结经注并谢枋得批点以行。后出《檀弓》诸书，不论标示与否，率皆用谢批佐杨注于著述之中，足见其为开先之楷模。惟书中经说并不特出，且多沿用黄震、吴澄意见，故《总目》谓其'原不足以言诂经'，研经者亦不以为意。然《丛训》之可观，要在其合'注经''评文'于一之著述性质，益以'杨慎'之名，遂开单行操作风气，引领明代《檀弓》学习之新路向。此现象关涉《礼记》学之发展、扩散研究。"详见黄羽璿《论杨慎〈檀弓丛训〉与明代后期〈檀弓〉学习之兴起》，《成大中文学报》2017年总第57期。

② 以上八字评语，乃馆臣在给陈耀文《正杨》写提要时，论及杨慎学术疏失之语。见《钦定四库全书总目》（整理本），中华书局1997年版，第1592页。

③ 馆臣在《总目》中对杨慎学术给出的评价对后世影响极大，故其观点往往被研究者们承袭，以至造成对杨慎学术的理解出现偏颇。如有研究者认为："杨慎著书时因僻居云南缺乏书籍，故常凭记忆而多有舛误。"（莫砺锋《〈唐诗三百首〉中有宋诗吗？》，《文学遗产》2001年第5期）这显然是受馆臣观点影响的结果。为此，有研究者甚至替杨慎因边地无书而出现考证舛舛进行开脱，说："如果说杨慎居边地，无书可检索、著述惟凭腹笥而出现舛漏，尚且情有可原……"（杨钊：《杨慎研究——以文学为中心》，巴蜀书社2010年版，第315页）

④ （明）焦竑撰，顾思点校：《玉堂丛语》，中华书局1981年版，第28页。苏颂（1020—1101），字子容，北宋泉州同安（今属厦门市）人。《宋史》本传称其："自书契以来，经史、九流、百家之说，至于图纬、律吕、星官、算法、山经、本草，无所不通。尤明典故，喜为人言，亹亹不绝。"[（元）脱脱等：《宋史》卷340，中华书局1977年版，第10867页]

⑤ 《明史》卷192《杨慎传》，中华书局1974年版，第5083页。

说，杨慎自幼"颖敏过人，家学相承，益以该博。凡宇宙名物，经史百家，下至稗官小说、医卜技能、草木虫鱼，靡不究心多识，阐其理，博其趣，而订其讹谬焉"。① 可见，杨慎不仅天性颖悟，善于记诵，且益之以泛观博览、于不疑处有疑的良好读书方法。② 不仅如此，杨慎还十分善于从前辈学者身上汲取读书治学的态度和方法。据《明史·杨慎传》载，嘉靖元年（1522），杨慎奉使过镇江，借机拜访了自己的座师杨一清，并参观了老师家的藏书。杨慎在翻阅藏书时，提出了许多疑问，而其师"皆成诵"。这让原本对自己的博学极为自负的杨慎感到"惊异"，于是"益肆力古学"。此后"既投荒多暇，书无所不览。尝语人曰：'资性不足恃。日新德业，当自学问中来。'故好学穷理，老而弥笃"。③ 可见，杨慎虽然聪颖过人，记忆力超强，但他并没有因此忽视学习的重要性，他甚至特别强调"资性不足恃"，德业"自学问中来"的为学理念，并终因贬谪云南，而获得了大量闲暇时间来践行这一理念。

更为可贵的是，杨慎在读书过程中还养成了将重要资料摘抄下来以备利用的好习惯④，这对原本就聪颖强记的他来说，无疑是如虎添翼了。嘉靖二十一年（1542），杨慎在《丹铅别录序》中回忆说："自束发以来，手所抄集，帙成逾百，卷计越千。其有意见，偶所发明，聊择其

---

① （明）焦竑编：《国朝献征录》卷21，周骏富辑《明代传记丛刊》第110册，台北：明文书局1991年版，第32页。据王文才先生考证，此谱实为陈文烛据简绍芳《赠光禄卿前翰林修撰升庵杨慎年谱》删节而成。（王文才、万光治主编：《杨升庵丛书》六，天地出版社2002年版，第1283页）

② （明）杨慎《丹铅续录序》称："信信，信也；疑疑，亦信也。古之学者，成于善疑；今之学者，画于不疑。"见王文才、张锡厚辑《升庵著述序跋》，云南人民出版社1985年版，第69页。

③ 《明史》卷192《杨慎传》，中华书局1974年版，第5083页。

④ 这当然是古人善于读书、善于做读书笔记优良传统的延续。如宋人叶廷珪在其《海录碎事序》中就说："始予为儿童时，知嗜书。家本田舍，贫，无书可读。……每闻士大夫家有异书无不借，借无不读，读无不终篇而后止。尝恨无赀，不能得写，间作数十小册，择其可用者手抄之，名曰《海录》；其文多成片段者，为《海录杂事》；其细碎如竹头木屑者，为《海录碎事》……"[（宋）叶廷珪撰，李之亮校点：《海录碎事》，中华书局2002年版，第1页]宋末大儒王应麟著有《玉海》和《困学纪闻》等著作，价值均非常大，而其撰写此类书籍的资料就主要靠摘抄而来。元人孔齐在《至正直记》中称王应麟"每以小册纳袖中人秘府，凡见书籍异闻则录之，复藏袖中而出"。[（元）孔齐撰，庄敏、顾新点校：《至正直记》卷4"四明厚斋"，上海古籍出版社1987年版，第147页]

第一章 经学·书籍·杨慎：明代考据学的逆势成长

菁华百分，以为《丹铅别录》。"① 从"自束发以来"的表述中我们可以很明确地看出，杨慎是终身坚持了这一好习惯的。对于杨慎说法的真实性，我们还可以找到嘉靖二十年杨慎好友南充人程启充（？—1537）在给杨慎的《升庵诗话》写序时的如下一句话来证实，程氏说："吾友升庵杨子……在滇，手所抄录汉晋六朝各史要语千卷。"② 显然，杨慎并未因为贬谪云南就丢掉了自小养成的摘抄资料的好习惯。

可以想见，杨慎在贬谪云南之初，身边的图书资料一定十分匮乏，因为以当时的交通条件而言，他不大可能在短时间内将原来的藏书悉数运到云南，但将此前读书时所做的笔记随身携带应该并不十分困难。也就是说，假如杨慎在贬谪云南之初就进行文献考证（事实上，初到云南的杨慎，因为诸多因素的影响，暂未全面投入读书治学中），虽然没有足够的图书资料可用，但他此前所做的读书笔记恐怕足以应一时之需了。更何况，随着时间的推移，杨慎也结交了云南当地的诸多士人，其中就有藏书极为丰富者。如曾在福建御史任上刊刻过《十三经注疏》的李元阳（1497—1580），他不仅是杨慎的至交好友，也是云南一位颇有名气的藏书家。李氏在自己家中建了一座默游园，园内有鉴湖、绿野两藏书楼，藏书数千卷。杨慎曾住在李宅的默游园内，对于李氏藏书一定不陌生。③ 如有阅读或者考证的需要，杨慎向李氏借阅相关图书应该不是难事。同时，杨慎在云南还新收了许多门生，其中有一位叫董难（1498—1566）的，不仅陪同杨慎四处游历，且每当杨慎需要考索群书之时，必定被请来帮忙。嘉靖九年（1530），杨慎携李元阳游大理点苍山，住在感通寺二十日，听僧人诵经时常将字音读错，李元阳就对杨慎说："六书转注，实非考老，而宋人妄拟，后世学者遂沿而不改，此不可无述，愿公任之。"于是杨慎在门生董难的协助下，很快就"书转注之例千余字，汇为一编"④，此即那本重

---

① 王文才、张锡厚辑：《升庵著述序跋》，云南人民出版社1985年版，第73页。
② 王文才、张锡厚辑：《升庵著述序跋》，云南人民出版社1985年版，第170页。
③ 丰家骅：《杨慎评传》，南京大学出版社1998年版，第118页。
④ （明）杨慎：《游点苍山记》，《杨升庵诗文补遗》卷1《文卷上》，载王文才、万光治主编《杨升庵丛书》（四），天地出版社2002年版，第66页。

要的字学之书《转注古音略》。可见，杨慎谪滇之后，在阅读书籍和文献考证方面得到了朋友及门生的热情帮助。

此外，杨慎谪戍云南期间，还常与友朋四处蒐集购求图书。如嘉靖十一年（1532）春，杨慎就在"叶榆书肆，以海贝二百索，购得《群公四六》古刻……自甲至癸凡十卷"。① 嘉靖二十二年，杨慎好友姜龙在《滇载记序》中也说："蜀杨子用修由侍从论时事忤旨，谪戍博南，相得甚欢。暇则相与稽古问俗，茫然莫溯其源，漫索之民间，得敝帙于故博士张云汉氏，曰《白古通》。"② 因此，随着时间的推移，杨慎的藏书也就自然而然地增多了。而稍晚于杨慎的朱孟震（1530—1593）③，在所著《玉笥诗谈》中曾记载杨慎的"忘年交"，也是自己的同乡简绍芳在杨慎云南寓所的见闻，他说杨慎"藏书甚多，简（绍芳）一览辄记"。④ 据此足以说明，经过多年的购求之后，杨慎的藏书已相当可观，甚至一些专科图书也已收藏得颇为齐备。如嘉靖二十二年，与杨慎同时的任良干在给杨慎所编《词林万选》写序时就曾提及说，杨慎"家藏有唐宋五百家词，颇为全备"。⑤ 有了丰富的图书资料，杨慎自然就可以较为从容地从事文献的校勘和考证工作。如嘉靖十九年，杨慎在内弟黄华家见到海盐徐泰所选《皇明风雅》，十分喜爱，于是从黄华那里将书借回家，参校自己所见过的"近代名家全集"，最后精选出自己认为最为优秀的"九十余首"，编为《皇明风雅选略》。⑥

当然，嘉靖三年（1524），杨慎谪居云南后，起初读书、藏书等条件均相对滞后，这是不争的事实，但条件的简陋并未真正影响到杨慎读书治学的热情。同时，由于杨慎本人博闻强记，善做读书笔记，

---

① （明）杨慎：《升庵全集》卷2《群公四六序》，《万有文库》本，商务印书馆1937年版，第26页。
② 王文才、张锡厚辑：《升庵著述序跋》，云南人民出版社1985年版，第51页。
③ 侯荣川：《明朝朱之蕃、朱孟震、潘之恒生卒年考》，《玉林师范学院学报》（哲学社会科学）2012年第1期。
④ （明）朱孟震：《玉笥诗谈》卷上，《丛书集成初编》（以下简称《丛书初编》），商务印书馆1936年版，第8页。说明：以下注释中，该丛书出版信息从略。
⑤ 王文才、张锡厚辑：《升庵著述序跋》，云南人民出版社1985年版，第298页。
⑥ （明）杨慎：《皇明风雅选略引》，王文才、张锡厚辑《升庵著述序跋》，云南人民出版社1985年版，第270页。

以及得到了云南士子们的热心帮助，再加上自己的藏书逐渐丰富起来，因此杨慎的文献考证工作在嘉靖九年撰写《转注古音略》后逐渐走上了正轨。此后直至去世，几乎每年都会有一部新的著作面世。当然，正因为成书太快，也不免存在诸多疏漏之处，故馆臣在《丹铅余录》等提要中讥其"取名太急，稍成卷帙，即付枣梨，饾饤为编，祇成杂学"①，亦良有以也。

经过上述梳理可以看出，杨慎贬谪云南后，不仅并未出现无书可检的局面，甚至从某种意义上来说，正是云南这片"边地"造就了杨慎学术——特别是考据学的繁荣，进而引领了明代考据学的风气。最后，借用杨慎自己的话来对上述考证工作做一总结，他说："慎苟非生执政之家，安得遍发皇史宬诸秘阁之藏；既得之，苟非生有嗜书癖，亦安从笥吾腹；既兼有是，苟非投诸穷裔荒徼，亦不暇也。"② 可见，对于杨慎而言，云南虽是其政治生涯的"边地"，却也是其学术生涯的"福地"。

二　博学于文与明代考据学的兴起

受清乾嘉以来正统考据学观念的影响，考据学基本被认为是"儒林"内部的事情，"文苑"不仅与考据学无关，甚至还是考据学的对立面，这就导致了直承清乾嘉考据学而来的现代学者，在审视清代考据学的兴起时，往往更倾向于从《明史·儒林传》中寻求答案，而《明史·儒林传》所载诸人基本都是理学家③，因此明清之际考据学的兴起就主要归结于理学的刺激。如梁启超先生、胡适先生的"理学反动说"，钱穆先生的"每转益进说"，以及余英时先生的"内在

---

① 《钦定四库全书总目》（整理本），中华书局1997年版，第1591页。
② （明）陈大科：《刻太史杨升庵全集序》，王文才、张锡厚辑《升庵著述序跋》，云南人民出版社1985年版，第120页。
③ 《明史·儒林传序》称："有明诸儒，衍伊、雒之绪言，探性命之奥旨，锱铢或爽，遂启岐趋，袭谬承讹，指归弥远。至专门经训授受源流，则二百七十余年间，未闻以此名家者。经学非汉、唐之精专，性理袭宋、元之糟粕，论者谓科举盛而儒术微，殆其然乎。"见《明史》卷282，中华书局1974年版，第7222页。

理路说"。① 林庆彰先生在其《明代考据学研究》中试图突破理学的藩篱，以明清之际的考据学"辨证一事有蒐证至数十或数百条"的"博证精神"作为与宋以前考据学相区分的标准。② 然而，由此种"博证精神"所建构起来的明清考据学的"联系"并不具有唯一性，因为相对于明清之际的考据学家，宋代司马光的《资治通鉴考异》、朱熹的《韩文考异》、王应麟的《困学纪闻》等所具有的"博证精神"并不逊色。更重要的是，林先生"在突破'理学'的同时仍然受到'儒林视角'的限制：他的'明代考据学'在内容上基本限于'经（史）学'，因为在一般的认知中，经史之学距离'儒林'较近；至于'文学、艺学'等内容，由于带有太多'文苑'的色彩，故仍被置于观察视野之外"。也就是说，在讨论明代考据学的问题时，不应囿于"儒林"（或理学）的范畴，而应将视野扩大到"文苑"。因为"对清人而言，'儒林'为读书博学的象征，'文苑'则给人以不学的印象；而在晚明时代正好相反，'儒林'（基本即是理学）中人往往被视为不读书，'文苑'里面反倒才是一群博闻强识的人"。③ 最有趣的例子莫过于晚明顾大韶（1576—1640?）在《答翁子澄妹丈书》中记述的汤显祖（字义仍，1550—1616）与友人的对话：

> 近世汤义仍之子开远，好讲道学。或问义仍曰："公文人也，令郎何以讲学？"义仍云："小儿只为懒读书。欲作一文人，须读十五年书；欲作一道学先生，只三个月足矣。"④

观汤显祖的话，"好讲道学"乃是因为"懒读书"，可见他对"道

---

① 丘为君：《清代思想史"研究典范"的形成、特质与义涵》，《戴震学的形成：知识论述在近代中国的诞生》附录，新星出版社2006年版，第212—264页。
② 林庆彰：《明代考据学研究》，台湾学生书局1986年版，第10—11页。
③ 张循：《谁是清学开山祖？——从阎若璩论钱谦益看明清之际考证学的兴起》，《清史研究》2017年第4期。张循先生此文从阎若璩《潜邱札记》里的一条文字出发，极为清晰地说明了在塑造清代考证学的基本学术性格方面，来自晚明清初的"文苑"传统要比来自"儒林"的传统发挥更为直接的作用。
④ （明）顾大韶：《炳烛斋稿》，《四库禁毁》集部第104册，第541页。

学"是很不满意的,他认为要成为"道学先生"仅需读书三月,而要成为"文人"则需要读书十五年。这一短一长的读书时间所反映出来的知识积累量差异,足以说明在汤氏心目中博学的重要性。①

实际在此之前,杨慎已在《云局记》中强调过"博学于文"的重要性,且非常巧妙地用自然界中常见的"云""雨"或"花""实"的关系来比喻读书治学中"博"与"约"的关系:

> 点苍山之麓,有玉局观焉。四时有云气带其间,于夏尤著,故状其景曰玉局夏云。张子九言有书舍在其下,予题之曰"云局精舍"。一日坐予于堂,曰:"请问学?"予曰:"子知夫云乎?知云则知学矣。夫云者为雨乎?雨者为云乎?无云则无以为雨矣。犹之地产植物,花者为实乎?实者为花乎?无花则无以为实也。夫学何以异是?博我以文,约我以礼,无文则何以为礼,无博则何以为约?今之语学者,吾惑焉。厌博而径约,屏文而径礼,曰:'六经吾注脚也,诸子皆糟粕也。'是犹问天曰:'何不径为雨,奚为云之扰扰也?'问地曰:'何不径为实,奚为花之纷纷也?'是在天地不能舍博而径约,况于人乎?云,天之文也;花,地之文也;六经、诸子,人之文也。见天人而合之,斯可以会博约而一之,此学之极也。"张子避席曰:"夫子命贯矣,请终身诵之。"②

此处有两点需要特别指出,第一,杨慎此处提及的"博我以文,约我以礼",语出《论语·子罕》:"颜渊喟然叹曰:'仰之弥高,钻之弥坚。瞻之在前,忽焉在后。夫子循循然善诱人,博我以文,约我以礼,欲罢不能。'"③颜渊的话无疑源于《论语·雍也》:"子曰:'君

---

① 汤显祖对杨慎颇为崇敬,杨慎去世后,曾写《送赵舍人出守永昌,追忆杨用修太史》《喜昆明刘茂学出宰新都,缅怀杨用修作》等诗追忆杨慎。见(明)汤显祖著,徐朔方笺校《汤显祖集全编》,上海古籍出版社 2016 年版,第 1226、1238 页。
② (明)杨慎:《升庵集》卷 4,《四库全书》第 1270 册,第 56—57 页。
③ 《十三经注疏》整理委员会整理,李学勤主编:《十三经注疏·论语注疏》,北京大学出版社 1999 年版,第 116 页。

子博学于文，约之以礼，亦可以弗畔矣夫！'"① 其中"文"与"礼"，亦见《论语·八佾》："子曰：'夏礼，吾能言之，杞不足征也。殷礼，吾能言之，宋不足征也。文献不足故也。足，则吾能征之矣。'"郑玄注曰："献，犹贤也。我不以礼成之者，以此二国之君文章贤才不足故也。"② 可见"文"即文章典籍之意，亦即杨慎所说"六经、诸子"之类。第二，所谓"今之语者""厌博而径约，屏文而径礼"，视六经为吾注脚、诸子皆是糟粕，无疑是指向当时只重视科举时文，甚至束书不观的学风。

杨慎在此文中特别强调，要想"知学"唯有大量阅读以"六经、诸子"为代表的文章典籍，且只有用文章典籍充实自己，方才能达到"会博约而一之"的最佳学习效果。可见，在杨慎的学术话语体系中，"博学于文"无疑正是展开其他工作的至关重要的前提，而这个前提又是明代考据学得以全面兴起的根本基石。③ 有趣的是，此一根本基石因明末清初顾炎武的振臂高呼，亦成为清乾嘉考据学的核心精神所在。顾氏曾在《与友人论学书》中明确说：

> 愚所谓圣人之道如之何？曰："博学于文。"曰："行己有耻。"……士而不先言耻，则为无本之人；非好古而多闻，则为空虚之学。以无本之人，而讲空虚之学，吾见其日从事于圣人而去之弥远也。④

顾氏因宋明以来好"讲空虚之学"而提出"博学于文"，正是延续

---

① 《十三经注疏》整理委员会整理，李学勤主编：《十三经注疏·论语注疏》，北京大学出版社1999年版，第81页。
② 《十三经注疏》整理委员会整理，李学勤主编：《十三经注疏·论语注疏》，北京大学出版社1999年版，第33—34页。
③ 时人也有视杨慎所倡导的博学为饾饤之学的。如《薛子庸语》卷8载，或问："杨用修何如人？"薛应旂答曰："以议礼而谪成，其人亦不随也。但恶其学而不讲，好文学而不习，钞录以度日，饾饤而成书，将谓世无识者乎？"见（明）薛应旂《薛子庸语》，《续修四库》子部第940册，第61页。
④ （清）顾炎武：《亭林文集》卷3，《顾炎武全集》（21），华东师范大学古籍研究所整理，黄珅等主编（后略），上海古籍出版社2011年版，第93页。

了杨慎针对当时出现的"厌博而径约,屏文而径礼"的学风而提倡"博学于文"的解决方案。其实,对"博学于文"的强调,稍晚于杨慎的归有光(1507—1571)① 在《山斋先生文集序》中也有类似的看法:

> 余尝谓士大夫不可不知文,能知文而后能知学古。故上焉者能识性命之情,其次亦能达于治乱之迹,以通当世之故,而可以施于为政。顾徒以科举剽窃之学以应世务,常至于不能措手。若大理,所谓有用者,非有得于古文乎?②

可见,由杨慎所倡导的明代考据学,一开始就塑造了"博学于文"的学术性格,这种学术性格对此后明代考据学的发展影响深远。③ 以至于清末朱一新(1846—1894)在《无邪堂答问》卷四中认为,明清学术各有优长,而清乾嘉以后之学术,精深过于明,博大则不及:

> 近人学为大言,未知其生平读书若何,而开口便斥明人不读

---

① 孙之梅先生认为,顾炎武与归有光同邑,又与归有光曾孙归庄交好,人称"归奇顾怪",还沐浴了清初归有光受尊崇的风气,因此很大程度上接受了归有光思想的影响。见孙之梅《归有光与明清之际的学风转变》,《文史哲》2001年第5期。

② (明)归有光撰:《震川先生集(一)》,《归有光全集》第5册,严佐之等主编,上海人民出版社2015年版,第27页。

③ 朱希祖先生、蒙文通先生曾提出,清代考据学渊源于明代弘治、嘉靖间前后七子的文学复古运动。(朱希祖:《清代通史叙》,萧一山编《清代通史》,华东师范大学出版社2006年版,第2页;蒙文通:《中国史学史》,上海人民出版社2006年版,第192页)林庆彰先生据此认为明代考据学亦导因于复古运动之影响。(林庆彰:《明代考据学研究》,台湾学生书局1986年版,第25页)但黄宗羲在《明文案序下》中却有不同的看法,他说:"王、李嗣兴,持论益甚,招徕天下,靡然而为黄茅白苇之习,曰'古文之法亡于韩',又曰'不读唐以后书',则古今之书,去其三之二矣。又曰'视古修辞,宁失诸理',《六经》所言唯理,抑亦可以尽去乎?百年人士,染公超之雾而死者,大概便其不学耳。"[(清)黄宗羲:《南雷诗文集》(上),《黄宗羲全集》第19册,浙江古籍出版社2012年版,第18页]也就是说,这种"只摹仿形式不重内容的创作原则"[刘大杰:《中国文学发展史》(下),复旦大学出版社2011年版,第98页]并未带起古学的复兴,反而便宜了不学之徒。因此,虽然复古派倡导的"作秦汉之文与读古书之间的确有逻辑上的联系,但在实际的历史中,文必秦汉的追求与识古字、审古音的讲究之间的相关度究竟有多大,尚需要多方面的实证研究才能确认"。(张循:《"词章"与考证学——追溯清代考证学来源的一条线索》,《学术月刊》2016年第5期)

书，不知此嘉、隆以后则然耳，乌可以该一代？国朝惟小学骈文优于明代，其他理学、经济、朝章、国故及诗、古文之学皆逊之。至说经之书，明人可取者故少，而不肯轻为新说，犹有汉儒质实之遗。近人开读书之门径，有功于后世者固多，而支离穿凿以蠹经者亦正不乏。康熙时，儒术最盛，半皆前明遗老。乾、嘉以后，精深或过之，博大则不逮也。①

顾颉刚先生在为胡应麟《四部正讹》作序时也说：

> 我常觉得明代的文化是艺术的，诗文、戏剧、书画、雕刻都有特殊的造就……他们的优点，或者还在"博"上。他们读书的态度并不严正，什么书都要读，因此他们受正统思想的束缚较轻，敢于发议论，敢于作伪，又敢于辨伪。他们的广而疏，和清代学者的窄而精，或者有互相调剂的需要。②

顾氏不仅肯定了明代学术多方面的价值，同时还延续了朱一新的说法，认为明清学术相比，明代学术的优点正在"博"上。郑振铎先生在《西谛书跋》卷四"焦氏《澹园续集》二十七卷"条中更直接指出，今人需要替遭清人贬低的明人著作鸣不平，他说：

> 明人集浩如烟海，四库失收者多矣，或出于有意，或出于无意。当时四库馆臣诋諆明人著作，无所不用其极，是自有其政治作用。今日我辈正应实事求是，为许多明代作家鸣不平也。③

由此可见，由杨慎倡导的明代"博学于文"的学术性格得到了后

---

① （清）朱一新著，吕鸿儒、张长法点校：《无邪堂答问》，中华书局2000年版，第150页。
② 顾颉刚主编：《古籍考辨丛刊》第一集，社会科学文献出版社2010年版，第155页。
③ 郑振铎撰，吴晓铃整理：《西谛书跋》，文物出版社1998年版，第252页。

世学者普遍的认可。当然,杨慎对于"博学于文"的提倡,绝不仅限于理论上,实践中也正是如此做的。《明史·杨慎传》称:"明世记诵之博,著作之富,推慎为第一。诗文外,杂著至一百余种,并行于世。"① 四库馆臣在《丹铅余录》等提要中认为,其著作"不下二百余种"。② 其中为人熟知的,如:《檀弓丛训》二卷、《奇字韵》五卷、《古音骈字》一卷及《续编》五卷、《古音丛目》五卷、《古音猎要》五卷、《古音余》五卷、《古音附录》一卷、《古音略例》一卷、《转注古音略》五卷、《石鼓文音释》三卷及《附录》一卷、《六书索隐》五卷、《经子难字》二卷、《升庵经说》十四卷、《滇程记》一卷、《滇载记》一卷、《水经注碑目》一卷、《丹铅余录》十七卷、《丹铅续录》十二卷、《丹铅摘录》十三卷、《丹铅总录》二十七卷、《墨池琐录》四卷、《异鱼图赞》四卷、《谭苑醍醐》九卷、《谢华启秀》八卷、《哲匠金桴》五卷、《古今谚》二卷、《古今风谣》二卷、《升庵集》八十一卷、《金石古文》十四卷、《古隽》八卷、《风雅逸篇》十卷、《诗话补遗》三卷、《词林万选》四卷、《词品》六卷及《拾遗》一卷、《百琲明珠》五卷等。③

总之,杨慎著作众多,其开启的"博学于文"的考据学之风,既引起了明代学风的转变,更吸引了中晚明许多学者投身考据学工作。无怪乎嵇文甫先生会说:"当明朝中叶,固然是'心学'盛行的时代,可是就在这时候,为后来清儒所大大发展的考证新学风逐渐萌芽了。这里首先打开风气的要数杨升庵。升庵著《丹铅录》《谭苑醍醐》《古音丛目》《古音猎要》等数十种,虽疏舛伪妄,在所不免,但读书博古,崇尚考据之风,实自此启。"④

---

① 《明史》卷192,中华书局1974年版,第5083页。
② 《钦定四库全书总目》(整理本),中华书局1997年版,第1591页。
③ 高小慧:《杨慎著述流变考》,《兰台世界》2011年第28期。
④ 嵇文甫:《王船山学术论丛》,生活·读书·新知三联书店1962年版,第42页。

第二章　杨慎与中晚明考据学群体的形成

考据工作起源甚早，但考据学作为宋明理学之学术他者，实发轫于宋代。① 受到元代及明初政治环境及学术发展等不利因素的限制，考据学发展到明代已趋于沉寂。伴随着明中期政治环境的松动，商业文化、出版事业的发达，特别是杨慎的异军突起，围绕着考据工作而形成的考据学群体意识逐渐从沉寂中走向觉醒，考据学群体也逐渐得以形成。与此同时，考据学也逐渐成为有别于程朱理学、陆王心学的学术范式，以及反思程朱理学、陆王心学自身问题的重要入口。

第一节　明代考据学群体意识的觉醒

伴随着中晚明书籍文化的发达及文人结社活动的活跃②，那些在学术及思想文化领域颇具特色的论著，得以在学人之间快速传播③，因此往往形成某种"对话"的态势。杨慎因"大礼议"中表现出的"铁中铮铮"④ 而受到时人钦佩，其考据学著作渊博而饶富新意，其开启的"博学于文"的考据之风，逐渐成为有别于理学及心学的风

---

① 温志拔：《知识、文献、学术史：南宋考据学研究》，中国社会科学出版社2019年版，第6—9页。
② 关于明代文人结社的分期及各时期的基本情况，详见何宗美《明末清初文人结社研究》，南开大学出版社2003年版，第17—22页。
③ 吴子林：《明清之际小说经典化的文化空间》，《文艺理论研究》2006年第3期。
④ 《钦定四库全书总目》（整理本），中华书局1997年版，第1591页。

潮，故吸引着众多士子慕其人、读其书。① 但那些关注并认真阅读杨慎著作的人，渐渐发现杨慎的诸多考据著作也存在种种问题，因此在求真求实态度的支配下，又开启了纠驳杨慎考据谬误及回护杨慎考据成绩的热潮，伴随着此热潮而来的正是考据学群体意识的逐渐觉醒。

一 杨慎与周边学者的考据学互动

嘉靖九年（1530），贬谪云南的杨慎与友人李元阳一起前往大理点苍山，在李元阳的建议下，又得到学生董难的帮助②，杨慎撰写了其古音学上的名著《转注古音略》。此书完成后，到嘉靖十一年由李元阳刊刻出版，时任云南巡抚的顾应祥（1483—1565）③ 为其作序：

> 升庵子谪居于滇，慨古学之弗明，而六书之义日晦，于是乎有《古音略》之作焉。《略》凡五卷，上自经史，下及诸子百家之书，靡不究极。而所取以为证据者，五经之外，惟汉以前文字则录，晋以下则略焉，盖本于复古，而不欲以后世之音杂之也。④

顾氏在序中既点出了杨慎撰写此书乃是针对当时"古学之弗明""六书之义日晦"的学术现状，又充分肯定了杨慎引证资料的广博，表现出较为强烈的崇博尚实的为学态度。其实，顾氏不仅在《转注古

---

① 颇值得注意的是，在这些关注者中，一部分阳明后学也关注过杨慎的考据学著作，如胡直（1517—1585）就曾写有《书丹铅总录》一文，对杨慎的相关考证成果提出了商榷意见。其中有云："《丹铅总录》，新都杨升庵慎所著。初各本散出，近好事者始汇刻为总录。世咸称升庵博物为一时冠，予独疑天下物未必能尽博。偶得是录，因揭首册一二条，以身所尝经者较之，则所录诚不能无缪，予然后知天下之物，果不能以尽博，然亦不必尽也。"见（明）胡直《衡庐精舍藏稿》卷18，《四库全书》第1287册，第440页。
② 关于李元阳与董难的个人基本情况及与杨慎的交往，详见彭新有、沙振坤《杨慎在大理地区的文学活动及其影响》，《名作欣赏》2017年第20期。
③ 关于顾应祥生平事迹，详见潘明福、陈清清《明湖州词人顾应祥考略》，《湖州师范学院学报》2009年第6期。
④ （明）顾应祥：《转注古音略序》，王文才、张锡厚辑《升庵著述序跋》，云南人民出版社1985年版，第13页。

音略序》中肯定了杨慎广征博引的治学态度，也在自己晚年精心撰写的著作《静虚斋惜阴录》①中多次谈到杨慎《转注古音略》《丹铅录》中存在的问题，并提出了自己的看法。②虽然在顾氏的相关著作中，仅有少数几条涉及杨慎考据方面的内容（但该书卷一〇到卷一二凡三卷，均为考据方面的内容，值得特别关注），然足以说明杨慎的考据工作在其生前已引起了周边学者的关注与回应；再结合顾氏对阳明后学"空谈性命"的批判态度，甚至为此放弃心学进而转向理学的学术取向③，正可说明黜虚崇实乃是当时学界的共同追求，而这也正是杨慎提倡考据学的初心所在。

若说顾应祥对杨慎考据成果的回应还显得不那么充分，那顾氏的好友何良俊（1506—1573）的回应则要全面深入得多。何良俊作为明代有名的藏书家④，不仅善于搜藏，"藏书四万卷"，且能将所藏之书"涉猎殆遍"⑤，因此拥有渊博的学识。同时，他还能将学识转化成著作，其编撰的《何氏语林》就是穷十余年之力完成的，而《四友斋丛说》更是其晚年读书治学的结晶。在《四友斋丛说》中，何氏曾用了大量篇幅来讨论杨慎的考据成果，涉及杨慎的《升庵诗话》《丹铅余录》《谭苑醍醐》等考据学著作，对于推动中晚明考据学发展起到了十分重要的作用。

作为顾应祥与何良俊的共同好友，朱曰藩（1500—1561）是杨慎最虔诚的崇拜者。⑥他在诗学方面"不为七子辈学杜流风所囿，别宗

---

① 邹建锋指出，顾应祥"晚年居家治学，71岁时开始撰写《惜阴录》，系统评判阳明心学，回归程朱理学，或可算是浙中王门的'修正'派。经过12年断断续续的研读，终于在82岁（1564，嘉靖甲子）的阴历八月的秋天完成《惜阴录》。顾氏对自己的著作甚为满意，'多有前人所不道及与当世名儒议论不合者'，'求其理之当于吾心'，'求明此心'，以便惠泽后学"。见邹建锋《顾应祥理学思想引论——以〈惜阴录〉为中心》，《湖州师范学院学报》2010年第5期。
② （明）顾应祥：《静虚斋惜阴录》，《续修四库》子部第1122册，第402、422、475、478、513页。
③ 钱明：《浙中王学研究》，中国人民大学出版社2009年版，第110—112页。
④ 翟勇：《论作为藏书家的何良俊》，《苏州科技学院学报》（社会科学版）2010年第3期。
⑤ （明）何良俊：《四友斋丛说》，中华书局1959年版，第5页。
⑥ （明）朱曰藩：《人日草堂引》，《山带阁集》卷31，《四库存目》集部第110册，第259—260页。

六朝初唐"诗风，得到杨慎的击节称许和大力擢拔，成为杨慎倡导的六朝派诗学在金陵的拥护者和传播者。① 而朱曰藩之所以能与杨慎订交，主要得益于顾应祥、周复俊等人的帮助。② 作为朱曰藩与杨慎牵线人的周复俊（1496—1574），对朱、杨二人的诗学成就多所肯定，如说杨慎"少小逸才，蜚声天禄，诸有所作，刻意以汉魏初唐自期，宋以后不屑也。春兴八首及古选诸什，信媲美古人"；说朱曰藩的诗"铿音继响，洋洋乎流烨于淮之南矣"。③ 据于慎行《南京太仆寺卿周公复俊墓志》称，周复俊"及至滇中，交杨用修太史，雅相矜许，太史校公集序之"。④ 可见，周复俊与杨慎也颇为投缘，他们不仅谈论诗文，更互相交流考据心得。杨慎曾对范晔《后汉书》称严光为余姚人的结论表示质疑，并进行了考证。⑤ 随后，杨慎将其考证结论告知周复俊：

严光，南阳新野人。梅福之婿。少与光武同游学，此正在新野时耳。后避王莽之乱，与福同入吴，福为吴市门卒，而光乃披羊裘钓泽中。光武物色，访而得之。既而动星象，归江湖，乃隐于富春山耳。予闻之杨升庵用修说。⑥

此外，杨慎还对《禹贡》"三江"之说进行了考证，指出《禹贡》"三江"当于"上流发源求之"。⑦ 周复俊对杨慎的结论颇不以为然：

《禹贡》曰："三江既入，震泽底定。"三江在吴地久矣，第

---

① 雷磊：《杨慎诗学研究》，中国社会科学出版社2006年版，第174—177页。
② 陈斌：《广陵诗人朱曰藩文学交游考述》，《福建师范大学学报》（哲学社会科学版）2010年第3期。
③ （明）周复俊：《泾林杂纪》卷2，《续修四库》子部第1124册，第160页。
④ （明）焦竑编：《国朝献征录》卷72，周骏富辑《明代传记丛刊》第112册，台北：明文书局1991年版，第606页。
⑤ （明）杨慎：《升庵集》卷49"严子陵"条，《四库全书》第1270册，第615页。
⑥ （明）周复俊：《泾林杂纪》卷2，《续修四库》子部第1124册，第143页。
⑦ （明）杨慎：《升庵集》卷76"三江"条，《四库全书》第1270册，第761—763页。

吴中川泽之流派既繁，故三江之名迹难定。近升庵乃移三江并入巴蜀。余笑而书之曰："杨子其横哉，硬拖三江水迢迢入两川矣。"旁一友曰："此事多半不成。"①

上述两例主要侧重于杨慎考证对周复俊的影响，而下面一例则恰恰相反，乃是杨慎的考证充分吸收了周复俊的看法。据周复俊《泾林杂纪》卷一载：

嘉靖乙未（十四年），予奉使南滇，与杨太史用修会于仙村，偶谈及《世说新语》"阿堵"事，诸说未定。予曰："'传神写照，正在阿堵中。'犹言此中也。"杨公深以为然。②

周氏在嘉靖十四年（1535）出使云南，得与杨慎相识，他们在交谈中谈及《世说新语》中"阿堵"事，周氏解"阿堵"为"此中"，其说得到杨慎的充分肯定。此后，杨慎便在嘉靖十六年成书的《丹铅续录》卷三"阿堵"条中采纳了周氏的看法，并对周氏的解说进行了扩充：

《晋书》云："王衍口不言钱，晨起见钱堆床前，曰阿堵。"近世不解此，遂谓钱曰阿堵，可笑。晋人云"阿堵"，犹唐人曰"若个"，今曰"这个"也。故殷浩看佛经曰："理亦应在阿堵中。"《晋书·顾长康传》曰："传神正在阿堵中。"谢安谓桓公曰："明公何用壁后置阿堵辈。"是也。凡观一代书，须晓一代语，观一方书，须通一方之言，不尔不得也。③

杨慎视为"近世不解此，遂谓钱曰阿堵"的"可笑"说法，恐怕

---

① （明）周复俊：《泾林杂纪》卷1，《续修四库》子部第1124册，第123页。
② （明）周复俊：《泾林杂纪》，《续修四库》子部第1124册，第122页。
③ （明）杨慎：《丹铅续录》，《四库全书》第855册，第170页。

正包含在周氏所说"诸说未定"之中。对此,杨慎不仅举出多条证据来证明"阿堵"即是"这个"(此说较周氏"此中"更合理)①,而且还将其上升到"凡观一代书,须晓一代语,观一方书,须通一方之言"的理论高度。由此可见,在中晚明考据学的发展历程中,虽然杨慎是开风气之先者,但并非由杨慎单向输出影响,而是存在与同时代学者的"互动",这无疑对杨慎考据工作的形成和发展有十分积极的作用,也为推动和扩大考据学群体提供了契机。

要论与杨慎"互动"最频繁者,无疑是长期陪伴在他身边的张含(1479—1565)、王廷表(1490—1554)和简绍芳(约1494—1558)等人。张含与杨慎自幼订交,书信往来不绝②,张含的诗集中有将近一半的作品与杨慎相关,同时其作品也多经杨慎评选,得到后世的高度赞扬。③而杨慎也时常就学术问题与张含书信交流,其在诗话方面的观点甚至与张含"同见闻者十八九"。④可见两人之间的志同道合。王廷表在嘉靖十六年(1537)所写《刻丹铅余录序》中,曾谈及他与杨慎讨论学术的相关情况:

> 表访升庵子于连然,获《丹铅余录》读之未竟也。寻升庵子持以过表,订《卷耳》《东山》诗,谓表曰……表退而思,《卷耳》虽托言,无害于义可也。考张横渠诗云:"闺阃诚难与国防,默嗟徒御困高冈。尊罍欲解痡瘏恨,卷耳元因备酒浆。"意与升庵子合,结缡果在烛出之后。古语多倒,解而曰结,犹治而曰乱也。……遂复诸升庵子曰:"子之见卓矣。"⑤

---

① 谢肇淛即赞同杨慎之说:"阿堵,犹今言这个。故王夷甫谓'举却阿堵物',顾长康谓'精神政在阿堵中',但作'这个',读其义自明。"见(明)谢肇淛《文海披沙》卷5"阿堵宁馨",《续修四库》子部第1130册,第292页。
② 李宇舟:《从"总角之交"到"白首唱和"——张含与杨慎的交游考》,《曲靖师范学院学报》2014年第2期。
③ 殷守刚、徐秋雅:《前言》,(明)张含著,殷守刚、徐秋雅点校《张愈光诗文选》,云南教育出版社2019年版,第8页。
④ (明)张含:《升庵诗话补遗序》,(明)张含著,殷守刚、徐秋雅点校《张愈光诗文选》,云南教育出版社2019年版,第215页。
⑤ 王文才、张锡厚辑:《升庵著述序跋》,云南人民出版社1985年版,第68页。

作为杨门六学士之一的王廷表①，与其师杨慎讨论考据学方面的问题应该并非仅此一次，只可惜因为资料的缺失，其详情暂不得而知。简绍芳被认为是杨慎入滇后最亲密的朋友②，与杨慎为"忘年交"，凡杨慎"出入必引与俱。……在滇南倡和及评较文艺，惟简为多，张愈光（张含）诸人不及也"。③ 关于杨慎与简绍芳之间就考据学方面的互动情形，最直接的材料见于杨慎《升庵集》卷六三"以蠡测海"条：

> 东方朔《客难》云："以管窥天，以蠡测海。"张晏注曰："蠡，瓠瓢也。"然蠡字从虫，若与瓢义不协。又按扬子《方言》云："蠡，瓠、瓢也。"字从瓜从蠡。刘向《九叹》云："鲍蠡蠹于筐簏。"今闽、广之地以鲎鱼壳为瓢，江、淮之间或用螺之大者为瓢，是以虫壳代瓜匏用也，故蠡字之取义兼之。暇日与简西岷谈及此，漫笔之。④

杨慎"暇日与简西岷谈及此，漫笔之"的描述，展现了他与简绍芳讨论"以蠡测海"这个学术问题的生动场景。据此，我们可以大致了解杨慎与其好友讨论学术问题的一般情形。甚至如果我们推测，在杨慎的考据学成果里，一部分条目的最初灵感与逐步完善正源于他与简绍芳这样的挚友的讨论中，应该与事实真相相距不远。

据考察，简绍芳曾阅读过杨慎绝大多数的著作，因此他在给杨慎所撰的年谱中，曾对杨慎博学尚考的学术特点进行了准确而深入的总结，如他举出"注张""水尽源通塔平""裔宇蒐琐"三例，以证明杨慎考据的"该洽精辨"；又举出"王导之贼晋室""太王之非翦商""鲁之禘祭不始于成王周公""范蠡无载西施之事""辨文公《与大颠

---

① （清）王士禛：《居易录》卷25，《四库全书》第869册，第623页。
② 丰家骅：《简绍芳：杨慎研究第一人》，《江苏教育学院学报》（社会科学版）2009年第5期。
③ （明）朱孟震：《玉笥诗谈》卷上，《丛书初编》，第8页。
④ （明）杨慎：《升庵集》，《四库全书》第1270册，第615页。

书》之伪""驳欧阳氏非非堂之说"等十余例,以证明杨慎考据的"证据古今,阐扬幽隐","有功世教"。① 简氏的评价建立在事实基础上,其结论是可靠的,这些评价无疑为我们今天正确看待杨慎考据学成绩提供了重要参照。

二 后杨慎时代的考据学热潮

据上文考察可知,杨慎贬谪云南后,其考据工作逐步展开。在此过程中,围绕在杨慎周边的学者受到杨慎的影响,也逐渐开始关注甚至从事考据工作,其中一部分人还曾与杨慎就相关考据问题进行过某种程度的互动,这种互动不仅对杨慎考据工作的推进有重要帮助,也在某种程度上推动了社会上形成一股崇实尚博的考据之风。这股风气随着时代的推进,到陈耀文(1524—1605)《正杨》的出现,方才最终引发了一场声势浩大的考据热潮。

当然,对于《正杨》的出现,有人持批评的态度。如陈耀文同年进士黄甲(1519—？)②就曾评价《正杨》说:

> 我朝学问渊博、著述最富者,莫过杨公用修。用修摇笔著书,直写胸中闻见,定不肯屑屑更检书册,误处自不能免。若予同年陈晦伯之《正杨》一书,乃就用修之引用者从而考证之,即所正皆当,已落第二义矣。③

其后薛冈(1561—1641？)④也有类似的说法:

---

① 王文才、万光治主编:《杨升庵丛书》(六),天地出版社2002年版,第1282页。
② 《嘉靖二十九年进士登科录》载:"黄甲,贯南京兴武卫,军籍,江西上犹县人。国子生。治《易经》。字首卿,行四,年三十二,正月十一日生。"见龚延明主编,毛晓阳点校《天一阁藏明代科举录选刊·登科录》下册,宁波出版社2016年版,第64页。
③ (明)周晖:《金陵琐事》卷1,《金陵琐事·续金陵琐事·二续金陵琐事》,南京出版社2007年版,第56页。
④ 杨国玉:《薛冈〈天爵堂笔余〉记〈金瓶梅〉事新考》,《河南理工大学学报》(社会科学版)2017年第1期。

> 用修过目成诵，故实皆在其胸中，下笔不考，误亦有之，然无伤于用修。好事者寻章摘句，作意辩驳，得其一误，如得一盗赃，沾沾自喜。此其人何心！良可笑也。①

黄、薛二氏均认为杨慎知识渊博，著书直抒胸臆，故不屑翻检书册，其考证偶误之处在所难免，而陈耀文等"好事者寻章摘句，作意辩驳，得其一误，如得一盗赃，沾沾自喜"，故"即所正皆当，已落第二义"，因此"良可笑也"。黄、薛二氏仅从维护杨慎学术原创性角度出发，对陈耀文等人的考证工作持批判态度，这当然是不可取的做法，因为陈耀文等人的考据工作不仅不会动摇杨慎学术的原创性价值，反而会通过纠驳杨慎考证的讹误，给予杨慎学术更客观公正的评价，最终起到维护杨慎学术地位的作用。实际上，黄、薛二氏所表现出的认知态度，为我们深入了解作为明代考据学倡导者的杨慎，在时人心中究竟居于什么样的地位提供了绝好的例证。

此后，孙能传（1564—1613）② 在所著《剡溪漫笔》卷二"文士好上人"条中指出：

> 文士多好上人，往往非薄前辈，转相弹射。子舆氏有《孟子》，王充遂作《刺孟》，刘文孺章又作《刺〈刺孟〉》。……杨用修有《丹铅录》，陈观察晦伯遂作《正杨》，胡孝廉元瑞又作《正〈正杨〉》。③

孙氏认为此类著作存在"非薄前辈，转相弹射"的嫌疑，是"文士多好上人"的结果，也就是争胜之心使然。但若仔细考察孙氏的《剡溪漫笔》，其中亦有许多考证的内容（亦有涉及杨慎考据的条目），

---

① （清）周亮工：《书影》，上海古籍出版社1981年版，第227页。
② 司马朝军：《续修四库全书杂家类提要》，商务印书馆2013年版，第98页。
③ （明）孙能传：《剡溪漫笔》，《续修四库》子部第1132册，第335页。

因此孙氏并非要否定考证本身,而是强调在考证时应当更加客观公允。同样的态度也表现在杨慎之孙杨宗吾(字伯相,生卒年不详)身上,杨宗吾在《检蠹随笔》卷七"正杨"条中,就对陈耀文在批驳乃祖杨慎之失时语言过当而深致不满:

> 先太史公博极群书,著作百数十种,国朝以来宇内无两。即如近代王元美先生,谓先公才情盖代,未尝少有指驳,而独不满于一汝南陈晦伯,故有《正杨》一书,云其曲引舛正,无非皆洗垢索瘢。余不暇条辨枚列,姑举其横逆不通者一二于左,以告大方之家云。①

清人蒋超伯(1821—1875)在所撰《南漘楛语》卷五"明人积习"条中,更将此种学术上的争论称为"掊击之习",且与"剿袭之陋"并举:

> 掊击之习,无过于前明士大夫。《丹铅总录》《谭苑醍醐》《哲匠金桴》等书甫出,陈晦伯即作《正杨》以诋之。……剿袭之陋,亦无过于明人,鸟鼠山人胡缵宗游李西涯之门,乐府全仿西涯;戴仲鹖为何景明弟子,诗格全仿大复。②

蒋氏平生治学承乾嘉遗风,埋首考订,著作等身,因此他对《正杨》等书的批评,绝非想要否定考证本身,而是对其考证态度的不满。总之,通过分析可见,批评者提出批评,或是为了维护杨慎的学术地位,或是集中批评考证时所表现出的态度,几乎均未直接针对《正杨》考证工作本身。也就是说,若陈耀文在《正杨》中纠驳杨慎考据之失时,是以维护杨慎的学术地位为目的,且语言平实些、态度诚恳些,那批评者们或许就不会有如此强烈的抵触态度。

---

① (明)杨宗吾:《检蠹随笔》,《四库存目》子部第144册,第695页。
② (清)蒋超伯:《南漘楛语》,《续修四库》子部第1161册,第325页。

其实，就当时的实际情况而言，多数学者对《正杨》类著作的出现是支持的。如与陈耀文几乎同时的邓球（1525—1595）曾在与友人谈话中明确支持此类学术讨论的存在，只是他认为讨论时要注意方式和态度。① 与此同时，另外一位学者张凤翼（1527—1613），对于《正杨》的出现则表现出更为积极欢迎的态度，他在《题〈正杨〉后》中说：

> 客谓："《正杨》一书，似陈氏与杨相攻击。"予曰："不然。何休作《公羊墨守》《左氏膏肓》《谷梁废疾》，而郑康成乃《发墨守》《针膏肓》《起废疾》，由是休有操戈入室之叹。今固不嫌于并存也。故古人有《反骚》，又有《反〈反骚〉》，亦各纾其意见而已。《丹铅》一书，足广异闻，而记忆之误，亦诚有如陈所言者。顾无《正杨》，则《丹铅》足以益人，而亦足以误人；有《正杨》，则《丹铅》不至误人，而自足以益人。是《正杨》固杨之忠臣也，正之庸何伤？"②

张氏的态度非常明朗，认为《正杨》的出现，绝不能仅仅看作"陈氏与杨相攻击"，并举何休与郑康成之间辩论为例，认为这是很合理的学术辩论。因为"无《正杨》，则《丹铅》足以益人，而亦足以误人；有《正杨》，则《丹铅》不至误人，而自足以益人"。且强调称："《正杨》固杨之忠臣也，正之庸何伤？"可见，张氏是积极支持《正杨》类著作出现的。在他看来，此类著作的出现不仅无害于学术，甚至会促进学术的交流。③

此后，梅守箕（1559—1603）④ 在所作《闻藁序》中就说："近世

---

① （明）邓球：《闲适剧谈》卷4，《续修四库》子部第1127册，第639页。
② （明）张凤翼：《处实堂集·后集》卷5，《续修四库》集部第1353册，第670页。
③ 胡应麟《艺林学山引》曰："窃闻之，孔鱼诘墨，司马疑孟，方之削荀，晦伯正杨，古今共然，亡取苟合。不佞于用修，尽心焉耳矣。"其意与张氏同，均认为此类考证著作的出现，有利于学术发展。见（明）胡应麟《少室山房笔丛》卷19，上海书店出版社2009年版，第190页。
④ 段齐琼：《梅守箕序跋研究》，硕士学位论文，安徽师范大学，2019年，第10页。

独杨用修（慎）、陈晦伯（耀文）、王元美（世贞）、焦弱侯（竑）辈能杂引互订，留心坟籍，虽见解有穷，雌黄各别，要不失稽古之意耳。"① 正因为如此，自《正杨》面世后，学界关注杨慎及其考据学著作的人逐渐增多，随之而来的是，出现了大量考证类著作及文章。如朱国祯（1558—1632）在《涌幢小品》卷一八"正杨"条中指出："杨用修（慎）博学，有《丹铅录》诸书，便有《正杨》，又有《正〈正杨〉》。"② 周亮工（1612—1672）在《因树屋书影》卷八中更进一步指出：

> 杨用修（慎）先生《丹铅》诸录出，而陈晦伯（耀文）《正杨》继之，胡元瑞（应麟）《笔丛》又继之，时人颜曰《正〈正杨〉》。当时如周方叔（婴）、谢在杭（肇淛）、毕湖目（拱辰）诸君子集中，与用修为难者，不止一人；然其中虽极辨难，有究竟是一义者，亦有互相发明者。予已汇为一书，颜曰《翼杨》。书已成，尚未之镌耳。③

据朱、周二人的观察，当时参与杨慎著作是非讨论的学者确实不少，这类学术讨论现象的普遍存在，无疑正是中晚明考据学群体意识觉醒的必然结果。对此，明末方以智在《通雅自序》中，从学术研究的延续性角度着眼，曾特别指出：

> 澹园（焦竑）有功于新都（杨慎），而晦伯（陈耀文）、元美（王世贞）、元瑞（胡应麟）驳之不遗余力。以今论之，当驳者多不能驳，驳又不尽当。然因前人备列以贻后人，因以起疑，因以旁征，其功岂可没哉！今日之合而辩正也，固诸公之所望也。④

---

① （明）梅守箕：《梅季豹居诸二集》卷9，《四库未收书辑刊》第6辑第24册，北京出版社1998年版，第572页。
② （明）朱国祯：《涌幢小品》，中华书局1959年版，第415页。
③ （清）周亮工：《书影》，上海古籍出版社1981年版，第227页。
④ （清）方以智：《通雅》，黄德宽、诸伟奇主编《方以智全书》第4册，黄山书社2019年版，第7页。

观方氏所持态度，虽然也说"以今论之，当驳者多不能驳，驳又不尽当"，似对陈耀文等人的考证不甚满意，但那是从纯学术研究的角度而言的，并不存有个人情绪在其中。其实，方氏对陈氏等人的考证工作本身是持肯定态度的，因此他才会说出"其功岂可没哉"的话，并且认为在陈氏等人考证的基础上"合而辩正"，这样做是"诸公之所望"。

对此，四库馆臣的《通雅》提要[①]、钱穆先生的《中国近三百年学术史》[②]、嵇文甫先生的《晚明思想史论》[③]、谢国桢先生的《明末清初的学风》[④]，均对此一考据热潮的兴起有非常中肯的评价。

第二节 中晚明考据学群体的成员构成

通过上文的梳理可知，围绕杨慎及其所倡导的考据学，在中晚明已经逐渐形成了一个拥有较为明确学术理念的考据学群体。在这个群体的成员中，除上文已经介绍过的张含（1479—1565）、顾应祥（1483—1565）、王廷表（1490—1554）、简绍芳（约1494—1558）、周复俊（1496—1574）、朱曰藩（1500—1561）、刘绘（1505—1573）、何良俊（1506—1573）等人外，尚有如下学者值得着重探讨。

1. 季本（1485—1563），字明德，号彭山，绍兴府会稽（今浙江绍兴）人。正德十二年（1517）进士，授建宁府推官。因生性耿介，宦海沉浮二十余年，仅官至长沙太守。季本起初师事王文辕，后拜王阳明为师。生平详见《明儒学案》卷一三《知府季彭山先生本》及《徐渭集》卷二五《先师彭山先生传》等。[⑤] 所著有《易学四同》八卷及《别录》四卷、《诗说解颐》四十卷、《春秋私考》三十六卷、

---

① 《钦定四库全书总目》（整理本），中华书局1997年版，第1594页。
② 钱穆：《中国近三百年学术史》，九州出版社2011年版，第148—149页。
③ 嵇文甫：《晚明思想史论》，河南大学出版社2008年版，第141页。
④ 谢国桢：《明末清初的学风》，上海书店出版社2006年版，第40—41页。
⑤ （清）黄宗羲著，沈芝盈点校：《明儒学案》卷13《浙中王门学案三》，中华书局2008年版，第271—273页；（明）徐渭：《徐渭集》，中华书局1983年版，第628—629页。

《四书私存》三十八卷、《说理会编》十六卷、《季彭山先生文集》四卷等。其中《诗说解颐》"取众家之长,独辟蹊径"①,是继杨慎之后在《诗经》解读方面具有明显考据特征的著作。② 正因为如此,四库馆臣在给该书写提要时,就其中所具有的考据特征给予了充分肯定。③

2. 郎瑛(1487—1566后),字仁宝,号草桥,杭州府仁和(今浙江杭州)人。幼孤,体弱多病,长为诸生。后科举不利,遂绝意仕途。生平详见徐应元《草桥先生郎瑛传》及旧题万斯同《明史》卷三九六《隐逸传》等。④ 郎瑛读书广博,所著有《订正孝经》一卷、《七修类稿》五十五卷(明刊本为五十一卷)及《续稿》七卷等。其中《七修类稿》及《续稿》作为读书笔记,是郎瑛"日综群籍,参互考订"⑤的成果,其书"引证颇广,当时杨升庵已屡引其说"⑥,其实《七修类稿》及《续稿》也曾多次征引杨慎的观点。⑦ 这种互相征引对方考据成果的现象,正可说明当时考据学者间某种良性互动的关系。

3. 梅鷟(约1490—?),字鸣歧,号平垫,别号致斋,南直隶宁国府旌德(今安徽旌德)人。正德八年(1513)举人。嘉靖二十二年(1543)任南京国子监助教。后升常州通判。⑧ 官至云南盐课司提举。

---

① [日]西口智也:《季本的诗经观》,《嘉应大学学报》(哲学社会科学版)2002年第4期。
② 李忠伟:《试论明中期学者丰坊〈诗经〉学考据特征》,《宁波大学学报》(人文科学版)2019年第5期。
③ 《钦定四库全书总目》(整理本),中华书局1997年版,第202页。
④ (明)焦竑编:《国朝献征录》,周骏富辑《明代传记丛刊》第114册,台北:明文书局1991年版,第809页;(清)万斯同:《明史》,《续修四库》史部331册,上海古籍出版社2002年版,第291页。另外,富路特等人主编的《明代名人传》中对郎瑛的生平亦有介绍([美]富路特、房兆楹原主编,李小林、冯金朋主编:《明代名人传》(3),北京时代华文书局2015年版,第1079页)。
⑤ (明)陈善:《七修续稿原序》,(明)郎瑛《七修类稿》,上海书店出版社2001年版,第543页。
⑥ (清)李慈铭:《越缦堂读书记》,上海书店出版社2015年版,第700页。
⑦ (明)郎瑛:《七修类稿》,上海书店出版社2001年版,第59、145、227、236、546、579页。
⑧ (明)黄儒炳:《续南雍志》卷11《职官表下》,台北:伟文图书出版社有限公司1976年版,第657页。而林庆彰、姜广辉二先生均误作"浙江常州通判",见林庆彰《明代考据学研究》,台湾学生书局1986年版,第131页;姜广辉《梅鷟〈尚书考异〉考辨方法的检讨——兼谈考辨〈古文尚书〉的逻辑基点》,《历史研究》2007年第5期。

与杨慎年龄相当而略小①，亦博闻强识，所著多种，存于今者有《古易考原》三卷、《尚书谱》五卷②、《尚书考异》五卷③、《南雍志·经籍考》四种。他是明代最先质疑《古文尚书》真伪的学者，其《尚书谱》《尚书考异》对《古文尚书》真伪的考辨，体现了他在经学文献考据方面的成绩。

4. 丰坊（1494—1569后），字存礼，一字人叔、人翁，号南禺外史，晚年更名道生，宁波府鄞县（今浙江宁波）人。嘉靖二年（1523）进士。④ 丰坊乃丰熙（1468—1538）之子，嘉靖"大礼议"中，父子两人均站在以大学士杨廷和为首的"保守派"一边⑤，惹怒了世宗，为此遭到了世宗的严厉惩治。惩治的结果，丰熙被贬福建镇海卫戍所，后卒于戍地，丰坊被贬南迁，后被罢职以归。自此，从北宋丰稷（1033—1107）以来即令人艳羡的"四明丰氏"大族的政治命运就这样彻底断送了。"因为家族已经失去政治经济地位，所以丰坊只能变本加厉地标榜家族的学术传统，为此不惜遍伪群经"⑥，而丰氏家族的万卷楼藏书极为丰富⑦，正为丰坊的作伪提供了条件，还为其伪书增加了可信度。⑧ 当然，丰坊遍伪群经的行为固然令人不齿，但他与季

---

① 目前虽尚未发现梅鷟与杨慎之间的直接交流材料，但杨慎的好友黄佐（字才伯，杨慎有《送黄才伯佐册封藩府南渭》，见《升庵集》卷17）曾聘请梅鷟为南京国子监助教，撰成《南雍志》二十四卷；且杨慎在大礼议中表现出的铮铮铁骨（梅鷟之兄梅鹗的好友舒芬曾以争议大礼被廷杖，梅鹗对此钦佩万分），梅鷟一定印象深刻。因此，对于梅鷟来说，杨慎之名应该并不陌生，其在考据学方面的成绩也应该有所耳闻，因此将其视作中晚明考据学群体成员应该不至于太离谱。

② 此书除卷一外，卷二至卷五每卷又分为两卷，故若仅以分卷而言，实为九卷。关于本书的详细讨论，见林庆彰《梅鷟〈尚书谱〉研究》，《明代经学研究论集》（增订本），华东师范大学出版社2015年版，第197—228页。

③ 姜广辉先生认为，《尚书考异》可能是由梅鷟兄梅鹗撰就，而梅鷟续成之。见姜广辉《梅鷟〈尚书考异〉考辨方法的检讨——兼谈考辨〈古文尚书〉的逻辑基点》，《历史研究》2007年第5期。

④ 关于丰坊的生平介绍，详见林庆彰《丰坊与姚士粦》，华东师范大学出版社2015年版，第12—18页。

⑤ 实际上，除了政治倾向基本一致外，丰坊对杨慎的学术也应该是比较熟悉的，如丰坊的《书诀》中就曾提及杨慎藏有宋拓本小楷《金刚经》。（明）丰坊：《书诀》，《四库全书》第816册，第166页。

⑥ 王赫：《伪书的诞生：明中叶文化学术氛围与丰坊的作伪》，《文献》2020年第4期。

⑦ 任继愈主编：《中国藏书楼》（贰），辽宁人民出版社2001年版，第1034—1036页。

⑧ 王赫：《丰坊经学作伪研究》，硕士学位论文，南京大学，2019年，第8页。

本沿着杨慎的考据方法治《诗经》①,在明中期《诗经》学领域"挣脱宋儒的羁绊",且"不依归于汉儒,因而创造出了自己的一片天地"②,却是值得肯定的。

5. 郑晓（1499—1566）,字窒甫,号淡泉,嘉兴府海盐（今浙江海盐）人。嘉靖二年（1523）进士,授兵部职方主事,"日就省中罗九朝故牍阅之",撰《九边图志》三十卷,士林争传之。大礼议起,郑晓与丰熙、杨慎等一样,"跪左顺门,恸哭不已,上怒,下锦衣狱,杖阙下"。③累官至刑部尚书。生平详见《明史》卷一九九《郑晓传》等。④郑晓博学多识,熟谙典故,著有《四书讲义》六卷、《吾学编》六十九卷、《今言》四卷、《古言》二卷、《郑端简公文集》十二卷等。其《古言》多有论及汉宋之学、考证经史之说者,对于中晚明考据学突破宋学的藩篱提供了帮助。⑤

6. 陈绛（1513—?）,字用扬（阳）,自号罍山子,绍兴府上虞县（今浙江绍兴上虞）人。自幼"岐嶷不凡,读书过目辄成诵"。嘉靖二十三年（1544）进士,授乐平令。官至应天府尹。嘉靖四十三年,任宁前兵备的陈绛⑥,公务之暇,益肆力于问学,自己携带的书籍不够,就向当地的藏书家借阅,凡有所疑议,为之辨证,汇而成编,名之曰《山堂随钞》。⑦据陶望龄（1562—1609）《金罍子序》称,是书由他改作《金罍子》。⑧书中所载,"非经史子说疑佚弗订,非独创胸臆弗

---

① 李忠伟：《试论明中期学者丰坊〈诗经〉学考据特征》,《宁波大学学报》（人文科学版）2019年第5期。
② 刘毓庆：《从经学到文学——明代〈诗经〉学史论》,商务印书馆2001年版,第201页。
③ （明）戚元佐：《刑部尚书端简公晓传》,（明）焦竑编《国朝献征录》卷45,周骏富辑《明代传记丛刊》第111册,台北：明文书局1991年版,第197页。
④ 《明史》,中华书局1974年版,第5271—5274页。
⑤ 林庆彰：《明代的汉宋学问题》,《明代经学研究论集》（增订本）,华东师范大学出版社2015年版,第16—17页。
⑥ 张士尊：《明代辽东都司与山东行省关系论析》,《东北师大学报》（哲学社会科学版）2008年第2期。
⑦ 《嘉靖二十三年进士登科录》载："陈绛,贯浙江绍兴府上虞县,民籍。国子生。治《易经》。字用阳,行十九,年三十二,五月十五日生。"见龚延明主编,邱进春点校《天一阁藏明代科举录选刊·登科录》中册,宁波出版社2016年版,第795页。
⑧ （明）陈绛：《金罍子》,《续修四库》子部第1124册,第303页。

据,其旁证肆引非确有实据弗赘,古今不剖之疑、未阐之旨,间或有发明"[1],故四库馆臣认为,此书"大抵欲仿其乡人王充《论衡》,博引古事而加以论断考证"。[2] 此书是一部颇为重要的考据学著作。

7. 顾起经(1515—1569),字长济(一字玄纬),号罗浮外史,南直隶常州府无锡(今江苏无锡)人,顾可学(1482—1560)嗣子。以国子生谒选,授广东盐课副提举,兼署市舶。[3] 生平好藏书,所注《类笺唐王右丞诗集》十卷,是"今见王维诗最早的注本","其注着重于揭示词语、典故的出处,对人名、地名等,亦尽力稽考。凡注皆征引诸书以相参证,不自作解","注中所征引,堪称详博"。[4] 其中就曾多次征引杨慎《丹铅余录》《丹铅续录》的内容,"呈现出明代中晚期在诗歌注释方面的考据特色"。[5]

8. 陈士元(1516—1596),字心叔,号养吾,德安府应城(今湖北应城)人。嘉靖二十三年(1544)进士。次年知滦州。嘉靖二十八年辞官,遍游五岳,所至辄为记述。及归,杜门谢客,专心著述四十余年。陈士元"天姿超迈,学问淹博,一代著述之富,自杨升庵、朱郁仪外,定推士元"。[6] 曾纂修《滦州志》十一卷,张居正为之序。所著有《易象汇解》二卷、《易象钩解》四卷、《五经异文》十一卷、《论语类考》二十卷、《孟子杂记》四卷、《古俗字略》五卷、《史书论纂》四十卷、《名疑》四卷等。其中《易象汇解》《易象钩解》二书对《易经》异文的搜集、考订,具有重要的文献价值。[7]《论语类考》的撰写,受杨慎等人影响甚大,书中曾反复征引包括杨慎在内的

---

[1] (明)陈绛:《金罍子》,《续修四库》子部第1124册,第310页。
[2] 《钦定四库全书总目》(整理本),中华书局1997年版,第1659页。
[3] 《[康熙]常州府志》卷23《人物》,《中国地方志集成·江苏府县志辑》36,江苏古籍出版社1991年版,第519页。
[4] 郁贤皓主编:《中国古代诗文名著提要·汉唐五代卷》,河北教育出版社2009年版,第158—159页。
[5] 刘黎、郭芹纳:《乾嘉考据学源起之新探》,《社会科学家》2010年第8期。
[6] 《[光绪]应城县志》卷10《人物·儒林》,《中国地方志集成·湖北府县志辑》11,江苏古籍出版社1991年版,第338页。
[7] 刘体胜:《晚明陈士元易学思想探绎》,《华南师范大学学报》(社会科学版)2010年第4期。

诸家学说，参互考订，然后下以己意，是对《论语》的名物典故进行详细考证的考据学专著。①《孟子杂记》是陈士元另一部考证著作，该书对孟子其人及《孟子》一书的考证翔实精细，在孟子学史上具有重要价值。②

9. 方弘静（1516—1611），字定之，号采山，南直隶徽州府歙县（今安徽歙县）人。嘉靖二十九年（1550）进士，授东平知州。累官至南京户部右侍郎。方弘静学识渊博，著述多种，今存有《素园存稿》二十卷、《千一录》二十六卷等。方弘静与李攀龙、王世贞等复古派人士交往密切，在诗学方面成绩不俗。③《千一录》者，"录经解也，而子附焉。子有辅经者，有畔经者，于是乎有评矣，评子所以明经也。诗者，经之流乎，三百之后，可观而兴者，未尽亡焉，君子是以游于艺也"。④ 在此书中，保存有大量方弘静针对杨慎等人的考辨成果，是考察中晚明考据学群体不应忽视的重要资料。

10. 朱睦㮮（1517—1586），字灌甫，号西亭，周藩定王朱橚六世孙，袭封镇国中尉。藏书甚富，编有《万卷堂书目》四卷。著述亦不少，所著有《授经图》二十卷、《五经稽疑》八卷等。⑤ 朱睦㮮对杨慎十分了解，《万卷堂书目》卷四收录杨慎的《升庵集》二十一卷、《升庵续集》四卷，《授经图》卷二〇著录杨慎的《升庵经说》八卷，《五经稽疑》卷一《周易》"因此援彼"条还引用了杨慎的观点（见《升庵集》卷四一"数往者顺知来者逆"条）。而《授经图》"是明中叶提倡汉学的代表性著作"。⑥《五经稽疑》则是最能体现其经学考据方面成绩的重要著作。⑦

---

① 唐明贵：《陈士元〈论语类考〉探微》，《齐鲁文化研究》第9辑，泰山出版社2010年版，第233—238页。
② 刘体胜：《陈士元的〈语〉〈孟〉学》，《江汉论坛》2009年第7期。
③ 王官旺、王建军：《方弘静生平及其诗学思想略论》，《柳州师专学报》2005年第3期。
④ （明）方弘静：《千一录自序二》，《千一录》，《续修四库》子部第1126册，第103页。
⑤ 周翔宇：《明代经史学家朱睦㮮著作考》，《历史档案》2016年第3期。
⑥ 林庆彰：《朱睦㮮及其〈授经图〉》，《明代经学研究论集》（增订本），华东师范大学出版社2015年版，第245页。
⑦ 《五经稽疑》卷首提要，（明）朱睦㮮《五经稽疑》，《四库全书》第184册，第679页。

11. 李时珍（1518—1593），字东璧，号濒湖，黄州府蕲州（今湖北蕲春）人。李时珍三次参加乡试，均以失败告终，这让他彻底放弃了科举之路，转而跟随父亲学习医术。① 经过长期深入民间走访调查及广泛参阅历代文献，"遂渔猎群书，搜罗百氏"，"岁历三十稔，书考八百余家，稿凡三易"而成《本草纲目》五十二卷。书中"辩疑正误"，"博而不繁，详而有要，综核究竟，直窥渊海"。为此，好友王世贞在《本草纲目序》中将《本草纲目》与杨慎的著作并举："予方著弇州《卮言》，恚博古如《丹铅》《卮言》后乏人也，何幸睹兹集哉。"② 显然，李时珍撰写的《本草纲目》，不仅是中医药学、植物学史上的巨著，也是中晚明考据学思潮影响下成书并反过来促进了中晚明考据学发展的重要著作。③

12. 张元谕（1519—?），字伯启，号月泉生，人称白眉公，金华府浦江（今浙江浦江）人。自幼颖悟嗜学。嘉靖二十六年（1547）进士④，授工部主事。官至滇南观察副使。张元谕"博通经史，兼工诗文，深究经传注疏，多所发明，读史凡所评断，皆为确论，文追秦汉，诗步盛唐"。⑤ 著有《詹詹集》七卷、《篷底浮谈》十五卷等。其中《篷底浮谈》对杨慎等人的考据成果多有驳正，通过此书有助于了解

---

① 唐明邦：《李时珍评传》，南京大学出版社1991年版，第20—22页。

② 《丹铅》《卮言》，实为杨慎的《丹铅录》及《杨子卮言》，但唐明邦先生却将其误作"《丹铅卮言》"，并解释称："《丹铅卮言》是谈道教炼丹术的书，涉及许多炼外丹的药物，王世贞未必完全弄得清楚；不少炼丹药物，李时珍都有深入研究，载之于《本草纲目》。"（唐明邦：《李时珍评传》，南京大学出版社1991年版，第50页）实际上，在《本草纲目》卷1《引据古今经史百家书目》中，杨慎的《丹铅录》《杨升庵集》正在其中。见钱超尘等校《金陵本〈本草纲目〉新校正》，上海科学技术出版社2008年版，第20、24页。

③ 美国学者艾尔曼认为："考据学对很多领域都产生了重大影响。例如，当李时珍发现很多关于中药材的资料十分混乱甚至有很多是错误的，于是就重新整理出版了《本草纲目》。很多人与李时珍的想法相似，面对中医的很多资料如《黄帝内经》《伤寒论》等，都发现它们存在一些版本、来历上的问题，如发现《黄帝内经》是汉朝写的医书，并不是出自黄帝之手。"见褚国飞《中国历史上的科举、考据与科学——访美国普林斯顿大学艾尔曼教授》，《中国社会科学报》2009年12月29日第4版。

④ 《嘉靖二十六年进士登科录》载："张元谕，贯浙江金华府浦江县，民籍。国子生。治《春秋》。字伯启，行二十八，年二十九，四月二十八日生。"见龚延明主编，毛晓阳点校《天一阁藏明代科举录选刊·登科录》下册，宁波出版社2016年版，第11页。

⑤ 浙江省社会科学院编：《浙江人物志》（中），浙江人民出版社1986年版，第132页。

中晚明考据学的发展状况。

13. 陈耀文（1524—1605），字晦伯，号笔山，汝宁府确山县（今河南确山）人。嘉靖二十九年（1550）进士。累迁中书舍人。嘉靖三十八年，量移淮安推官。隆庆六年（1572），升陕西行太仆寺卿。万历二年（1574），在陕西行太仆寺卿任上辞官归家。其后杜门谢客，日以著述为事。[①] 所著有《经典稽疑》二卷、《正杨》四卷、《天中记》六十卷、《花草粹编》十二卷、《学林就正》四卷、《学圃萱苏》六卷等。陈氏作为较早系统批驳杨慎考据之失的学者，他的《正杨》激起了众多学者关注杨慎考据及明代考据学，对推动中晚明考据学群体的构建起到了重要的促进作用。此外，他的《经典稽疑》《天中记》《学林就正》《花草粹编》等书，也分别在经学、子学、文学方面展现出较为突出的考据功夫。

14. 王世贞（1526—1590），字元美，号凤洲，又号弇州山人，南直隶苏州府太仓州（今江苏太仓）人。嘉靖二十六年（1547）进士。授刑部主事。累官至南京刑部尚书。王世贞作为"后七子"文学复古运动的领袖，著述宏富，"考自古文集之富，未有过于世贞者"。[②] 其博学更是与杨慎齐名。著有《弇州山人四部稿》一百七十四卷、《弇州续稿》二百零七卷及《目录》十卷、《弇山堂别集》一百卷等。王世贞作为当时的文坛盟主，具有极高的声望。[③] 王世贞曾参与到"正杨"的队伍中，对杨慎的考据成果进行批驳，且与陈耀文展开论战，因其盟主的身份和博辨的学识，无疑对中晚明考据学扩大社会影响起到了推波助澜之效。

15. 焦竑（1540—1619），字弱侯，号澹园、漪园等，南直隶应天府江宁（今江苏南京）人。万历十七年（1589）以状元及第官翰林院修撰。曾参与撰修国史，并撰成《国史经籍志》五卷及《附录》一卷。焦竑藏书丰富、学问渊博，尤擅哲学、考据学。焦竑不仅是晚明王学左派

[①] 朱仙林：《陈耀文生平事迹及其交游考》，《古籍整理研究学刊》2017年第2期。
[②] 《钦定四库全书总目》（整理本），中华书局1997年版，第2325页。
[③] 《明史》卷287《王世贞传》，中华书局1974年版，第7381页。

的重要代表人物,更与思想怪杰李贽成为莫逆之交。①焦竑不像其他心学家一样束书不观、游谈无根,甚至加以极力反对:"余惟学者患不能读书,能读书矣,乃疲精力于雕虫篆刻之间,而所当留意者,或束阁而不观,亦不善读书之过矣。"②焦竑不仅提倡读书,更强调要博学:"孔子之博学于文,正以为约礼之地。盖礼至约,非博无以通之。故曰:'博学而详说之,将以反说约也。'"③并指出应借博考之学以达明心见性之效:"礼者心之体,本至约也。约不可骤得,故博文以求之。学而有会于文,则博不为多,一不为少。文即礼,礼即文,我即道,道即我,奚畔之有?故网之得鱼,常在一目,而非众目不能成网;人之会道,常于至约,而非博学不能成约。"④焦竑著述宏富,有《国朝献征录》一百二十卷、《俗书刊误》十二卷、《焦氏笔乘》六卷、《焦氏笔乘续集》八卷、《澹园集》四十九卷等,其中《俗书刊误》《焦氏笔乘》《焦氏笔乘续集》及《澹园集》中有较为丰富的考据学内容。焦周(生平不详),字茂潜,一字茂孝,焦竑次子。万历三十一年举人。⑤焦氏"负绝人之才,深嗜古学,于典籍靡所不涉,博极群书而目无再过"。⑥所著《焦氏说楛》七卷,延续其父焦竑的考据之风,对杨慎等人的考据成果进行了诸多驳正,是晚明一部重要的考据学著作。

16. 陈第(1541—1617),字季立,号一斋,福州府连江县(今福建连江)人。陈第一生颇具传奇色彩,"少禀异质,博极群书,倜傥自负",又"喜谈兵"⑦,他不仅是古音学的先驱,更是抗敌保家的军

---

① 李剑雄:《焦竑评传》,南京大学出版社2011年版,第89页。
② (明)焦竑撰,李剑雄点校:《澹园集》卷14《荆川先生右编序》,中华书局1999年版,第141页。
③ (明)焦竑撰,李剑雄点校:《澹园集》卷48《古城答问》,中华书局1999年版,第733页。
④ (明)焦竑撰,李剑雄点校:《焦氏笔乘续集》卷1《读〈论语〉》,上海古籍出版社1986年版,第205页。
⑤ 胡露:《〈四库全书总目〉时间之误举例》,《齐齐哈尔大学学报》(哲学社会科学版)2014年第4期。
⑥ (明)焦润生:《说楛小序》,(明)焦周《焦氏说楛》,《续修四库》子部第1174册,第1页。
⑦ (清)徐时作:《毛诗古音考序》,(明)陈第著,康瑞琮点校《毛诗古音考 屈宋古音义》,中华书局2008年版,第5页。

事家以及纵情山水的旅行家。① 陈第与焦竑关系密切，受焦竑"古诗无叶"说的影响，陈第"取《诗》之同类者，而胪列之为本证，已，取《老》、《易》、《太玄》、《骚赋》、《参同》、《急就》、古诗谣之类，胪列之为旁证"，撰成《毛诗古音考》四卷。② 书中提出"时有古今，地有南北，字有更革，音有转移"的古音思想和"以经证经"的考音方法，使其在古韵学史上备受推重③，也在考据学史上具有重要影响。除《毛诗古音考》外，尚著有《屈宋古音义》三卷、《一斋集》十六卷等。

17. 王士性（1547—1598），字恒叔，号太初，又号元白道人，台州府临海（今浙江临海）人。万历五年（1577）进士，授确山知县。④ 历任礼科给事中、南京鸿胪寺正卿等职。著有《五岳游草》十二卷、《广游志》二卷、《广志绎》五卷（卷六《四夷辑》有目无文不计）等。王士性最为人熟知的是其在地理学方面的成绩，自谭其骧先生将王士性与徐霞客并举后，学者们普遍认为王氏也是明代最为杰出的地理学家。⑤ 但实际上，其《广志绎》中除了记载大量人文地理和自然地理方面的资料外，还有一些地理知识的考据内容，或援引前辈学者的观点作为支撑，或驳斥前人的考证失误。如卷一关于"黄河九曲"，就引用杨慎及潘昂霄的观点，并总结说："以此参考之，《河图象纬》及《河源志》与《禹贡》一一皆合。用修博雅，当有据。"而卷四关于"会稽禹穴"，则驳斥了杨慎的观点："会稽禹穴窆石陷入石中，上锐下丰，可动而不可起，真神异也。或者禹葬衣冠之所，又谓生而藏

---

① 郭进绍：《才兼文武　志存山水——陈第的传奇一生》，《福建史志》2013年第3期。

② （明）焦竑：《毛诗古音考序》，见（明）陈第著，康瑞琮点校《毛诗古音考　屈宋古音义》，中华书局2008年版，第9页。

③ 陈鸿儒：《陈第古音思想及考音方法检讨——述评〈毛诗古音考〉所考字音的说解文字》，《东南学术》2008年第5期。

④ 确山为陈耀文家乡，王士性任确山知县时，陈耀文已辞官居家；且王士性族叔王宗沐与陈耀文为好友，则王士性与陈耀文当有交集，限于材料，具体详情暂不得而知。关于王宗沐与陈耀文的交游情况，详见朱仙林《陈耀文生平事迹及其交游考》，《古籍整理研究学刊》2017年第2期。

⑤ 徐建春：《王士性及其〈广志绎〉》，《杭州大学学报》（哲学社会科学版）1990年第3期；《王士性研究三题》，《浙江学刊》1994年第4期。

秘图者。太史公云：'上会稽，探禹穴'，明谓此无疑。杨用修强以石纽村当之，石纽乃大禹所生，会稽则其所葬，彼禹穴二字，乃后人所作也。"① 王士性在实地考察的基础上，合理利用前人的考证成果，最终完成了《广游志》《广志绎》这样杰出的地理学著作，无疑是对由空谈性理转向经世务实的时代思潮的及时回应，也是对中晚明考据学群体意识觉醒的积极响应。

18. 王肯堂（1549—1613），字宇泰，号损仲，别号损庵，又号念西居士，南直隶镇江府金坛（今江苏金坛）人。万历十七年（1589）进士，选为庶吉士。同科有焦竑、高攀龙、董其昌等。② 官至福建参政。王肯堂"好读书，尤精于医"③，所著有《论语义府》二十卷、《尚书要旨》三十六卷、《郁冈斋笔麈》四卷、《证治准绳》一百二十卷等。其中《郁冈斋笔麈》是王肯堂的随笔杂记，书中征引经史子集达135种④，包括杨慎的《丹铅余录》和陈耀文的《正杨》，其受中晚明考据学思潮之影响不言而喻。更可注意者，王肯堂将考据工夫用在了医学上⑤，进而在医学考据方面取得巨大的成就，特别是他的《证治准绳》"该博精详"⑥，被认为与李时珍《本草纲目》一起"为吾国医药两大渊薮"。⑦

19. 胡应麟（1551—1602），字元瑞，号少室山人，更号石羊生，金华府兰溪县（今浙江兰溪）人。万历四年（1576）乡试中举，次年会试不第。此后多次参加会试，均以失败告终，遂布衣终身。胡应麟虽然仕途不顺，但并未影响他的诗文创作及学术研究。且因胡应麟出众的诗文才华，王世贞与其成为莫逆之交，这无疑增加了他在当时学

---

① （明）王士性撰，吕景琳点校：《广志绎》，中华书局1981年版，第7、72页。
② 柯卉：《王肯堂的生平与学术》，硕士学位论文，复旦大学，2001年，第3、41页。
③ 《明史》卷221《王肯堂传》，中华书局1974年版，第5818页。
④ 潘志刚：《王肯堂〈郁冈斋笔麈〉研究》，硕士学位论文，华中师范大学，2016年，第36页。
⑤ 潘志刚先生曾在其文章中谈及此点。最可注意者，潘先生说，考据学"到了明朝中晚期由杨慎突起，继而胡应麟、王肯堂等人呈现群体而起的形势，从而使考据学在这段时间显得尤为耀眼"。真是慧眼如炬！只可惜此后潘先生未能就此课题进行更深入的考察。见潘志刚《王肯堂〈郁冈斋笔麈〉研究》，硕士学位论文，华中师范大学，2016年，第55—56页。
⑥ 《明史》卷221《王肯堂传》，中华书局1974年版，第5818页。
⑦ 谢观著，余永燕点校：《中国医学源流论》，福建科学技术出版社2003年版，第74页。

界的影响。[1] 同时，胡应麟也十分倾心于倡导考据的杨慎，他在《丹铅新录引》中称杨慎"拮据坟典，摘抉隐微，白首丹铅"，厥功甚伟，并将杨慎比作战国时博学善辩的惠施和黄缭。[2] 而胡应麟与陈耀文的交往，更成为中晚明考据学群体意识觉醒的重要推力。[3] 胡应麟从事考据，当然与他对杨慎学术的倾心有莫大关系，但直接诱发其从事考据工作的，却是陈耀文《正杨》的出版。[4] 为此，胡应麟在《艺林学山》卷七、卷八中，专门讨论了陈耀文《正杨》的考证失误，而陈耀文也在修订后的《正杨》卷三"锦伞夫人"条及卷四"嫦娥"条，多次对胡应麟的相关指摘进行反驳。[5] 这种考据学上的良性互动，无疑有助于中晚明考据学的发展。胡应麟藏书甚富，并依托丰富的藏书，著有《少室山房笔丛》正续集四十八卷、《诗薮》二十卷、《少室山房集》一百二十卷等，其中关于考据学的内容主要集中在《少室山房笔丛》一书中。

20. 张萱（约1553—1636[6]，一作1558—1641[7]），字孟奇，号九岳，别号西园，惠州府博罗（今广东惠州）人。万历十年（1582）举于乡，由中书舍人官至户部郎中。张萱闻见博洽，"生平无他嗜，独癖书，老而弥笃。藏万卷，丹铅无不遍者，自天地阴阳以及兵、农、

---

[1] 王嘉川：《布衣与学术：胡应麟与中国学术史研究》，商务印书馆2005年版，第40—65页。
[2] （明）胡应麟：《少室山房笔丛》卷5，上海书店出版社2009年版，第53页。
[3] 朱仙林：《陈耀文生平事迹及其交游考》，《古籍整理研究学刊》2017年第2期。
[4] 《少室山房集》卷68《漫兴四绝》，其最后一首称："可怪滇南老（即杨慎），雌黄信笔成。那知陈晦伯（即陈耀文），剖击更无情。"卷112《与王司寇论丹铅诸录》称："曩读用修书，绝叹，以为国朝不可无比；读晦伯书，则又绝叹，以为用修不可无惜。"卷116《燕中与祝生杂柬八通》之四称："陈晦伯《正杨》援证颇精，至诗文引用，或断章取义，或反复抑扬，此自词人所解，而陈第据纸上陈言格之，恐用修有灵，将复称屈地下。"见（明）胡应麟《少室山房集》，《四库全书》第1290册，第507、815、853页。
[5] 朱仙林：《〈正杨〉版本源流考论》，《古典文献研究》第17辑上卷，凤凰出版社2014年版。
[6] 毛庆耆：《〈疑耀〉著作权之"张"冠"李"戴》，《中国典籍与文化》1998年第3期；《明代岭南学者张萱及其〈疑耀〉》，《暨南学报》（哲学社会科学版）2003年第5期。
[7] ［美］富路特、房兆楹原主编，李小林、冯金朋主编：《明代名人传》（1），北京时代华文书局2015年版，第116页；鞠明库、艾险峰：《张萱〈西园闻见录〉举疑》，《华侨大学学报》（哲学社会科学版）2007年第2期；陈丽萍：《晚明学人张萱及其〈西园闻见录〉》，《云南师范大学学报》（哲学社会科学版）2008年第5期。

礼、乐、元乘、韬钤，无不探讨淹贯"。① 著述多种，如《西园闻见录》一百零七卷、《疑耀》七卷等。其中尤以《疑耀》因与狂人李贽存在著作权之争②，且被收入《四库全书》中，而为人所熟知。《疑耀》不仅内容广博，且"考证故实，循循有法"，"其他考证"亦"往往有依据"③，因此被后世学者认为是一部"考据有法"的学术著作。④同时，该书中的部分内容还被稍后的张燧采入《千百年眼》，可见其考据学价值是得到时人认可的。

21. 朱国祯（1558—1632），字文宁，号平涵，又号虬庵居士，湖州府乌程（今浙江湖州）人。万历十七年（1589）进士，授翰林院庶吉士。累官至国子监祭酒。天启四年（1624），以建极殿大学士身份出任内阁首辅。朱国祯不仅是政治家，也是史学家，一生著述颇丰⑤，其中《皇明史概》一百二十一卷、《涌幢小品》三十二卷，均具有较高的史料价值且蕴含着大量考据成果。⑥

22. 郑明选（生卒年不详），字侯升，号春寰，湖州府归安（今浙江归安）人。万历十七年（1589）进士，知安仁县，官至南京刑科给事中。⑦ 著有《郑侯升集》四十卷，其中卷三一至卷四〇共十卷为《秕言》⑧，专事考证，其中针对杨慎《丹铅余录》等的考据条目不少，可见郑氏的考据工作在一定程度上受到了中晚明考据学思潮的影响。但四库馆臣对其考据成绩甚为不满⑨，馆臣以乾嘉考据学的学术标准来衡量郑氏的考据成果，其批评自然有其合理性，但若站在明末考据

---

① 《[道光]广东通志》卷291《张萱传》，《续修四库》史部第675册，第120—121页。
② 毛庆耆：《〈疑耀〉著作权之"张"冠"李"戴》，《中国典籍与文化》1998年第3期。
③ 《钦定四库全书总目》（整理本），中华书局1997年版，第1593页。
④ 毛庆耆：《明代岭南学者张萱及其〈疑耀〉》，《暨南学报》（哲学社会科学版）2003年第5期。
⑤ 赵承中：《明代史学家朱国祯著述录略》，《文献》1990年第4期。
⑥ 钱茂伟：《朱国祯及其〈史概〉再探》，《宁波师院学报》1990年第4期。
⑦ 《[同治]湖州府志》卷72《人物传》，同治十三年（1874）刻本。
⑧ （明）郑明选：《郑侯升集》，《四库禁毁》集部第75册，第522—655页。《秕言》有单行本，四卷，明万历二十四年（1596）刻本，上海图书馆、天津图书馆等有藏。此四卷本，《四库全书总目》卷126子部杂家类存目有提要。
⑨ 《钦定四库全书总目》（整理本），中华书局1997年版，第1685页。

学发展的大背景下来认识郑氏的考据成果,那么对其的评价或许就应该更为积极一些,毕竟郑氏能够延续中晚明考据学思潮而从事考据工作,对扩大考据学的社会影响确有十分积极的作用,这是值得充分肯定的。

23. 张燧(生卒年不详),字和仲,长沙府湘潭(今湖南湘潭)人。其父张嘉言,字克扬,万历二十年(1592)进士,曾任广州推官,后迁工部郎中。张燧乃张嘉言次子,国子生,后还家,筑香海居,读书其中,因病卒于家。① 所著有《千百年眼》十二卷、《经世挈要》二十二卷等。其《千百年眼》为张燧的史学读书笔记,共511个条目。② 通观全书可知,该书的编纂深受杨慎、焦竑、王世贞等人的考据思想影响,乃是晚明史学领域一部充满批判精神的著作,内容则涉及史实考据、史事辨析和史事归纳。

24. 许学夷(1563—1633),字伯清,南直隶常州府江阴县(今江苏江阴)人。因深刻认识八股取士之弊,故厌弃举业③,隐居家乡,专心文史之学。④ 所著有《诗源辩体》三十六卷及《后集纂要》二卷、《许伯清诗稿》一卷等。其中《诗源辩体》是许学夷"历四十年,十二易稿"⑤ 而成,被认为是"晚明复古诗论的扛鼎之作"。⑥ 在此书中,许学夷对包括杨慎在内的历代学者的诗学思想进行了梳理、整合与辨识,并由此形成了自己完整且独特的诗学体系。⑦ 因此,《诗源辩体》不仅是明代诗学领域的重要文本,无疑也应该视作中晚明考据学与文

---

① (明)郭金台:《张和仲小传》,《石村诗文集》,岳麓书社2010年版,第207—208页。
② (明)张燧撰,朱志先校释:《〈千百年眼〉校释》,武汉大学出版社2018年版,第7页。
③ 许学夷曾作《论举业》:"三代立贤,尚矣;汉举贤良,犹为近古。举业本以明经,而其流大异,葩辞蔓语,童子而长试之,家以为贤子,国以为良士,是岂所谓经济之学耶?"见(明)许学夷著,杜维沫校点《诗源辩体》,人民文学出版社1987年版,第432页。
④ 汪泓:《许学夷生平志趣与文学活动论考》,《南开学报》(哲学社会科学版)2004年第1期。
⑤ (明)许学夷著,杜维沫校点:《诗源辩体》,人民文学出版社1987年版,第433页。
⑥ 陈广宏:《诗论史的出现——〈诗源辩体〉关于"言诗"传统之省察》,《文学遗产》2018年第4期。
⑦ 余恕诚:《〈许学夷诗学思想研究〉序》,方锡球《许学夷诗学思想研究》,黄山书社2006年版,第1—3页。

学相结合的极为成功的典范文本。①

25. 孙能传（1564—1613），字一之，号心鲁，宁波府奉化（今浙江奉化）人。万历十年（1582）举人。官至工部员外郎。尝与张萱同编《内阁书目》八卷。所著有《谥法纂》十卷、《益智编》四十一卷、《剡溪漫笔》六卷等。其《剡溪漫笔》"虽屑越于训故名物之辨"，实则亦曾"纠传习之讹"，"补注疏之阙"②，从事于考证之事矣。

26. 王嗣奭（1566—1648），字右仲，号于越，宁波府鄞县（今浙江宁波）人。万历二十八年（1600）举人。所著《杜臆》十卷，是其潜心研究杜诗的结晶，被认为"代表着明代注杜的最高成就"。③ 王嗣奭在书中对杜诗的笺释，据学者的研究主要采取"以意逆志"的方法④；但通观全书，其对杜诗及其历代注释（其中就包括杨慎、王世贞等）的考证亦多有精彩之处。可以说，《杜臆》不仅是明代杜诗注释的重要成果，也应该看作是明代以考据方法注杜诗的重要成果。⑤

27. 谢肇淛（1567—1624），字在杭，号武林，福州府长乐县（今福建福州长乐区）人。万历二十年（1592）进士。官至广西左布政使。谢肇淛爱抄书，懂藏书，会读书，因此其著述颇有根柢，如《五杂组》十六卷、《文海披沙》八卷、《滇略》十卷、《小草斋诗话》六卷等均颇有价值。其中《五杂组》以"怀疑论和好奇心构成了全书的主要基调"⑥，该书与《文海披沙》一起，成为我们考察谢氏考据学成绩与不足的主

---

① 考据学与文学的融合，杨慎无疑是开风气之先者。详见吕斌《明代博学思潮与文论——以杨慎为例的考察》，《文学评论》2010 年第 1 期。

② （明）孙能正：《刻〈剡溪漫笔〉小引》，（明）孙能传《剡溪漫笔》，《续修四库》子部第 1132 册，第 317 页。

③ 杨海健：《王嗣奭年谱稿》，《中国诗歌研究》2013 年第 10 辑，社会科学文献出版社 2014 年版。

④ 张家壮：《回归与超越：〈杜臆〉与"以意逆志"法》，《福建大学学报》（哲学社会科学版）2008 年第 1 期。

⑤ 明代以考据法注杜诗始于杨慎，王嗣奭在《杜臆》中对杜诗及历代注释的考辨，或正是受到了杨慎之影响。见王永波《杜诗在明代的评点与集解》，《山西大学学报》（哲学社会科学版）2016 年第 4 期；白建忠《杨慎文学评点研究》，人民出版社 2019 年版，第 135—164 页。

⑥ ［美］富路特、房兆楹原主编，李小林、冯金朋主编：《明代名人传》（2），北京时代华文书局 2015 年版，第 748 页。

要著作，也对我们深入了解考据学在晚明的发展有重要帮助。

28. 赵崡（1569—1619①），字子函，一字屏国，号敦物山人，西安府盩厔（今陕西周至）人。万历三十七年（1609）举人，此后三次科考均未中进士，遂绝意仕途，致力于金石学的研究。② 赵崡曾亲自搜访金石名书，穷三十年之力，所获碑刻二百五十五通，依欧阳修、赵明诚之例，"独刻跋语"（赵崡《石墨镌华自叙》），"椎搨装潢，复为疏记"，"援据考证"③ 而成《石墨镌华》八卷。可见，《石墨镌华》不仅是明代金石学领域的重要著作，其"考据精详，推勘深至，如老吏断狱"（康万民《石墨镌华序》），更表明此书实亦为中晚明考据学的重要成果之一。

29. 徐𤊹（1570—1642），字惟起，号兴公，福州府闽县（今福建福州）人。布衣终身。与曹学佺、谢肇淛为挚友。徐氏不仅藏书丰富，且善读书，读书凡有所得，即将自己的看法题于卷端，或校勘辨伪，或考证品评，所论多精当，其题跋经后人汇辑，颇为后世称道。④ 所撰有《笔精》八卷、《榕阴新检》八卷、《鳌峰诗集》八卷等。《笔精》是其考据学的代表作，四库馆臣认为其书"采摭既富，可资考证者颇多"⑤，沈文倬先生认为其书"在明人著述中已属力矫空疏、渐趋平实之作"⑥，陈微先生认为其书"广稽众籍、通古论今、删繁举要、摭取精粹、工于文辞的功力，是其博洽的学识和经验的融合，不愧为一部精彩迭见的博雅精神的平实之作"。⑦

30. 姚旅（1572—?），字园客，初名鼎梅，兴化府莆田（今福建

---

① 关于赵崡生卒年，各种记载说法不一，今参考赵崡后人赵党军先生的相关记载，见赵党军《赵崡和他的傲山楼——凭吊一代学者赵崡先公》，http：//blog.sina.com.cn/s/blog_ b0451d500101cscv.html，2012－11－01。

② 成永兴：《明赵崡书学思想研究》，硕士学位论文，陕西师范大学，2011年，第5—6页；赵阳阳：《读四库提要札记两则》，《图书馆杂志》2013年第4期。

③ （清）钱谦益：《列朝诗集小传》丁集中，上海古籍出版社1983年版，第532页。

④ （明）徐𤊹等撰，马泰来整理：《新辑红雨楼题记　徐氏家藏书目》，上海古籍出版社2014年版。

⑤ 《钦定四库全书总目》（整理本），中华书局1997年版，第1594页。

⑥ 沈文倬：《前言》，沈文倬校注，陈心榕标点《笔精》，福建人民出版社1997年版，第1页。

⑦ 陈微：《明代藏书家徐惟起研究》，福建教育出版社2016年版，第243页。

莆田）人。少负才名，却屡试不第，后布衣终身。所著《露书》十四卷，四库馆臣认为，其书"杂举经传，旁证俗说"，但"词气猥薄，颇乖著书之体"①，虽然整体评价并不高，但却明确指出了《露书》具有的考据学性质。其实，若考察该书内容就会发现，姚旅在书中曾多次反复提及杨慎、胡应麟等人的考据成果，并对其中的某些内容进行辨析，可见他曾受到中晚明考据学思潮的影响，该书是我们了解考据学在中晚明发展状况的重要文本。更何况据今人的研究表明，此书乃"是一部内容极为丰富的笔记类史籍"，"保存有大量明末社会特别是莆仙两县的商业、戏剧、音乐、方言、民俗等方面的史料"②。因此，应该突破四库馆臣的评价，对该书进行更全面深入的研究。

31. 冯复京（1573—1623），字嗣宗，南直隶苏州府常熟（今江苏常熟）人。学问广博，但布衣终身。著有《六家诗名物疏》五十五卷、《说诗补遗》八卷等。③ 其中《六家诗名物疏》，乃是冯氏"嗤宋人为固陋"而作。④ 四库馆臣评其征引赅博，议论具有根柢，"犹为征实之学者"。⑤ 且"在征引众说之外，往往自下按语，考论众义之得失，其中又多批驳朱子"。⑥ 刘毓庆先生认为，这种"对名物凡有歧说者，多出己意，辨其是非得失，详加考证"的做法"最值得注意"。⑦ 此后，浙江嘉善人沈万钶（字仲容，万历丁酉举人）受冯氏《六家诗名物疏》的影响，撰成《诗经类考》三十卷。虽考据不及冯氏之精⑧，但亦是受中晚明考据学思潮影响下的《诗经》学产物。

32. 周婴（约1576—?），初名中规，更名婴，字方叔，兴化府莆田县（今福建莆田）人。崇祯十三年（1640），"以明经贡入京，适拣

---

① 《钦定四库全书总目》（整理本），中华书局1997年版，第1713页。
② 刘福铸：《姚旅的〈露书〉及其方言学价值》，《莆田学院学报》2010年第1期。
③ 郭明芳：《明代冯复京著述及其〈六家诗名物疏〉版本著录考述》，《东吴中文线上学术论文》2013年第23期。
④ （清）钱谦益：《冯嗣宗墓志铭》，《牧斋初学集》卷55，上海古籍出版社1985年版，第1378页。
⑤ 《钦定四库全书总目》（整理本），中华书局1997年版，第203页。
⑥ 于浩：《明末清初诗经学研究》，博士学位论文，武汉大学，2016年，第104页。
⑦ 刘毓庆：《从经学到文学——明代〈诗经〉学史论》，商务印书馆2001年版，第152页。
⑧ 《钦定四库全书总目》（整理本），中华书局1997年版，第220页。

选天下举贡，御赐进士特用"，"授上犹知县"。① 崇祯末，撰成《卮林》十卷，"体近类书，而考订经史，辨证极为赅洽"，凡"所刊正，有据者多。要为有本之学，非率尔著书也"。② 周婴在《卮林》中对包括杨慎、王世贞、陈耀文、焦竑、谢肇淛、董斯张、胡应麟等在内的中晚明考据学家的考据讹误进行考辨，虽然也有瑕疵③，但总体来说取得了不俗的成绩。最可贵的是，我们能从《卮林》所纠驳的考据学家中，看到中晚明考据学群体已然形成的事实。

33. 顾大韶（1576—?），字仲恭，南直隶苏州府常熟（今江苏常熟）人。与顾大章（字伯钦）为孪生兄弟，大章举万历三十五年（1607）进士，而大韶则布衣终身。顾大韶虽无功名，但"肆力于学问，六经诸史百家内典之书，靡不乱其津涉，启其钤键"④，又娴于诗文，而尤擅经学⑤，博学多识，而尤精于考证。⑥ 所著有《炳烛斋稿》（不分卷）、《炳烛斋随笔》一卷、《炳烛斋文集》二卷等。《炳烛斋稿》中有《五帝世系辨》《五木经辨》《魂神辨》《倮虫辨》等考据学文章；《炳烛斋随笔》则是顾大韶考据学的专书，此书顾氏比之于程大昌《演繁露》和王应麟《困学纪闻》⑦，可见其在顾氏心中之地位。⑧

34. 邹忠胤（生卒年不详），字肇敏，南直隶常州府武进（今江苏

---

① 《［乾隆］莆田县志》卷22《人物志·文苑传》，清光绪五年（1879）刻本。
② 《钦定四库全书总目》（整理本），中华书局1997年版，第1594页。
③ 王嘉川：《明末学术批评史上的一桩公案——周婴误批胡应麟学术态度考论》，《扬州大学学报》（人文社会科学版）2005年第4期。
④ （清）钱谦益：《顾仲恭传》，《牧斋初学集》卷72，上海古籍出版社1985年版，第1611页。
⑤ 顾大韶曾说："读类书文集而不读子史，是沽酒市脯之学也；读子史而不读五经，是拔本塞源之学也；读五经而不讲理学，不通三教，是贫儿数宝之学也。故曰博学而详说之，将以反说约也。"见（明）顾大韶《炳烛斋随笔》，《续修四库》子部第1133册，第1页。
⑥ 顾大韶在《答翁子澄妹丈书》中说："忆往岁与何季穆（即何允泓）辨三江之说，辨之数年，始知郭景纯之言为当，季穆欲著论以明之而未果。后读《归震川集》，则已先得吾心之同然矣。始大悟，曰：'使吾早读震川之集，则可以无数年之辨论矣。'以此知学之不可不博也已。又叹曰：'使吾无数年之辨论，虽震川之集，亦且忽而不信矣。'以此知问辨之不可不精也。"据此可知，顾氏认为问辨之精源于学问之博，这与杨慎的考据学观点如出一辙。见（明）顾大韶《炳烛斋稿》，《四库禁毁》集部第104册，第541页。
⑦ （清）钱谦益：《顾仲恭传》，《牧斋初学集》卷72，上海古籍出版社1985年版，第1615页。
⑧ 关于顾大韶考据学的初步讨论，见孙常凤《顾大韶与晚明社会》，硕士学位论文，北京师范大学，2005年，第24—42页。

常州）人。万历四十一年（1613）进士。官至江西按察司副使。① 据沈守正（1572—1623，钱塘人）所撰《邹侯肇敏扈冶斋诗义序》称，其在《诗》学方面的成就颇高。② 邹氏虽穷研经学，著作多种，但今存者仅《诗传阐》二十三卷。此书正是其《诗》学成就的重要代表。③ 该书依托丰坊伪《诗传》而加以推演的做法，遭到四库馆臣的严厉批评④；但其深受中晚明考据学思潮的影响，表现出强烈的考据热情，以及"博引诸家说对疑义加以考证"的做法，却得到后世研究者的高度评价，认为清初疑古学者姚际恒对《诗经》的"怀疑和考辨，正是建立在邹忠胤、何楷等人的基础上"。⑤

35. 沈德符（1578—1642），又名麟祯，字虎臣，又字景倩，嘉兴府秀水（浙江嘉兴）人。万历四十六年（1618）举人。此后屡试不第，遂绝意仕进，日以读书著述为事。沈德符既家富藏书，其藏书以史学著述及通俗文学为主⑥；又博学多闻，著述繁多，存于今者有《万历野获编》三十卷、《历代正闰考》十二卷、《清权堂集》二十二卷等。其中《万历野获编》的编撰，因受到王世贞等人求真务实的史学考据风格的影响⑦，博采众长，精于考辨，"堪称明代历史琐闻类笔记中的翘楚"。⑧

36. 董斯张（1587—1628），本名董嗣章，字然明，号遐周，自称借庵居士、瘦居士，湖州府乌程（今浙江湖州）人。⑨ 董氏好读书，曾"泛览百家之籍，旁穷二氏之微"⑩，但因身体羸弱，不幸英年早

---

① 《［康熙］常州府志》卷24《人物》，《中国地方志集成·江苏府县志辑》36，江苏古籍出版社1991年版，第540页。
② （明）沈守正：《雪堂集》，《四库禁毁》集部第70册，第634页。
③ （明）邹忠胤：《诗传阐》，《四库存目》经部第65册，第470—849页。
④ 《钦定四库全书总目》（整理本），中华书局1997年版，第222页。
⑤ 于浩：《邹忠胤〈诗传阐〉与明末清初诗经学》，《人文论丛》2018年第2期。
⑥ 范知欧：《沈德符家族藏书事迹始末钩沉》，《文献》2011年第4期。
⑦ 孙卫国：《沈德符与王世贞》，《中国典籍与文化》1999年第1期。
⑧ 林家豪：《沈德符史学思想探析——基于〈万历野获编〉的史料记载》，《嘉兴学院学报》2015年第2期。
⑨ 冯保善：《"三言"、"二拍"编者的朋友——董斯张》，《文史知识》2002年第4期。
⑩ （明）韩曾驹：《静啸斋诗序》，见（明）董斯张《静啸斋存草》卷首，《续修四库》集部1381册，第465页。

逝，故其所著并不甚多。但闵元衢在《祭董遐周文》中说，假如董氏并非英年早逝，那么"使假伏生之年，其所著诗若文以迄稗官，未知与用修、元美孰多"。① 将其与明代最为博学之杨慎、王世贞并举，可知他其实亦是一位博学之人。所著今存者有《吴兴备志》三十二卷、《广博物志》五十卷、《吹景集》十四卷、《静啸斋存草》十二卷、《静啸斋遗文》四卷等。而《吹景集》是其考据学方面的代表性著作，在此书中他对杨慎、陈耀文、王世贞、焦竑、胡应麟等人的考据成果均有辨析，并在卷一四"博物信是难事"条中指出：

> 近世惟用修、元美称博综最，婺州胡元瑞跋扈自雄，几欲与吴、蜀鼎立，乃汝南有《正杨》相传，闽亦有《正王婺州》，幸未闻议其后者。近阅其书，如"夷羊在牧""僧繇好石"二事，稍为正之。至《双树幻钞》一种，所录经藏，某经几千卷，某经几百卷，全据《西游记》中诞语，以侈多闻，其间又称论为经，殊可怪笑。试一阅《圣教总目》，元瑞败阙立见矣。元瑞称用修有二癖，至以迂怪灭裂讥之，且曰："求忠臣于杨氏之门，或为余屈其一指也。"元瑞岂真谓霸气未消，后来者竟不敢以一矢相加遗耶？余胸中有几卷书，辄敢生此狂语？年来觉百年一瞬，学古无涯，实见博物是一难事，但愿多读书晚著书，向蠹鱼场中与诸贤把臂共行，便是极乐国土，以此自勖，并勖同调者。②

董斯张借批评胡应麟考据成果的疏失，特别强调学古无涯，博物实难，提倡要"多读书晚著书"。据此可见，董氏实际非常强调博学之于考证的重要性，而这正与杨慎所倡导的博学于文的考据学思想相一致。

37. 毕拱辰（？—1644），字星伯，号湖目，莱州府掖县（今山东掖县）人。万历四十四年（1616）进士。历任江苏盐城知县、江西吉

---

① （明）董斯张：《静啸斋存草·附录》，《续修四库》集部第1381册，第573页。
② （明）董斯张：《吹景集》，《续修四库》子部第1134册，第125页。

安府推官、山西按察司佥事、冀宁道（太原）兵备佥事等职。崇祯十七年（1644），李自成带兵攻入太原后，被李自成部将杀害。毕拱辰"生平最好书"，"署中无事，终日读古。尝以书相饷，受人饷者，必以其人所未见者报之。家中积书几万卷"。① 毕拱辰著述颇多，但流传下来的绝少，仅有在音韵学史上具有重要地位的《韵略汇通》二卷②，以及由他编纂润饰的《泰西人身说概》和校订的《斐录答汇》等少数几种。③ 因此，虽然周亮工在《因树屋书影》（《书影》）中曾着重提及毕氏在考据学方面对杨慎的驳难④，但限于材料，其详暂不得而知。

38. 何楷（约 1591—1646），字玄子，号黄如，漳州府镇海卫（今福建漳州漳浦）人。⑤ 天启五年（1625）进士。崇祯时，任户部主事、刑科给事中、工科给事中等职。何楷"博综群书，寒暑勿辍，尤邃于经学"。⑥ 所著有《古周易订诂》十六卷、《诗经世本古义》二十八卷等。其中《古周易订诂》，四库馆臣评价极高。⑦ 肖满省先生认为，《古周易订诂》"以广博宏富的资料，成为古《周易》研究的集大成之作"，是书"保存了大量先儒旧说，是研究明代以前易学思想的重要资料"。⑧ 杨自平先生甚至通过考察，明白指出何楷这种复古思想渊源于明代考据学的复兴。⑨《诗经世本古义》，四库馆臣称其"引援赅洽""考证详明"，"实非宋以来诸儒所可及"。⑩ 刘毓庆先生特别指出，此书"能摆脱旧说的干扰，从考证出发，对传统经解存在的矛盾及缺憾，作十分有意义的探讨"。⑪ 于浩先生从中晚明考据学的整体视

---

① （清）计六奇撰，魏得良、任道斌点校：《明季北略》，中华书局 1984 年版，第 429 页。
② 张玉来：《略论〈韵略汇通〉的几个问题》，《山东师范大学学报》（人文社会科学版）1986 年第 4 期。
③ 邹振环：《毕拱辰及其校译的汉文西书》，《登州与海上丝绸之路国际学术研讨会论文集》，2008 年，第 316—327 页；林涛：《毕拱辰与〈泰西人身说概〉》，《春秋》2018 年第 5 期。
④ （清）周亮工：《书影》，上海古籍出版社 1981 年版，第 227 页。
⑤ 樊国相：《何楷生平小考》，《语文教学通讯》2016 年第 4 期。
⑥ 《明史》卷 276《何楷传》，中华书局 1974 年版，第 7077 页。
⑦ 《钦定四库全书总目》（整理本），中华书局 1997 年版，第 52 页。
⑧ 肖满省：《〈古周易订诂〉研究》，《周易研究》2013 年第 3 期。
⑨ 杨自平：《何楷〈古周易订诂〉的订诂成果析论》，《鹅湖学志》第 47 期，2011 年。
⑩ 《钦定四库全书总目》（整理本），中华书局 1997 年版，第 204 页。
⑪ 刘毓庆：《从经学到文学——明代〈诗经〉学史论》，商务印书馆 2001 年版，第 206 页。

角出发，认为《诗经世本古义》"不仅征引当时学界之成果，也详加考订，展现出了明代考据学的成就"。①

39. 茅元仪（1594—1640），字止生，号石民，别号东海书生、梦阁主人等，湖州府归安（今浙江湖州）人。官至副总兵。茅元仪是"唐宋派"成员茅坤之孙，自幼勤奋好学，博览群书，尤喜读兵、农之书。著述宏富，除所辑二百四十卷的兵学著作《武备志》外②，尚有《石民诗集》五十二卷、《暇老斋杂记》三十二卷等。其中《暇老斋杂记》是崇祯元年（1628）茅氏"待罪思过"时所作③，在该书中，茅氏曾对包括杨慎、王世贞等人在内的中晚明考据学家的考据成果进行辨析，体现出较为明显的考据学特色，是晚明考据学持续发展的重要成果之一。

40. 毛晋（1599—1659），原名凤苞，字子久（一作子九），晚年改名晋，字子晋，号潜在，别号汲古阁主人等。南直隶苏州府常熟（今江苏常熟）人。毛晋为诸生，布衣终身，曾游钱谦益门，好古博闻，嗜书如命，藏书室多处，尤以汲古阁最为知名。其一生编刻图书六百余种④，著述亦复不少。其中编著的《毛诗陆疏广要》二卷，四库馆臣认为其书"辨难考订""亦颇不苟"⑤，是较为集中地体现晚明《诗经》考据学方面成绩的重要成果。⑥ 刘师培甚至认为此书引据淹博，是清代陈启源《毛诗稽古编》、包世荣《毛诗礼征》的滥觞。⑦

41. 朱明镐（1607—1652），字昭芑，南直隶苏州府太仓（今江苏太仓）人。少聪颖，天资绝人，擅制文，复社张溥（1602—1641）、张采

---

① 于浩：《明末清初诗经学研究》，博士学位论文，武汉大学，2016年，第84页。
② 白寿彝先生称此书为"军事学的百科全书"。见白寿彝主编，杨钊等分纂《中国通史纲要》，上海人民出版社1980年版，第330页。
③ 任道斌：《茅元仪生平、著述初探》，《明史研究论丛》第3辑，江苏古籍出版社1985年版。
④ 曹之：《中国古籍编撰史》，武汉大学出版社2015年版，第320页。
⑤ 《钦定四库全书总目》（整理本），中华书局1997年版，第189页。
⑥ 刘黎、郭芹纳：《乾嘉考据学源起之新探》，《社会科学家》2010年第8期。
⑦ 刘师培著，邬国义、吴修艺编校：《刘师培史学论著选集》，上海古籍出版社2006年版，第175页。

(1596—1648）读其文皆称善，折节与交。① 朱氏性喜读书，且"每读一书，手自勘雠，朱黄钩贯，上自年经月纬，政因事革，下至于方言物考，音义章句，无不通以训故，参以稗家，攟摭补缀，穿窒疑，定纰缪，丝分缕析而后止"。② 所著多种，唯《史纠》二卷存世。朱氏撰写《史纠》，乃深受杨慎所倡导的考据之风的影响，是以考证之法研究历代正史的考据史学的杰作。③ 明乎此，也就不难理解向来认为明代学术空疏浮泛的四库馆臣，会对《史纠》另眼相看，并给予很高的评价了。④

42. 方以智（1611—1671），字密之，号曼公，南直隶安庆府桐城（今安徽桐城）人。崇祯十三年（1640）进士。方氏家学渊源深厚⑤，方氏本人也博学多识，对经史百家、名物典制、语言文字、金石书画等均有较高造诣。凡所著述，其总量多少，已有学者进行了较为全面的考察⑥，而近年出版的《方以智全书》收录了36种。⑦ 其中《通雅》五十五卷比较集中地体现了方氏的考据学成绩，林庆彰先生甚至认为此书"为明代考据学集大成之作"。⑧ 而孙钦善先生认为，除《通雅》外，方氏的《物理小识》十二卷"在'辨当名物'的基础上'质测通几'"，"为考据学奠定了可靠的哲学基础"。⑨

第三节　结论

综上，通过对相关原始文献的细致梳理，不仅基本还原了由杨慎

---

① 向燕南、石岩：《明末史家朱明镐的生平、交游与著述》，《历史文献研究》第31辑，华东师范大学出版社2012年版。
② （清）吴梅村：《朱昭芑墓志铭》，《吴梅村全集》卷46，上海古籍出版社1990年版，第949页。
③ 向燕南、石岩：《从叙史到考史：朱明镐及其〈史纠〉》，《辅仁历史学报》2009年第24期；丛玉龙：《朱明镐与〈史纠〉的评史理论》，《濮阳职业技术学院学报》2010年第2期；王本业：《朱明镐〈史纠〉考据史学探微》，硕士学位论文，云南师范大学，2013年。
④ 《钦定四库全书总目》（整理本），中华书局1997年版，第1170页。
⑤ 罗炽：《方以智评传》，南京大学出版社2001年版，第21—28页。
⑥ 邢益海：《方以智著作的家传与整理》，《中山大学学报》（社会科学版）2018年第2期。
⑦ 黄德宽、谢伟奇主编：《方以智全书》（全10册），黄山书社2019年版。
⑧ 林庆彰：《明代考据学研究》，台湾学生书局1986年版，第482页。
⑨ 孙钦善：《中国古文献学史》（修订本），中华书局2015年版，第820页。

所倡导的中晚明考据学群体意识觉醒的具体情形,更是首次明确指出,中晚明考据学群体成员除林庆彰先生已提及的杨慎、梅鷟、陈耀文、胡应麟、焦竑、陈第、周婴、方以智八位外①,受杨慎影响而参与到中晚明考据学的群体实际包含季本、丰坊等四十多位,他们在各领域的考据学成果共同构筑起了中晚明考据学成就的整体面貌。虽然这些参与者大多与杨慎时空悬隔,但他们与杨慎处于相同的时代背景下,围绕着共同的学术话题,展开了一场超越时空的激烈但不失精彩的学术互动,他们的这种特殊形式的互动所结出的研究硕果,给已被打上"空疏学风"②标签的明代学术带来了全新的变化,并由此逐渐形成了一种有别于理学和心学的具有共同学术理念的考据学群体。③虽然这个群体无法如程朱理学和陆王心学那样在社会层面拥有巨大的影响,但在学术层面却已与程朱理学、陆王心学形成了鼎足之势。

---

① 林庆彰:《明代考据学研究》,台湾学生书局1986年版。
② 杨绪敏:《论明代空疏学风形成和嬗变的原因及影响》,《北方论丛》2006年第4期。饶宗颐先生曾对此"空疏学风"作了新的解读:"明代经学一向被人目为空疏,从清人考证学的立场来看,自容易作出这样的评价。须知考证学的目的在求真,着力于文字训诂上的诠释,明人则反是,他们治经尽量避开名句自身的纠缠,而以大义为先,从义理上力求心得,争取切身受用之处,表面看似蹈虚,往往收到行动上预期不到的实效。"(饶宗颐:《明代经学的发展路向及其渊源》,林庆彰、蒋秋华主编《明代经学国际研讨会论文集》,台北:"中央研究院"中国文哲研究所筹备处1996年版,第15页)
③ 美国汉学家艾尔曼先生认为:"不管以后见之明看起来是多么重要,明代的考证学先行者们没有在他们的时代拥有决定性的影响。"([美]艾尔曼:《经学·科举·文化史:艾尔曼自选集》,复旦大学文史研究院译,中华书局2010年版,第65页)艾氏的说法无疑是正确的,他告诉我们,明代考据学虽在学术层面与程朱理学、陆王心学形成了鼎足之势,但就实际的社会影响层面而言,确实无法如程朱理学和陆王心学那样对社会拥有决定性的影响。代玉民先生在其关于焦竑研究的博士论文中认为:"考据学在明代虽无法达到阳明学与程朱学的发展程度,但在学者人数以及考据范围等方面已具有相当的规模。就考据学者而言,杨慎、梅鷟、胡应麟、王世贞、焦竑、陈第、方以智等人并非明代思想界的边缘人物,而是中晚明第一流的学者。考据学者的学术地位的中心化,很大程度上表明考据学在明代属于不可忽视的、正在崛起的重要学术传统。"(代玉民:《焦竑与明清儒学研究》,博士学位论文,南京大学,2018年,第154页)代氏的观察无疑对我们进行中晚明考据学群体的考察具有重要启发意义。

第三章　杨慎与中晚明经学考据群体

经学作为中国传统学术的核心，在多方面塑造着中国古代学术的基本形态。明代虽然被认为是经学发展的"积衰时代"①，但经学仍然处于明代学术的核心地位却毋庸置疑。尤其是当经学与科举结合后，经宋儒诠释的"四书""五经"就成了明代科举教育课程的核心，因此考生在考试过程中除需忠诚于朝廷之外，还得忠诚于程朱学派。②这就造成在明初百年形成了"以'述朱'为特色的主流思想"，这种思想"如同画地为牢的里甲户籍制下的编户齐民"，"也被安置在由政府制定的程朱理学既定格局中"。③当然，思想的束缚越紧，反抗的力量就越强。明中叶开始，在程朱理学之外，一种新的思想动向悄然出现，《明史·儒林传序》这样描述当时的情形：

> 学术之分，则自陈献章、王守仁始。宗献章者曰江门之学，孤行独诣，其传不远。宗守仁者曰姚江之学，别立宗旨，显与朱子背驰，门徒遍天下，流传逾百年，其教大行，其弊滋甚。嘉、隆而后，笃信程、朱，不迁异说者，无复几人矣。④

---

① （清）皮锡瑞著，周予同注释：《经学历史》，中华书局1959年版，第289页。
② ［美］艾尔曼：《经学·科举·文化史：艾尔曼自选集》，复旦大学文史研究院译，中华书局2010年版，第162页。
③ 刘勇：《变动不居的经典：明代〈大学〉改本研究》，生活·读书·新知三联书店2016年版，第3页。
④ 《明史》卷282，中华书局1974年版，第7222页。

作为程朱理学的挑战者，以王阳明为首的心学确实带来了新的气象，比如阳明心学重行务实、高扬个性、质疑求真的精神，就为后世崇实黜虚、个性解放、疑古考据提供了理论的支撑。① 但随着王阳明的去世，阳明心学也逐渐陷入了困境，如四库馆臣在胡应麟《少室山房笔丛》提要中就曾指出："自万历以后，心学横流，儒风大坏，不复以稽古为事。"② 正是由于程朱理学与陆王心学各自存在其自身难以克服的问题，因此就需要一种新的学术模式来应对这场挑战，以杨慎为首的考据学就应运而生了。③

第一节 "求朱子以前六经"与杨慎的经学考据

杨慎曾在给好友刘绘的复信中，针对当时经学上过分尊朱从而导致"道之日芜"的学术困境，提出应该摆脱束缚，追本溯源，"训诂章句，求朱子以前六经"。④ 此处所说"训诂章句，求朱子以前六经"，正是杨慎经学考据的核心所在，即要打破程朱义理之学，回归汉唐注疏之学。为此，杨慎对当时居于官方地位的程朱理学及其追随者予以较为严厉的批评：

> 予尝言：宋世儒者失之专，今世学者失之陋。失之专者，一骋意见，扫灭前贤；失之陋者，惟从宋人，不知有汉唐前说也。宋人曰是，今人亦曰是，宋人曰非，今人亦曰非。高者谈性命，祖宋人之语录，卑者习举业，抄宋人之策论。⑤

---

① 段超：《晚明"学风空疏"考辨》，《社会科学战线》1998年第1期。
② 《钦定四库全书总目》（整理本），中华书局1997年版，第1647页。
③ 对于此问题，学者已从思想史角度进行了较为深入的探讨，详见杨国荣《经学的实证化及其历史意蕴》，《文史哲》1998年第6期；陈居渊《论杨慎的经典诠释学思想》，《学术界》2002年第1期；郭素红《论杨慎经学诠释的特点》，《兰州学刊》2006年第10期；秦际明《杨慎经学方法与明代学术变迁》，《天府新论》2018年第2期；徐道彬《徽州礼学发展与晚明考证学风》，《绍兴文理学院学报》（人文社会科学版）2019年第4期。
④ （明）杨慎：《升庵集》卷6，《四库全书》第1270册，第73—74页。
⑤ （明）杨慎：《升庵集》卷52"文学之衰"条，《四库全书》第1270册，第447页。

由此可见，杨慎对当时学界普遍存在"不知有汉唐前说"的现状极为不满，并将此类儒者视为陋儒。对于"汉唐前说"在解释经典方面的独特价值，杨慎在回答他人的提问时这样说：

> 或问杨子曰："子于诸经多取汉儒而不取宋儒，何哉？"答之曰："宋儒言之精者，吾何尝不取？顾宋儒之失在废汉儒而自用已见耳。吾试问汝，《六经》作于孔子，汉世去孔子未远，传之人虽劣，其说宜得其真；宋儒去孔子千五百年矣，虽其聪颖过人，安能一旦尽弃旧而独悟于心邪？《六经》之奥，譬之京师之富丽也，河南、山东之人得其十之六七，若云南、贵州之人得其十之一二而已。何也？远近之异也。以宋儒而非汉儒，譬云、贵之人不出里闬，坐谈京邑之制，而反非河南、山东之人。其不为人之贻笑者几希。然今之人安之不怪，则科举之累、先入之说胶固而不可解也已。噫！"①

在这里，杨慎非常巧妙地用地理的远近来比喻汉儒与宋儒关于经典解释的可靠性问题，通过对比，自然很容易得出汉儒去古未远，其说宜较宋儒得其真的结论。当然，虽然"以宋儒而非汉儒"的做法不可取，但宋儒对于经典的解释确实也存在一定价值，故不可将之全然否定，而应该客观地看待：

> 六经自火于秦，传注于汉，疏释于唐，议论于宋，日起而日变，学者亦当知其先后。近世学者往往舍传注、疏释，便读宋儒之议论，盖不知议论之学自传注、疏释出，特更作正大高明之论尔。传注、疏释之于经，十得其六七；宋儒用力之勤，铲伪以真，补其三四而备之也。②

---

① （明）杨慎：《升庵集》卷42"日中星鸟"条，《四库全书》第1270册，第290页。
② （明）杨慎：《升庵集》卷75"刘静修论学"条，《四库全书》第1270册，第750页。

第三章 杨慎与中晚明经学考据群体

杨慎的意思非常明白,假如经学是一个整体,那么宋儒之议论占经学的十之三四,而汉之传注、唐之疏释占经学的十之六七,且强调称,宋儒的"议论之学自传注、疏释出"。也就是说,若想真正掌握经学的要旨,就必须"求朱子以前六经",回到汉之传注、唐之疏释中去,否则只会沦为"禅学"与"俗学":

> 骛于高远,则有躐等凭虚之忧;专于考索,则有遗本溺心之患。故曰:君子以尊德性而道问学。故高远之蔽,其究也,以六经为注脚,以空索为一贯,谓形器法度皆刍狗之余,视听言动非性命之理,所谓"其高过于大学而无实",世之禅学以之。考索之弊,其究也,涉猎记诵以杂博相高,割裂装缀以华靡相胜,如华藻之绘明星,伎儿之舞矹鼓,所谓"其功倍于小学而无用",世之俗学以之。①

正是基于上述认识,杨慎方能不执门户之见,较为公正客观地看待当时已势如水火的道学与心学之争,指出道学与心学其实"理一名殊":

> 或问:"何谓道学?"曰:"天下之达道五,能行五者于天下,而又推类以尽其余,道学尽于是矣。""何谓心学?"曰:"道之行也,存主于内,无一念而非道;发达于外,无一事而非心。表里贯彻,无载尔伪,心学尽于是矣。"故道学、心学,理一名殊。明明白白,平平正正,中庸而已矣,更无高远玄妙之说,至易而行难,内外一者也。彼外之所行,颠倒错乱,于人伦事理大戾,顾异巾诡服,阔论高谈,饰虚文美观,而曰"吾道学""吾心学",使人领会于渺茫恍惚之间,而无可着摸,以求所谓禅悟,此其贼道丧心已甚,乃欺人之行,乱民之俦,圣王之所必诛而不

---

① (明)杨慎:《升庵集》卷75"禅学俗学"条,《四库全书》第1270册,第752页。

以赦者也。何道学、心学之有？①

总之，杨慎对于经学的认识，不仅成功突破了程朱理学与陆王心学的束缚，更"倡导汉唐经学，并以考据训诂之学相号召，首开经典诠释的考证学风"②，这对中晚明经学考据群体的形成无疑具有重要推动作用。

关于杨慎经学考据的具体内容，此前的研究者已从考订经书、考订文字音义以及经学考据的方法等方面进行了探讨，取得了不小的成绩。③ 综合前人的研究成果，下文则主要结合杨慎的《升庵经说》及相关文字音韵学著作，来讨论杨慎经学考据的基本情况。④

一 《升庵经说》与杨慎的经学考据

就杨慎现存著作来看，关于经学考据方面的内容，主要集中在其学生丘文举⑤于嘉靖二十八年（1549）前后编辑的《升庵经说》中。⑥ 据杨慎《升庵经说序》可知，该书乃丘文举从杨慎所著《丹铅余录》《丹铅续录》《丹铅三录》《丹铅四录》《丹铅别录》《丹铅赘录》《丹铅附录》《丹铅新录》等书中"摘其关于六艺者"汇编而成。对于此书是否值得编撰及流传，杨慎有自己的看法，他说："自汉逮今，说经之书，汗牛充栋"，因此《升庵经说》的编撰似有"骈拇赘疣"之

---

① （明）杨慎：《升庵集》卷75"道学"条，《四库全书》第1270册，第751页。
② 陈居渊：《论杨慎的经典诠释学思想》，《学术界》2002年第1期。
③ 林庆彰：《明代考据学研究》，台湾学生书局1986年版，第55—105页；刘毓庆：《从经学到文学——明代〈诗经〉学史论》，商务印书馆2001年版，第121—131页；郭素红：《论明中期经学对宋学的反动——以杨慎对经学的阐释为中心》，《清华大学学报》（哲学社会科学版）2009年第6期；亢学军：《明代中晚期考据学研究》，大众文艺出版社2010年版，第68—77页；秦际明：《杨慎经学方法与明代学术变迁》，《天府新论》2018年第2期。
④ 林庆彰先生有《杨慎之经学》一文，专门讨论杨慎经学研究的相关成果，里面也涉及杨慎经学考据的相关问题。详见林庆彰《明代经学研究论集》（增订本），华东师范大学出版社2015年版，第163—192页。
⑤ 丘文举（生卒年不详），字鸿夫，号月渚，云南府安宁州（今云南昆明安宁）人。与徐惟起、谢肇淛等人友善，徐惟起《鳌峰集》、谢肇淛《小草斋集》均载有与丘文举唱和之文。
⑥ 倪宗新：《杨升庵年谱》，中央文献出版社2013年版，第514页。

第三章　杨慎与中晚明经学考据群体

嫌，但"圣言悠远，义理无穷，或晦于古而始开于今，或误于前而获正于后，或先儒之成说而隐僻未彰，或末学之独见而有道可正，汇之存疑，不亦可乎"。① 可见，杨慎对于《升庵经说》在考订诸经之讹误方面的价值是有较为清晰的认识的。

据上引杨慎序言，其中并未提及《升庵经说》初编本的卷次情况。据陈第《世善堂藏书目录》的记载，他曾见过一种仅一卷的《经说》②，祁承爜则著录了一种六卷的《经说丛抄》③，而黄虞稷在《千顷堂书目》中除著录了《经说丛钞》六卷外，还著录了一种八卷的《升庵经说》。④ 此后，焦竑又据相关材料，将《升庵经说》增广为十四卷，收入《升庵外集》卷二十四至卷三十七中。至清乾隆年间，蜀人李调元（1734—1803）据焦竑刻本翻刻，收入《函海》中，其书流传渐广。20世纪80年代，刘继华先生以焦竑刻本为底本，参以《函海》本等，对其进行点校，随后收入王文才、万光治主编的《杨升庵丛书》⑤，故此次讨论《升庵经说》与杨慎的经学考据问题，即以此点校本为准。据考察，《升庵经说》卷一、卷二为《周易》，合计111条；卷三为《尚书》，合计72条；卷四、卷五、卷六为《毛诗》，合计163条；卷七、卷八为《春秋左传附公穀》，合计97条；卷九、卷十为《礼记》，合计110条；卷十一为《周礼》，合计41条；卷十二为《仪礼》《戴记》，合计36条；卷十三为《论语》，合计62条；卷十四为《孟子》《尔雅》，合计51条。全书共14卷凡743条。⑥ 通观《升庵经

---

① 王文才、万光治主编：《杨升庵丛书》（一），天地出版社2002年版，第2页。
② 陈第《世善堂藏书目录》卷上著录称："《经说》一卷，杨升庵。"见冯惠民等选编《明代书目题跋丛刊》，书目文献出版社1994年版，第815页。
③ （明）祁承爜：《澹生堂藏书记·澹生堂藏书目》，上海古籍出版社2015年版，第283页。朱彝尊《经义考》卷248《群经十》著录称："杨氏慎《经说丛抄》六卷。存。"[（清）朱彝尊著，汪嘉玲、黄智明等点校：《经义考》第7册，台北："中央研究院"中国文哲研究所筹备处1999年版，第476页]
④ （清）黄虞稷撰，瞿凤起、潘景郑整理：《千顷堂书目（附索引）》，上海古籍出版社2001年版，第82页。今国家图书馆藏有明蓝格抄本《升庵经说》一种，共八卷，索书号为01015，残存卷一至五。
⑤ 王文才、万光治主编：《杨升庵丛书》，天地出版社2002年版。
⑥ 清周中孚在给《升庵经说》作提要时称："《明史·艺文志》止作《经说》八卷，朱氏《经义考》作《经说丛钞》六卷，惟焦弱侯刊本作十四卷，盖升庵随时札记，既成《经说》八卷，后复以续说散见于所著《丹铅》诸录之内，焦氏刊《外集》，并入《经说》，故（转下页）

· 107 ·

说》的内容可以看出，杨慎的经学考据的内容可以归纳为以下几点。

1. 举证广博，特别重视博与约的辩证关系。如在考证《诗经·关雎》"窈窕淑女"时说：

> 《字书》：窈，深也；窕，极深。窈窕，幽闲之地也；淑，贞静之德也。郑玄《笺》："幽闲深宫贞专之善女。"《正义》曰："淑女已为善称，则窈窕宜为居处。《方言》云：'美心为窈，美容为窕。'非也。"按：窈窕训深宫为是。深宫之地是幽闲。深宫固门曰幽，内言不出曰闲。窈窕言其居，贞专言其德。今解者混之，遂以窈窕为德，误矣。陶渊明《归去来辞》："既窈窕以寻壑。"《鲁灵光殿赋》："旋室媞娟以窈窕，洞房㴥寥而幽邃。"《江赋》："幽岫窈窕。"孙兴公《天台赋》："幽邃窈窕。"《封禅记》："石壁窈窕，如无道径。"曹摅诗："窈窕山道深。"谢灵运诗："窈窕究天人。"李颙诗："窈窕寻湾漪，迢递望峦屿。"诸葛颖诗："窈窕神居远，萧条更漏深。"乔知之诗："窈窕九重闺。"杜诗："窈窕丹青户牖空。"杜牧诗："烟生窈窕深东第。"诸"窈窕"字，岂亦谓女德乎？①

关于"窈窕"，古人有多种不同的解读②，杨慎则赞同以郑玄为代表的"深宫"说而反对"女德"说，并举出十二条证据来加以证明。

又如在考证《诗经》"泮宫""辟雍"非学校时，曾用了两个专门的条目来加以讨论。③ 此两条考证广引证据加以证明，突破了前人的

（接上页）卷数倍之也。《经义考》所载，疑又一别本矣。是本凡《易》二卷，《书》一卷，《诗》二卷，《春秋三传》二卷，《礼记》一卷，《大学》《中庸》一卷，《周礼》一卷，《仪礼》《大戴礼》一卷，《论语》一卷，《孟子》《尔雅》一卷，今以《丹铅总录》检核之，凡考论经传诸条，俱属相同，其不同者，即《经说》八卷之原本也。"[（清）周中孚著，黄曙辉、印晓峰点校：《郑堂读书记》，上海书店出版社2009年版，第24—25页] 周氏所说杨慎"随时札记，既成《经说》八卷，后复以续说散见于所著《丹铅》诸录之内，焦氏刊《外集》，并入《经说》，故卷数倍之"，此说显然是未能见到杨慎《升庵经说序》而得出的错误结论。

① 王文才、万光治主编：《杨升庵丛书》（一），天地出版社2002年版，第137—138页。
② 刘毓庆：《"窈窕"考》，《中国语文》2002年第2期。
③ 王文才、万光治主编：《杨升庵丛书》（一），天地出版社2002年版，第202—205页。

见解，最能体现杨慎所倡导的博证的考据之风。对于此两条考证对后世的影响，林庆彰先生曾总结道："用修此条最为博辩，清方中履《古今释疑》中《辟雍泮宫非学名》条，也引用修之说。姚际恒《诗经通论》：'泮宫，宋戴仲培、明杨用修皆以为泮水之宫，非学名，其说诚然。'戴震《毛郑诗考正》、马瑞辰《毛诗传笺通释》、方玉润《诗经原始》所论亦与用修相合。足见用修之说确凿有据。"①

类似的例子还有很多，比如《升庵经说》卷一四"李泰伯不喜孟子"条，杨慎就曾举出《李觏集》中多条例证，证明"小说家载李泰伯不喜孟子事"并不可靠，并总结称："由是言之，泰伯盖深于孟子者也。古诗《示儿》云：'退当事奇伟，凤驾追雄轲。'则尊之亦至矣。今之浅学，舍经史子集而剿小说，以为无根之游谈，故详辩之。"②

当然，杨慎在从事经学考据时，不仅特别重视广征博引，同时也非常强调"博约"之关系。他曾在《升庵经说》卷一四"博约"条中说：

> （《孟子》）曰："博学而详说之，将以反说约也。"或问："反约之后，博学详说可废乎？"曰："不可。《诗》三百，一言以蔽之，曰：'思无邪。'《礼》三千三百，一言以蔽之，曰：'毋不敬。'今教人止诵'思无邪''毋不敬'六字，《诗》《礼》尽废，可乎？人之心，神明不测，虚灵不昧，方寸之地，亿兆兼照者也。若涂闭其七窍，折坠其四支，曰：'我能存心。'有是理乎？"③

杨慎的意思非常清楚，由博返约之后，不仅不能就此废掉博，反而应该继续坚持博，使读书治学呈现博→约→博→约→博的螺旋式上升的趋势。杨慎这种博约相辅的治学思想，不仅是其从事经学考据实践的理论总结，更反过来为中晚明考据学家从事考据工作提供了方法

---

① 林庆彰：《明代考据学研究》，台湾学生书局1986年版，第63页。
② 王文才、万光治主编：《杨升庵丛书》（一），天地出版社2002年版，第399页。
③ 王文才、万光治主编：《杨升庵丛书》（一），天地出版社2002年版，第389页。

论指导。

2. 对朱子解经多所驳正，以纠正宋儒"废汉儒而自用己见"① 的错误做法，以及警醒时人不要盲目崇信宋儒解经的内容。比如《升庵经说》卷一"朱子引用误字"条：

> 朱子《本义》："鼓万物而不与圣人同忧"，引程子"天地无心而成化，圣人有心而无为"。据本书乃是"天地不宰而成化"。"不宰"字有理，复其见天地之心，岂可谓天地无心乎？"参伍以变"注引《韩非子》"参之以比物，伍之以合参"。据本文乃是"伍之以合虚"。比物合虚，皆参互考之，以知物之虚实也。若云"伍之以合参"，则上文当云"参之以比伍"矣。原其误，乃是《荀子》注引《韩非子》，朱又自《荀》注见之，原不自《韩非子》中采出也。岂可谓出于朱子，一仍其误，而不敢改正者乎？②

这里明确指出，朱子解经时引用了误字，就应当指出来，不能因为是朱子之误，就"一仍其误，不敢改正"。又如《升庵经说》卷一"杨稊柳稊"条：

> 《大过》爻辞云："枯杨生稊。"陆德明曰："秀也。"《夏小正》正月："柳稊。"戴德《传》云："发孚也。"秀如"苗而不秀"之秀。禾成穗曰秀。柳亦有穗。唐诗所谓"柳线"也。孚如《易》卦"中孚"之孚。毛未出卵壳曰孚。牡丹芍药，其花蓓蕾，皆如鸟卵形。柳初发苞，亦如卵形而小，故曰发孚。朱子《易本义》云："稊，根也，荣于下者也。"稊，按字书本不训根。据《易》爻初为木本，或可象根，至二爻则非根矣。又柳之发荣自末稍始，唐诗所谓"解冻风来末上青"也，不自下而荣。其说戾

---

① （明）杨慎：《升庵集》卷四二"日中星鸟"条，《四库全书》第1270册，第290页。
② 王文才、万光治主编：《杨升庵丛书》（一），天地出版社2002年版，第53—54页。

矣。南沙熊叔仁《周易象旨》具此义，余为衍之。①

此条，杨慎根据好友熊过（1506—1580）《周易象旨决录》中的看法，举出多条例证，对朱熹《周易本义》中解"稊"为"根"的错误进行了驳正。又如《升庵经说》卷二"巽乎木而上水"条：

> 《井》之《彖》曰："巽乎木而上水。"《象》曰："木上有水。"井，坎水也。巽木，桔槔也。北方井制如此。四圣皆北方人，取象《系辞》，必据其物。朱子生南方，又兵戈隔绝，不见北方井制。书中考见之不如目睹之真也，故其解庸多支离。②

杨慎以目睹之实情批驳朱子书中之考见，可谓有理有据。又如《升庵经说》卷六"烈文辟公锡兹祉福"条：

> 古《注》："成王即政，诸侯助祭也。"锡福，毛苌以为"文王锡之"，郑玄以为"天锡之"，《朱传》以为"诸侯锡成王以祉福，而惠我以无疆，使我子孙保之也"。此三说不同。要之，毛、郑于事情近之，不失天子戒诸侯之体。若《朱传》之说，首足倒置矣。《洪范》：天子敛福以锡民。未闻诸侯反锡天子以福也。唐末藩镇之强，行辞降敕，犹不若是其萎靡也。此无他义，理本明白无二说，朱晦翁必欲别立一说，以胜前人，故不自知其说之害理至此也。③

杨慎以毛苌、郑玄之说与朱子之说进行对比，指出毛、郑之说更合理，而朱子之说"首足倒置"。又如《升庵经说》卷一"希夷易图"条，批评朱子因《易图》出于陈抟而讳言之的行为，是"掩耳盗钟"；

---

① 王文才、万光治主编：《杨升庵丛书》（一），天地出版社2002年版，第72页。
② 王文才、万光治主编：《杨升庵丛书》（一），天地出版社2002年版，第82页。
③ 王文才、万光治主编：《杨升庵丛书》（一），天地出版社2002年版，第198页。

并说:"康节因孔子《易传》难明,因希夷之图,又作《后天图》以示人,如周子因孔子'《易》有太极'一句,而作《太极图》。今便谓先有《太极图》而后有《易传》,可乎?如《诗集传》有《七月流火图》,便谓先有此图而后作《七月》诗,可乎?今程文及举业,有用先天、后天及横图、圆图、直解图意字于破题者,皆不通古今者也。茅塞一世,眩惑千古,莫此为甚。士不知此,何以谓之明经?"① 这就是明确利用朱子解经之误,以警示后学不要盲目崇信宋儒解经的内容的绝好例证。因为在杨慎看来,当时的学界已经出现这样一种不良风气,即"学者知有朱子,而汉唐诸儒皆废。虽朱子所尊之周及程、张,亦不知从矣"②,这种风气导致的后果就是,学者陷于"敢于非周公、孔子,而不敢于非宋人"的"膏肓之病"。③

3. "贵古"但不"泥古",能够较为客观地看待古文献中的是与非。杨慎在从事经学考据过程中,不仅特别强调举证广博,也非常重视古经及其注疏的价值,而这正是其针对宋明理学和陆王心学"尽废古人"④的一种反拨。如他在考证《周易·渐卦》"鸿渐于般"时,针对"今文'般'作'磐'",且"解作'太石'"的误解,先是引用《史记·孝武本纪》裴骃《集解》注引《汉书音义》"般,水涯堆也"⑤,指出后人误解乃是"因磐字从石而误其说耳",并强调称"经书所以贵古文也"。⑥ 又如他在考证《诗经·汝坟》"不日成之"时指出:"古《注》:'不设期日也。'今《注》:'不终日也。'愚按:'不设期日',既见文王之仁,亦于事理为协。若曰'不终日',岂有一日

---

① 王文才、万光治主编:《杨升庵丛书》(一),天地出版社2002年版,第54—55页。
② 王文才、万光治主编:《杨升庵丛书》(一),天地出版社2002年版,第304页。
③ 王文才、万光治主编:《杨升庵丛书》(一),天地出版社2002年版,第279页。
④ 杨慎在《答李仁夫论转注书》中曾说:"大抵宋人之学,失于主张太过而欲尽废古人。说理,则曰汉唐诸人如说梦;说字,则自汉以下无人识;解经,尽废毛、郑、服、杜之训,而自谓得圣人之心。为诗文,则弗践韩、柳、李、杜之蹊径,而自谓性情之真、义理自然也。至于音韵之间,亦不屑蹈古人之成迹,而自出一喉吻焉。"见(清)黄宗羲编《明文海》卷175,中华书局1987年版,第1752页。
⑤ (汉)司马迁:《史记》卷12,中华书局1959年版,第464页。
⑥ 王文才、万光治主编:《杨升庵丛书》(一),天地出版社2002年版,第84页。

可成一台者？此古《注》所以不可轻易也。"① 当然，在重视古经及其注疏的价值的同时，杨慎提出不能"泥古"。如《升庵经说》卷二"俗儒泥古"条说：

"穷则变，变则通，通则久。"《礼》曰："礼，时为大，顺次之。"《文子》引《老子》之言曰："天下几有常法哉？当于世事，得于人理，顺于天地，祥于鬼神，即可正治矣。"又曰："先王之制，不宜即废之，末世之事，善则著之。故先王制礼乐，而不制于礼乐；制法，而不制于法。故曰：'道可道，非常道。'"呜呼！斯言也，其识时务、达治体之深者乎！后世如赵括之兵法，房管之车战，苏绰、王安石之周礼，其法是，其时非也。泽麋而蒙雕虎之皮，尸鸠而傅鹞明之羽，适足增其累尔。张横渠必欲行井田，胡致堂必欲复封建，幸而不用，不幸而试，其败涂地矣。朱子犹惜其有志未就而卒，亦迂矣哉！甚者谓肉刑可用，民兵当立，不祭墓而止祠祭，不设像而止设主，纷纷之议，皆泥古之过也。近日有谓妇女不宜傅粉弓足，酒器不宜厢银镀金，及仕甫通显，素履荡然。此又诗礼发金椎之冢，猿狖衣周公之服者，尤可恶哉！②

正是在这种思想的指引下，杨慎不仅严厉批评了宋儒解经的失误，也对汉儒解经的不当之处提出了较为恳切的批评意见。如杨慎考证《诗经·东山》"町疃"时说：

"町疃鹿场。"毛苌云："鹿迹也。"《说文》曰："町疃，禽兽所践处。"汉儒解经，如此可笑。盖因"町疃"下有"鹿场"字，遂以鹿迹兽践附会之。鹿迹兽践，可以解"鹿场"，而不可以解"町疃"也。原诗人之意，谓征夫久不归家，町疃之地，践为鹿场；非谓町疃即鹿场也。且《说文》以町疃字载于田部，

---

① 王文才、万光治主编：《杨升庵丛书》（一），天地出版社2002年版，第188页。
② 王文才、万光治主编：《杨升庵丛书》（一），天地出版社2002年版，第91—92页。

曰："凡田之属皆从田。"若町疃果为兽践，则非田之属也。考之他训，《左传》："町原防，井衍沃。"干宝《注》："平川广泽可井者，则井之；原阜隈防不可井者，则町之。町，小顷也。"张平子《西京赋》："编町成篁。"《注》："町谓畎亩。"王充《论衡》："町町如荆轲之庐。"《石鼓文》："原隰既垣，疆理疃疃。"《召伯敦铭》："予既疃商。"《庄子》："舜举于童土之地。"其《疏》云："童土，疃也。"皆说田野，并无鹿迹之说。如《豳风》以"绸缪牖户"形容鸟巢，遂以绸缪为鸟巢，可乎？①

虽然朱熹在《诗集传》中已先于杨慎指出汉儒解经的不确——"町疃，舍旁隙地也。无人焉，故鹿以为场也"②，但杨慎能广征博引以证成其说，且能明确指出汉儒解经的失误，确实难能可贵。又如《升庵经说》卷一四"郑玄解经有不通处"条：

《孝经》："宗祀文王于明堂。"郑玄曰："《祭法》云：'祖文王而宗武王。'文王称祖矣。《孝经》云：'宗祀文王。'是文王称宗。"王肃驳之曰："郑引《孝经》以解《祭法》，而不晓周公本意，殊非仲尼之义旨也。祖宗自是不毁之名，非谓配食于明堂也。审如郑言，则《经》当言'祖祀文王于明堂'，不得言'宗礼'也。宗者，尊也。"王肃之言，可证郑玄之谬。而"宗者尊也"四字有根据。慎按：宗与尊，故字通用。《左传》"召伯宗"，《公羊》作"召伯尊"。古帝尊卢氏，亦作宗卢氏，可以为证。郑氏之误，正坐以宗为祖宗之宗，而不思宗尊通用之字也。朱子《答杨元范书》曰："字书音韵，是《经》中第一事，先儒多不留意。然不知如此等处不理会，却枉费了无限乱说牵补，而卒不得其本义，亦甚害事也。"其此类之谓乎？崔灵恩因郑氏之说，遂傅会

---

① 王文才、万光治主编：《杨升庵丛书》（一），天地出版社2002年版，第164页。
② （宋）朱熹撰，朱杰人等主编：《朱子全书》第1册，上海古籍出版社、安徽教育出版社2002年版，第536页。

之曰："文王称祖亦称宗，武王称宗亦称祖。祖宗通言耳。"呜呼！信如其说，昭穆可易位，父祖可倒置。解《经》如此，朱子所谓"乱说害事"，岂不信哉？①

此条材料中，杨慎不仅指出郑玄解经不通处，且引用朱熹的观点，强调懂得"字书音韵"乃是解经第一等事。可见，杨慎在从事经学考据时，其判断考证结果是以事实为依据，而非看其出自汉儒还是宋儒之手。

总之，《升庵经说》中体现出的杨慎的经学考据，是以举证广博为基础，以批驳宋儒、纠偏时弊为切入，以回归汉儒解经为目的，对当时学风的改变起到很大的推动作用，吸引了不少考据学者参与其中，为中晚明考据学的繁盛奠定了坚实的基础。

二 "读经须识字"与杨慎的经学考据

作为清代考据学"开山祖师"的顾炎武②，在《答李子德书》中曾对时人不通古音而妄改经书的毛病提出严厉批评，并强调说："读九经自考文始，考文自知音始。以至诸子百家之书，亦莫不然。"③ 顾氏由古音以探求古义，由通古义而读懂古书的策略，在其撰写的《唐韵正》二十卷中得到了最好的体现。该书不仅规模很大，而且考订翔实，引证也极为丰富。如关于"衖"字，顾炎武说其字"古音胡贡反"，又解释说："《楚辞》'巷'字一作'衖'。《汉司隶校尉鲁峻碑文》：'以公事去官，休神家衖。'今京师人谓'巷'为'衖衖'，乃

---

① 王文才、万光治主编：《杨升庵丛书》（一），天地出版社2002年版，第399—400页。
② 郝润华：《顾炎武与清代考据学》，《西北师大学报》（社会科学版）1989年第2期；王俊义：《顾炎武与清代考据学》，《贵州社会科学》1997年第2期；吴长庚：《清代经典考据学之祖——顾炎武》，《湖南大学学报》（社会科学版）2007年第2期。对于谁是清学的开山祖，张循先生有不同的看法，详见张循《谁是清学开山祖？——从阎若璩论钱谦益看明清之际考证学的兴起》，《清史研究》2017年第4期。
③ （清）顾炎武：《亭林文集》卷4，《顾炎武全集》（21），上海古籍出版社2011年版，第122—127页。

二合之音。杨慎曰：'今之巷道名为胡洞，字书不载，或作衖衕，又作徛徟。《南齐书》萧鸾弑其君于西弄，注：弄，巷也。南方曰弄，北曰徛徟。弄者，盖衖字之转音耳。今江南人犹谓之弄。'"① 顾氏所引证据，贯穿古今，融会南北，将"衖"字的字音勾勒得清晰明白，其价值是不言而喻的。顾氏对于杨慎考据成果的利用，正可说明杨慎在古音学方面的贡献对后世具有深远的影响②；而顾氏提出"读九经自考文始，考文自知音始"的经学考据理念，在杨慎的经学考据实践中实际早已萌芽。③

杨慎的古音学源于宋吴棫④，杨慎在《答李仁夫论转注书》中曾明确说：

> 远枉书札下问假借之字有限，转注之法亦有限耶？凡字皆可转耶？走近注《转注古音》一书悉之矣。……私心窃病才老（即吴棫）之书多杂宋人之作，而于经典注疏子史杂字尚多遗逸。……予之所注详于经典，亦犹《通鉴》之前编，其汰宋人者，犹《文章正宗》韩柳而下无取也。一得之愚盖在于是，亦使好古者勿惑于类推之说，而自取不类也。其才老所取已备者不复载，间有复者，或因其谬者误解，改而正之，单闻孤证，补而广之，故非剿说雷同也。⑤

杨慎的意思是，他著《转注古音略》，在很大程度上就是为了订补吴棫古音著作中存在的问题。而杨慎《古音丛目序》中对此有进一

---

① （清）顾炎武：《唐韵正》卷11，《顾炎武全集》(3)，上海古籍出版社2011年版，第716—717页。

② 除上举材料外，顾炎武在《唐韵正》中还曾多次利用了杨慎的考证成果来作为自己考证的支撑，如卷1"江""釭""窗"字，卷8"旎"字，卷9"野""冶""永"字，卷10"久""不""枓"字，卷11"绛"字，卷13"昧"字，卷14"竹"字，卷15"谷"字，等等。其实，四库馆臣早已指出，杨慎的《转注古音略》"引证颇博，亦有足供考证者，故顾炎武作《唐韵正》犹有取焉"。《钦定四库全书总目》（整理本），中华书局1997年版，第565页。

③ 郭懿仪：《杨慎古音观的建立及其〈古音〉系列著作》，《巴蜀史志》2020年第5期。

④ 刘青松：《晚明时代古音学思想发微》，《语言研究》2001年第4期。

⑤ （清）黄宗羲编：《明文海》卷175，中华书局1987年版，第1752页。

步的申说：

> 吴才老尝著《诗补音》《楚辞释音》《韵补》三书，皆古音之遗漏也。予尝合而观之，有三品焉，有当从而无疑者，有当疑而阙之者，有当去而无疑者。如舍之音署，下之音虎，马之音母，有之音已，福之音偪，见于《易象》，不一而足。……暇日取才老三书，去其当去，存其可存，又补附以予所辑《转注略》十之六，合为一编。大书标其目，分注著其出，解诂引证，文多不载，本书备矣。①

可见，杨慎《古音丛目》的成书也与吴棫的《诗补音》《楚辞释音》《韵补》三书有直接的关系。当然，杨慎的古音学虽然源于吴棫，但并未受制于吴棫，而是在三方面有明显的突破：一是"对古音音变的具体描述"，并"根据古今音变的事实来考证某书成书之年代"；二是"补订了古音"；三是"改进考订方法"。② 而正是以上三方面的突破，推动了明代经学考据的全面展开。

比如，杨慎在《古音略例》"《诗》叶音例"中，针对吴棫认为"棘心夭夭，母氏劬劳"的"劳"当音"僚"以叶"夭"，指出"劳自可叶夭，不必改音"；"我思肥泉，思之永叹"的"叹"当音"他涓切"以叶"泉"，指出叹"自可叶泉，不必改音"；"出自北门，忧心殷殷"的"门"当音"眉贫切"以叶"殷"，指出"门自可叶殷，不必改音"；"四牡有骄，朱幩镳镳"的"骄"当音"高"以叶"镳"，指出"骄自可叶镳，不必改音"。并总结称：

> 今按：上四条如字读自可叶，才老（吴棫）必欲改之者，以"劳"在豪韵，"夭"在萧韵，故改"劳"为僚以就"夭"也；"泉"在先韵，"叹"在删韵，故改"叹"为"他涓切"以就

---

① 王文才、张锡厚辑：《升庵著述序跋》，云南人民出版社1985年版，第17—18页。
② 雷磊：《杨慎古音学源流考辨》，《湘潭大学学报》（哲学社会科学版）2007年第6期。

"泉"也。"门""殷"、"骄""儦"之改音,意亦如此。才老《诗》中所叶,如"扬且之颜"为鱼坚切,"鹑之贲贲"为逋珉切,凡百余字。聊举四条,以例其余,皆改古韵以趁沈约之韵也。不思古韵宽缓,如字读自可叶,何必劳唇齿、废简册哉?况四声之分在齐梁间,成周之世宁知有沈约韵哉?予尝慨近世俗儒尊今卑古,《春秋》,三传之祖也,凡以三传疑《春秋》;《孟子》"班爵禄"章,《王制》之祖也,凡以汉人《王制》、刘歆《周礼》而疑之,谓《孟子》此章不与《王制》《周礼》相合;《诗》《楚辞》,音韵之祖也,反以沈约韵而改《诗》《楚辞》古韵以合之,缪也久矣,欲一旦正之,宜乎蜀日越雪之吠也。[①]

杨慎通过考证,既纠正了吴棫叶音说的谬误,还对"近世俗儒尊今卑古"的观点进行了有力的批评,表达了音韵的发展在不同的时代有不同的特点的观点,这个观点正是陈第提出的"时有古今,地有南北,字有更革,音有转移"[②]的语音历史发展观的前奏。又如杨慎在《古音略例》"《老子》叶音"中,针对《老子》"朝甚除,田甚芜,仓甚虚;服文彩,带利剑,厌饮食,资财有余;是谓盗夸"一文考证称:

诸本皆作"夸"。柳子厚诗亦押"盗夸",盖趁韵之故。今据《韩非·解老篇》改作"竽"。非之解云:"竽为众乐之倡,一竽倡而众乐和。大盗倡而小盗和,故曰盗竽。"其说既有证,又与"余"字韵叶,且韩去老不远,当得其真,故宜从之,虽使老子复生,不能易此字也。柳子厚押韵,林肃翁、刘会孟解训,皆作"夸",盖不考之过。河上公注亦作"夸",岂有如此低神仙乎?今世传河上公注文,既不类西汉人,又无一言入玄,乃一空疏缪

---

① (明)杨慎:《古音略例》,《四库全书》第239册,第336—337页。
② (明)陈第:《毛诗古音考自序》,(明)陈第著,康瑞琮点校《毛诗古音考 屈宋古音义》,中华书局2008年版,第10页。

鄜道士所撰，历千百年无人知其伪，何哉？①

杨慎的考证结论是否准确姑且不论②，但从杨慎在考证过程中，重视文献的版本（诸本皆作"夸"）、重视文献的时代性（韩去老不远，当得其真）、重视文献的真伪（今世传河上公注文……历千百年无人知其伪）等方面来看，其考证方法无疑值得充分肯定。

那么，杨慎的经学考据何以要将文字音韵学作为重要突破口呢？这其实与当时整个学术界风气密切相关。据杨慎的观察，当时社会上流行着这样一种现象：

> 大凡作古文赋颂，当用吴才老古韵；作近代诗词，当用沈约韵。近世有倔强好异者，既不用古韵，又不屑用今韵，惟取口吻之便，乡音之叶，而著之诗焉，良为后人一笑资耳。③

杨慎在这里虽然主要是调侃时人"作古文赋颂"时，"不用古韵"，"不屑用今韵"，"惟取口吻之便，乡音之叶，而著之诗焉"的情况，但事实上，正反映出时人对于文字音韵之学已颇为陌生。④ 正如有学者曾指出的那样："自宋人尽废汉唐音义，字学即不被重视，至明初则字学久废，文字音韵之学被认为是与圣人之学毫不相干的支离事业，一经之外罕有贯通者。"⑤ 对此，杨慎在《六书索隐序》中有非

---

① （明）杨慎：《古音略例》，《四库全书》第239册，第339页。
② 详细的讨论，见朱谦之《老子校释》，中华书局1984年版，第213页。
③ （明）杨慎撰，丰家骅校证：《丹铅总录校证》卷19"音韵之原"，中华书局2019年版，第844页。
④ 《五杂组》卷13《事部一》称："今天下读书不识字者固多，而目前寻常之字，误读者尤多。其于四声之中，上、去二声，极易混淆。所以然者，童蒙之时，授书塾师，皆村学究，讹以传讹，及长则一成而不可变，士君子作数篇制义取科第，其于经籍，十九束之高阁矣，谁复有下帷究心者？即有一二知其非，而一传众咻，世亦不见信从也。故欲究四声之正者，当于子弟授书之时，逐字为之改正，然与世俗不谐，骇人耳目，人反以为侏僪矣。如上、下、动、静等字，皆当从上声，人有不笑之者乎？"见（明）谢肇淛撰，韩梅、韩锡铎点校《五杂组》，中华书局2021年版，第444页。
⑤ 郭素红：《论明中期经学对宋学的反动——以杨慎对经学的阐释为中心》，《清华大学学报》（哲学社会科学版）2009年第6期。

常深刻地揭露：

> 今日此学景废响绝，谈性命者，不过剽程朱之蕰魄；工文辞者，止于拾《史》《汉》之謷牙。示以形声孳乳，质以《苍》《雅》《林》《统》，反不若秦时刀笔之吏、汉代奇觚之童，而何以望古人之宫墙哉！慎为此感，欲以古文籀书为祖，许氏《说文》为宗，而诸家之说之长，分注其下。以衰老之年，精力不逮，且图籍散失，遍阅不能，乃拔其精华，存其要领，以为此卷。①

据此可见，杨慎对时人不重视文字音韵之学的现状非常遗憾，为此，他想通过编纂《六书索隐》等著作来引导时人关注文字音韵之学的重要性。因为他认为只有真正读懂古音古义，方能读懂古书："古人恒言音义，得其音斯得其义。以之读奥篇隐帙，涣若冰释，炳若日烛。"② 杨慎的见解不仅是对当时学界不重视文字音韵之学的有力反拨，更与清代乾嘉考据学家们提出的"治经莫重于得义，得义莫切于得音"③ 的观点若合符契。正是有这样的认知做基础，杨慎才会自己编撰《转注古音略》五卷、《古音后语》一卷、《古音丛目》五卷、《古音略例》一卷、《古音猎要》五卷、《古音余》五卷、《古音附录》一卷、《古音骈字》《古音复字》《奇字韵》五卷、《古音拾遗》五卷等古音学著作④，以唤醒时人在阅读经典时要重视文字音韵的重要性，并亲身示范，以文字音韵为突破口，展开经学考据的相关工作；也才会在《升庵经说》卷一○"活泼泼地"条中强调《说文》《尔雅》等文字学著作的重要性：

---

① 王文才、张锡厚辑：《升庵著述序跋》，云南人民出版社1985年版，第28页。
② （明）杨慎：《转注古音略题辞》，见王文才、张锡厚辑《升庵著述序跋》，云南人民出版社1985年版，第11页。
③ （清）段玉裁：《王怀祖广雅注序》，（清）段玉裁撰，钟敬华点校《经韵楼集》，上海古籍出版社2008年版，第187页。
④ 关于杨慎古音学著作的深入讨论，详见丛培凯《杨慎古音学文献探赜》，博士学位论文，台湾师范大学，2014年，第9—13页；郭懿仪《杨慎古音观的建立及其〈古音〉系列著作》，《巴蜀史志》2020年第5期。

第三章 杨慎与中晚明经学考据群体

《说文》之解字，《尔雅》之训诂，上以解经，下以修辞。岂不正大简易哉？世之有《说文》《尔雅》，犹中原人之正音也。外此则侏僑之俚言，商贾之市语。汉唐以下，解经率用《说文》《尔雅》。匪惟解经为然也，鸠摩罗什以汉语译梵书，亦用《说文》《尔雅》。可见二书可通行百世矣。①

杨慎的意思是，利用《说文解字》《尔雅》等来考订古音，探求古义，其目的就是读懂古代经典。试看《升庵经说》卷六"往近王舅"条所考：

毛苌曰："近，已也。"郑玄曰："近，辞也。"慎按：近音记。毛《注》曰已，已亦音记也。郑言辞者，谓语助辞也。朱子《集解》用郑说。今之解者，或不通此义。黄东发谓之诸舅犹有南上者，谬之甚矣。又按：《诗》"彼其之子"，《礼记》作"彼记之子"。或又作"忌"，又作"已"，又作"惎"，如"叔善射忌"之例。然则近也、忌也、其也、已也、惎也，皆语助辞也。朱公迁又按《说文》近从辵，从丌。丌，音基。楷书作"迊"，与"近"相似而误也。其说尤究极根源。然则不识字者，安可解《经》哉？②

杨慎通过考证指出，"近"乃是"迊"的讹字③，并由此提出"不识字者，安可解《经》"的重要观点。

总之，杨慎提倡以考古音、求古义、识古字为基础的经学考据思想，不仅为明人扭转因忽视文字音韵而导致阅读经典原文及历代注疏存在诸多障碍的局面提供了方法上的指导，更为明代经学考据挑战程

---

① 王文才、万光治主编：《杨升庵丛书》（一），天地出版社2002年版，第297—298页。
② 王文才、万光治主编：《杨升庵丛书》（一），天地出版社2002年版，第196—197页。
③ 清代考据学家惠栋和段玉裁等持与杨慎相同的观点。见（清）惠栋《九经古义》卷6《毛诗古义》，《四库全书》第191册，第420—421页；（清）段玉裁《诗经小学》卷3《大雅》，《续修四库》经部第64册，第218—219页。

· 121 ·

朱理学、陆王心学的权威提供了理论武器。这正如艾尔曼先生曾指出的：" 由于训诂学能还原古典原义，它就不再是一门辅助的或无足轻重的学科。这种还原过程再和对六经日益增长的谨严的、批评性的考辨结合起来，就能唤起一种批评意识，向过去至高无上的经典权威挑战。"①

第二节　杨慎影响下的中晚明经学考据群体

由杨慎所开启的经学考据，对明代经学冲破理学和心学的束缚，逐步回归汉学②，具有积极的影响③。受此影响，与杨慎同时及稍后的学者，出现了不少关注经学问题甚至从事经学考据的人，这些人从各自不同的角度为明代经学的复兴做出了贡献。④

一　中晚明经学考据群体的形成

经学发展到明代，特别是与科举制度的密切结合，使得明代学者对于经学知识的获取与认知，只能通过《四书大全》《五经大全》《性

---

① ［美］艾尔曼：《从理学到朴学：中华帝国晚期思想与社会变化面面观》，赵刚译，江苏人民出版社 2012 年版，第 21 页。

② 周启荣先生曾指出："杨慎虽然指责朱熹和其他宋儒对经学的'主观'阐释，但他并没有试图推翻以《四书》为基础的文本范式，也没有试图用训诂与文献考证学的方法来全盘否定宋儒的解经。与大多数明代中期的学者一样，杨慎并不认为汉学和宋学是两个互不兼容的经典训释系统。"见周启荣《明代儒学：杨慎与焦竑的文献训诂学及其阐释原则》，朱仙林译，《国际儒学》2022 年第 1 期。

③ 周启荣先生在《从坊刻"四书"讲章论明末考证学》一文中指出："明嘉靖时，从事经学、名物训诂及宋以前的经籍注疏研究的学者，以杨慎为最有名。杨慎的著述流通亦广。但杨氏的学术，尤其是经学及训诂考证在嘉靖、隆庆及万历三朝并未激演为一股学术潮流。"同时又说："万历末所纂刊的'四书'讲章已可见学术风气由空疏、不讲名物训诂到恢复朱熹章句集注，同时呈现对宋以前，尤其是汉人著述的兴趣。"周先生认为杨慎所开启的经学考据未能"激演为一股学术潮流"，似有更进一步讨论的必要。见周启荣《从坊刻"四书"讲章论明末考证学》，郝廷平、魏秀梅主编《近世中国之传统与蜕变——刘广京院士七十五岁祝寿论文集》，台北："中央研究院"近代史研究所特刊，1998 年，第 57、67 页。

④ 林庆彰：《晚明经学的复兴运动》，《明代经学研究论集》（增订本），华东师范大学出版社 2015 年版，第 95—161 页。

第三章　杨慎与中晚明经学考据群体

理大全》等官方指定的资料来得到，这种学术专制所带来的直接后果就是读书人知识的贫乏。杨慎曾在《丹铅续录序》中描述道：

> 信信，信也；疑疑，亦信也。古之学者，成于善疑；今之学者，画于不疑。谈经者曰：吾知有朱而已，朱之类义，可精义也。言诗者曰：吾知有杜而已，杜之窳句，亦秀句也。①

据杨慎所说，当时的读书人几乎只知道朱熹的著作，因此对于经学问题已经到了"画于不疑"的地步。为了回应这种僵化的学术局面，杨慎主张通过博学基础上的经学考据来补救。当然，在杨慎之前，已有学者对经学问题提出怀疑。据杨慎好友黄佐在所撰《翰林记》卷一九"经学疑辩"条中的记载，蜀中名儒周洪谟（1421—1492）在天顺（1457—1464）年间就已开始对经学问题提出了怀疑：

> 洪武中，大学士朱善最邃于经学，所著有《诗说解颐》，发明朱子之意，未尝与之辩也。编修王廉经书多有疑辩，然未有成书。天顺间，侍读学士周洪谟著《疑辩录》，皆取经传中可疑者辩论之。每读书有所得，欣然谓人曰："进我两阶，不足言也。"及为祭酒，日与太学士等正讹订舛，凡数百条，梓行于时。盖多有与先儒异者。近世儒臣未有主两京教者，有之，自洪谟始。抗颜师席，论难经学得失，独与诸儒异者，亦自洪谟始也。②

周洪谟"取经传中可疑者辩论之"而成的《疑辩录》，确实是明代中期少有的经学疑辩的代表作。③ 周氏何以要对经学问题提出怀疑？《明宪宗实录》于成化十六年（1480）五月曾有记载：

---

① 王文才、张锡厚辑：《升庵著述序跋》，云南人民出版社1985年版，第69—70页。
② （明）黄佐：《翰林记》，《四库全书》第596册，第1075—1076页。
③ 王水龙：《论周洪谟〈春秋〉学思想》，《湖北社会科学》2011年第9期。

礼部右侍郎周洪谟进所纂《疑辩录》三卷，言："《五经》《四书》，虽经宋儒朱熹注释，间亦有仍汉唐诸儒之误者。本朝永乐间，儒臣奉敕纂修，悉因其旧。臣尝备员南北两监祭酒，日与诸生辩析疑问，虽成此录，亦不过大略而已。其他讹尚多，乞特敕儒臣考订，仰取圣裁，亲加笔削。惟于原书逐章之下具所误者于前，而续写今所订者于后，止书'订曰'二字以别之，编次既成，别赐以名，如汉《白虎通》之类，以解后来之惑。"①

周氏认为，《四书》《五经》虽经朱熹等大儒修订，但"间亦有仍汉唐诸儒之误者"，故有必要加以考订。但书呈御览之后，宪宗皇帝朱见深却并不赞同此做法，并说：

《五经》《四书》，汉唐宋诸儒注释已详，具有源委。永乐中，儒臣奉敕考订纂修，悉取其不悖本旨者辑录之。天下学者诵习已久，周洪谟乃以一己之见，欲再纷更，事在难准，已之。②

宪宗皇帝的态度很明确，《四书》《五经》经"汉唐宋诸儒注释"，永乐中又复经"儒臣奉敕考订纂修"，且"天下学者诵习已久"，已然成为官方意识形态的代表，故不能因为周氏"一己之见"，就徒增"纷更"。可见，周氏想凭借一己之力挑战已然成为官方意识形态的《五经大全》《四书大全》，最后只能以失败告终。这样的结局也正好印证了杨慎所说，在当时，对于大多数读书人而言，其实别无选择，他们所能选的只能是"吾知有朱而已"这一条路；也就是说，他们在长期的科举考试的准备过程中，已然自觉或不自觉地习惯于不加批判地接受朱熹的权威，杨慎则极力反对同时代人这种不加批判地接受权威的行为。

---

① 《明宪宗实录》卷203，《明实录》第6册，台北："中央研究院"历史语言研究所1966年版，第3554—3555页。
② 《明宪宗实录》卷203，《明实录》第6册，台北："中央研究院"历史语言研究所1966年版，第3555页。

第三章 杨慎与中晚明经学考据群体

虽然周洪谟挑战权威失败，《疑辩录》也未得到官方认可，但他敢于怀疑与挑战权威的精神，正与杨慎所极力反对的不加批判地接受权威的思想不谋而合。① 而这种不盲从于权威，敢于挑战权威的精神，正是明代经学考据得以全面展开的精神内核，杨慎无疑是这一精神内核最重要最具影响力的践行者。明何乔远（1558—1632）《思问篇序》对此评论道：

> 学问之道，惟考究为最难。谈天文则必知其躔度次舍之分，谈地理则必知其古今疆域之殊。欲就古人而折衷，则必穷经史之异同；欲断古人之行事，则必按操历之前后。盖凡读书之事，可以一卷而披，而考究之功，不啻百十卷；可以一日而尽，而考究之劳，不啻百十日。不则，无以确断古今之事理，而得其不易之归矣。此道唯汉儒最精，彼其于名物制度之迹，无不铢分毫较，而宋儒以为训诂而末之。若如宋儒之著述，则笼统一道理尽之，议论虽高于汉人，其用功劳逸，固有间矣。古人无论，如国朝则唯有杨升庵加意于此，而王弇州次之，然二公皆登科第之后，而升庵谪弃遐荒，尤为闲寂，是以能竭一生心力而求之。若诸生而究心是业，吾未之见也。②

何乔远认为，学问当中考据最为困难，因为它需要渊博的学识，此学问在古时以"汉儒最精"，尤其"于名物制度之迹，无不铢分毫较"，而今日"唯有杨升庵加意于此"。何氏以当时人观察当时事而有如此认识，可见杨慎作为明代考据学的倡导者，其影响确实十分深远。

在这些受影响的人中，云南巡抚顾应祥（1483—1565）较早参与到经学考据中来。顾氏对当时"惟以讲学为名"的现状表现出极大的不满，认为这与宋儒"以躬行实践为实，未尝徒事乎讲论"的情形大

---

① 杨慎对这位蜀中前辈应该是比较熟悉的，在杨慎编纂的《全蜀艺文志》中，就曾收录了周洪谟的《雪山天下高》《眉山天下秀》《瞿唐天下险》《巫山天下奇》《观九顶山》（卷8）、《送牟重常先生序》（卷32）、《长宁重建县厅记》（卷34）、《西岷保障图记》（卷40）等作品。
② （明）陈元龄：《思问初编》，《四库禁毁》经部第4册，第636页。

相径庭：

> 宋儒之道学，亦以躬行实践为实，未尝徒事乎讲论也。今之士夫讲良知及体认天理者多矣，宜致吾之良知，体吾之天理，以尽其职业可也。而惟以讲学为名，同其好者谓之善类，有不同者，虽谨厚之士亦谓之乡愿，吾不知其何说也。又有休官林下者，宜致吾之良知，躬行孝弟以表率于乡，如许鲁斋之居怀孟可也，而乃仆仆焉奔走于外，以干预时事，岂非杨用修所谓随驾隐士、时务道学耶？（卷三《论学》）①

正是在这样的背景下，原本是心学信徒的顾应祥逐渐转变态度②，对经学考据产生了兴趣。顾氏首先对杨慎的观点提出疑问，他指出：

> 《易》之曰卦者，挂也，上古无简册，画成卦而悬之，故谓之卦。《说文》云：卦字从卜，以挂省为声，用以占卜故也。象者，断也。修毫兽，豕之类也。其牙能断物，卦以断吉凶，故取义于此。文与喙同。象者，象形也，形容其吉凶之象也。爻者，交也，阴阳交则变动，断吉凶必于动处占之，故曰爻。近见杨用修内翰《周易象旨序》云："卦字从圭，圭有六十四撮，卦亦六十有四，故从圭从卜而曰卦。爻者，取诸卤文，卤有六，一卤六十四孔，六卤则三百八十四孔，故曰爻效卤疏也。"其说穿凿殊甚。（卷四《读易》）③

> 近时杨用修作《转注古音略》，则又专以秦汉以前协音为转注，比吴才老《韵补》加详耳。……用修又谓《周礼注》云："一字数义，展转注释，而后可通。后人不得其说，遂以反此作

---

① （明）顾应祥：《静虚斋惜阴录》，《续修四库》子部第1122册，第387页。
② 钱明：《浙中王学研究》，中国人民大学出版社2009年版，第110—112页。
③ （明）顾应祥：《静虚斋惜阴录》，《续修四库》子部第1122册，第402页。

彼为转注。"予考《周礼》郑玄注、(孔颖达)[贾公彦]疏,并无此一言,不知用修何自而云,况许氏《说文》亦止谓"建类一首",而未尝谓反此作彼也。予又有说焉,昔者圣人造字本不多也,后世逐渐加增之,非尽皆圣人所制。武后女主尚作一十六字,今民间杂字不入韵者尚多,若四五百年之后,字益繁矣。不特是也,今山东兖州府费县有毛阳镇巡检司,毛字乃毛字出头,读若沙,亦韵书所不载者,欲一一以六书求之,不亦凿乎?(卷六《字学》)①

杨用修《转注古音略》云:郑康成未有音切,止称呼如某字。王辅嗣注《易》,始言音某者二,《遯卦》音臧否,《井卦》音举止之止是也。杜预注《左传》,亦止二音,僖七年泥音宁,成二年殷音近烟。又谓中国元无音切,元魏胡僧神珙入中国始有四声反切。许叔重元无反切,后人渐加附益,至徐鼎臣始以孙愐《唐韵》音切为定。自音切行,人以为便于检阅,而不知字之偏旁。予谓音切起于梵僧固矣,然亦不可无者。假如难字不识,则以易字音之。无字可音,必反切而知之。有字可音,而亦用反切者,反切以上一字为音,下一字为声,一反而得其声之正矣。故反切乃读书之不可废者,若不用反切而止认偏旁,则杕杜之杕,人将以犬字呼之矣。乌乎,可乎?(卷六《字学》)②

此上三条,分别涉及杨慎在易学(第一条)、字学(第二、三两条)方面的问题,顾氏对杨慎的相关考证工作均提出了不同的见解。如第一条认为杨慎在《周易象旨序》中解释"卦""爻"乃"穿凿殊甚";第二条认为杨慎所据《周礼注》中关于"转注"的解释,实际在《周礼》郑玄注、贾公彦疏中并无相关内容,故不知杨慎"何自而云";第三条针对杨慎所说"自音切行,人以为便于检阅,而不知字

---

① (明)顾应祥:《静虚斋惜阴录》,《续修四库》子部第1122册,第422页。
② (明)顾应祥:《静虚斋惜阴录》,《续修四库》子部第1122册,第422页。

之偏旁",提出"音切起于梵僧固矣,然亦不可无者"的看法。

正是在与杨慎的辩论中,顾氏渐渐深刻领悟到阅读经书的价值,他说:

>应祥幼年失于读《易》,乃今罢官林下,朝夕游心经史,乃取《周易》读之,愈读而愈觉有益。追思往时,粗心浮气,行事过差,皆不明《易》理之故,而今已无及矣。圣人有云,朝闻道夕死可矣。祥也垂尽之年,住世之日无多,苟不闻道则虚负此生矣。所以兢兢业业,时刻不敢怠荒也,玩索之余,偶有一二与前贤不合者,笔之简册,匪敢自以为是,惟欲求正于后人云尔。(卷四《读易》)①

顾氏以阅读《周易》的体会为例,指出自己年少时未能很好地阅读《周易》,往日种种"粗心浮气,行事过差",均是"不明《易》理"所致,现如今"罢官林下,朝夕游心经史",方才"取《周易》读之,愈读而愈觉有益"。为了能够不"虚负此生",因此"兢兢业业,时刻不敢怠荒也,玩索之余,偶有一二与前贤不合者,笔之简册,匪敢自以为是,惟欲求正于后人"。也就是说,顾氏的经学考据工作是在其晚年罢官之后才逐渐展开的。比如关于《系辞》是否孔子所作的问题,欧阳修在《易童子问》中曾经提出疑问②,顾氏对此有自己的看法,他说:

>欧公所以疑《系辞》者,谓孔子既专指爻辞为系辞矣,岂复自名所作为系辞?愚谓爻辞固系辞也。后人又以孔子赞《易》之言,复名为系辞耳。中间或有驳而未纯,或先后不伦者,乃后人窜入,容或有之,岂可概谓非孔子所作乎?(卷四《读易》)③

---

① (明)顾应祥:《静虚斋惜阴录》,《续修四库》子部第1122册,第395页。
② (宋)欧阳修:《易童子问》卷3,《欧阳修全集》,中华书局2001年版,第1119页。
③ (明)顾应祥:《静虚斋惜阴录》,《续修四库》子部第1122册,第398页。

第三章　杨慎与中晚明经学考据群体

顾氏认为，孔子"专指爻辞为系辞"，后世又将"孔子赞《易》之言""复名为系辞"，故中间虽有"驳而未纯"，"先后不伦"，那都是"后人窜入"，不能借此否定《系辞》为"孔子所作"的事实。又如关于《古文尚书》真伪问题，顾氏也提出了自己的看法：

> 吴草庐著《尚书纂言》，以伏生所授二十八篇，所谓《今文尚书》者为孔壁之旧，其余孔安国所传《古文尚书》皆后人伪作。又曰，《汉·艺文志》《尚书经》二十九篇、《古经》十六卷二十九篇者，即伏生所传《今文书》二十八篇，及武帝时伪增《泰誓》一篇也。《古经》十六卷者，即张霸《伪古文书》二十四篇也。今考《前汉·艺文志》首载《古文经》四十六卷为五十七篇，颜师古云："孔安国《书序》云：凡五十九篇为四十六卷。"则孔《书》业已载于《艺文志》矣。论者咸谓孔《书》至东晋时始出，然《前汉书》乃班固所著。固，汉人也，安得谓晋时始出乎？（卷五《尚书》）①

顾氏以《汉书·艺文志》已著录孔安国《古文尚书》来证明孔安国《古文尚书》非"晋时始出"，这正是胡应麟在《四部正讹》中提出的"核之《七略》以观其源"②的方法的具体展现。

当然，顾氏经学考据的内容还比较简略，也未能形成专著，但考虑到他较早参与并践行经学考据的事实，则其所取得的成绩就非常值得肯定了。此后，郑晓（1499—1566）也同样对明代经学考据的问题有自己的看法。郑氏强调，宋儒经学源于汉儒而又不及汉儒：

> 宋儒有功于吾道甚多，但开口便说汉儒驳杂，又讥其训诂，恐未足以服汉儒之心。宋儒所资于汉儒者十七八，只今诸经书传注，尽有不及汉儒者。宋儒议汉儒太过，近世又信宋儒太过。今

---

① （明）顾应祥：《静虚斋惜阴录》，《续修四库》子部第1122册，第408页。
② （明）胡应麟：《少室山房笔丛》卷32，上海书店出版社2009年版，第322页。

之讲学者，又讥宋儒太过。①

此外，郑氏还特别强调汉儒有功于儒学发展：

> 圣学相传至孔孟，论者皆云直至宋儒周程，始为得孔孟之传。论孔庭从祀者益多，其说孟子之后惟文中子、周茂叔、程明道、朱晦庵之学为正，若荀况、扬雄、董仲舒皆大儒知学，退之、永叔以文章言道术又次之。汉诸经师人品虽不能尽善，然实有功于圣教。②

郑晓对汉儒经学的强调是对杨慎观点的有力回应，说明当时学者已意识到宋儒经学在明代的独尊并不利于经学的发展，于是重视汉儒经学的价值，将经学问题从宋学的桎梏中逐渐解放出来，最终回归汉学就成了一种不可逆转的大势。③

于是，在这种思想的影响下，有一大批学者逐渐加入由杨慎开启的明代经学考据中来。他们要么在自己的考据学著作中涉及经学考据的问题，要么直接针对经书进行考据并最终形成经学考据专书。前者如方弘静《千一录》、张元谕《篷底浮谈》、陈耀文《正杨》、胡应麟《丹铅新录》《四部正讹》、焦竑《焦氏笔乘》《续集》、王肯堂《郁冈斋笔麈》、张萱《疑耀》、孙能传《剡溪漫笔》、徐𤊹《笔精》、周婴《卮林》、顾大韶《炳烛斋随笔》、董斯张《吹景集》、焦周《焦氏说楛》、方以智《通雅》等中涉及的经学考据的相关条目。后者如陈士元《易象汇解》《易象钩解》、何楷《古周易订诂》针对《周易》进行的考据；袁仁《尚书砭蔡编》、陈泰交《尚书注考》、马明衡《尚书疑义》、梅鷟《尚书谱》《尚书考异》、王樵《尚书日记》、史维堡《尚书晚订》等针对《尚书》进行的考据；季本《诗说解颐》、丰坊

---

① （明）郑晓：《古言》，《续修四库》子部第1123册，第392页。
② （明）郑晓：《古言》，《续修四库》子部第1123册，第392页。
③ 林庆彰先生认为这"正是经学史上汉学复兴的一场序幕"。见林庆彰《晚明经学的复兴运动》，《明代经学研究论集》（增订本），华东师范大学出版社2015年版，第110页。

《鲁诗世学》、陈第《毛诗古音考》、冯复京《六家诗名物疏》、沈万钶《诗经类考》、邹忠胤《诗传阐》、何楷《诗经世本古义》、毛晋《毛诗陆疏广要》等针对《诗经》进行的考据；陈士元《论语类考》《孟子杂记》针对《论语》《孟子》进行的考据；朱睦㮮《五经稽疑》、陈耀文《经典稽疑》围绕群经展开的考据。

二 中晚明经学考据群体成果探究

据考察，受杨慎等人的影响，中晚明经学考据群体逐渐形成，考据成果则可分为两类，一类是就某个经学问题而进行的个案考据，一类则是就某本经书而进行的专书考据。

（一）中晚明经学个案考据

在杨慎之后，经学考据群体逐渐形成，在这些考据学群体成员中，较早从事经学个案考据的是方弘静。他的《千一录》卷一至卷四为《经解》，内容大多是经学考据的相关问题。其中即有多条涉及杨慎经学考据的条目：

> "巽乎木而上水"，以木入，以水出也，视"巽乎水而上木"文义更顺，而用修以为支离，谓朱子生于南方，不知桔槔之制。夫桔槔不必生北方而后知也，用修之知朱子亦太浅矣。穴地出水，穴即凿也，用修乃曰"先天上古穴井，后天中古凿井"，用修岂不知字义者耶？其过求于朱《注》也，毋亦凿耶？（卷三《经解三》）[①]

> 说筑傅岩之野，谓起于板筑，非误也。用修以筑为居，岂谓板筑非圣贤事乎？伊尹以割烹要汤，孟子辨之明矣，而谓负鼎鼐之才，则曲解也。（卷三《经解三》）[②]

---

① （明）方弘静：《千一录》，《续修四库》子部第1126册，第140页。
② （明）方弘静：《千一录》，《续修四库》子部第1126册，第144页。

> 为长者折枝，《疏》以按摩解浅，朱《注》胜矣。近杨用修以折枝犹折腰，此解雅可从。(卷三《经解三》)①
>
> 大丧廞乐器，杨用修谓陈而不作，是也。今日兴作，则与去乐弛县背矣，下文凡丧陈乐器、陈廞之词同也，又大丧廞其乐器，奉而藏之，义益明矣。(卷四《经解四》)②

以上所举方弘静之经学考证条目，有驳斥杨慎者，有赞同杨慎者，可见其深受杨慎经学考据的影响。

张元谕的《篷底浮谈》，该书卷一〇至卷一四为《谈经》，卷一五为《谈书》，其中涉及《周易》《尚书》《诗经》《三礼》《春秋》《四书》考据者不少。试看：

> 《噬嗑》九四："噬干肺，得金矢。"先儒皆以为金刚矢直。六五："噬干肉，得黄金。"先儒皆以为黄中金刚。殊滑突，欠分晓。朱子始以为"钧金束矢"。胡氏炳文复以为："讼小出矢，狱大出金。四人臣兼理讼狱，故得金矢五人。君非大狱不以闻，《书》所谓罔攸兼于庶狱也，故惟得金。"明白有据，可从矣。杨用修乃以《周礼》为不足信，而反取注疏之说，不亦过乎？(卷一〇《谈经·易》)③

此条乃针对杨慎怀疑"《周礼》为不足信，而反取注疏之说"，认为朱熹及胡炳文的解释"明白有据，可从"。

> "百姓昭明"。孔安国以"百姓"为有爵命者，蔡氏从朱子，谓畿内之民，实无所据也。近杨慎引张说对明皇之言，曰："古者

---

① (明)方弘静：《千一录》，《续修四库》子部第1126册，第145页。
② (明)方弘静：《千一录》，《续修四库》子部第1126册，第155页。
③ (明)张元谕：《篷底浮谈》，《续修四库》子部第1126册，第53页。

民无姓,有姓者皆有土有爵者也。"因辨蔡氏之非,其说是矣。又曰:"百姓如丧考妣。三年,四海遏密八音,乃有爵命者。为君斩衰三年,礼也。礼不下庶人,且有力役农亩之事,岂能皆服斩衰,但遏密八音而已。"尤为有理,从之可也。(卷一一《谈经·书》)①

此条则与上一条相反,认为杨慎考辨"百姓昭明"所得到的结论较朱熹及蔡沈更为可靠。

《权舆》首章"于我乎,夏屋渠渠"。《尔雅》"屋"训"具",《释言》文。渠渠,犹勤勤。故郑氏笺谓设礼食大具,其意勤勤然。是矣。若以谓大屋深广,则与下文"每食无余",及下章"每食四簋"不类。杨用修引字书"夏屋,大俎也",及《礼》"周人房俎",《鲁颂》"豆大房",以证之,使人快然矣。(卷一二《谈经·诗》)②

此条则是对杨慎考证"夏屋"之说极为称许。

"以天产作阴德,以中礼防之;以地产作阳德,以和乐防之。"按注,康成与郑司农不同,细玩二说,皆无所证据,似乎非是,尚当阙之者也。(卷一三《谈经·三礼》)③

"春正月,公会宋公、蔡侯、卫侯于曹。""夏四月,公会宋公、卫侯、陈侯、蔡侯,伐郑。"按会曹先,蔡伐郑后之者。《胡传》从先儒以为后至也,不知后至之说果何据乎?从数千年后,无所取证,而欲以己意度当时事,吾知其难矣。噫!说理不能无差,而况于事乎?故补其阙,正其误,臆其事,断其疑,皆先儒

---

① (明)张元谕:《篷底浮谈》,《续修四库》子部第1126册,第61页。
② (明)张元谕:《篷底浮谈》,《续修四库》子部第1126册,第74页。
③ (明)张元谕:《篷底浮谈》,《续修四库》子部第1126册,第82页。

说经之弊也。(卷一四《谈经·春秋》)①

此上两条则分别针对《周礼》《春秋》中存在的问题进行考证，认为郑玄及郑众注释《周礼》"无所证据"，故"当阙之"；认为胡安国注释《春秋》"从先儒以为后至"，"不知后至之说果何据"，且强调称："补其阙，正其误，臆其事，断其疑，皆先儒说经之弊。"

> 或问："古本《大学》何如？"予曰："古者史犹阙疑，况于经乎？朱子疑《大学》错乱缺略而正之补之，非阙疑之道矣。阳明谓其未尝错未尝缺。予固不能尽知，然训诂必当从旧本为是，则古本《大学》学者不可不知也。"(卷一五《谈书》)②

> 或谓予谈多与先正同异，非后学所宜。子曰：朱子尊信程子至矣，而《本义》多异于《程传》。蔡子，朱子之门人也，而《书传》亦有不从其说者。君子不以为过也。故予诵习传注，偶有所疑，即书之以就正于有道，亦庶几得圣贤之本意，若朱子之于程子，蔡子之于朱子云耳。予岂敢故异于先正也哉。(卷一五《谈书》)③

此上两条则针对《四书》问题进行考证。前一条针对朱熹与王阳明关于《大学》是否"错乱缺略"的问题，指出自己虽"不能尽知"，但"训诂必当从旧本为是，则古本《大学》学者不可不知"；后一条则是对自己何以要进行经学考据的问题进行了说明，认为此种"异于先正"的做法乃是传承先辈的良好学术传统。

陈耀文的《正杨》，作为纠驳杨慎考据讹误的专书，该书卷一"嵎夷既略""怒如调饥""烝在桑野""鲁褅""克段于鄢""冶容"

---

① (明)张元谕：《篷底浮谈》，《续修四库》子部第1126册，第85页。
② (明)张元谕：《篷底浮谈》，《续修四库》子部第1126册，第92页。
③ (明)张元谕：《篷底浮谈》，《续修四库》子部第1126册，第95页。

等条目，就是对杨慎经学考据中存在的讹误进行的考辨。由于各条目所涉内容较多，此处仅以"嵎夷既略"条为例来加以说明。杨慎《丹铅总录》卷二五（亦见于《丹铅余录》卷一一）称：

《说文》："略，经略土地也。"《左传》："天子经略，诸侯正封。"注："聚土为封曰略。"经谓巡行，略谓边界，即取土为封之略。《孟子》所谓"域民不以封疆之界"是也。后世不知略之为聚土。陆词、黄公绍谓巡行为略，失之远矣。巡行可以解"经"字，而不可以解"略"字。"经略"之云，犹云防边也，犹云出塞也。二字相联为义，若以略为巡行，则谓边云防御，谓塞为征行，可乎？略也，边也，皆实字也。边塞字易明，人皆知之，略字义少隐，故解者不以为实字而虚之，转解转谬矣。再考《左传》中凡言"略"者，皆谓聚土为封也。如云"侵败王略"，又曰"与之武公之略"，又曰"吾将略地焉"，又曰"略塞垣"，其义皆同。《尚书》云："嵎夷既略。"谓立边防以界嵎夷，正天子经略之事也。孔颖达不识"略"字本义，以为俗称忽略、简略之略，乃注云"用功少曰略"，何其俗而且陋谬而可笑哉！《孟子》曰："此其大略也。""略"字本喻言，谓得其边而未尽其中也；亦犹《庄子》所谓"道无封，为是而有畛也。"郭象注云："道无封，故万物得恣其分域。"妙得《庄》旨。《孟子》之言"略"，犹《庄》之言"封"与"畛"也。惜乎赵岐之注《孟》，不能如郭象之注《庄》也，乃曰大略、大要也。《汉·武纪》"杀略"，谓入界杀人。《龚遂传》"劫略"，谓入界劫人。今遂以略为劫。史云"智略辐凑"，盖谓其智足以周知天下之略。今遂以略为才智之称，假借譬喻，远失初意，何异聋者听车轮之声以为雷哉！

《史记·张良传》"略地"，谓取其地而立我封疆也。《唐蒙传》"略通夜郎"，谓通夜郎之略也。古文简奥如此，若《春秋》书"城楚丘"、"疆郲田"文法也。《扬子法言》云："东沟大河，南阻高山，西采雍、梁，北卤泾垠。"韩退之《去邠操》云"将土我疆"。其文法皆本于《春秋》，不知古人用字之法，则不得古人立言之意，人可不识字哉！或曰："兵法有黄公三略，何义也？"曰："略与韬对。韬，弓衣也，义取藏器。略，封畛也，义取固守。"决非简略之略也。若依《集韵》谬解，因事生义，谓"略，简也，少也，行而取也，才而智也"。则三略之名，又将曰略，书名矣。用此以证略之为字愈益明。《赵充国传》"图上方略"，图，画本也，方，进道也，略，边界也。注谓"方略"为"计策"，亦谬。①

杨慎对《尚书》《左传》《孟子》等经典中"略"字词义的辨析，引经据典，充分体现出其博辨的学术特色。陈耀文在杨慎考证的基础上，从核对杨慎所引原始文献入手，排比文献，上下考索，最终对杨慎的相关考证进行了有力的纠驳：

《左》昭七年：芈尹无宇辞楚子曰："天子经略，诸侯正封，古之制也。"注云："经营天下，略有四海。"不云"聚土为封"也。成二年，晋侯使巩朔献齐捷于周，单襄公辞曰："兄弟甥舅，侵败王略，王命伐之。"注："略，经略法度。"非云界也。夫晋之侵齐，岂周界乎？隐五年，公矢鱼于棠，臧僖伯谏，公曰："吾将略地焉。"注："略，总摄巡行之名。"以上"略"字，俱非聚土之意，其"武公之略"训界。

《尚书·禹贡》："海、岱维青州，嵎夷既略，潍、淄其道。"孔安国曰："嵎夷，地名，用功少曰略。"马融注亦同。则注非始于孔颖达也。且"嵎夷""青州"，何为立边防以界之乎？想见"夷"字，即以为夷狄耳！《汉书》："二世元年，陈涉遣武臣陈余略赵地。"师古曰："凡言略地者，皆谓行而取之，用功力少。"《史记》"略地"，不独《张良传》有之，俱无取其地而立我封疆之解。唐蒙事见《大宛传》②，"略通夜郎"见《司马相如传》及

---

① （明）杨慎撰，丰家骅校证：《丹铅总录校证》，中华书局2019年版，第1169—1171页。
② 据考，唐蒙事不见于《史记》卷123《大宛列传》，而见于卷116《西南夷列传》。

《序传》，今日《蒙传》，岂古本《史记》耶？《孟子》"此其大略"，谓得其边矣，"尝闻其略"，亦可云得班爵禄之边乎？《史·项王本纪》项梁"教籍兵法，籍大喜，略知其意"。《自序》云："为太史公书。序略，以拾遗补艺。"又岂边界之云乎？"杀略"，谓入界杀人矣。《史·大宛传》："昆明之属无君长，善寇盗，辄杀略汉使，终莫能通。"又岂入界乎？"知略辐辏"，谓知足周天下之略矣。《史记》郦生曰："吾闻沛公慢而易人，多大略，真吾所愿从游。"蒯通说韩信曰：勇略震主者身危，而功盖天下者不赏。足下所谓功无二于天下，而略不世出者也。此岂沛公界之大，淮阴界之猛乎？《三国志》吴赵咨云：吴王聪明，雄略之主，云云。屈身于陛下，是其略也。岂吴王止于知魏之界乎？《晋·载记》：王猛字景略。可曰"景界"乎？人有大略。《黄石公三略》，义取固守封略矣。刘歆《七略》，又将何所固守乎？《左》宣十五年："晋侯治兵于稷，以略狄土。"注："取也。"昭二十四年，"楚子为舟师以略吴疆"。注："行也。"《史记》："楚军夜击坑秦卒。行略定秦地函谷关。"可谓非行而取乎？《赵充国传》："图上方略"，谓画边界矣。首云为人有大略，则此略又何物乎？本传亦无注。《晋书·宗室传》："高密王略，字符简。"《张华传》："或谓刘卞曰：'君才简略，堪大不堪小。'"可谓简略为非乎？《诗》曰："有略其耜，俶载南亩。"注："利也。"《左》定四年，祝佗对苌弘曰："吾子欲复文、武之略，而不正其德，将如之何？"注："道也。"《国语》叔向云：桓子"略则行志，假货居贿"。注："犯也。"如此之类，不能尽举。夫字有数义也，而执谬若此，故知固哉为诗，不独高叟，强作解事，实蕃有徒矣。假令此书遂行，其堕人疑网也。岂其微哉！《庄子·齐物》云："夫道未始有封，言未始有常，为是而有畛也。请言其畛，云云。此之谓八德。"注云："略而判之，有此八德。"则"略"字亦大略意也。若谓妙得《庄》旨，是又不识"略"字矣。何自相缪戾也。①

---

① （明）陈耀文：《正杨》，《四库全书》第856册，台湾商务印书馆1983年版，第52—55页。

通观陈耀文的考证，不仅纠正了杨慎考证的失误，如指出《左传·隐公五年》"吾将略地焉"的"略"，非如杨慎所说指"聚土为封"，而应该从杜预注作"巡行"等，而且进一步明确指出"字有数义"，杨慎"执谬若此，故知固哉为诗，不独高叟，强作解事，实蕃有徒矣。假令此书遂行，其堕人疑网也"。因此，较之杨慎，陈耀文的举证更为丰富，结论也更为可靠。① 正因如此，清乾嘉考据学家周广业在《正杨》此条后评述道："古人最重训诂，《尔雅》所以列于经也。汉儒说经，尤注意字义。唐人如孔颖达、贾公彦、颜师古辈亦然。宋人以来始疏，反视训诂为俗学，由是识字者少矣。晦伯此辨，功当不在禹下。"② 林庆彰先生也说："此条耀文引证详博，最可见其博证之精神。"③

焦竑的《焦氏笔乘》《续集》，其中载有大量考辨《尚书》《诗经》《论语》《孟子》等经书的内容。如《焦氏笔乘》卷二"鄂不"条，考证《诗经·小雅·棠棣》中"不"字之音义曰：

《诗》："棠棣之华，鄂不韡韡。"不，风无切，本作柎。《说文》：鄂，足也。草木房为柎，一曰花下萼，通作不，即今言华蒂也。湖州有余英溪、余不溪。盖此地有梅溪、苕溪，其流相通，故曰余英、余不，义可见矣。若作方鸠切，则本注《说文》："不，鸟飞上翔不下来也。"与溪水全不相涉。《左传》："华不注山。"人皆读入声，误也。古"不"字读作缶音，或俯音，并无作逋骨切者。今读如卜，乃俗音耳。惟伏琛《齐记》引虞挚《畿服经》作柎，言此山孤秀如花跗之注于水，深得之矣。太白诗："昔我游齐都，登华不注峰。兹山何峻秀，彩翠如芙蓉。"亦可证也。④

---

① 当然，陈耀文的考证也存在瑕疵，详见刘玉国《陈耀文〈正杨〉中"嵎夷既略"条驳杨慎释"略"述评》，《东吴中文学报》2011 年第 22 期。
② 清周广业校抄本《正杨》，上海图书馆藏，索书号为 763285—86。
③ 林庆彰：《明代考据学研究》，台湾学生书局 1986 年版，第 180 页。
④ （明）焦竑撰，李剑雄点校：《焦氏笔乘》，上海古籍出版社 1986 年版，第 56 页。

焦竑举出四条证据来证成"鄂不"的"不"作"风无切,本作柎"的看法。据考证,王国维、郭沫若等近代学者所持观点与焦氏同。①

又如《焦氏笔乘》卷三"孟子非受业子思"条,考证思孟关系曰:

> 《史记》载孟子受业子思之门人,不察者遂以为亲受业于子思,非也。考之孔子二十生伯鱼,伯鱼先孔子五年卒。孔子之卒,敬王四十一年,子思实为丧主,四方来观礼焉。子思生年虽不可知,然孔子之卒,子思则既长矣。孟子以显王二十三年至魏,赧王元年去齐,其书论仪、秦,当是五年后事,距孔子之卒百七十余年。孟子即已耆艾,何得及子思之门,相为授受乎哉?《孔丛子》称孟子师子思,论牧民之道,盖依放之言,不足多信。②

关于思孟关系,历来是治中国儒学史与哲学史的研究者关注的焦点。焦竑根据对相关史实的考察,指出孟子不可能受业于子思,证据确凿,其论可信。③

王肯堂的《郁冈斋笔麈》,其中亦有经学考据的内容。如该书卷三"诗韵"条称:

> 金陵李士龙留心字学,近为余同年宋民部属令校刻《五经》《四书》正文,甚殚心力,而于《易》《诗》《书》皆以古韵音释为尤精。病中阅之,误处亦不少,今略举数条于左方。④

可见,王肯堂在阅读经书时,十分留意其中是否存在校勘的问题,并能结合相关材料进行必要的考证。此处仅举一例来说明:

> 《麟趾》章"麟之角,振振公族"。"角"字居六切,音与殶

---

① 林庆彰:《明代考据学研究》,台湾学生书局1986年版,第326页。
② (明)焦竑撰,李剑雄点校:《焦氏笔乘》,上海古籍出版社1986年版,第92页。
③ 郭沂:《孟子车非孟子考:思孟关系考实》,《中国哲学史》2002年第3期。
④ (明)王肯堂:《郁冈斋笔麈》,《续修四库》子部第1130册,第100页。

同。汉苏伯玉妻《盘中》诗："今时人，知四足，与其书，不能读，当从中央周四角。"可见古韵皆然。杨用修《古韵》音录，非是，此欠注。①

张萱的《疑耀》在经学考据方面也有不少可圈可点之处，如该书卷一"窈窕"条：

> "窈窕"二字，《说文》解窈，深也；窕，极深也。窈窕，幽闲之地也。《诗》称"窈窕淑女"，郑玄笺为幽闲深官贞专之善女。扬子《方言》以美心为窈，美容为窕。故朱子训《诗》，以"窈窕"为德。杨用修深辨之，历引汉魏诗赋所用"窈窕"字，皆属居处，遂以朱氏之训为谬。余谓不然，"窈窕"原有二义，《诗》之"窈窕淑女"，即以居处与容德并解，不两妨也。②

杨慎之说见于《升庵经说》中③，张氏不同意杨慎的看法，认为《诗经》所说"窈窕""以居处与容德并解"。又卷二"大麓辨"条称：

> 《书》"尧纳舜于大麓"，孔安国辈以为大录万机之政，而桓谭《新论》亦以为领录天下之事，若今之尚书然。故东汉始以牟融录尚书事，盖本于此。后代多因，故有以"大麓"为三公之位者，王克已非之矣。张九成曰：处之深林大泽之间，谓观圣人者，皆当自其难堪处观之耳。尧之知舜，岂待以难堪者试之哉？惟《大传》曰："尧推尊舜，属以诸侯，致天下于大麓之野。"应劭云："麓者，林之大也。"郑康成云："山足曰麓。"罗长源得之，其说曰："古者天子以大事命诸侯，则为坛于国之外，尧聚诸侯，以命舜陟位居摄，致天下之事，欲天下诸侯皆明知舜之受

---

① （明）王肯堂：《郁冈斋笔麈》，《续修四库》子部第1130册，第101页。
② （明）张萱撰，栾保群点校：《疑耀》，文物出版社2019年版，第7页。
③ 王文才、万光治主编：《杨升庵丛书》（一），天地出版社2002年版，第137—138页。

命也。"是可以剖千古之惑。但长源又云:"因地譬意,大麓者,大录天下事也。"是又于前妄未尽祛也。余谓"纳于大麓,烈风雷雨不迷"者,或当纳麓之时,适有烈风雷雨,而舜偃然自若,殊无惊怖,见其镇定耳。夫震雷虩虩,不丧匕鬯,舜能不迷于烈风雷雨,此非超然寻常,足以当天下之大任者乎?故舜之授禹,亦有纳麓烈风雷雨之事。盖告终易代,皆上关天意。尧授舜,舜授禹,而纳于大麓,皆有烈风雷雨,或天以此而试舜、禹,亦未可知。故当此受禅之日,烈风雷雨不迷,是足以任天下之大,而天遂与之矣。如后代有禅位者,登坛之日,雷雨震电,遂至颠陨不能成礼者,视舜、禹之不迷,益可见也。此谓天以此试舜、禹,理或有之。而尧以此试舜,舜以此试禹,则后儒之妄也。①

孙能传的《剡溪漫笔》,作为一部考证性笔记,该书涉及经学考据者亦不少。如卷一"诘旦"条,即是针对焦竑关于唐人误用《左传》事而发:

>《笔乘》云:"《左传》'诘朝相见',谓明早也。宋之问'紫禁仙舆诘旦来',李回秀'诘旦重门闻警跸',误以诘朝为今日。"②然六朝以来如丘迟"诘旦闾阖开",何逊"诘旦钟声罢",柳顾言"诘旦金铙发",李乂"诘旦行春上苑中",江总"诘晓三春暮",皆用作平旦。《左传》人所习见,岂应谬误至此?按韵书,平旦曰诘朝,然则诘旦止是平旦之义,不必泥明早、今早也。③

又如卷二"《汉广》误字"条:

>《诗·汉广》首章"南有乔木,不可休息。汉有游女,不可

---

① （明）张萱撰,栾保群点校:《疑耀》,文物出版社2019年版,第61—62页。
② （明）焦竑撰,李剑雄点校:《焦氏笔乘》,上海古籍出版社1986年版,第109页。
③ （明）孙能传:《剡溪漫笔》,《续修四库》子部第1132册,第328页。

求思"。余谓"息"当作"思",四句正以休、求为韵,思乃助语词,《诗》中此类甚多。若作休息,休与息本无异义,而韵亦不叶,且通章以思为终,此句何独不然?殆传写之讹。近见王厚斋《诗考》,正与余意暗合。①

又如卷二"葵向日"条：

葵能向日,其说出于《左传》："鲍庄之智不如葵,葵犹能卫其足。"杜预注云："葵常倾叶向日,不令照其根。"曹子建表："若葵藿之倾叶太阳,虽不为之回光,终向之者,诚也。"刘孝标诗："园葵一何幸,倾叶奉离光。"唐太宗诗："还当葵藿志,倾叶自相依。"葵倾以叶,皆指葵菜而言。《古今韵会》云："葵,菜也。有紫茎、白茎二种,常倾叶向日,不令照其根。"其黄葵、蜀葵、茂葵,别附于后。为说甚明,俗乃以向日为葵花,殆非也。葵花诸诗赋不言向日。颜延之《蜀葵赞》云："类麻能直,方葵不倾。"正言名与葵同,而不能如葵之倾叶向日,不知世俗何以讹误至此。②

又如卷二"春秋疑义"条：

余读《春秋》,有可疑者数事。王者大一统,列国纪年,宜禀于天王,今即位改元,国自为政,然则周王特一大诸侯耳,一统之义安在?岂东迁以后,尾大致然。一可疑也。夫子因鲁史修《春秋》,宜一本旧文,今天王及列国之事具在,似非止鲁国之史。戴宏《解疑论》云："遣子夏等十四人求周史记,得百二十国宝书,修为《春秋》。"何休云："孔子集百二十国书。"据此,乃博采周与列国之史,勒成一书,然其名犹仍鲁史之旧,何也?

---

① （明）孙能传：《剡溪漫笔》,《续修四库》子部第1132册,第334页。
② （明）孙能传：《剡溪漫笔》,《续修四库》子部第1132册,第335—336页。

二可疑也。《春秋正义》据《外传》，申叔时、司马侯乃晋、楚之人，皆称《春秋》，遂谓每国有史，同名《春秋》。子亦云："吾见百国《春秋》。"则《春秋》乃列国史记之通称。孟子何以云鲁之《春秋》，而晋乃名《乘》，楚乃名《梼杌》也。三可疑也。夫子感获麟作《春秋》，说者谓止于获麟，自此以下至十六年，皆鲁史记之文，弟子录以续孔子之经。夫《春秋》笔削，游、夏不能赞一辞，使夫子没而然以笔削自任，何前谦而后专也？且获麟绝笔，原非未成之书，何待续成？游、夏诸贤，岂僭妄若是？四可疑也。《春秋》为乱臣贼子而作，弑父与君，恶莫大焉。许世子以不尝药，赵盾以亡不出境，皆书弑君。假令实弑君，将何以书？羽父实弑隐公，乃以宗国之恶讳而不书，又何以诛乱贼也？五可疑也。滕称子，郳、牟、葛称人，说者谓桓公弑逆，诸国不当来朝，故贬之。纪侯不来朝乎？何以独无贬辞？滕之子又何以终《春秋》不复也？或谓滕君不能供侯伯之赋，自降而从子，遂子之。若尔，则褒贬安寄？假令滕自王，将遂王之乎？六可疑也。夷夏之分，《春秋》辨之甚严。秦、楚等国也，楚君卒书子，而秦乃称伯，何居？倘亦《尚书》叙《秦誓》之意乎？七可疑也。褒为华衮，贬为铁钺，辨在一字耳。然往往有美恶同辞者，圣人笔削，岂其艰于一字，而令后之人索摸于茫昧之乡？八可疑也。日食三十六，与弑君相应，关涉甚大。据诸国统纪，以授时历推之，频月不应有食者二，变交不食者一，差一月者十二，差二月三月者各二。果尔，则《春秋》之误文多矣。即失在史官，当遂踵其误乎？九可疑也。噫，安得起夫子于两楹而问之。[①]

又如卷四"形渥解"条：

《易·鼎卦》九四爻辞："鼎折足，覆公𫗧，其形渥，凶。"朱子《本义》从晁氏，"形渥"作"形剭"，谓重辟也。按《北

---

① （明）孙能传：《剡溪漫笔》，《续修四库》子部第1132册，第339—340页。

史·何妥传》引《易》亦作"形渥",初非误文。程沙随云:"渥,厚渍也。公餗所以养贤,九四上不得君,覆养贤之餗,而膏润于己者独厚,所以凶也。"不必改易本文而理亦可通,较晁说为优。①

又如卷五"俗字差讹"条:

迺來經生家,鮮能留意字學,概多差訛,至於世俗通行聊略省文之字,尤誤初學。如听,魚巾、語謹二切,本笑貌,俗乃通作視聽之聽,至《子虛賦》"听然而笑"②,反訛而爲聽。然机,居履切,《易》"渙奔其机",本與几同,俗乃通作樞機之機,至《踐阼記》"机杖銘",《僮約》"俎機木屐",反訛而爲機。尨,莫江切,犬之多毛者,俗乃通作龍蛇之龍,至敦尨、奇尨、鴻尨等字,反訛而爲龐。豊,蘆啓切,禮、醴等字皆從豊爲聲,俗乃通作豐歉之豐,艷、灩省從豊,而沅澧之澧、鱧魚之鱧,反訛而從豐,訛之又訛,轉失轉遠。他如泰從氺,恭從小,商從冏,商從古,舊從四,奮從田,易從日,易從旦,疏從足,路從足,卿、即從卩,鄉、郎從阝,峰、逢從丰,降、逢從夂,搏、溥從尃,搏、溥從專,祭、察與豆登之登從癶,癸、發與登降之登從癶。此類甚多,皆差之毫厘,謬以千里。世俗不復審辨,訛誤相承。近時坊刻諸書,苟簡尤甚,魯魚烏焉,莫可勝原,雖一時典籍極盛,殆是書之一厄。③

周婴的《卮林》,林庆彰先生认为,其书"各条引证皆极为博洽,非前此之考证家所可企及"。④ 作为一部考据专著,其中关于经学考据

---

① (明)孙能传:《剡溪漫笔》,《续修四库》子部第1132册,第354页。
② 此处有误,当是《上林赋》中文。
③ (明)孙能传:《剡溪漫笔》,《续修四库》子部第1132册,第368页。为表明字形关系,本段引文不做简化处理,特此说明。
④ 林庆彰:《明代考据学研究》,台湾学生书局1986年版,第433页。

的内容虽然不多，但如卷六"蛊冶通用"条就是针对陈耀文《正杨》卷三"蛊冶通用"条中的内容而专门进行的考辨：

>《维摩诘经》有"妖蛊"语。唐沙门玄应《音义》曰："蛊，《周易》作冶，'冶容诲淫'。"刘瓛曰："冶，妖冶，谓姿态之貌也。"据此，蛊、冶通用，盖一证也。《西京赋》"妖蛊艳夫夏姬"，《注》曰："蛊音夜。"傅武仲《舞赋》"貌嫽妙以妖蛊"，五臣作"妖冶"。张衡《思玄赋》"咸妖丽以蛊媚"，章怀注亦曰："蛊音野。"谢惠连诗："郦生无文章，西施整妖冶。胡为空耿介，悲哉君志琐。""冶，果邹切"，则谢又读"冶"为"蛊"。至《晏子春秋》"古冶子"，《广成颂》作"古蛊"，章怀注曰："蛊与冶通。"二字通用，灼然睹矣。又《易》"冶容"，郑玄、陆绩、虞翻、姚信并作"野容"云。野，言妖野也。且"野葛钩吻"，《论衡》作"冶葛"，则"冶"通于"野"，抑有前摹。用修按据历历，晦伯空劾无验。固知文囿之中，忌能者多，虚襟者少。①

顾大韶在经学上的造诣很高，解经注重自得之说，"援经据传，考古征今，以订补注疏之疏阙"②，其旁征博引的考证已初具规模。在顾氏的考据学著作《炳烛斋随笔》中，同样有多条内容涉及经学考据的问题，如：

>《左传》："是四国者，专足畏也。"上文但言"大城陈、蔡、不羹"，解者遂以"四"字为"三"字之误。读贾谊《新书》有"大城陈、蔡、叶与不羹"等语，始知"四"字实未尝误也，《左传》偶遗"叶"字耳。世固有本书脱误而他书可证者，读者不可不知。先是，楚灵王迁许于城父，叶为空邑，徙方城外以实之，

---

① （明）周婴篹，王瑞明点校：《卮林》，福建人民出版社2006年版，第153—154页。
② （清）钱谦益：《牧斋初学集》卷72《顾仲恭传》，上海古籍出版社1985年版，第1612页。

因大城叶。事见《左传·昭公九年》。①

此条，顾氏将贾谊《新书》所载与《左传》对比，指出后人误《左传》"四国"为"三国"，其说虽未必准确②，但他由此总结出"世固有本书脱误而他书可证者"的校勘学方法，却着实值得肯定。又如：

> 《檀弓》"填池"二字，郑注读为"奠彻"，穿凿太甚。愚谓池即后"池视重溜"之池，谓柳车之池；填乃颠字之误，既祖则柩转向外矣，欲受吊，乃颠转柳车，还令柩北首，乃推车而反于故处也。举池以表柳车也，此说稍可通。③

> 《孟子》"慕少艾"，汉诂读少为上声，训艾为刈，固为牵强。朱注以艾为美好，字书从无此解，尤为杜撰。盖古人呼男色为艾。《左传》："既定尔娄猪，盍归我艾豭。"《国语》："国君好内，适子殆；好艾，大夫殆。"《战国策》魏牟谓赵王曰："王不以予王，而予幼艾。"此数"艾"字，正可解《孟子》"少艾"之义。盖凡人既知好色而未有妻子，未免与娈童征逐。以今证古，此说无疑。《楚辞·少司命》："怂长剑兮拥幼艾。"④

> 《月令》仲夏，正种黍之时，而云"农乃登黍"，似于理未当。蔡邕云："今蝉鸣黍是也。"虽曲为之解，终于孟秋"农乃登谷"句有碍。今以目验之，黍、稷、稻、粱诸谷，俱无于五月熟者，惟小麦则五月熟，"黍"字或"来"字之误也。⑤

---

① （明）顾大韶：《炳烛斋随笔》，《续修四库》子部第1133册，第9页。
② ［日］竹添光鸿注：《左氏会笺》，巴蜀书社2008年版，第1830页。
③ （明）顾大韶：《炳烛斋随笔》，《续修四库》子部第1133册，第9页。
④ （明）顾大韶：《炳烛斋随笔》，《续修四库》子部第1133册，第12页。
⑤ （明）顾大韶：《炳烛斋随笔》，《续修四库》子部第1133册，第14页。

> 朱子之解经，好排旧说，至于字义，亦不本《尔雅》《说文》，而以臆决之。如哂，大笑也，《礼记》云"笑不至哂"，而以为微笑。"不竞不絿"，絿，急也，而以为缓。此等训诂，不知何从得之，虽曰不妄，吾不信也。絿，急也，见《左传》杜注昭二十年。①

> 《孟子》："引而置之庄、岳之间。"注云："庄、岳，齐街、里名。"疏亦别无一语。按《左传》襄二十八年："得庆氏之木百车于庄。"昭十年："又败诸庄。"哀六年："战于庄。"即此庄也。襄二十八年，庆封"反陈于岳"，此岳也。盖皆齐城内街里之名，此是经典正文，疏家全不引之。今标出，以见疏之疏略，并见赵注之有据。②

董斯张的《吹景集》，是董氏考据学的代表性著作，其中有关于经学考据的内容，如卷九"用修引蹇叔处干语"条：

> 用修解"出宿于干"，引韦氏《历纪》云："蹇叔处干而干亡，入秦而秦霸。"盖虞字讹为于，于又讹为干，字三写，乌、焉成马。蹇叔，又百里之误也。饭牛一事，犹好事者为之，况汉人说春秋事乎？即西晋一令升，或云于姓，或云干，今其裔了不知所从。用修依此解经，真聱直不可耐。③

又同卷"肃雍诗"条：

> 用修又解"平王之孙，齐侯之子"，云平王非周平王，犹《书》称宁王、格王。此解本毛苌《传》、孔颖达《正义》，义犹

---

① （明）顾大韶：《炳烛斋随笔》，《续修四库》子部第1133册，第21页。
② （明）顾大韶：《炳烛斋随笔》，《续修四库》子部第1133册，第21页。
③ （明）董斯张：《吹景集》，《续修四库》子部第1134册，第79页。

未堕。至云齐侯非姜氏后，直窃王安石呓语。齐子由归，亦非文姜耶？周公之孙，庄公之子，亦非鲁僖耶？《周颂》"不显成康"，毛、郑俱以为非成王、康王，言武王成大功而安之也。子由《诗传》亦祖之，儒先好凿乃尔。用修未超此论。平王之孙，子由同杨说，且以齐襄公为齐侯吕伋，亦不可通。章俊卿《山堂考索》、郑樵《通志》与仆合。①

又同卷"干非邘辨"条：

《卫风》："出宿于干。"用修云：干、邘通。开封有邘沟。此据罗泌而误者也。邘在扬州，吴夫差阙沟处。杜预《左传注》云：邘沟，广陵韩江是。许太尉云：国也，从邑于声。今属临淮。本属吴。按《史记》：纣以鄂侯为三公。徐广注：鄂，一作邘。汉河内有邘城。又文王伐邘。《括地志》云：邘城，在怀川河内县西北二十七里。《水泾注》：沁水南流，径邘城西，故邘关也。城南有邘台。朱郁仪笺云：《左传》邘、晋、应、韩，武之穆也。邘音于。邘水、邘关并当作邘，然则邘非邘也？邘岂得为干乎？《易》渐之初六：鸿渐于干。注：水湄也。《小雅》：秩秩斯干。注：涧也。《郡国志》：东郡卫国有干城。《水经注》：泜水又东南经干言山。用修不引二书，岂未之睹耶？②

又同卷"升庵雒字误训"条：

《古音略》云：雒，音鹈。《说文》：鹍鹈也。《诗》：七月鸣雒。光武都洛阳，去水而从隹，以洛作雒。按《说文》雒字训云：鹍鹈也。从隹各声，卢各切。鹍，伯劳也，古闃切。鹍，或从隹。雒自雒，鹍自鹍，不相混也。《尔雅》：雒，鹍鹈，音格，

---

① （明）董斯张：《吹景集》，《续修四库》子部第1134册，第80页。
② （明）董斯张：《吹景集》，《续修四库》子部第1134册，第80页。

今江东人呼鸲鹆。又鸧，乌鹳，水鸟也。似鹃而短颈，腹翅紫白，背上绿色，江东呼乌鹳。䴗，伯劳，似鹡鸰而大。《易林》云：䴗必单栖，鸳必匹飞。考王伯厚《诗异同》亦无"七月鸣鵙"之文，仅《孟子注》曰："七月鸣䴗。"《楚辞》："鹈鴂先鸣。"注："即鸣䴗也。"升庵据臆说而改《豳风》，何欤？又泏字训云：音涉。引杨雄《韩信铭》："身泏项营。"按此语出班孟坚《十八侯铭》，亦误引。①

以上四条，乃董斯张针对杨慎在经学考据方面存在的问题进行考辨，由此可见杨慎经学考据对中晚明经学考据群体形成之影响。

焦周的《焦氏说楛》，作为焦氏的考据专书，其中亦有经学考据的内容。如卷三谈及考据之难曰：

《诗》："柬兮柬兮，方将《万》舞。"子贡、《毛诗》皆以为伶官之诗。申公曰："柬，伶官名。耻居乱邦，故自呼而叹曰：'柬兮柬兮，汝乃白昼而舞于此乎？'"政如《东观汉记》："淮阴侯拊匈叹曰：'信乎！信乎！碌碌乃与哙等为伍乎？'"毛本讹"柬"为"简"，故朱《传》以"简傲"释之，谬矣。《易》曰："震用伐鬼方。"郭璞谓：震乃挚伯之名，王季妃太任父也。程《传》以"震扬威武"释，则"三年，有赏于大国"，何人也？《书》曰："巧言令色孔壬。"郭氏亦谓孔为其工之氏，壬其名也。蔡《传》以"包藏奸恶"释之，与驩兜、三苗不类。以知考古之学其难如此。②

又卷五考证牛耕之始曰：

王弼《易传》云："牛，稼穑之资。"古《疏》云："周时未

---

① （明）董斯张：《吹景集》，《续修四库》子部第1134册，第83页。
② （明）焦周：《焦氏说楛》，《续修四库》子部第1174册，第35—36页。

有牛耦耕,汉时搜粟都尉赵过,始教民牛耕。"然春秋人名耕者多字牛。冉耕字伯牛,司马黎耕字子牛是也。《山海经》云:"稷之孙叔均,寔始作牛耕。"①

又卷七对《诗经》的考证称:

《伐檀》诗:"河水清且涟猗。"《说文》:涟,小波也。猗,语词。下章"河水清且直猗""沦猗",猗皆训语词。独"涟猗"妄加水作漪。《广韵》傅会其说:"涟漪,风动水成文也。"如其训诂,非小波而何?

《小弁》诗:"弁彼鸴斯。"《说文》:鸴斯,卑居也,似鸦而小。孔颖达《疏》:此鸟曰鸴,而云斯者,语词,犹"蓼彼萧斯""菀彼柳斯""螽斯羽"之类。辩证详明,通俗妄加鸟作"鹈"。②

焦周的经学考证,虽然数量不多,但考证时引证丰富,且能够通过考证工作而得出"以知考古之学其难如此"的心得之言,可谓难得。显然,焦周作为焦竑之子,很好地继承了其父在考据学方面的工作,对中晚明经学考据群体的形成起到了重要的促进作用。

方以智的《通雅》,作为"明代考据学集大成之作"③,在经学考据方面也取得了重要的成绩。方以智之所以能在考据学上取得如此成绩,与其善疑的治学精神、严谨的治学态度及实证的治学理念密切相关。如方氏曾在《东西均》"疑何疑"中说:

疑何疑?谁非可疑?又谁可疑乎?善疑者,不疑人之所疑,而疑人之所不疑。善疑天下者,其所疑,决之以不疑;不疑之语,

---

① (明)焦周:《焦氏说楛》,《续修四库》子部第1174册,第64页。
② (明)焦周:《焦氏说楛》,《续修四库》子部第1174册,第109页。
③ 林庆彰:《明代考据学研究》,台湾学生书局1986年版,第483页。

无不足以生其至疑。新可疑,旧亦可疑;险可疑,平更可疑。①

据此,足见方氏的善疑精神。又在《通雅》中说:

> 此书必引出何书,旧何训,何人辨之,今辨其所辨,或折衷谁是,或存疑俟考,便后者之因此加详也。士生古人之后,贵集众长,必载前人之名,不敢埋没。
>
> 辨证以经史为本,旁及诸子百家,志书小说,难可尽信,然引以相参,自可证发。方域、官制,容编一图,此举其错乱之尤者。经制诸款,本非小学所收。偶有音义论及,因撮其概。此书主于辨当名物,征引以证其义,不在钞集编纂也。
>
> 考究之门虽卑,然非比性命可自悟、常理可守经而已也,必博学积久,待征乃决。②
>
> 是正古文,必藉它证,乃可明也。……智每驳定前人,必不敢以无证妄说。③

以上四条,第一条足以说明方氏严谨的治学态度,第二、三、四条则恰可说明方氏实证的治学理念。

就具体的经学考据而言,林庆彰先生曾指出:"(方)以智承继杨慎以来考据家重视文字音义研究之风,从事更缜密深入之考订,小学之研究,遂进入另一崭新之境地。"④ 并且,林先生通过对方氏《通雅》文本的详细分析,从"纠说文之误""厘定字音""考订通假字""考订联绵字""考方言俗语"五个方面,对方氏考订文字音义的

---

① (明)方以智:《东西均》,黄德宽、诸伟奇主编《方以智全书》第1册,黄山书社2019年版,第368页。
② 以上三条均见《通雅凡例》。(明)方以智:《通雅》,黄德宽、诸伟奇主编《方以智全书》第4册,黄山书社2019年版,第10—11页。
③ 此条见《通雅》卷首一《辨证说》。(明)方以智:《通雅》,黄德宽、诸伟奇主编《方以智全书》第4册,黄山书社2019年版,第6页。
④ 林庆彰:《明代考据学研究》,台湾学生书局1986年版,第500页。

具体内容进行了深入讨论。① 如方以智在《通雅》卷首一"方言说"条称："可知乡谈随世变而改矣。不考世变之言，岂能通古今之诂，而是正名物乎？"② 又在《通雅》卷一中强调称："古人多引方言以左证经传。"③ 可见方氏已充分认识到古今方言的变化，以及可利用方言来考证经传的事实。再如《通雅》卷一有"不有十四音"条，对"不"字十四音之考证④，足见方氏之博学。除此条外，尚有"贲字十四音""敦有十七音""苴有十七音"等条。⑤ 这些考证成果，不仅是对杨慎、焦竑的考证成果的继承⑥，更有对杨慎、焦竑考据成果的纠正。

（二）中晚明经学专书考据

围绕《周易》《尚书》《诗经》《论语》《孟子》等经书展开的考据工作，构成了中晚明经学专书考据的主要内容，也由此形成了一个较为明显的经学考据群体。当然，如朱睦㮮《五经稽疑》（包括《周易》《尚书》《毛诗》《春秋》《礼记》五种）和陈耀文《经典稽疑》（包括《论语》《大学》《中庸》《孟子》《易经》《书经》《诗经》《春秋》《礼记》《周礼》十种），则是围绕群经展开的考据。其中朱氏的《五经稽疑》，乃其读经书遇有疑义处，"参订诸家之说而折衷之"。⑦ 如《五经稽疑》卷一《周易》"阴疑于阳"条曰：

---

① 林庆彰：《明代考据学研究》，第 501—529 页。周远富先生也曾对方以智古音学的理论和方法进行了深入探讨，特别是第二节《考析音证》部分，更是认为诸多求证古音的方法虽是在清人手中创立并运用的，但方以智《通雅》中都已广泛运用了。详见周远富《〈通雅〉古音考》，河南人民出版社 2008 年版，第 26—59 页。

② （明）方以智：《通雅》，黄德宽、诸伟奇主编《方以智全书》第 4 册，黄山书社 2019 年版，第 24 页。

③ （明）方以智：《通雅》，黄德宽、诸伟奇主编《方以智全书》第 4 册，黄山书社 2019 年版，第 91 页。

④ （明）方以智：《通雅》，黄德宽、诸伟奇主编《方以智全书》第 4 册，黄山书社 2019 年版，第 119—121 页。

⑤ （明）方以智：《通雅》，黄德宽、诸伟奇主编《方以智全书》第 4 册，黄山书社 2019 年版，第 121—124 页。

⑥ 杨慎《升庵集》卷 63 有"榜字有四音""沙漠沙幕两音""贲字七音""屈字四音"等。[（明）杨慎：《升庵集》，《四库全书》第 1270 册，第 602—603 页] 焦竑《焦氏笔乘》卷 6 有"率有五音""敦有九音""苴有十四音"等。[（明）焦竑撰，李剑雄点校：《焦氏笔乘》，上海古籍出版社 1986 年版，第 180—182 页]

⑦ （明）朱睦㮮：《五经稽疑序》，《五经稽疑》，《四库全书》第 184 册，第 680 页。

"阴疑于阳,必战"。旧解:"阳大阴小,阴必从阳,阴既盛极,与阳偕矣。是疑于阳也。不相从必战。"疑荀、虞、姚、蜀才作"凝",晁云:"古称'凝'是也。"槩少读"疑",未解其义,今观"凝",谓阴凝冱也。荀、虞诸君之说,似亦作据。①

又卷三《毛诗》"往近王舅"条:

"往近王舅"诗,其义已见《崧高》。毛氏曰:"近,已也。"郑氏曰:"近,辞也。"辞者,语助辞也。朱子《集传》用郑说。今之解者不一,杨氏(慎)曰:"《诗》云'彼其之子',《礼记》'彼记之子'。或又作'忌',如'叔善射忌'之例。然则记也、其也、忌也,皆语助辞也。"槩曰:"已、矣二字古通用,如毛说,似又简明。"②

又卷四《春秋》隐公"春王正月"条:

自汉以来解经者,皆谓周正建子,至宋诸儒始有谓以夏时冠周月者,有谓时月皆仍夏旧者,各持所见,纷纭不一。愚按:《春秋》桓八年十月雨雪,定元年十月殒霜杀菽。夫雪与霜降于十月,节气之常,必周之八月而后知,不当有而有也。桓十四年春正月无冰,成元年二月无冰,以见时暄而寒令失职矣。若夏之正月,东风解冻,自当无冰,又何为异,况二月乎?诸说虽有异同,然以经文考之,当的然知为周正无疑也。③

如上所举,朱氏在《五经稽疑》中的考辨工作,正是建立在参互对比诸家意见之后形成的,因此其所得结论往往比较具有参考价值。

---

① (明)朱睦㮮:《五经稽疑》,《四库全书》第184册,第681页。
② (明)朱睦㮮:《五经稽疑》,《四库全书》第184册,第722页。
③ (明)朱睦㮮:《五经稽疑》,《四库全书》第184册,第725页。

而陈耀文的《经典稽疑》，虽然主要以征引旧说为主，但也会加以考证，以驳斥权威。该书"于各经字句广搜诸家训诂之语，其有功于考证，自不待言"。[1] 如《经典稽疑》卷上《论语》"犬马有养"条，陈耀文曾引据如下文献：

> 犬以守御，马以代劳，皆能有以养人者，但畜兽无知，不能生敬于人，若人惟能供养于父母而不敬，则何以别于犬马乎？（《注疏》）
>
> 束（"束"原作"东"，据《文选》改）广微《补亡诗》云："嗷嗷林乌，受哺于子。养隆敬薄，惟禽之似。"（《文选》）
>
> 陆丽封平原王，辞以让父，俟曰："愚款之情未申，犬马之效未展，愿裁过恩，听从所请。"（《魏书》）
>
> 马周疏云："臣不幸早失父母，犬马之养，已无所施；顾来事可为者，惟忠义而已。"（《唐书》）
>
> 李峤《为武攸宁辞夺礼表》云："用伸犬马之愿，获遂乌鸟之情。"（《英华》）李峤《为独孤氏请陪昭陵合葬母表》云："犬马含识，乌鸟有情。宁怀反哺，岂曰能养。"
>
> 白居易《为崔相陈情表》云："乌鸟之情，犹再生而展养；犬马之力，誓万死以酬恩。"
>
> 宋王丰甫《辞免起复表》云："犬马之养未申，风木之悲累至。"[2]

考陈耀文所引诸文，分别见于以下著作：第一条见《论语·为政》"子游问孝"宋邢昺疏，第二条见《文选》卷一九束皙《补亡诗》，第三条见《魏书》卷四〇《陆俟传》，第四条见《新唐书》卷九八《马周传》，第五条分别见《文苑英华》卷五七九李峤《为建昌王辞夺礼表》及《文苑英华》卷六〇七李峤《为独孤氏请陪昭陵合葬母表》，第六条见《文苑英华》卷六〇二白居易《为崔相陈情表》，第

---

[1] 林庆彰：《明代考据学研究》，台湾学生书局1986年版，第172页。
[2] （明）陈耀文：《经典稽疑》，《四库全书》第184册，第782页。

七条见《圣宋名贤五百家播芳大全文粹》卷三中载王丰父《辞免起复太宰表》。①

此处陈耀文虽未对"犬马之养"各种解释之是非做讨论，但通过分析陈耀文所引第二至第七条文献，发现它们有一个共同点，即所表达的"犬马之养"的意思与第一条所说相同。也就是说，在宋以前绝大多数的学者，均以此说为"犬马之养"的正解。然而据考察，《论语注疏》对于"犬马之养"曾给出了两种不同的解释：

> 一曰，犬以守御，马以代劳，皆能有以养人者，但畜兽无知，不能生敬于人，若人唯能供养于父母而不敬，则何以别于犬马乎？
> 一曰，人之所养，乃至于犬马，伺其饥渴，饮之食之，皆能有以养之也，但人养犬马，资其为人用耳，而不敬此犬马也，人若养其父母而不敬，则何以别于犬马乎？言无以别，明孝必须敬也。②

前一种解说即陈耀文所引，而后一种解说在很长一段时间内并未得到人们的取信。然而朱子在《论语集注》中却一反众说，取后一种说法作为"犬马之养"的正解：

> 养，谓饮食供奉也。犬马待人而食，亦若养然。言人畜犬马，皆能有以养之，若能养其亲而敬不至，则与养犬马者何异？甚言不敬之罪，所以深警之也。③

因为朱子《四书集注》在元、明具有特殊地位，故前一种解说很自然就被后一种解说取代了。然而，朱子的解说，主要是为了配合理

---

① 第七句宋王丰甫《辞免起复表》，清编《全唐文》时将其归入唐王涯名下，实则是误收。详见朱仙林《〈全唐文〉误收宋人〈辞免起复太宰〉二表考》，《文献》2015年第2期。
② 《十三经注疏》整理委员会整理，李学勤主编：《十三经注疏·论语注疏》，北京大学出版社1999年版，第2462页。
③ （宋）朱熹撰，朱杰人等主编：《朱子全书》第6册，上海古籍出版社、安徽教育出版社2002年版，第77页。

学思想的阐发而有意拈出的，故也未必十分契合孔子原初的意思。关于此点，清代学者周广业在所著《过夏杂录》卷一《经典稽疑》条中曾解释道：

> 《论语集注》有两节最可疑，事亲不敬，固不可言孝，拟以犬马则非伦……读陈晦伯《经典稽疑》乃始豁然。按"子游问孝"章，包咸注："犬以守御，马以代劳，能养人者也。一曰：'人之所养，乃能至于犬马，不敬则无以别。'"观其所列前后，自以犬马养人为正说。自朱子偏取后说，金仁山《考证》不敢异论，遂云："辞气非以贵贱尊卑悬绝者为言，则无以见不敬之罪重，以不敬为无别，充类至义之尽也。"夫子游在圣门号称学道，即敬有未尽，夫子亦何至为此骇听之言。《稽疑》从古注前说，而为之博引以证之。①

周氏的解说，有三点值得注意：第一，观包咸所注之言，"一曰"之后乃是另说，非正解。第二，朱子"偏取后说"，而金履祥《论语集注考证》等不能指其误，且曲为之说。第三，陈耀文"从古注前说"，而不从朱子所取，且"为之博引"证据以证成之。可见陈耀文列举众说，虽未有是非判断之言，但已有是非判断之实。故周广业在上举文字后紧接着说道："故《稽疑》可录者颇多，而是尤紧要，亟录之。"② 周氏所谓"可录者颇多"，就是指《经典稽疑》中像此类能够指出宋儒的问题，且能博引证据证明的例子还有不少。如《经典稽疑》卷上《论语》"桓公子纠"条就是此类。在此条中，陈耀文先引据了如下文献：

> 齐僖公生公子诸儿、公子纠、公子小白。（《管子》）
> 《庄子》："满苟得曰：'小盗者狗，大盗者为诸侯，诸侯之门，义士存焉。昔者桓公小白杀兄入嫂而管仲为臣，田成子常杀君窃国而孔子受币。论则贱之，行则下之。'"（《盗跖篇》）

---

① （清）周广业：《过夏杂录》，《续修四库》子部第1154册，第174—175页。
② （清）周广业：《过夏杂录》，《续修四库》子部第1154册，第179页。

桓公，五伯之上也，争国而杀其兄，其利大也。(《韩非子》)

管仲臣于桓公兄公子纠，纠与桓争国，管仲张弓射桓公，中其带钩，桓公受之，赦其大罪，立为齐相。是为召其贼伯诸侯也。(《越绝书》)

《荀子·仲尼篇》："桓公前事则杀兄而争国，外事则诈邾、袭莒。"注："兄子纠也。"

《史记》云："初，襄公诛杀不当，数欺大臣，群弟恐祸及，故次弟纠奔鲁。其母鲁女也。管仲、召忽傅之。次弟小白奔莒，鲍叔傅之。小白母，卫女也，有宠于厘公。"

《说苑》曰："或曰：'将谓桓公仁义乎？杀兄而立，非仁义也。'"（《尊贤篇》）

齐桓公谓鲍叔曰："寡人欲铸大钟，昭寡人之名焉，寡人之行，岂避尧舜哉？"鲍叔曰："昔者，公子纠在上位而不让，非仁也。侄娣不怀离衽，非文也。"（同上）

齐人弑襄公立公孙无知。既而无知被杀，三公子争国，纠宜立者也，小白先入，故齐人立之。(《尹文子》)①

据陈氏所引先秦及汉代文献可知，关于公子小白与公子纠的关系十分明白，即公子小白是公子纠之弟，后来二人在争位过程中，公子小白获胜，并杀掉公子纠，即位齐国国君，即后来的齐桓公。但问题是，既然是杀兄之后才得到的君位，那么公子小白作为齐国国君的合法性就存在疑问。对此，宋代大儒程颐（伊川）别有新解（按：此亦为《经典稽疑》卷上《论语》"桓公子纠"条所引）：

《论语注》程子曰："桓公，兄也；子纠，弟也。"《春秋传》曰："桓公兄而子纠弟，襄公死则桓公当立。"又云："按《史》称'周公诛管、蔡以安周，齐桓杀其弟以反国'，是纠幼而小白长，其有齐宜矣。"②

---

① （明）陈耀文：《经典稽疑》，《四库全书》第184册，第798页。
② （明）陈耀文：《经典稽疑》，《四库全书》第184册，第798页。

也就是说，在程伊川看来，公子小白本就是公子纠的兄长，故得到君位乃是合情合理的，但问题是，伊川的结论是在对"《史》称'周公诛管、蔡以安周，齐桓杀其弟以反国'"这一史料误读的基础上得出的。考此段文字见于《汉书》卷四四《淮南衡山济北王传》，薄昭上淮南王长书："昔者，周公诛管叔，放蔡叔，以安周；齐桓杀其弟，以反国。"且在此段文字之后，颜师古注引韦昭之言曰："子纠兄也，言弟者讳也。"① 可见，薄昭是迫于当时的形势而有意为尊者讳，其言本不足据。在此铁证面前，伊川的解释显然站不住脚，故陈耀文反驳道：

> 夫观诸书，则孰兄孰弟明甚矣。程子乃谓小白为兄，胡康侯、张氏、朱子皆从之，岂玩物丧志之言痼于中耶！②

对于陈耀文的考察结果，清代学者毛奇龄不仅表示赞同，而且将陈氏《经典稽疑》所引关于二公子兄弟资料全部转录，同时还在陈氏考察结论的基础上，进一步深入剖析道：

> 程、朱二子独云桓公兄，子纠弟，桓公宜立，子纠不宜立。一以轻召忽之死，一以减管仲之罪，一以定唐太宗及王、魏二臣杀兄事雠之案。而求其所据，皆因误读汉薄昭上淮南王长一书，中有"齐桓杀弟以返国"语，遂引之作据，而不知薄昭此语，因有忌讳，以汉文是兄，淮南王长是弟，不敢斥言杀兄，故改兄作弟，此见之《汉书》与《淮南本传》韦昭之注，明明白白，而故误袭之以颠倒古人之兄弟，何其诬也，况欲以此诬后世也。③

由此可见，关于公子小白与公子纠之关系的理解，伊川及朱子确实

---

① （汉）班固：《汉书》，中华书局1962年版，第2139页。
② （明）陈耀文：《经典稽疑》，《四库全书》第184册，第798页。
③ （清）毛奇龄：《论语稽求篇》卷6，《四库全书》第210册，第190—192页。

存在问题,虽然我们知道伊川之所以别出新解乃有其更深的用意,即伊川所说:"若使桓('桓'原作'威',下同)弟而纠兄,管仲所辅者正,桓夺其国而杀之,则管仲之与桓,不可同世之雠也。若计其后功而与其事桓,圣人之言,无乃害义之甚,启万世反复不忠之乱乎?"①但事实就是事实,不能为了论证自己的观点,就"离经叛道",且这也与伊川一贯坚持的"以传考经之事迹,以经别传之真伪"②的治经方法并不相符。

由此可见,陈耀文通过广泛搜求相关文献,并对文献进行排比后,确实能够直观地将宋儒(特别是程朱)在解经时存在的问题揭露出来,并据材料进行纠驳;而这种建立在大量坚实的材料基础上的辨析,不仅是对当时空疏学风的一种有力回击,更体现出陈耀文已具有良好的考据学意识。要知道,在以朱子解说为科举取士的明代,能对朱子解说中的谬误处说不,且能广引古注旧说以证成之,确实难能可贵。

1. 关于《周易》考据

明代学者对于《周易》的研究,有两点值得特别注意:一是对宋代出现的《易图》的考辨,如杨慎《升庵经说》卷一"希夷易图""易图考证"两条③,就是其中的代表性成果。但此类考辨仅限于单篇文章,未能形成考据专书。二是对汉人《易》学的研究。④如熊过的《周易象旨决录》,"虽未能全复汉学,而义必考古,实胜支离恍惚之谈。其据旧说以证今文者,凡证字一百有一,证音三十有八,证句二十有六,证脱字七十有九,证衍文三十,证当移置者三十有二,证旧以不误为误者三"。⑤其实,自王弼《周易注》"突破了汉儒阴阳五行宇宙观下'占验灾异'与'推象通辞'的'象数'"⑥说之后,历代

---

① (宋)朱熹撰,朱杰人等主编:《朱子全书》第6册,上海古籍出版社、安徽教育出版社2002年版,第192页。
② (宋)朱熹:《朱子语类》卷83,《朱子全书》第17册,上海古籍出版社、安徽教育出版社2002年版,第2836页。
③ 王文才、万光治主编:《杨升庵丛书》(一),天地出版社2002年版,第54—55页。
④ 林忠军、张沛、张韶宇等:《明代易学史》,齐鲁书社2016年版,第11页。
⑤ 《钦定四库全书总目》(整理本),中华书局1997年版,第46页。
⑥ 刘雅萌:《以象数扫落象数——王弼〈周易注〉对汉易象数的变革》,《中州学刊》2017年第8期。

研究者对汉易象数之说均多所忽视，明代学者尤甚。陈士元对此现象即颇为不满，他在《易象钩解》中强调应该重视汉儒对《周易》所作的解说。如他在《履卦》注中说：

  夫京房之学，授受有自，而《易传》存其概耳。今之学士大夫摈弃不取，曰京氏专卜筮也。呜呼！使四圣不因卜筮而作《易》，惟欲立言垂训，则画卦揲蓍也何为哉？朱子曰：《易》之取象，必有所自来，而其为说必已具于太卜之官。顾今不可复考，则姑阙之。亦不可谓象为假设而遂忘之也。然则京氏之学，安知非太卜之所藏者耶？①

正是在此理念的指引下，陈氏特别重视对《易经》异文的蒐集、考订，而《易经》异文乃是"易学研究中最根本性的，也是最需要厘清的难题，是其他相关研讨的基础"。② 稍后于陈士元的何楷，在其所著《古周易订诂》中，除对《周易》在流传过程中产生的异文进行考辨外，更"充分吸收前人的研究成果，在研讨《周易》经传文字异同方面，保存了极为重要的史料，也取得了重要的考辨成果，对于考订各本文字之间的不同具有极为重要的版本学意义"。③ 现就其保存异文之具体情况举例如下：

  《乾》九五：飞（《史记》作"蜚"）④龙在天，利见大人。
  《屯》初九：磐（古本或作"盘"，又作"槃"）桓，利居

---

① （明）陈士元：《易象钩解》，《丛书初编》，第15页。四库馆臣虽然反对陈氏所说"京氏《易》当太卜所藏"，同时强调"京氏之法绝不主象"，陈氏"引以为明象之证，亦失其真"，但却认为陈氏"谓《易》以卜筮为用，卜筮以象为宗，则深有合于作《易》之本旨。故所论虽或穿凿，而犁然有当者为多，要胜于虚谈名理、荒蔑古义者矣"。（《易象钩解》卷首）四库馆臣之所以对陈氏的观点持相对肯定的态度，无疑是因为陈氏对于汉儒《易》学的重视正与乾嘉考据学者的学术理念基本一致。
② 刘体胜：《晚明陈士元易学思想探绎》，《华南师范大学学报》（社会科学版）2010年第4期。
③ 肖满省：《〈古周易订诂〉研究》，《周易研究》2013年第3期。
④ 括号内为陈士元原注，下同。

贞，利建侯。

《屯》六二：屯如邅如，乘马班如（郑元本作"般如"，《说文》作"驙如"）。匪寇婚媾（郑元本作"冓"。冓犹会也），女子贞不字，十年乃字。

《需》九二：需于沙（郑康成本作"沚"，孟喜本"沙"下有衍字）。

《需》九三：需于泥，致寇（郑玄、王肃本作"戎"）至。

《讼》：有孚窒（马融、郑玄本俱作"咥"。马云："读为踬，犹止也"；郑云："觉悔貌。"）惕。

《师》九二：在师中，吉，无咎。王三锡（郑元本作"赐"）命。

《师》六五：田有禽（徐本作"擒"），利执言（郭京《举正》云："王弼本作之。行书向下引脚，稍类行书'言'字，转写相仍，遂成谬误。"）。

《履》上九：视履考祥（古本一作"详"）。

《泰》上六：城复于隍（子夏本作"堭"，姚信本作"湟"）。

《贲》：亨，小（郭京《举正》作"不"，云："'不'字草书势如'小'字。"）利有攸往。

《剥》上九：硕果不食，君子得（京、董本俱作"德"）舆（董作"车"）。

《复》上六：迷复，凶，有灾（郑元本作"栽"，陆德明本作"灾"。按《说文》："栽"正字也，"灾"或字也，"災"籀文也）眚。

《大畜》九三：良马逐（郑元、姚信本俱作"逐逐"），利艰贞。

《咸》初六：咸其拇（《子夏传》作"踇"。荀爽本作"母"，云："阴位之尊。"）

《咸》六二：咸其腓（荀爽本作"肥"，云："谓五也，尊盛故称肥。"）。

《序卦传》：有天地，然后万物生焉。盈天地之间者惟万物，故受之以《屯》。《屯》者，盈也；《屯》者，物之始生也。物（郭京本作"始"）生必蒙，故受之以《蒙》。《蒙》者，蒙（郭京本"蒙"下有"昧"字）也；物之稺（古本或作"稚"）也。……

《比》者（郭京本"者"下有"亲"字），比也。比必有所畜（古本一作"畜"，下同），故受之以《小畜》。物畜然后有礼，故受之以《履》（吴幼清云："旧本无'履者，礼也'四字，韩注有之。"今按：王弼《略例》引此四字，盖是后人误以正文书作注字）。履而泰（《本义》引晁氏云："郑无'而泰'二字。"）然后安，故受之以《泰》。……《临》者，大也。物大然后可观（《说文》引"地可观者莫可观于木"，今《易》所无），故受之以《观》。可观而后有所合，故受之以《噬嗑》。嗑（李鼎祚本"嗑"上有"噬"字）者，合也。物不可苟合而已，故受之以《贲》。《贲》者，饰也。致饰然（李鼎祚本作"而"）后亨则尽矣，故受之以《剥》。……《颐》者，养也。不养则不可（李鼎祚本有"以"字）动，故受之以《大过》。……《震》者，动也。物不可以终动（李鼎祚本"动"下有"动必"二字），止之，故受之以《艮》。

就《古周易订诂》全书而言，类似的例子还有很多，但即便只看上述例证，也足以让我们了解到何氏在考辨《周易》经传异文时，既博采诸家又校订精审的事实。当然，何氏《古周易订诂》除特别重视《周易》经传异文的考辨外，还广引汉儒说法，以考据之法治经[1]，这对促进中晚明经学考据具有非常积极的价值，因此，该书无疑是明代经学考据的重要成果之一。四库馆臣评之曰：

> 楷之学虽博而不精，然取材宏富，汉、晋以来之旧说，杂采并陈，不株守一家之言。又词必有据，亦不为悬空臆断，穿凿附会之说，每可以见先儒之余绪。明人解经空疏者，多弃短取长，不得已而思其次，楷书犹足备采择者，正不可以驳杂废矣。[2]

---

[1] 杨自平：《何楷〈古周易订诂〉的订诂成果析论》，《鹅湖学志》第47期，2011年。
[2] 《钦定四库全书总目》（整理本），中华书局1997年版，第52页。

何氏广采众说，词必有据，最主要体现在其以小注的形式对《周易》经传所做的注释中。如该书卷三《贲》卦"利有攸往"后注曰：

> 许慎云："贲，饰也，从贝，卉声。"贝，水虫，背有文如锦，故为文饰之义。京房云："五色不成谓之贲，文彩杂也。"傅氏云："贲，古斑字，文章貌。"王肃、郑元皆云："贲，黄白色也。"孔仲达云："艮为山，离为火，以火照山之石，故黄白色也。"杨子云《太玄经》礥首次二曰："黄不纯，屈于根。"注："《易·贲》卦，山下有火，黄白色也，故曰黄不纯也。"《家语》："孔子筮得贲，愀然有不平之色。子张进曰：'师闻卜者得贲卦者吉也，而夫子有不平之色，何也？'孔子曰：'以其离耶。在《周易》，山下有火，贲，非正色之谓也。夫质也，黑白宜正焉，今得贲，非吾兆也。吾闻丹漆不文，白玉不雕，何谓也？质有余者不受饰也！'"《吕览》："孔子卜得《贲》，孔子曰：'不吉。'子贡曰：'夫贲，亦好矣，何谓不吉乎？'孔子曰：'夫白而白，黑而黑，夫贲亦何好乎？'"繇此观之，则以黄白不纯色为贲，其解确矣。①

何氏为了考证"黄白不纯色为贲"之说的正确性，广泛征引许慎、京房、王肃、郑玄、扬雄等人的观点，经过精密考证，最终得出自己认为满意的结论，由此足见其鲜明的考据特色和深厚的考据功底。

2. 关于《尚书》考据

明代《尚书》类文献极为丰富，据学者的初步统计，共有822种。对这些《尚书》类文献初步分析的结果是，《尚书》在科举中的分量很重，《尚书》学重大义、轻考证的特点十分明显。② 当然，明代《尚书》学著作虽然多重大义、轻考证，但也并非完全不注重考证。

---

① （明）何楷：《古周易订诂》，清乾隆十六年（1751）海澄郭文焰闻桂斋刻本。
② 李霞：《明代〈尚书〉学文献研究》，硕士学位论文，山东大学，2013年，第180—181页。

袁仁（1479—1546）[①]的《尚书砭蔡编》一卷，博采众说又参以己意，专纠蔡沈《书集传》之误。其所驳正，如"曰若稽古帝尧"条考证称："《蔡传》：'曰、粤、越通，古文作粤。'此即安国隶古文。又称'曰若'为发语辞，引《周书》'越若来'为例。及训《召诰》，则曰：'越若来者，迤逦而来也。'岂不自悖其例乎？疏谬甚矣。"[②]又如"期三百有六旬有六日"条考证称："蔡注'天体至圆'一段，皆据宋时历法言之，尧时不然，今时亦不然。'十有九岁七闰，气朔分齐，是为一章'，惟《观天》《纪元》等历为然。今十九岁已有余分，不能齐矣。"[③]又如"方命圮族"条考证称："'方'字，古'放'字，盖二字通用者。《蜀志》《晋书》引《古文尚书》并作'放命圮族'。郑康成谓'放弃君命'是矣。今云'圆则行，方则止'，恐太穿凿。"[④]又如"舜典"条考证称："东晋梅赜一段，全用孔氏疏。检《晋书》无之，惟《隋·经籍志》载此事。又查姚乃姚兴，其'方'字连下读。'大航'原作'大桁'，其谬误如此。"[⑤]又"金作赎刑"条考证称："《孔氏传》云：'黄金，铜也。'《吕刑》'其罚千锾'，注曰：'黄铁亦是铜，古之赎罪者皆用铜，汉始用黄金。但少其斤两，令与铜相敌。'按'金'通'五金'，古者'黄金谓之荡，白金谓之银'，故以'铜'为'黄金'，今宜直注曰'铜'。"[⑥]又如"用爽厥师"条考证称："《墨子》引《书》云：'夏人矫天命，布命于下，帝伐之恶，龚丧厥师。'据此，则'爽'当作'丧'言。上天不善夏桀之所为，用汤受命，而使夏丧失其众也。《诗》云：'女也不爽。'则'爽'字亦训为'失'。即不改字而以'失'训之，更觉妥帖。若训为'明'，未安。"[⑦]

[①] 袁仁对于杨慎的"博极群书"充满敬意，曾将自己的好友郁九章比作杨慎，因此，说袁氏曾受杨慎之理学的影响并非完全没有道理。详见冯贤亮《布衣袁仁：晚明地方知识人的生活世界》，《学术月刊》2018年第8期。
[②] （明）袁仁：《尚书砭蔡编》，《四库全书》第64册，第680页。
[③] （明）袁仁：《尚书砭蔡编》，《四库全书》第64册，第680—681页。
[④] （明）袁仁：《尚书砭蔡编》，《四库全书》第64册，第681页。
[⑤] （明）袁仁：《尚书砭蔡编》，《四库全书》第64册，第681页。
[⑥] （明）袁仁：《尚书砭蔡编》，《四库全书》第64册，第684页。
[⑦] （明）袁仁：《尚书砭蔡编》，《四库全书》第64册，第692页。

其考证大都"确有所据"①,颇见功底。

同为考证蔡沈《书集传》讹误者,又有陈泰交(字同倩,生卒年不详)的《尚书注考》一卷,"考订蔡沈《书传》之讹"②,亦颇有收获。马明衡(1491—1557)的《尚书疑义》六卷,对蔡沈《书集传》亦多所补正,虽然其中尚存在不少问题③,但正如四库馆臣所说,相对于"明人经解,冗滥居多",马氏此编"尚能研究于古义,固不以瑕掩瑜"。④

梅鷟(约1490—?)的《尚书谱》五卷、《尚书考异》五卷两书,在考证《古文尚书》的真伪方面,取得了巨大的突破,是明代经学考据的代表性成果。⑤ 四库馆臣即对《尚书考异》有较高评价:"是书辨正《古文尚书》……谓孔安国序并增多之二十五篇,悉杂取传记中语以成文,则指摘皆有根据。"⑥ 但陈第在《尚书疏衍》卷一《古文辨》中给出不同看法:

> 近世旌川梅鷟,拾吴、朱三子之绪余,而诪张立论,直断谓《古文》晋皇甫谧伪作也,集合诸传记所引而补缀为之,似矣。不知文本于意,意达而文成。若彼此瞻顾,勉强牵合,则词必有所不畅。今读二十五篇,抑何其婉妥而条达也。又如《禹谟》

---

① 《钦定四库全书总目》(整理本),中华书局1997年版,第155—156页。
② 《钦定四库全书总目》(整理本),中华书局1997年版,第156页。
③ 最重要的问题在于,马氏作为闽中王学代表,主要站在心学家的立场上来批评蔡沈《书集传》,多少"充斥着心学家以心注经的意味"。见陈彤《明代〈尚书〉训诂述论》,硕士学位论文,扬州大学,2020年,第27页。
④ 《钦定四库全书总目》(整理本),中华书局1997年版,第155页。
⑤ 据林庆彰先生考证,《尚书谱》成书时间要早于《尚书考异》,而《尚书考异》的举证往往比《尚书谱》更详细。见林庆彰《梅鷟〈尚书谱〉研究》,《明代经学研究论集》(增订本),华东师范大学出版社2015年版,第219—225页。但据刘俐君先生的最新考察结果,与林先生所论恰恰相反:"《尚书考异》仅是梅鷟辨伪的初步成果,《尚书谱》才是体现其完整理论的成熟之作。明末清初陈第、黄宗羲等人均看重《尚书谱》胜于《尚书考异》,自《四库全书总目》以来,推崇《尚书考异》而贬低《尚书谱》的价值判断,实与梅鷟的创作原意有违。"见刘俐君《论梅鷟〈尚书考异〉〈尚书谱〉两书性质与成书先后》,《汉学研究》2017年第35卷第1期。
⑥ 《钦定四库全书总目》(整理本),中华书局1997年版,第154页。

"克艰"二语,谓本《论语》之"为君难,为臣不易"也。"不矜""不伐",谓本《老子》之"夫惟不争,故天下莫能与争"也。"满招损,谦受益",谓本《易》之"谦尊而光,卑而不可踰"也。不知宇宙殊时而一理,圣贤异世而同心,安得以其词之相近也,而遽谓其相袭乎?又如"人心""道心"则谓本之《道经》,尝考《荀子》曰:"舜之治天下,不以事诏而万物成。故道经曰:'人心之危,道心之微。'"注者曰:"此《虞书》语,而云'道经',盖有道之经也。"即《虞书》也。今鹫指为《道经》,岂别有所据乎?①

通观陈氏的反驳,无疑切中了梅鹫考辨《古文尚书》的不足。②因此,我们在看待梅鹫考辨《古文尚书》真伪问题时,需要更客观的态度。这正如姜广辉先生所说:"平心而论,以专著形式一一举证,抉发《古文尚书》之伪,梅鹫《尚书考异》确实开风气之先。但梅鹫绝大多数的举证材料只是指出了蹈袭雷同的形迹,并没有充分十足的材料确证《古文尚书》一定是缀缉逸《书》而成的。因而其说尚不能折服于人,为学者所信从。"③

王樵(1521—1599)的《尚书日记》十六卷,是书虽然"大旨仍以蔡《传》为宗,制度名物蔡《传》所未详者,则采旧说补之",但该书"引据详明,考证精核"④,也是明代《尚书》考据的重要著作。⑤如《尚书日记》卷八《微子》中考证称:

---

① (明)陈第:《尚书疏衍》,《四库全书》第64册,第733页。
② 陈第《尚书疏衍》在考证《尚书》方面确有成绩,如"论《舜典》五瑞、五玉、五器,谓不得以《周礼》释《虞书》,斥注疏家牵合之非,其理确不可移。论《武成》无错简,《洪范》非鬼文,亦足破诸儒穿凿附会之说"。但该书最大的问题在于,"笃信梅赜古文,以朱子疑之为非,于梅鹫《尚书考异》《尚书谱》二编排诋尤力,则未能深考源流"。见《钦定四库全书总目》(整理本),中华书局1997年版,第156页。
③ 姜广辉:《梅鹫〈尚书考异〉考辨方法的检讨——兼谈考辨〈古文尚书〉的逻辑基点》,《历史研究》2007年第5期。
④ 《钦定四库全书总目》(整理本),中华书局1997年版,第155页。
⑤ 王笃堃:《〈尚书日记〉版本流变考》,《常州大学学报》(社会科学版)2019年第2期。

按《左传》：楚克许，许男面缚衔璧，[大夫] 衰绖，[士] 舆榇，以见楚子。楚子问诸逢伯。逢伯曰："昔武王克商，微子启如是。武王亲释其缚，受其璧，祓之。焚其榇，礼而命之。"然则微子适周，乃在克商之后。而此所谓去者，特去其位而逃遯于外尔。论微子之去者，当详于是。按：蔡氏之论当矣。然左氏面缚衔璧之说，亦传之讹也。不知周师未至，微子先已出迪，胡得有面缚衔璧之事乎？面缚衔璧，武庚事也，非微子也。微子适周，不知的在何时。以经考之，武王克商，即反商政，释箕子之囚，封比干之墓，式商容之闾，岂于微子而独遗之邪？若初克商时即得微子，武王必有以处之，必见于经矣。以经之不载，知微子之遯而未获也。以微子未获，故初封武庚以奉汤祀，及武庚以叛诛，而后微子受封于宋，其命辞曰："修其礼物，作宾于王家。"周人之礼微子如此，宁有抱祭器自归之理乎？《史记》言克商时，微子持其祭器造于军门者，亦谬也。①

郝敬（1558—1639）的《尚书辨解》十卷，是梅鷟之后考辨《古文尚书》的重要成果。清阎若璩即特别表彰称：

> 今文、古文之别，首献疑于吴才老，其说精矣。……近代郝氏敬始大畅厥旨，底蕴毕露，《读书》三十条，朱子复起，亦不得不叹如积薪。②

阎氏所称道的郝敬《读书》三十条中，即有多条内容考证《古文尚书》的真伪。如他考辨伪《古文尚书》与经传所引《尚书》之异同者即是其一：

> 诸传独《孟子》近古，七篇中所引《书》如《太甲》《伊训》

---

① （明）王樵：《尚书日记》，《四库全书》第64册，第457—458页。
② （清）阎若璩：《尚书古文疏证》，上海古籍出版社1987年版，第1143—1144页。

《汤誓》等语，质直而少逸响，正与二十八篇文字一律。足征伏书是真，孔书是假。又如《大学》所引《康诰》作新民、若保赤子、唯命不于常等语，篇内自然吻合，孔书取引语填补，痕迹宛然。①

此外，史维堡（字纯台，万历四十四年进士）的《尚书晚订》十二卷，乃史氏积二十多年之功治《尚书》的成果，其书"凡汉、唐、宋诸儒之注疏，及昭代名公之讲解，靡不博采而泛收之"②，且注重事实典故的考证与文字训诂的探讨，是史氏潜心研治《尚书》的结晶，也是中晚明经学考据的重要成果。

3. 关于《诗经》考据

长久以来，对明代《诗经》学多以"空疏""无甚精义"加以概括，殊不知有明一代关于《诗经》研究的专著多达六百余种。③ 在这些著作中，关于《诗经》考据学的著作不仅数量可观，如季本《诗说解颐》、丰坊《鲁诗世学》、陈第《毛诗古音考》、冯复京《六家诗名物疏》、沈万钶《诗经类考》、邹忠胤《诗传阐》、何楷《诗经世本古义》、毛晋《毛诗陆疏广要》等，而且所取得的成绩也颇值得肯定④，既丰富了明代经学考据的内容，也为清代学者的进一步研究打下了坚实基础。

当然，对于季本《诗说解颐》及丰坊《鲁诗世学》在明代《诗经》考据方面的贡献，学者们多沿袭清钱谦益"经学之缪"的说法⑤，

---

① （明）郝敬：《尚书辨解》，《续修四库》经部第43册，第118页。
② 史维堡：《尚书晚订自叙》，《尚书晚订》，《四库存目》经部第53册，第184页。
③ 刘毓庆：《从经学到文学——论明代"〈诗经〉学"的历史贡献》，《文学遗产》2002年第5期；亦见氏著《从经学到文学——明代〈诗经〉学史论》，商务印书馆2001年版，第1—4页。
④ 据于浩先生的研究，明代《诗经》学有五大特点："第一，尊序，尤其是尊序之首句，已经成为学者们的共识，不论学术取向如何，大都认同诗序的价值不容偏废；第二，重视汉代《诗》说传统，包括毛传、郑笺、齐鲁韩三家《诗》佚说等等；第三，重视陆德明《经典释文》和孔颖达《毛诗正义》之价值；第四，注重对《诗》中名物制度的考证；第五，已开启文字声音方面的考证。"见于浩《明末清初诗经学研究》，博士学位论文，武汉大学，2016年，第66页。
⑤ 钱氏说："盖经学之缪有三：一曰解经之缪，以臆见考《诗》《书》，以杜撰窜三《传》，凿空瞽说，则会稽季氏本为之魁。二曰乱经之缪，石经托之贾逵，《诗传》拟之子贡，矫诬乱真，则四明丰坊为之魁。三曰侮经之缪，诃《虞书》为俳偶，摘《雅》《颂》为重复，非圣无法，则余姚孙氏鑛为之魁。"见（清）钱谦益著，钱曾笺注，钱仲联标校《牧斋有学集》卷17《赖古堂文选序》，上海古籍出版社1996年版，第768页。

第三章 杨慎与中晚明经学考据群体

而未能给予应有的重视。但据刘毓庆先生①、李忠伟先生②等的最新研究，实际上季氏及丰氏关于《诗经》的考据，有其独特的价值。如季氏关于《小雅·采薇》篇为何时之诗的考证，就体现出强烈的考辨意识。他说：

> 此宣王时伐玁狁以归，而劳归士之诗也。盖《出车》《六月》，皆宣王时伐玁狁事，虽不必其同为一役，然不可不以此为宣王诗也。《序》以为文王时诗，则玁狁者即獯鬻也。自太王避獯鬻迁岐，至于文王，皆以安民立国，不以养民者害人，绝无伐玁狁之事。世儒以其诗列于《小雅》之前，而遂附会其说。朱子《辩说》既以为未必文王之诗矣，但谓之遣戍役，则篇内皆既归之辞也，乌得云遣而戍役？③

又如，季氏对《小雅·祈父》篇的考证，也与前人之说颇有不同：

> 祈当作圻，毛氏以为职掌封圻之兵者得之，但即以为司马，则恐未然。春秋时，宋有司马、司城二官，则圻父当为司城之类欤？盖京师之兵有二，有守宫城之内者，宿卫之兵也，谓之禁军；有守京城之内者，巡徼之兵也，谓之京军。以汉制考之，宫城之兵，卫尉所掌；京城之兵，中尉所掌，各有专官。在周则官正掌宫城，而圻父者其必专掌京城之兵，而司马则又总理军政者乎？古者禁兵不出，以重宫卫故也。京城之兵则可调用，正圻父之所掌者。而王之爪牙则禁兵也，圻父则调发远征，使之久役，故役者怨而作此诗也。④

---

① 刘毓庆：《季本、丰坊与明代〈诗〉学》，《中国文学研究》2003年第3期；亦见氏著《从经学到文学——明代〈诗经〉学史论》，商务印书馆2001年版，第187—201页。
② 李忠伟：《试论明中期学者丰坊〈诗经〉学考据特征》，《宁波大学学报》（人文科学版）2019年第5期。
③ （明）季本：《诗说解颐》卷15，《四库全书》第79册，第173页。
④ （明）季本：《诗说解颐》卷15，《四库全书》第79册，第198页。

此类考证在季氏《诗说解颐》中还有不少，正可说明季氏在《诗经》考据方面的尝试，而这种尝试的结果就是，该书也得到了同时代人徐渭（1521—1593）等的高度肯定。① 与季氏相同，虽然丰坊通常被认为是造伪的高手②，但他的《鲁诗世学》在《诗经》考据方面的成绩依然值得我们肯定。据李忠伟先生的统计："丰坊在《鲁诗世学》中或引文献以立论，或据经典以驳论，共使用考据方法75次，涉及71篇诗，占305篇的23.3％。"③ 如丰氏考证《周南·芣苢》，据《本草》之说，认为《毛传》之说不可靠：

> 毛氏云："芣苢，车前，宜怀妊。"考《本草》则曰："车前子味甘，寒，无毒，主气癃止痛，利水道小便，除湿痹。久服轻身耐老。"乃神农本经之语，初无宜怀妊之说。至《唐本草余》等，始云"强阴益精，令人有子"，盖因毛说而附会之也。滑伯仁：车前性寒，利水，男子多服，则精寒而易痿；妇人多服，则破血而堕胎。岂宜子乎？毛苌陋儒，必欲以"二南"为妇人之诗，故妄为凿说如此。且强阴益精，宕子所欲，而妇人采之，则淫妇耳，岂文王之世所宜有哉！又《本草》，勺药和血，宜子。丹溪云：勺药乃安胎之圣药。而苌于《溱洧》释云：勺药堕胎，故淫者采之以相赠。刘原父曰：注《本草》误其祸小，注《六经》误其祸大。苌之遗祸实兼之矣。④

又如，考证《唐风·椒聊》篇为忧君之诗，利用《左传》和《史

---

① 徐渭在《诗说序》中说："会稽季先生所著《诗说解颐》……其志正，其见远，其意悉，本于经而不泥于旧闻。是以其为说也卓而专，其成书也勇而敢，虽古诗人与吾相去数千载之上，诸家所注无虑数十计，未可以ishna知彼之尽非而吾之尽是，至论取吾心之通以适于用，深有得于孔氏之遗者，先生一人而已。"见（清）黄宗羲编《明文海》卷215，中华书局1987年版，第2163页。
② 王赫：《丰坊经学作伪研究》，硕士学位论文，南京大学，2019年，第8页。
③ 李忠伟：《试论明中期学者丰坊〈诗经〉学考据特征》，《宁波大学学报》（人文科学版）2019年第5期。
④ （明）丰坊：《鲁诗世学》卷1，《四库存目》经部第60册，第703页。

记》的记载：

> 此诗言桓叔之强而不及昭公，其意则忧昭公之弱，言在此而意在彼也。按《左氏》《史记》：穆侯太子仇，其弟曰成师。穆侯薨，仇立，是为文侯。薨，封成师于曲沃。师服谏曰："吾闻国家之立也，本大而末小，是以能固。故天子建国，诸侯立家。今晋，甸侯也，建国，本既弱矣，其能久乎？"[1]

陈第的《毛诗古音考》作为以考据方法治《诗经》古音韵的代表性著作，得到后世研究者的深入研究及高度评价。[2] 陈第曾在《毛诗古音考自序》中强调其所用的考据方法为：

> （陈第）又惧子姪之学《诗》而不知古音也，于是稍为考据，列本证、旁证二条：本证者，《诗》自相证也；旁证者，采之他书也。二者俱无，则宛转以审其音，参错以谐其韵，无非欲便于歌咏，可长言嗟叹而已矣。盖为今之诗，古韵可不用也；读古之诗，古韵可不察乎？[3]

所谓"本证"，即利用《毛诗》韵自证《毛诗》音；所谓"旁证"，即利用他书之韵旁证《毛诗》之音。考陈氏所举本证、旁证之例，资料翔实，所得结论往往值得信赖。[4] 如：

> 服，音逼。徐蒇曰："服，见于《诗》者凡十有六，皆当为

---

[1] （明）丰坊：《鲁诗世学》卷9，《四库存目》经部第60册，第783页。
[2] 康瑞琮：《陈第及其〈毛诗古音考〉》，《天津师大学报》（社会科学版）1985年第3期；林庆彰：《明代考据学研究》，台湾学生书局1986年版，第402—414页；刘毓庆：《从经学到文学——明代〈诗经〉学史论》，商务印书馆2001年版，第161—172页。
[3] （明）陈第著，康瑞琮点校：《毛诗古音考 屈宋古音义》，中华书局2008年版，第11页。
[4] 当然，《毛诗古音考》所举本证、旁证之例，也有不尽准确者。参见陈鸿儒《陈第古音思想及考音方法再检讨——述评〈毛诗古音考〉所考字音的本证旁证》，《东南学术》2009年第3期。

蒲北切，而无与房六叶者。"愚按：不特《诗》，凡《易》、古辞皆此音。

本证：《关雎》"求之不得，寤寐思服。悠哉悠哉，辗转反侧"。《有狐》"有狐绥绥，在彼淇侧。心之忧矣，之子无服"。《葛屦》"要之襋之，好人服之"。《蜉蝣》"蜉蝣之翼，采采衣服。心之忧矣，于我归息"。《侯人》"维鹈在梁，不濡其翼。彼其之子，不称其服"。《采薇》"四牡翼翼，象弭鱼服。岂不日戒？狎狁孔棘"。《六月》"六月栖栖，戎车既饬。四牡骙骙，载是常服"。又"比物四骊，闲之维则。维此六月，既成我服"。又"有严有翼，共武之服。共武之服，以定王国"。《采芑》"方叔率止，乘其四骐。四骐翼翼，路车有奭。簟笰鱼服，钩膺鞗革"。《文王》"商之孙子，其丽不亿。上帝既命，侯于周服"。《下武》"媚兹一人，应侯顺德。永言孝思，昭哉嗣服"。《文王有声》"自南自北（音必），无思不服"。《荡》"曾是强御，曾是掊克，曾是在位，曾是在服"。

旁证：《易·谦·二三》"鸣谦贞吉，中心得也。劳谦君子，万民服也"。《豫彖》"天地以顺动，故日月不过，而四时不忒。圣人以顺动，则刑罚清而民服"。成王《冠颂》"令月吉日，王始加元服。弃尔幼志，顺尔成德"。范蠡《寿辞》"四海咸承，诸侯宾服。觞酒既升，永受万福"。《离骚》"謇吾法夫前修兮，非世俗之所服。虽不周于今之人兮，愿依彭咸之遗则"。又"步余马于兰皋兮，驰椒丘且焉止息。进不入以离尤兮，退将复修吾初服"。秦《泰山刻石》三句一韵"皇帝临位，作制明法，臣下修饬，廿有六年。初并天下，罔不宾服"。汉《天马歌》"天马来兮从西极，经万里兮归有德，承灵威兮降外国（音役），涉流沙兮四夷服"。魏繁钦《定情诗》"日夕兮不来，踯躅长叹息。远望凉风至，俯仰正衣服"。[1]

---

[1] （明）陈第著，康瑞琮点校：《毛诗古音考 屈宋古音义》，中华书局2008年版，第15—16页。

陈氏本证据《诗经》所举凡十四条，与"服"字押韵的有侧、襋、息、翼、棘、饬、则、国、革、亿、德、北（音必）、克等字；旁证据《周易》、古辞等所举凡九条，与"服"字押韵的有得、忒、德、福、则、息、饬、国（音役）等字。如果"服"字按今音来读，则无一叶韵，但若读作"逼"音，则均叶韵。

冯复京的《六家诗名物疏》作为《诗经》名物疏的集大成之作，在《诗经》学史上具有重要地位和显著的学术价值。[①] 其广征博引、精于考证的特点，无疑是深受杨慎以来经学考据思潮影响的结果。[②] 考《六家诗名物疏》书前所载《引用书目》，涵括经史子集四部，共计587种，其中经部238种，史部115种，子部183种，集部51种，数量极为可观。更重要的是，冯氏在每一条考证内容之后，除征引大量资料来加以说明外，多数都会附上详细的考证。如四库馆臣就曾指出：

> （《召南·采蘩》）"被之僮僮"，郑笺以"被"为发髢，《集传》以为编发，应京则据《周礼·追师》，谓编则列发为之，被则次第发长短为之，所谓发髢，定《集传》之误混为"编"。又如《郑风·缁衣》，《集传》以为缁衣羔裘，大夫燕居之服，应京则据贾公彦《周礼疏》，以为卿士朝于天子，服皮弁服，其适治事之馆，改服缁衣，《郑笺》所谓所私之朝，即谓治事之馆。[③]

除四库馆臣所举外，又如《周南·卷耳》中的"罍"，冯氏考辨道：

> 《尔雅》云：彝、卣、罍，器也。小罍谓之坎。注：罍形似

[①] 韩立群、周小艳：《〈六家诗名物疏〉：〈诗经〉名物疏集大成之作》，《河北学刊》2013年第6期。

[②] 刘毓庆：《从经学到文学——明代〈诗经〉学史论》，商务印书馆2001年版，第145—156页。

[③] 《钦定四库全书总目》（整理本），中华书局1997年版，第203页。

壶。大者受一斛。疏云：罍者，尊之大者也。《说文》曰：樽，酒器也。罍，龟目酒樽也。木刻为云，象其施不穷。《周礼·司尊彝》：献、象、著、壶、大、山，六尊皆有罍，诸臣之所酢也。《礼记》云：山罍，夏后氏之尊也。又云：庙堂之上，罍尊在阼，牺尊在西。《礼图》云：六彝为上，受三斗；六尊为中，受五斗；六罍为下，受一斛。《韩诗》说云：金罍，大夫器也。天子以玉饰，诸侯、大夫皆以黄金饰，士以梓。《毛诗》说云：人君以黄金饰尊，大一硕，金饰龟目，盖刻为云雷之象。《诗正义》云：《韩诗》说天子以玉，经无明文。谓之罍者，取象云雷博施，如人君下及诸臣。又《司尊彝》注：罍亦刻而画之，为山云之形。言刻画，则用木矣，故《礼图》依制度云刻木为之。《韩诗》说士以梓，士无饰，言其木体则以上同用梓而加饰耳。毛说言大一硕，《礼图》亦云大一斛，则大小之制，尊卑同也。

按：王仲任云：画工图雷，累累如连鼓。又图一人若力士，谓之雷公，左手引连鼓，右手推椎如击之状。予阅《五经图》，其图罍正如此。尝谓此异状莫觏，古人不应鄙俚乃尔。后见《博古图》，始知所谓雷者，盖镂为回文，以其似雷字而名也。靁，古雷字。《论衡》又引《礼》曰："刻尊为雷形，一出一入，一屈一伸，为相较轸。"云出入屈伸，正似今之回文，与《博古图》合。竖儒目不见古器，误人多矣。[①]

冯氏据《博古图》（即北宋王黼等编《宣和博古图》）所载古器物与《五经图》相印证，以考订"罍"字之义，其证据可谓坚实可靠。又如《周南·螽斯》中的"螽斯"，诸家说法不一，冯氏考辨道：

《尔雅》云：蜤螽，蜙蝑。陆《疏》云：幽州人谓之春箕。即春黍，蝗类也。长而青，长角，长股，股鸣者也。或谓似蝗而小，斑黑其股，似瑇瑁叉，五月中，以两股相切作声，闻数十步。

[①] （明）冯复京：《六家诗名物疏》卷2，《四库全书》第80册，第54—55页。

《公羊传》云：螽何以书？记灾也。蜮何以书？记异也。《方言》：春黍谓之䗛蟀。注云：江东呼为虴蜢。蔡邕《月令章句》云：其类乳于土中，深埋其卵，江东谓之虴蜢，善害田稺。郑樵曰：蟋蟀，一名蛬蜙，即一种大青虴蜢，股长而鸣甚响。《尔雅》又云：螽丑奋，强丑捋。疏云：螽蝗之类，好奋迅作声而飞。螽斯之类，好以脚自摩捋。《郑笺》云：凡物有阴阳情欲者，无不妒忌，惟蟋蟀否耳。各得受气而生子，故能诜诜然众多。孔氏云：此言螽斯，《七月》言斯螽，文虽颠倒，其实一也。

按：虴蜢，稻田中往往有之。察其形，颇似陆机所言，但《释虫》又有土螽蠰谿，说者以为此虫细小善跳，江南所谓虴蜢也。则斯螽别是一物矣。严氏以此螽为蝗，以《七月》之斯螽为虴蜢，不主《孔疏》之说，疑不能明也。《小序》但言螽斯不妒忌，其生子之数，亘古未闻。朱子云一生九十九子，苏氏云一生八十一子，陆佃云一母百子。三家之说，未详典据，而各自矛盾。安得及其生子之际一一数过，以订三说之是非哉？又按：《玉堂闲话》云：螽斯，蝗属。或曰鱼卵所化。每岁生育，或三或四。每一生，其卵盈百，自卵及翼，凡一月而飞。羽翼未成，跳跃而行。盖亦以为蝗，而不定其生子之数也。①

冯氏并未因诸家对"螽斯"的解释不一而强断是非，只是就自己能够亲自察验的虴蜢进行了说明，由此可见其考据态度是比较严谨的。再如《齐风·东方未明》中的"辰"，冯氏考辨道：

《传》云：时也。《说文》云：辰，震也。三月阳气动，雷电振，民农时也。物皆生，从乙匕，象芒达；厂，声也。辰，房星，天时也。从二，二，古文"上"字。徐锴曰："匕，音化；乙，艸木萌初出曲卷也。"徐铉等曰："三月阳气盛，艸木生上彻于土，故从上；厂，非声，疑亦象物之出。"

---

① （明）冯复京：《六家诗名物疏》卷2，《四库全书》第80册，第57—58页。

按:"不能辰夜"之"辰",今《朱传》误作"晨"。朱子释《诗》时,齐、鲁、韩三《诗》俱亡,虽有附见他籍者,皆不依用,而所从惟《毛传》耳,而字画多讹,或传写之谬也。他如"终然允臧"之"然"作"焉","羊牛下括"作"牛羊","求尔新特"之"尔"作"我","胡然厉矣"之"然"作"为","家伯维宰"之"维"作"冢",《小旻》《抑》二"如彼泉流"作"流泉","朔月辛卯"之"月"作"日","爰其适归"之"爰"作"奚","天降滔德"之"滔"作"慆","降予卿士"之"予"作"于",俱是颠倒错误。今人不读注疏,讹以传讹,俱不能辨。①

冯氏因朱熹《诗集传》中误将"辰"写作"晨",指出类似的错误在《诗集传》中还有不少,而时人因"不读注疏,讹以传讹",故对上述错误"俱不能辨"。这种情况在当时普遍存在,正可反衬冯氏进行《诗经》考据的必要性。

此外,同属于对《诗经》名物进行疏解的,还有沈万钶的《诗经类考》和毛晋的《毛诗陆疏广要》,这两种著作虽不能像冯复京的《六家诗名物疏》那样有影响力,但也以各自的方式成为中晚明《诗经》考据的重要成果。如《小雅·苕之华》,陆机疏曰:"苕,一名陵时,一名鼠尾,似王刍,生下湿水中,七八月中华紫,似今紫草。花可染皂,鹭以沐发即黑,叶青如蓝而多华。"毛晋《毛诗陆疏广要》辨之曰:

> 《尔雅》云:苕,陵苕。黄华,蒚;白华,茇。郭注云:一名陵时。邢疏曰:黄华名蒚,白华名茇,别花色之名也。郑笺云:陵苕之华,紫赤而繁。陆机亦言其花紫色。而此云黄白者,盖就紫色之中有黄紫、白紫耳。及其将落,则全变为黄,故《诗》云"芸其黄矣"。毛传云"将落则黄"是也。郑注云陵苕,今谓之凌霄花。《本草》谓之紫葳。蔓生,依缘树木,皆黄花,少见有白

---

① (明)冯复京:《六家诗名物疏》卷22,《四库全书》第80册,第251—252页。

华者。《博雅》云：茈葳，陵苕，瞿麦也。《本草》云紫葳，一名陵苕，一名芰华，生西海川谷及山阳。刘禹锡云：一名女葳。《图经》云：陵苕，陵霄花也，多生山中，人家园圃亦或种莳，初作藤蔓生，依大木，岁久延引至颠而有花，其花黄赤，夏中乃盛。陶隐居云：《诗》有《苕之华》。按《尔雅》：苕，苕陵。郭云一名陵时。又据陆机及孔颖达疏义，亦云苕，一名陵时。陵时，乃是鼠尾草之别名。《本草》紫葳，无陵时之名，而鼠尾草有之，乃知以陵时作陵霄耳。又陵霄非是草类，益可明其误矣。《衍义》曰：紫葳，今蔓延而生，谓之为草。又有木身，谓之为木。又须物而上。然干不逐冬毙，亦得木之多也，故分入木部为至当。唐白乐天诗：有木名凌霄，擢秀非孤标。益知非草也。《本经》又云：茎叶味苦。是与瞿麦别一种甚明。《唐本》注云：且紫葳、瞿麦皆《本经》所载，若用瞿麦根为紫葳，何得复用茎叶？此说尽矣。然其花赭黄色，本条虽不言其花，又却言茎叶味苦，则紫葳为花，故可知矣。《尔雅翼》：苕，今陵霄花是也。蔓生乔木，极木所至，开花其端。《诗》云：苕之华，芸其黄矣。《郑笺》以为陵苕之华，紫赤而繁。华衰则黄，盖非也。是物虽名紫葳而花不紫。又或以瞿麦根为紫葳，瞿麦花红，亦非此类。然则"芸其黄"者，正自花开之色耳。此华亦弥络石壁，盛夏视之如锦绣，不可仰望。露滴目中，有失明者。《名物疏》云：陵苕即陵霄也。故《本草》云芰华与《尔雅》合。陆机疏则以为鼠尾。《尔雅》云：蒘鼠尾。注云可以染皂。《本草经》云：鼠尾草有白华者、赤华者，一名蒘，一名陵翘。生平泽中。四月采叶，七月采华。陶隐居云：田野甚多，人采作滋染皂。《图经》云：苗如蒿，夏生，茎端作四五穗。穗若车前。与陆说生下湿，七月花，可染皂者相似，则陆误以陵苕为鼠尾矣，又或以紫葳为瞿麦根。瞿麦，即《尔雅》所谓大菊。蘧麦，亦非也。陵苕断即女葳，陆机疏全谬，不可从。①

---

① （明）毛晋：《毛诗陆疏广要》卷上之上，《四库全书》第70册，第63—64页。

毛氏针对陆机疏的内容，通过征引大量材料，反复论证，最后得出"陆机疏全谬，不可从"的结论。这种考据的呈现方式，无疑正是受杨慎以来所形成的经学考据之风的影响所致。

邹忠胤的《诗传阐》，虽然以丰坊伪造的《子贡诗传》为依据，但却给当时正处于混乱状态的《诗经》诠释提供了一种新的解读可能。① 邹氏在《诗传阐序》中批评历代诗说：

> 于是儒者学一先生之言，守残专己，入主出奴，各自伸其臆见，匪无弋获，浸假亦归销歇。惟毛序托重子夏，其说遂蔓衍至今，传笺疏注，递相耳食，虽互有合离，总之郢书燕说。而无邪得所之义，历百千余载，长蔽云雾。孰知孔氏真传，原自不殄于世，则晋虞喜所摹石本是也。其书多阙文，颂为尤甚。正以残缺，弥见其真。一展卷而部分粲如，并宗旨亦跃如。兼有可以旁证他经，而破千古聚讼之不决者，藉非亲经圣裁，即圣门高弟，未易捃摭，岂秦汉以下诸儒所能摩拟？②

邹氏不满于旧说，认为"传笺疏注，递相耳食"，而他所依托的《子贡诗传》，则不仅"可以旁证他经"，更可以"破千古聚讼之不决"。有趣的是，邹氏虽然深信《子贡诗传》的真实性，但同时又对《申培诗说》进行辨伪。③ 邹氏在《鲁申公诗说辨》中说：

> 欲售伪者必假真，故医善卢，巫步善禹。甚矣！《诗说》之似《诗传》也，托之鲁申培，然而非申培笔也。何以明之？汉承秦烬，诸儒筚路以启草昧，固未能畅厥十旨，要以各禀师承，各不相袭，虽守残专己，然亦多匠心创获，未有若《诗说》之规规

---

① 于浩：《邹忠胤〈诗传阐〉与明末清初诗经学》，《人文论丛》2018年第2期。
② （明）邹忠胤：《诗传阐》卷首，《四库存目》经部第65册，第471页。
③ 《子贡诗传》《申培诗说》均为丰坊伪造。详见马昕《重评〈子贡诗传〉〈申培诗说〉的造伪与辨伪——以明代中晚期的经学复古运动为背景》，《儒家典籍与思想研究》第4辑，北京大学出版社2012年版。

焉摹仿《诗传》，每篇仅倒其数字，而赘之曰"若者为赋""若者为兴""若者为比"，此汉儒所不屑亦不暇详也。考《汉志》，《鲁故》二十五卷，《说》二十八卷，今《诗说》既不若是侈。《鲁诗》之见于《汉书·杜钦传》者曰："佩玉晏鸣，《关雎》叹之"，及释"先君之思，以畜寡人"，谓为卫定姜作。即此二条，又与今《诗说》不类。则《诗说》非出自申公，不较著矣乎？《隋志》谓《鲁诗》亡于西晋，而小学有《一字石经鲁诗》六卷，今亦未见其卷之有六，所云亡于西晋，审矣。载观《诗说》中释《泮官》《有駜》《载驰》《溱洧》《维清》《长发》，则词同小序；释《河广》、《鸨羽》、《十亩之间》、邻之《羔求》、《匪风》，则词同朱子；释秦之《晨风》，则意同东莱。其他释雅、颂，与《朱传》雷同者不下十余篇。虽虑百致一，我心先获，亦何能乃符至是？此绝非朱之袭申，而为申说者袭朱也。①

邹氏对《申培诗说》的辨伪非常彻底，以至于四库馆臣对这种反差非常惊讶："(《诗传阐》)即丰坊伪《诗传》每章推衍其义，而于坊伪《诗说》则深斥其妄。一手所造之书，而目为一真一赝，此真不可理解之事矣。"② 事实上，邹氏之所以会认定《申培诗说》之伪，完全是基于他将《申培诗说》与《子贡诗传》进行仔细对比的结果，既然他坚信《子贡诗传》为真，那么当他发现"《诗说》之规规焉摹仿《诗传》，每篇仅倒其数字"的时候，就必然会认定《申培诗说》乃后人伪作。更为重要的是，邹氏虽然以《子贡诗传》为依托来撰写《诗传阐》，但却能够通过较为精密的考证，得出颇为中肯的结论。如《周南·汝坟》"惄如调饥"，邹氏考证道：

按："调饥"之"调"，《韩诗》作"朝"，《薛君章句》云："朝饥最难忍。"《易林》云："蝤如旦饥。"其义最晰。《毛诗》

---

① （明）邹忠胤：《诗传阐》卷24，《四库存目》经部第65册，第820页。
② 《钦定四库全书总目》(整理本)，中华书局1997年版，第222页。

误作"调",郑氏求其说而不得,乃音"调"为"稠",又改字作"輖",愈解而愈离其真矣。①

邹氏以调为朝字的假借,并援引《易林》之说为证,确有一定道理。又如《小雅·常棣》"鄂不韡韡",邹氏辨析道:

> 按:《笺》云:"承华者曰鄂。不,当作柎。柎,鄂足也。杨用修云:鄂,花苞也。今文作萼。不,花蒂也,今文作跗。华萼相覆而光明,犹兄弟相顺而荣显。唐诗有红萼青跗之句,正用此义。"焦弱侯亦引太白诗云:"昔我游齐都,登华不注峰。兹山何峻秀,彩翠如芙蓉。谓此山孤秀,如花跗之注于水也。"此说殆与《笺》合。欧阳永叔云:"不韡韡者,韡韡也。古诗之义如此者多。何烦改字为柎?盖言鄂则已见相承之义。"此解较优。用修乃訾宋人为不识字,谩矣。②

邹氏通过考证,指出欧阳修《诗本义》关于"鄂不韡韡"的解释较为通达,同时对杨慎的宋人不识字之说提出批评。又如关于太姒是否为周文王正妃的问题,邹氏考证称:

> 《诗》言"长子维行",先之以命文王于周京,则谓"初载"为即位初季者,似亦非凿。但《书·无逸》云:"文王受命惟中身。"若斯时甫娶,无乃太晚?愚又意太姒为文王继娶,"缵女维莘",傥是谓邪?礼"诸侯不再娶",或乃周制,非殷制邪?且元妃卒于未即位之先,故无嫌续娶邪?因思《关雎》寤寐淑女,何求之若是其迫?傥亦以文王季已中身、胤嗣未广故邪?③

---

① (明)邹忠胤:《诗传阐》卷1,《四库存目》经部第65册,第489页。
② (明)邹忠胤:《诗传阐》卷1,《四库存目》经部第65册,第663页。
③ (明)邹忠胤:《诗传阐》卷1,《四库存目》经部第65册,第740页。

邹氏通过考证认为，太姒并非如《史记》所载乃"文王正妃"①，而应该是文王续娶。邹氏此说一出，对后世影响极大。明末何楷（约1591—1646）在《诗经世本古义》中，明末清初钱澄之（1612—1693）在《田间诗学》中，清末魏源（1794—1857）在《诗古微》中，针对此问题，都以邹氏之说为基础，进行了更深入的考察。② 由此可见，邹氏的《诗传阐》虽以《子贡诗传》为依托立论，但因其考据态度较为严谨，所得结论也较为可靠，故能对后世造成较为积极的影响。

何楷的《诗经世本古义》，是在杨慎等人开启的经学考据思潮影响下，"打破原有诠释系统的局面，重新建立一较合理的诠释系统"③的著作。该书"征引之广博，典据之精详，名物考证之详明，在经学史上都是少见的"。④ 何楷在《诗经世本古义序》中曾清楚地表达了他的考证思路：

> 凡余说《诗》，是不一术，先循之行墨以研其义，既证之他经以求其验，既又考之山川谱系以撷其实，既又寻之鸟兽草木以通其意，既又订之点画形声以正其误，既又杂引赋诗断章以尽其变，诸说兼详而《诗》中之为世为人，若礼若乐，俱一一跃出，于是喜斯文之在兹，叹绝学之未坠也。⑤

何氏广搜博引，注重考证，于此可见一斑。具体而言，如《周南·关雎》篇，何氏考证曰：

---

① （汉）司马迁：《史记》卷35《管蔡世家》，中华书局1959年版，第1563页。
② 于浩：《邹忠胤〈诗传阐〉与明末清初诗经学》，《人文论丛》2018年第2期。
③ 林庆彰：《何楷〈诗经世本古义〉析论》，《明代经学研究论集》（增订本），华东师范大学出版社2015年版，第329页。据于浩先生考证，何楷《诗经世本古义》所引明代学者至少有48家，几乎囊括了明代《诗经》学的主要成果，可谓集明代《诗经》学的大成。见于浩《明末清初诗经学研究》，博士学位论文，武汉大学，2016年，第93—94页。
④ 刘毓庆：《从经学到文学——明代〈诗经〉学史论》，商务印书馆2001年版，第202页。
⑤ （明）何楷：《诗经世本古义》，《四库全书》第81册，第4页。

若诸书引《关雎》者，多以为讽刺之诗。《列女传》曲沃负云："周之康王夫人晏出朝，《关雎》起兴，思得淑女以配君子。"《路史》云："康王一晏朝，而暴公作《关雎》之诗以讽。"《鲁诗》亦云："后夫人鸡鸣佩玉去君所，周康王后不然，故诗人叹而伤之。"《后汉书·皇后纪序》："康王晏朝，《关雎》作讽。"盖用此也。及《前汉书》杜钦云："佩玉晏鸣，《关雎》叹之，知好色之伐性短年。故咏淑女，几以配上，忠孝之笃，仁厚之作也。"《后汉书》明帝诏云："应门失守，《关雎》刺世。"注引《春秋说题辞》曰："人主不正，应门失守，《关雎》故歌①以感之。"宋均云："应门，听政之处也。言不以政事为务，则有宣淫之心。《关雎》乐而不淫，思得贤人与之共代②，修应门之政者也。"《杨赐传》云："昔周王承文王之盛，一朝晏起，夫人不鸣璜，宫门不击柝，《关雎》之人，见几而作。"薛君云："诗人言《关雎》贞洁慎匹③，以声相求，隐蔽乎无人之处。故人君退朝，入于私宫，后妃御见有度，应门击柝，鼓人上堂，退反燕处，体安志明。今时大人内倾于色，贤人见其萌，故咏《关雎》，说淑女，正容仪，以刺时。"而司马迁亦云："周道缺，诗人本之衽席，《关雎》作。"扬雄云："周康之时，颂声作于下，《关雎》作乎上，习治也。故习治则伤治乱也。"冯衍《显志赋》云："美《关雎》之识微兮，愍王道之将崩。"此其说必有所本。朱子非之，据《仪礼》以《关雎》为乡乐，又为房中之乐，谓周公制作之时已有此诗，其非出于康王明甚，又无故而播其先祖之失于天下，不可以为风化之首。于论正矣。愚又读《后汉书》注云："康王晚朝，内人诵《关雎》诗以刺王。"郑樵《奥论》亦云：

---

① 洪迈《容斋四笔》卷1"关雎不同"条引作"故歌《关雎》"，当从。见（宋）洪迈撰，孔凡礼点校《容斋随笔》，中华书局2005年版，第632页。

② 洪迈《容斋四笔》卷1"关雎不同"条引作"共化"，当从。见（宋）洪迈撰，孔凡礼点校《容斋随笔》，中华书局2005年版，第632页。

③ 洪迈《容斋四笔》卷1"关雎不同"条引作"诗人言雎鸠贞洁敬匹"。见（宋）洪迈撰，孔凡礼点校《容斋随笔》，中华书局2005年版，第632页。

"古人以声诗奏之乐，后世有不能法祖，怠于政者，则取是诗而奏之，以申警讽，故曰作。非谓其始作于衰世也。"是说盖近之。而朱子直以为文王求得圣女为配，宫中之人，于其始至，见其有幽闲贞静之德，而作是诗。则愚不能无疑。夫所谓宫中之人者，果何人欤？考《大纪》称昌为世子，娶于有莘，曰太姒。则太姒至时，王季故在。如以为王季之宫人，则古者命士，父子皆异宫，彼淑女之得与否，亦何预于王季宫人之忧乐也？如以为文王之宫人，则古者诸侯一娶九女，格之同时者，盖必嫡夫人至而姪娣从之，未有夫人未至而先有宫人者也。且《大明》之诗曰："文王初载，天作之合。文王嘉止，大邦有子。"何待宫人寤寐求之，展转反侧而后得耶？至于琴瑟友、钟鼓乐，若指文王则近于亵，若指宫人则近于媚，又何以风耶？朱说既无据，而又不可以为文王之作，则非归之太姒安属乎？愚之从《序》《传》之说者从此。他若张超、蔡邕，又以为毕公作，要皆传讹不足信。程子谓："《序》言后妃之德，非指人而言，凡为王后妃者当如是。"冯元成亦以为，周公制房中之乐，追称后妃思得淑女，以共理内治，所谓忧乐，皆设言其事，播诸管弦以代箴铭者。于理亦近似，并存之。①

何楷此条考证，先广引诸家之说，认为他们所说《关雎》乃讽刺周康王之诗虽"必有所本"，但并非毫无破绽，于是举出朱子之说加以反驳。同时，又对朱子的《关雎》之诗乃文王求太姒，宫人见太姒有幽闲贞静之德，于是作诗的看法提出不同意见。何氏广征博引，反复辩难，最后得出自己的解释，此条最可体现其考据风格及特色。又如《大雅·行苇》篇，何氏考证曰：

《行苇》，美公刘也。公刘有仁厚之德，行燕射之礼，以笃同姓，诗人美之。何以知其为《公刘》之诗也？一征之《吴越春秋》曰："公刘慈仁，行不履生草，运车以避葭苇。"再征之《列

---

① （明）何楷：《诗经世本古义》卷5，《四库全书》第81册，第93页。

女传》:"晋弓工妻谒于平公曰:'君闻昔者公刘之行乎?羊牛践葭苇,恻然为痛之,恩及草木,仁著于天下。'"三征之汉王符《潜夫论》,特引章首四句而释之曰:"公刘厚德,恩及草木牛羊,六畜且犹感德,消息于心。"又曰:"仁不忍践履生草,则又况于民萌而有不化者乎?"四征之《后汉书》桓荣曰:"昔文王葬枯骨,公刘敦行苇,世称其仁。"是何其说之凿凿也。彼去古未甚远,夫有所受之也。故汉章帝敕侍御史、司空曰:"方春所过,无得有所杀伐。车可以引避,引避之;骖马可辍解,辍解之。《诗》云:'敦彼行苇,牛羊勿践履。'礼,人君伐一草木不时,谓之不孝。俗知顺人,莫知顺天。其明称朕意。"亦用此事,所谓公刘有仁厚之德者也。愚故以为《公刘》之诗焉。①

此条亦体现出何氏博辨的考据特色。又如《小雅·瞻彼洛矣》篇,何氏考证曰:

《瞻彼洛矣》,纪东迁也。按《史》:"周幽王十有一年,申侯与犬戎入寇,戎弑王于骊山之下。郑桓公友死之;郑人共立其子掘突,是为武公。时晋、卫、秦皆以兵来救,平戎。武公收父散兵,从诸侯东迎故太子宜臼于申,立之,是为平王。王以丰、镐逼近戎狄,不可居,乃迁都于洛。"此诗所咏正其事也。篇中有"韎韐"一语,知为指郑武公,解见本文下。武公新丧父,故服韎韐。《竹书》称武公为郑子,而《缁衣》之诗,亦呼武公为子,则以诸侯即位未踰年改元犹称子也。《左传》谓"周之东迁,晋、郑焉依",故《书》有《文侯之命》,而《诗》如《瞻洛》《裳华》《缁衣》诸篇,凡为郑武公咏者,不一而足,则以申为平王母家,而武公亦娶于申,有昏姻之谊,深为平王所倚重故也。②

---

① (明)何楷:《诗经世本古义》卷1,《四库全书》第81册,第55—56页。
② (明)何楷:《诗经世本古义》卷19之上,《四库全书》第81册,第622页。

对于此条考证的合理性，一向批评何楷诗学观点的清初经学大家姚际恒（1647—约1715），在《诗经通论》中也不得不加以承认，并解释说："洛水既属东都，韎韐亦自非天子服，故存其说。若孔疏本于郑氏之以礼说诗，未可用也。"① 而李家树先生通过分析亦肯定道："洛水既属东都，时已东迁，不可再以此诗为刺幽王而作。诗的'韎韐有奭，以作六师'，《郑笺》说得明白：'此诸侯世子也。除三年之丧，服士服而来，未遇爵命之时，时有征伐之事，天子以其贤，任为军将，使代卿士，将六军而出。'何楷以为'韎韐'即指郑武公而言，《瞻彼洛矣》乃纪平王东迁之作。就诗的内容来看，是言之成理的。"②

4. 关于《论语》《孟子》考据

《论语》《孟子》作为"四书"的重要构成部分，在明代科举史及经学史上均有极高的地位。因此，明代学者已从多角度对《论语》《孟子》进行了深入研究，考据学角度即是其中之一。

据唐明贵先生的考察，明代《论语》研究的特色之一即注重考据，并由此出现了一批以考据为主的著作，如陈士元的《论语类考》、薛应旂的《四书人物考》《四书人物补考》、蔡清的《四书图史合考》、钟惺的《诠次四书翼考》、陈禹谟的《四书名物考》、陈仁锡的《四书人物备考》、徐邦佐的《四书经学考》等，其中以陈士元的《论语类考》所取得的成绩最大。③ 以下即以陈士元的《论语类考》作为考察重点，以见出此时《论语》考据的一般情形。

陈士元的《论语类考》是明代《论语》考据的专著，该书分门别类对《论语》中的名物典故进行考证。陈氏何以要从事《论语》考据工作，他在《论语类考序》中有简要交代：

> 明兴，设科举士，初试七义，《论语》居先，而世之学子幼时即成斯业，乃从政为邦则目为筌蹄，不复省览，予于是盖病焉。

---

① （清）姚际恒著，顾颉刚标点：《诗经通论》，中华书局1958年版，第236页。
② 李家树：《何楷的〈诗经世本古义〉》，《中国文化研究所学报》1994年新第3期。
③ 唐明贵：《论语学史》，中国社会科学出版社2009年版，第373页。

昔人有言，《论语》始于不愠，终于知命为君子儒，洙泗为人之方，一贯之秘，具在于此，可终身违乎？予素椿昧，有一得辄出入口耳，四寸之间玉卮无当也。见社童暨舍子弟即喜与谈字义，越旬季，复询之，忘矣，乃著此编，贮之右塾。凡二十卷，为类十有八，目四百九十有四。①

陈氏将《论语》分为十八类四百九十四目，已将《论语》中的名物典故尽数收入，以此为基础，广搜博采，对相关内容进行详细考证，并以"元按"字样呈现。如《论语类考》卷二《封国考》"微"条：

马融氏曰："微、箕，二国名。"
邢昺氏曰："孔安国云：微，畿内国名，子爵，为纣卿士。"
元按：微国，子姓，子爵。微，本陕西凤翔之郿县地，其故城在今山西潞州。《一统志》云："微子城在潞城县东北一十五里，殷微子所封之地是也。其后纣徙微子于畿内，盖在鲁地。"《春秋》庄公二十八年冬，筑郿。《公羊》《谷梁》俱作"微"。郿、微，古字通用。注云微，即纣都朝歌，时微子所食邑，盖在纣畿内之地也。《水经注》则以东平寿张县西北三十里有微子乡。《十道志》又以微子在聊城。《九域志》又以博州有微子城。《路史》又以徐沛东南有微山、微子冢。其实皆非微子封地。②

陈氏先援引马融、邢昺的观点，然后以"元按"提出自己的观点，同时对《水经注》《十道志》《九域志》《路史》等的观点进行了驳斥。又如《论语类考》卷五《官职考》"太宰"条：

孔融氏曰："太宰，官名。或吴或宋，未可知也。"
吴程氏曰："《左传》：鲁、郑、楚诸国皆有是官，不但吴、

---

① （明）陈士元：《论语类考》，《四库全书》第207册，第98—99页。
② （明）陈士元：《论语类考》，《四库全书》第207册，第108页。

宋也。"

金履祥氏曰："天子之宰曰太宰。宋，王者之后；吴，僭王，故当时其宰亦称太宰。"

元按：郑玄、邢昺皆以太宰为吴，盖据《左传》哀公十二年，公会吴于橐皋，吴子使大宰嚭请寻盟。又子贡尝适吴，知太宰嚭之为人。今《越绝书》详载其语，故郑、邢以为吴太宰也。然洪兴祖则以为宋，盖据《列子·仲尼闲居》篇商太宰见孔子，有"丘，圣者欤"之问也。又王柏云："观知我少贱之辞，宜是宋。"而金履祥亦云："夫子本宋人，虽居鲁而娶于宋。又尝长居宋，则是太宰素知其少长之事也。"若然，则太宰当属宋，但姓名无考耳。①

陈氏先列举孔融、吴程、金履祥的看法，然后以"元按"的方式进行考证，考证过程中详列《左传》、《越绝书》、洪兴祖、《列子》、王柏、金履祥等材料或说法，最终得出"太宰当属宋，但姓名无考"的结论。又如《论语类考》卷九《人物考》"南子"条：

朱子曰："南子，卫灵公之夫人，有淫行。"

元按：《史记》云："孔子至卫，灵公夫人南子愿见孔子。孔子辞谢，不得已而见之。入门，北面稽首。夫人自帷中再拜，环佩玉声璆然。孔子曰：'吾乡为弗见，见之礼答焉。'"孔鲋氏云："古者大享，夫人与焉。卫君夫人享夫子，夫子亦弗获已矣。"栾肇氏云："予所否者，天厌之。否，塞也。言我之道不行而否塞者，乃天所厌弃也。"杨慎氏云："矢者，直也，直告之也，非誓也。"何孟春氏云："《六经》《鲁论》《家语》皆无子见卫南子之事，不知迁何据而云然。"盖南子者，必鲁之南蒯也。佛肸以中牟畔，子路不欲其往，而夫子有吾岂匏瓜之喻。南蒯以费畔，子路亦不欲其见也。昭公十四年，南蒯奔齐，对景公曰："臣欲张公室也。"夫南蒯欲

---

① （明）陈士元：《论语类考》，《四库全书》第207册，第136页。

弱季氏以强鲁，故夫子见之，非见卫之南子，而见鲁之南子也。①

陈氏通过考证，指出夫子所见之南子，乃鲁之南蒯，而非卫灵公夫人南子也。又《论语类考》卷一四《兵法考》"请讨"条：

> 朱子《集注》：胡氏曰："《春秋》之法，弑君之贼，人人得而诛之。仲尼此举，先发后闻可也。"
> 黄震氏曰："沐浴而朝，告于哀公，君臣之义尽矣。责以先发后闻，是以仲尼为未足也。"
> 元按：杨慎氏云："孔子时已致仕，家无藏甲，身非兵主，何所为发？若欲先发，是非司寇而擅杀也。聚众则逋逃主也，独往则刺客靡也，二者无一可焉。而曰先发后闻，谬矣。"此在《论语注》，第一碍而不通，即有疑者，亦谓胡氏之失耳。详考胡氏此言，见于《春秋》隐公四年夏，宋公、陈侯、蔡人、卫人伐郑之《传》，引《论语》此章而继之曰："然则邻有弑逆，声罪致讨，虽先发而后闻可矣。"盖指宋、陈之国移兵以讨州吁为言，而非谓孔子也。朱子《集注》引之，增"仲尼此举"四字，殊非胡氏之本意。若可以先发，孔子当先为之，不待后人之纷纷也。②

陈氏利用杨慎的考证结果③，指出朱熹引胡安国《春秋传》文时，妄增"仲尼此举"四字，给后世的理解造成困惑④，而实际上，此误

---

① （明）陈士元：《论语类考》，《四库全书》第207册，第187页。
② （明）陈士元：《论语类考》，《四库全书》第207册，第230页。
③ 此条内容陈士元主要采纳了杨慎在《升庵集》卷45"陈恒弑君"条的意见。详见（明）杨慎《升庵集》，《四库全书》第1270册，第602—603页。
④ 清陈澧在《东塾读书记》中即受朱子之说影响而质疑道："'陈成子弑简公'章，朱注采胡氏曰：'《春秋》之法，弑君之贼，人人得而讨之。仲尼此举，先发后闻可也。'澧谓如此则胡氏圣于孔子矣。孔子作《春秋》，乃不知《春秋》之法，而待胡氏教之乎？孔子可先发鲁国之兵，而后告哀公乎？荒谬至此，而朱子采之，窃所不解也。"见（清）陈澧著，钟旭元、魏达纯校点《东塾读书记》卷2《论语》，上海古籍出版社2012年版，第29页。

· 188 ·

在朱子而非胡安国也。又如《论语类考》卷一九《器具考》"觚"条：

> 马融氏曰："觚，礼器，一升曰爵，二升曰觚。"
> 朱子曰："觚，棱也。或曰酒器，或曰木简，皆器之有棱者也。"
> 元按：《仪礼》云："二爵，二觚，四觯，一角，一散。"《礼器》云："贵者献以爵，贱者献以散，尊者举觯，卑者举角。"郑玄注云："凡觞一升曰爵，二升曰觚，三升曰觯，四升曰角，五升曰散。"孔颖达疏云："二升曰觚。觚，寡也，饮当寡少也。"据此则觚为二升矣。《考工记》云："梓人为饮器，勺一升，爵二升，觚三升。献以爵，而酬以觚，一献而三酬，则为一豆。"《韩诗外传》亦云："三升曰觚。"《博古图》云："觚口容一爵，足二爵。"《说文》云："觚者，乡饮酒之爵也。觞受三升者谓之觚。"据此，则觚又为三升矣。觚亦祭器。秦使蒙恬筑城，祭之以觚，有鹑飞止觚上，因以名县。《周地图记》所谓"鹑觚县"是也。觚有四足，汉之宫阙放之以为角，《文选》所谓"上觚棱而栖金雀"是也；足有四象，《礼》所谓"象觚"是也。《三礼图》云："觚，锐上方足。漆赤中，青云饰，小其尾。"此所称觚，皆酒器也。《论衡》云："文王饮酒千钟，孔子百觚，言圣人以德持酒也。"或曰木简者。史游《急就章》云："急就奇觚与众异。"陆士衡《文赋》云："或操觚而率尔。"《太平御览》云："觚，木简，有棱角者是也。"杨慎《丹铅续录》云："孔子所叹之觚，乃酒器而非木简。盖以觚为简，起于秦汉以后，孔子未尝见。又酒觚可削而圆，木简不可削而圆也。"愚谓不然。古之木简方而厚，非今薄版也。颜师古云："觚者，学书之牍。或以记事，削木为之。或六面，或八面，面皆可书，其形有棱，故顿置稳也。削而为圆者，欲周旋书之耳。"《史记》所谓"破觚而为圆"者是也。安得谓木简不可削而圆哉？[①]

[①]（明）陈士元：《论语类考》，《四库全书》第207册，第276页。

陈氏对于"觚"的考证,引据广博,论证充分,同时对杨慎的说法进行了有力的反驳。此条非常好地体现出陈氏言而有据的考据特色。又《论语类考》卷二〇《草木考》"唐棣"条:

> 何晏氏曰:"唐棣,栘也,华反而后合。"
> 元按:《尔雅》云:"唐棣,栘也。"郭璞云:"似白杨,江东呼扶栘。"陆机云:"一名雀梅,其华或白或赤。"《本草》云:"扶树即唐棣也,亦名栘杨,团叶弱蒂,微风大摇。"此即《召南》"何彼秾矣,唐棣之华"是也。《尔雅》又云:"常棣,棣也。"郭璞云:"棣子如樱桃,可食。"此即《小雅》"常棣之华,鄂不韡韡","彼尔维何?维常之华"是也。《丹铅续录》云:"棠,古作裳。《管子·地员篇》'其木宜赤裳'。裳又作常,又转而为唐,故《诗》云'唐棣''常棣'也。"若然,则常棣为一种矣,岂杨慎氏亦未之考乎?"唐棣""常棣"本为二物。《补笔谈》云:"唐棣即扶栘,扶栘即白杨也。陈藏器不知扶栘即白杨,乃于《本草》白杨之后,又重出扶栘一条。扶栘一名蒲栘,《诗疏》云'蒲栘,白杨'是也。蒲栘乃乔木,而棠棣即今之郁李。《豳风》云'六月食郁及薁',注云:'郁,棣属,即白栘也。'又谓'车下李',是为棠棣。薁,即郁李也。郁、薁同音。又谓薁蘡,盖其实似蘡,蘡一作樱,即含桃也。是为常棣。"陆机以唐棣为郁李,《本草》以郁李为车下李,皆误。①

据此上三条考证可以看出,虽然陈氏的考证深受杨慎的影响,但陈氏并未盲目信从杨慎的考据结果,而是根据具体材料,对杨慎考证合理者充分吸收,不合理者则坚决纠正。这样的态度,对于推动中晚明经学考据的发展无疑有重要帮助。

明代《孟子》考据作为明代经学考据的重要组成部分,有众多学者参与其中。据学者的考察,在188位研究《孟子》的学者中,有41人考

---

① (明)陈士元:《论语类考》,《四库全书》第207册,第288页。

证《孟子》,涉及著作达99种,其中杨慎及其之后的研究者占绝大多数。①通过考察,其中真正形成著作的其实并不多;而在这不多的著作中,陈士元的《孟子杂记》四卷,不仅内容丰富,而且考证精详,是明代《孟子》考据的代表性著作。②

陈士元在《孟子杂记》卷一中广引诸书,对孟子生平及受业情况进行了详细考证。如"邑里"条曰:

> 孟轲,邹人也。(《史记》列传)
> 孟子,驺人也。驺亦作邹,本邾国也。(《集注·序说》)
> 元按:司马贞《索隐》云:"轲本邾人,徙邹,为邹人。"吴程云:"孟子鲁人居邹,非生于邹也。"《合璧事类》云:"齐有孟轲,谓其仕齐,非谓齐人也。"《史记·孟子传》云:"齐有三驺子,先孟子有邹忌,后孟子有驺衍。"罗泌《路史·国名纪》"驺"注:"兖之邹县有峄山,邾文公迁峄,改曰驺。"或谓驺即邾,故《春秋传》"邾伐鲁",《史》作"驺伐鲁"也。赵岐云:"邹本春秋邾子之国,至孟子时改曰邹。"《广记》云:"古驺即今之邹平。"邾、邹、驺,古文通用。③

陈士元梳理了孟子邑里的不同说法,通过梳理,让人们对历来的记载有了清晰的认识,也为后人进一步的研究提供了资料基础。

---

① 据实而言,此处所说41人99种著作,其中所谓"著作"者,绝大部分仅仅是单篇文章,并非严格意义上的著作。如《明代〈孟子〉考据学研究》中提及杨慎《孟子》考据学著作居然有23种之多,但考察所列如"梁惠王遗事""孟子注""孟子六条""字音""穀""置邮传命""行潦""市廛而不征""七十而锄""愿受一廛而为氓""立贤无方""湿水""劳之来之""逢蒙学射于羿""饶双峰解孟子""庸字解""葵丘之会""不屑之教诲""治任""变置社稷""郁陶""李泰伯不喜孟子""井田"等,均仅是杨慎的单篇考证之文,无一为著作。因此,上述统计数据,与明代《孟子》考据著作的实际情况有较大出入。详见孙计康《明代〈孟子〉考据学研究》,硕士学位论文,扬州大学,2010年,第20—26页;刘瑾辉、孙计康《明代〈孟子〉考据学举要》,《阅江学刊》2010年第6期;刘瑾辉、孙计康《明代〈孟子〉考据学综论》,《求是学刊》2011年第2期。
② 刘体胜:《陈士元的〈语〉〈孟〉学》,《江汉论坛》2009年第7期。
③ (明)陈士元:《孟子杂记》,《四库全书》第207册,第290—291页。

《孟子杂记》卷二则包含"稽《书》""准《诗》""揆《礼》""征事""逸文"等内容。其中前三部分主要是对《孟子》书中征引的《书》《诗》《礼》的内容进行核查,如"稽《书》"第一条曰:

《汤誓》曰:"时日害丧,予及女偕亡。"元按:《商书·汤誓》篇"害"作"曷","女"作"汝","偕"作"皆"。①

又"准《诗》"第一条曰:

《诗》云:"白鸟鹤鹤。"元按:《大雅·灵台》篇"鹤鹤"作"翯翯"。②

又"揆《礼》"第一条曰:

孔子曰:"始作俑者,其无后乎?"元按:《礼记·檀弓》篇:"孔子谓:为俑者不仁,不殆于用人乎哉?"③

"征事"部分则是据相关文献对《孟子》书中的事实进行对比考证。如此部分第一条,即是据《战国策》、《史记》、金履祥《孟子集注考证》、杨慎《杨子卮言》等材料,考证《孟子》书中的如下两条内容,第一条是"晋国天下莫强焉"至"南辱于楚"(出自《孟子·梁惠王上》),第二条是"梁惠王以土地之故"至"驱其所爱子弟以殉之"(出自《孟子·尽心下》)。④

"逸文"部分则是据诸书所载,考察《孟子》的散佚文献。此部分开篇有陈士元解题数语曰:"元按:赵岐《孟子题辞》云:'秦焚经籍,其书号为诸子,得不泯绝?'今观群书所称孟子语,有七篇所逸

---

① (明)陈士元:《孟子杂记》,《四库全书》第207册,第307页。
② (明)陈士元:《孟子杂记》,《四库全书》第207册,第309页。
③ (明)陈士元:《孟子杂记》,《四库全书》第207册,第310页。
④ (明)陈士元:《孟子杂记》,《四库全书》第207册,第313页。

者,岂出外书四篇耶?试录数条于左。"① 陈氏是有见于诸书所称孟子语,有逸出七篇之外者,故泛观博览,极力搜集,这为后世进行《孟子》文献的辑佚,尽量恢复《孟子》全书的完整面貌打下了很好的基础,因此具有极大价值。

《孟子杂记》卷三及卷四,包含"校引""引误""方言""辨名""字同""字脱""断句""注异""评辞"等内容。其中"校引"部分是针对"诸书多引《孟子》",故陈士元"校其异者记之"。② 如陈士元据袁宏《后汉纪》卷八《光武皇帝纪》所载东平宪王刘苍上疏得《孟子》"君象有鼻"四字,并附按语考证曰:

> 庳、鼻、㾦、畀,古文通用。颜师古云"有庳在零陵鼻亭"是也。《帝王世纪》并《昌邑王贺传》俱作"有鼻",而《国名纪》作"有庳",注云:"《孟子》作有鼻,盖别本《孟子》也。"③

"引误"部分则是对诸书引《孟子》之文有误者进行考辨。如:

> 孟子曰:"行或尼之。"(《尔雅》:"尼,止也。"郭璞注)元按:《尔雅》邢昺疏义:"孟子曰:行,或使之;止,或尼之。"今云"行或尼之",所见本异,或传写误。④

"方言"部分则是对《孟子》中的方言用语进行考证。如"觳觫"条曰:

> 《杨子卮言》云:"觳觫,言牛将就屠而体缩恐惧也。觳,本古文'斛'字,见《周礼》。觳觫当作'豰觫'。豰,从豕,尾惧之貌。觫,从角,角惧之貌。《汉隶》又作'豰瘯'。瘯,寒战疾

---

① (明)陈士元:《孟子杂记》,《四库全书》第207册,第319页。
② (明)陈士元:《孟子杂记》,《四库全书》第207册,第324页。
③ (明)陈士元:《孟子杂记》,《四库全书》第207册,第326页。
④ (明)陈士元:《孟子杂记》,《四库全书》第207册,第327页。

也，借作牛之惧貌，义亦互通。"

元按：觳觫，或齐之方言耳。朱注"恐惧貌"，亦本赵注。杨氏改"觳"为"斛"。古文觳、斛、斠通用。《周礼》"觳"注："器受二斗。"《广韵》"斛"注："器受十斗。"或云"觳觫"当作"殰瘯"。《集韵》"殰瘯"注："将死貌。"音与"觳觫"同。觳，又音角，有争较之义，《史记·李斯传》"觳抵优俳之观"是也。又菲薄之义，《唐书·令狐垣传》"以俭觳为无穷计"是也。又泯灭罄尽之义，见《尔雅》，而《庄子》所谓"其道大觳"是也。此三义于"觳觫"之"觫"无取。①

其他几个部分的内容，也大致按照上述方式进行考证。由此可见，陈士元的《孟子杂记》确实是一部在考证孟子其人其书方面具有重要价值的考据学著作。

---

① （明）陈士元：《孟子杂记》，《四库全书》第207册，第328页。

第四章　杨慎与中晚明史学考据群体

史学发展到明代，受朱熹理学思想的影响，呈现出较为显著的理学化倾向，而理学化史学是一种致用史学，他们更关心致用，而少讲究求真。① 阳明心学的崛起，对理学化史学造成巨大冲击的同时，也在一定程度上促进了史学学风的转变。② 在这样的背景下，杨慎以其博洽的学识及善疑的精神所开启的考据学风，也深深地影响到明代史学的发展，"理学化史学风逐渐衰落，传统的实证史学风开始兴盛"。③

第一节　抉隐探微与杨慎的史学考据

史学考据作为一种方法古已有之，《吕氏春秋·察传》就曾记载子夏的考证活动："子夏之晋，过卫，有读史记者曰：'晋师三家涉河。'子夏曰：'非也，是己亥也。夫己与三相近，豕与亥相似。'至于晋而问之，则曰'晋师己亥涉河'也。"④ 三国时蜀谯周撰写了中国第一部专门的史学考据著作《古史考》，随后西晋司马彪据新出土的《竹书纪年》对谯周《古史考》进行了考辨。南朝裴松之注《三国

---

① 钱茂伟：《明代史学的历程》，社会科学文献出版社2003年版，第128页。
② 向燕南：《试析王阳明心学对明代史学的影响——兼及有关拓展史学思想史研究的思考》，《淮北煤炭师范学院学报》（哲学社会科学版）2006年第1期。
③ 钱茂伟：《明代史学的历程，社会科学文献出版社2003年版，第138页。
④ 许维遹撰，梁运华整理：《吕氏春秋集释》，中华书局2009年版，第619页。

志》,他在《上〈三国志〉注表》中所表达的内容,已具有了史学考据的理论体系的雏形。① 两宋时期,疑古辨伪风气渐盛,出现了司马光《资治通鉴考异》、刘攽《两汉书刊误》、吴缜《新唐书纠谬》《五代史纂谬》、洪迈《容斋随笔》、李心传《旧闻证误》、王应麟《困学纪闻》等著作,标志着历史考据学的形成。② 杨慎史学考据的出现,除了受明代历史的特有因素影响③,还体现出中国史学考据传统发展的必然趋势。

据王文才先生《升庵著述录》所列,杨慎的史学著作大致有《各史要语》《晋史精语》《唐史要》《通鉴摘语》《山海经补注》《水经补注》《水经注碑目》《舆地碑目》《断碑集》《补名实异号录》《希姓录》《四川总志》《全蜀艺文志》《蜀志补罅》《雅州府志》《新都县志》《滇载记》《南诏野史》《滇程记》《滇候记》《云南山川志》《苍洱纪游》,计22种。④ 在这些著作中,《各史要语》《晋史精语》《唐史要》《通鉴摘语》是杨慎所说"束发以来,手所抄集"⑤的摘抄类成果,这类成果是其进行文献考证时的重要资料来源。《山海经补注》《水经补注》是杨慎对《山海经》郭璞注、《水经注》的补注,其中《山海经补注》较为充分地体现了杨慎广征博引的考证风格。《水经注碑目》《舆地碑目》《断碑集》是杨慎对《水经注》等所载古碑进行汇总的成果,也是其进行文献考证时的资料来源,其中《水经注碑目》被四库馆臣批评为是在宋洪适《隶释》所载《水经注》诸碑之外,"偶然未检,遂复著此编,未免为床上之床,且精密亦不及适"⑥

---

① 毛曦:《乾嘉考据史学与中国考据史学》,《江西大学学报》(社会科学版)1992年第1期。
② 罗炳良:《清代乾嘉历史考证学研究》,北京图书馆出版社2007年版,第2页。
③ 杨艳秋先生曾总结明代中后期的史学思潮称:"嘉靖、万历以来,时代的动荡,政治、经济、思想上的巨大变化,特别是阳明心学和此后实学思潮的兴起都对史学产生了深远的影响,反理学史学思潮开始出现,传统的经史关系受到冲击,进而以史经世的思潮得到大力提倡,在考据之风的影响下,史学上形成了求真据实的思潮。"见杨艳秋《明代史学探研》,人民出版社2005年版,第55页。
④ 王文才:《杨慎学谱》,上海古籍出版社1988年版,第164—165页。
⑤ (明)杨慎:《丹铅别录序》,载王文才、张锡厚辑《升庵著述序跋》,云南人民出版社1985年版,第73页。
⑥ 《钦定四库全书总目》(整理本),中华书局1997年版,第1156页。

的成果。显然,馆臣的说法仅流于表面,他们未能关注到杨慎曾利用此类碑目来从事考证的事实。①《补名实异号录》《希姓录》是杨慎关于姓氏名号的著作,清李调元在编纂《函海》时将《希姓录》收入其中,并在序中说"读书记事迹较易,记姓名较难",杨慎辑《希姓录》,载"隐僻人亦不少",正体现出杨慎"暗中摸索"的精神和"博闻强记"的能力。《四川总志》《全蜀艺文志》《蜀志补罅》《雅州府志》《新都县志》,是杨慎主持或参与编纂的方志,这些著作的编纂,不仅表现出杨慎具有极好的史学才能,同时也在一定程度上体现出杨慎知识的渊博和考据的精当。②《滇载记》《南诏野史》《滇程记》《滇候记》《云南山川志》《苍洱纪游》,是杨慎凭借其渊博的学识和考证的手法,编著的云南山川地理及人文历史的系列著作③,对深入了解明代云南的历史及环境变迁具有重要价值。

当然,通过上面的分析也不难看出,在杨慎的史学著作里虽然也有像《山海经补注》这样带有较为明显考据特色的著作,但史学考据的专书确实没有。就现有的考察结果来看,作为开明代史学考据风气之先者,杨慎的史学考据成果主要集中在《丹铅》诸录(特别是《丹铅总录》)、《升庵集》及《升庵外集》(卷三八至卷四五共八卷)中④,但必须明确指出的是,由于杨慎的著作在流传过程中经过多次编辑刊刻,故其史学考据成果在上述著作中重复出现的情况非常普遍⑤,因此下文的讨论中,如非特别需要,凡涉及各种著作中重复出现的条目,仅以其中某一种著作的著录为准,并不对各种著录做详细对比,特此说明。

---

① 罗惠文:《杨慎金石思想的意蕴与启发探究——以其与经学的融通为核心》,《大学书法》2021年第3期。

② 琚小飞:《书写与权威:四库馆臣对〈全蜀艺文志〉作者的改撰》,《南京师范大学文学院学报》2019年第3期。

③ 安琪:《在边疆书写历史:杨慎两部滇史中的云南神话叙事》,《云南社会科学》2014年第1期。

④ 林庆彰先生考察杨慎的史学考据成绩时,即以《升庵外集》的记载为准。详见林庆彰《明代考据学研究》,台湾学生书局1986年版,第106页。

⑤ [日]内藤湖南:《中国史学史》,马彪译,上海古籍出版社2008年版,第219页。

一 扩充史料与杨慎的史学考据

明代学术,特别是正德、嘉靖以后的明代学术,在中国学术史上具有重要地位,蒙文通先生曾在评价刘咸炘先生所著《学史散篇》时指出:"中国学术,自建安、正始而还,天宝、大历而还,正德、嘉靖而还,并晚周为四大变局,皆力摧旧说,别启新途。"① 蒙先生所特别强调的,明代正德、嘉靖以后的学术在中国学术史上是"力摧旧说,别启新途"的重大变局,而此重大变局由多方面构成,其中杨慎等人所开启的史学考据正是极为重要的组成部分。

杨慎的史学以考据为特征这一点,已有学者做过初步探讨。② 就目前所见,较早论及杨慎史学考据的是日本学者内藤湖南,他在《中国史学史》③中曾论述道,杨慎是"非常博识且具有辩驳之才"的学者,"有着推翻一切旧说,提出新论"以及"善于为此提出证据的特点"。又说,是杨慎"将当时史学研究法推向了兴盛",杨慎"所采用的方法,可以说是顾炎武那样杰出学者的先驱,此人不再像宋代学者的那种单纯地读古书记杂录,而是能够做到在考证之后经过归纳的思考,这种研究倾向于此人已见端倪"。④ 显然,内藤湖南对于杨慎所开启的明代史学考据之风有着较为清晰的认识。而杨慎史学考据最大的特点,无疑正是内藤湖南所强调的,以博识之资而又具有辩驳之才,因此方能在"推翻一切旧说,提出新论"之时,以丰富的证据证成之。

杨慎之所以在史学考据上形成如此独特而又引领时代的风格,实

---

① 蒙文通:《中国史学史》,上海人民出版社2006年版,第181页。
② 朱志先:《杨慎汉史考据学探论》,《西华大学学报》(哲学社会科学版)2010年第5期;赵良宇:《论明代中后期史学考据的学术成就》,《齐齐哈尔大学学报》(哲学社会科学版)2015年第8期。
③ 内藤湖南的《中国史学史》虽然出版于1949年,但实际上是由内藤氏的儿子内藤乾吉和学生神田喜一郎根据内藤氏在1919—1921年及1925年的两次讲课的听课笔记整理而成的。详见朱政惠《内藤湖南的〈中国史学史〉》,《历史教学问题》2010年第3期。
④ [日]内藤湖南:《中国史学史》,马彪译,上海古籍出版社2008年版,第219—221页。

际与他在经学研究上重视考据关系密切。众所周知，经学在汉代有古文经学与今文经学之争。其中，古文经学由汉至唐的发展，均极为重视文字训诂，尤其重视运用考据之法来治经。而宋代对经学的解释发生了重大的改变，出现了强调"道问学"的程朱与重视"尊德性"的陆九渊。明代以来，虽然程朱理学逐渐在官方层面成为绝对的权威，却也渐渐走向僵化；随着王阳明的崛起，陆王心学对程朱理学的权威发起了挑战，但因为心学特别强调主观体验，"不重视事实考证，只重义理阐发，祖承今文经学，把经典作为阐发自己思想的工具，从而造成空谈的学风"。① 面对这样的局面，杨慎曾在《举业之陋》中感叹道："本朝以经学取人，士子自一经之外，罕所通贯。近日稍知务博，以哗名苟进，而不究本原，徒事末节。《五经》诸子，则割取其碎语而诵之，谓之蠡测；历代诸史，则抄节其碎事而缀之，谓之策套。其割取抄节之人，已不通经涉史，而章句血脉皆失其真，有以汉人为唐人、唐事为宋事者，有以一人析为二人、二事合为一事者。"② 为了应对这样的局面，杨慎提出在经学中重视考据，重视对事实的探求，从而形成了自己的经学考据特色，并带动一批学者走上经学考据的道路。当然，由于经学与史学的关系原本就极为密切③，因此杨慎在经学上倡导的实事求是、考据治经的方法，也自然而然地影响到他的史学研究。一个有趣的例子是，杨慎曾在《跋山海经》一文中将被归入史部地理类的《山海经》与《六经》平等看待：

  昔者，吾友亳州薛氏君寀，雅以同好，相过从数焉。一日广坐中，君寀颂《文选》《山海经》，相与订疑，傍有薛之同官

---

① 毛曦：《乾嘉考据史学与中国考据史学》，《江西大学学报》（社会科学版）1992 年第 1 期。
② （明）杨慎撰，丰家骅校证：《丹铅总录校证》，中华书局 2019 年版，第 362 页。
③ 杨慎曾在《经史相表里》一文中指出："苏老泉曰：经以道法胜，史以事辞胜。经不得史，无以证其褒贬；史不得经，无以要其归宿。言经史之相表里也。"［（明）杨慎：《升庵集》，《四库全书》第 1270 册，第 368 页］关于经史关系更详细的讨论，可参见田河、赵彦昌《"六经皆史"源流考论》，《社会科学战线》2004 年第 3 期；姜广辉、钟华《章学诚"六经皆史"论批判》，《哲学研究》2018 年第 8 期。

一人，颦蹙曰："二书吾不暇观，吾有暇则观《六经》耳。"君寀笑曰："待有暇始观书，恐《六经》亦不暇观矣。"余为之解曰："某公之言亦是，《六经》五谷也，岂有人而不食五谷者乎？虽然，《六经》之外，如《文选》《山海经》，食品之山珍海错也，徒食谷而却奇品，亦村瞳之富农，苛诋者或以羸特老羝目之矣。"①

由此可见，杨慎重视《六经》的同时，也十分重视《山海经》这样的史学著作。②因此，他在《山海经补注》中才会打破经学的独尊地位，采用完全等同于经学考证的方法，利用经史典籍资料及亲身经历的事实相互印证，来阐释《山海经》的独特价值和意义。

当然，杨慎的史学考据除了打破经学的独尊地位，将经学考据的方法运用到史学考据上来，还突破了正史的资料限制，大量运用野史、家传、金石碑志、小说等资料来从事考证，充分体现出他博辨的考据风格。③当然，杨慎虽然极为重视野史在史学考据方面的价值，如《升庵集》卷四七"虞雍国忠肃公守唐邓欲取长安事"条称："允文城唐、邓欲取长安事不见于史，而见于任燮之文；健武遗民之忠勇亦不见于史，而见于范成大之《北辕录》。予特表之。"④但他又并非盲目

---

① 王文才、张锡厚辑：《升庵著述序跋》，云南人民出版社1985年版，第39页。
② 《山海经》一书的性质，自古以来就争议不断，但无论如何讨论，其具有的历史地理知识是不可否认的，因此在很长一段时间内，将其归入史部地理类并非毫无道理。见宋亚《神话与地理并重：顾颉刚对〈山海经〉的性质界定与价值重估》，《民间文化论坛》2020年第4期。
③ 对此，王世贞曾不无调侃地说："明兴，称博学饶著述者，盖无如用修。……杨工于证经而疏于解经，博于稗史而忽于正史，详于诗事而不得诗旨，精于字学而拙于字法，求之宇宙之外而失之耳目之前。"[（明）王世贞著，罗仲鼎校注：《艺苑卮言校注》，齐鲁书社1992年版，第321—323页] 对于王氏所谓杨慎"工于证经而疏于解经"的问题，前文已经讨论过，清代周中孚在《郑堂读书记》中也反驳称："升庵精于考证，故说经之书俱能引据确切，独申己见，殊胜于株守传注，曲为附会者。王弇州谓其工于证经，而疏于解经。夫证经即所以解经，其致一也。弇州离而二之，岂知升庵者哉？"[（清）周中孚著，黄曙辉、印晓峰点校：《郑堂读书记》，上海书店出版社2009年版，第25页] 可谓一语中的。对于王氏称杨慎"博于稗史而忽于正史"的问题，"忽于正史"的说法显然失之偏颇，此点下文会有具体例证讨论，故暂不涉及；而"博于稗史"的观察，却恰恰说出了杨慎史学考据的一大特色，即充分重视野史在考据方面的特殊价值。
④ （明）杨慎：《升庵集》，《四库全书》第1270册，第384页。

地相信野史，而是有相对客观的态度。如《升庵集》卷四七"野史不可尽信"条称：

> 古今政治之盛衰，人物之贤否，非史不足以纪治乱，示褒贬，故历代皆有国史，而往往不无舛漏。于是岩穴之士，网罗散失，据掇逸事，以为野史可以补正史之阙。然野史不可尽信，如唐之《河洛春秋》诬颜杲卿上禄山降表，而郭子仪、陆贽之贤，皆加诬焉。宋代尤多，如诬赵清献娶倡。司马温公、范文正公奔竞，识者已辩之。至于国史亦难信，则在秉笔者之邪正也。如《两朝国史》贬寇准而褒丁谓，盖蒲宗孟之笔也。蔡京及卞又诬司马而谤宣仁太后，非杨中立与范冲，孰为正之？近日，李默怨先太师不与翰林，及刻《孤树裒谈》，杂入王琼雠家诬辞。岭南梁亿，乃梁文康公之弟，文康与先太师同年同官，本无嫌隙，特所趋不同耳。亿著《皇明通纪》，隐没先太师之善，如正德庚辰、嘉靖辛巳改革之际，迎立之诏，江彬之擒，皆匿而不书，乃以宸濠护卫之请，谓先君与之，时先君丁忧于家也。先君不草威武大将军敕，几陷于危，乃举而归之梁公，不知写威武大将军敕者梁公也，内阁有敕书稿簿，缀撰者姓名于下，岂可诬也？无乃欲盖而弥章乎？其他如《灼艾集》武官所辑，尤不足据。[①]

可见，杨慎在肯定野史具备"补正史之阙"的价值的同时，也对野史中存在的诸多不实记载进行了讨论，最终得出"野史不可尽信"的结论。此外，杨慎还善于利用家传等资料来进行考证。如《升庵集》卷四七"李泌家传"条考证称：

> 柳玭称李泌佐肃宗，两京之复谋居多，其功大于鲁连、范蠡，而取范阳之谋，其首也。史多逸其事，惟《邺侯家传》为详。司马公《通鉴》多载之。至朱子《纲目》，乃以《家传》出其子孙

---

① （明）杨慎：《升庵集》，《四库全书》第1270册，第372—373页。

门生，疑非实录。善乎，眉山史炤之言曰："《家传》诚不可尽信，亦岂得尽不信哉？"①

杨慎并不因为朱熹在《通鉴纲目》中疑《邺侯家传》非实录，就认定其所载完全不可靠，而是通过分析指出其中存在合理的成分，因此值得重视。杨慎又曾利用金石碑志等资料来进行考证。如《升庵集》卷四七"吕梁碑"条，利用罗泌《路史·余论七》所载《吕梁碑》考证有虞氏的谱系：

> 罗泌云：尝见汉刘耽所书《吕梁碑》，字为小篆，而讹泐者过半，其可读者仅六十言。碑中序虞舜之世云："舜祖幕，幕生穷蝉，穷蝉生敬康，敬康生乔牛，乔牛生瞽叟，瞽叟产舜。"质之《史记》盖同，而不言出自黄帝，此可以洗二女同姓尊卑为婚之疑矣。②

又同卷"大范小范"条考证范仲淹之父，亦充分利用了碑志材料，并强调假如连人物的世系都搞不清楚，那么其善恶是非就无法清晰呈现了：

> 范仲淹镇延安，夏人相戒曰："小范老子胸中有数万甲兵，不比大范老子也。"注：大范，名雍，仲淹之父。传之至今，无人知其误者。按范仲淹作《范雍墓志》云："公讳雍，字伯淳，蜀人也。为龙图待制、振武军节度使，镇延安。卒谥忠献。"又观富郑公作《范文正公墓志》云："仲淹父名墉，为钱俶掌书记。仲淹二岁而孤，随妣陈氏再适朱氏。"则雍岂仲淹之父乎？相传不考之误至此。世系且不明，则史之善恶是非，颠倒多矣。③

---

① （明）杨慎：《升庵集》，《四库全书》第1270册，第381页。
② （明）杨慎：《升庵集》，《四库全书》第1270册，第375页。
③ （明）杨慎：《升庵集》，《四库全书》第1270册，第383页。

此外，杨慎还曾利用小说的记载来佐证正史的记载①，如《升庵集》卷四七"王庭珪"条：

陈桱《续宋元纲目》，书王庭珪送胡铨诗，逢秦桧之怒，分注云："贬辰州以死。"按《鹤林玉露》云："王庭珪自桧死后还家，年八十九岁，孝宗召见，年老足弱，令一孙扶上殿，孝宗慰谕再三，特官其孙。"以此考之，庭珪未尝死于辰州也。后世多以正史证小说之误，小说信多诋讹，然拜官召见，昭昭在当时耳目，必不敢谬书如此，是小说亦可证正史之误也。缘定宇一时信笔，"辰州"下多增"以死"二字尔。②

通过分析可以看出，在杨慎的史学考据实践中，他不仅将原本着眼于经学的考据方法运用到史学考据中，推动了史学考据的展开，更以其博学尚实的为学态度，将考据所需的史料由正史扩充到野史、家传、金石碑志、小说等，为中晚明史学考据的展开树立了榜样。

二 考订史地与杨慎的史学考据

由杨慎开启的明代史学考据，既丰富了明代史学的内容，更为进一步的史学研究提供了相对可靠的史料基础。就此而言，清李调元夸赞杨慎"雄才博雅，精于考证，为有明一代之冠"③，绝非虚誉。此下就以

---

① 当然，杨慎也曾说过小说有不足信之时，此时当依正史。《升庵集》卷50"冯京"条称："余观《氏族言行录》载：冯京之父名式，京生而隽迈不群，式一日取其所诵书，题其后曰'将作监丞、通判荆南军府事冯京'。式既退官十一年，京举进士第一，为将作监丞、通判荆南，如式之言，时人谓式为知子。《氏族录》，宋人所编，当得其实也。传奇'冯商还妾'事，以为京父。考之此文，京父未尝为商，又不名商也。小说不足信，当依正史之传可也。"见（明）杨慎《升庵集》，《四库全书》第1270册，第428页。
② （明）杨慎：《升庵集》，《四库全书》第1270册，第383页。
③ （清）李调元：《升庵经说序》，王文才、万光治主编《杨升庵丛书》（一），天地出版社2002年版，第405页。

· 203 ·

杨慎考证史事及地理两方面为例①,进一步呈现杨慎史学考据的成绩。

1. 具有悠久历史的文明古国,后世文献在记录远古帝王时往往存在不一致的地方。杨慎在《升庵集》卷四七"古史考"条中,通过对比指出其间的矛盾,并不无感慨地道出古史考证并不是件容易的事:

> 谯周《古史考》以炎帝与神农各为一人。罗泌《路史》以轩辕与黄帝非是一帝,史皇与苍颉乃一君一臣。共工氏或以为帝,或以为伯而不王。祝融氏或以为臣,或以为火德之主。杨朱云:"三皇之事若存若亡,五帝之事若觉若梦,三王之事或隐或显,亿不识一。当身之事或见或闻,万不识一。目前之事或存或废,千不识一。"至哉言乎。予观近日刻《国朝登科录》,洪武庚戌至甲子,不知取士之科几开,张显、花伦、金璹,不知为何科大魁。况考论洪荒之世乎?②

考证工作之不易,其中一个重要因素就是需要建立在博览群书的基础上。对此,杨慎在《升庵集》卷四八"女娲配享功臣"条,通过考察女娲氏配享功臣一事给出了自己的看法:

> 宋崇宁祀历代帝王,皆以功臣配享,而女娲氏独无,盖传记阙也。予观纬书云:"女娲氏命娥陵氏制都良管,以一天下之音。命圣氏为班管,以合日月星辰,名曰充乐。又令随作笙簧。"是三人皆女娲氏之臣也,岂曰传记阙乎?若以纬书不足信,则伏羲氏之乌明、金提,轩辕之风后、力牧,亦纬书也。当时蔡京辈寡学,往往如此。③

2. 关于后稷始封至文王即位的世系问题,杨慎在《升庵集》卷四

---

① 此方面的讨论,林庆彰先生在《明代考据学研究》中已有专门讨论。详见林庆彰《明代考据学研究》,台湾学生书局1986年版,第106—118页。
② (明)杨慎:《升庵集》,《四库全书》第1270册,第368页。
③ (明)杨慎:《升庵集》,《四库全书》第1270册,第386页。

七"周后稷世"条考证称：

> 《史记》《世本》《国语》载后稷至文王凡十五世。愚按：后稷始封至文王即位凡一千九十余年而止十五世，可疑也。或曰上古人多寿考。然而父子相继三十年为一世，常理也。以十五世而衍为一千九十余年，即使人皆百岁，亦必六十而娶，八十始生子，而后可叶其数，岂有此理邪？稷与契同封，契至成汤四百二十余年，凡九十四世，而稷至文王年倍而世半之，何稷之子皆长年，而契之子孙皆短世乎？此又可证也。夫以周家帝王之世，国史载之犹难明，若此近世家谱，可尽信乎？①

又在同卷"吕梁碑"条继续申说：

> 又他碑所载，后稷生台玺，台玺生叔均，叔均而下数世始至不窋，不窋下传季历，犹十有七世，而太史公作《周纪》，拘于《国语》十有五王之说，乃合二人为一人，又删缩数人，以合十五之数。不知《国语》之说十五王，皆指其贤而有闻者，非谓后稷至武王千余年而止十五世也。太史公亦迂哉。②

据杨慎的考证，太史公因《国语》而出现记载失误的事实是显而易见的。因此，杨慎的考证无疑为后世更谨慎地利用《史记》等文献提供了重要参考。

3. 关于东西周的问题，从南宋鲍彪注《战国策》提出异议之后，历代均有考辨。③杨慎在前人考证的基础上做了进一步的分析，《丹铅总录》卷一二《史籍类》"东西二周后辨"④条考证曰：

---

① （明）杨慎：《升庵集》，《四库全书》第1270册，第377页。
② （明）杨慎：《升庵集》，《四库全书》第1270册，第375页。
③ 郭人民：《〈战国策〉东西周考辨》，《河南大学学报》（社会科学版）1985年第4期。
④ 《丹铅总录》卷2《地理类》有"东西二周"条，可参看。见（明）杨慎撰，丰家骅校证《丹铅总录校证》，中华书局2019年版，第86页。

《春秋》三传及《战国策》称东周、西周、王城、成周，高诱注《战国策》曰："西周王城也，今河南；东周成周也，故洛阳。"今之河南合为一城，故后之读者难于分析。今之学者，不惟专经之士昧之，而大儒如胡文定公，博学如鲍彪，注《战国策》亦谬以千里。元吴草庐作《东西二周辨》，正鲍氏之误，明且晰矣。而胡文定注《春秋》之误，则未之纠正也。《春秋》昭公二十六年，"天王入于成周"。胡《传》曰："不曰入于京师者，京师，众大之称，不可系之入也。其曰成周云者，《黍离》而次，不列于《雅》，而降为《国风》之意。"呜呼，斯言也，何其谬哉！地理不考而妄立议论，何异眯目而道黑白乎？今特辨析考证之，以洗千古之惑，然非予之臆说也。按：《尚书·洛诰》云："我乃卜：涧水东、瀍水西，惟洛食。我又卜：瀍水东，亦惟洛食。"孔安国注云："涧水东、瀍水西，王城也，朝会之地也。瀍水东，下都也，处殷顽民之地。王城在涧、瀍之间，下都在瀍水之外。"所谓下都，即成周也。以此觇之，王城、成周，自是两处，明矣。先昭公二十二年秋，刘子、单子以王猛入于王城。《公羊传》曰："王城者何？西周也。"此年天王入于成周。《公羊传》曰："成周者何？东周也。"杜预曰："入于成周，犹未得王都也。"其言岂不明晰乎？东莱吕氏，其学深于史而精于古今地理之沿革者也，其作《大事记》曰："汉河南县，即郏鄏，周武王迁九鼎，周公营以为都，是为王城。汉洛阳县，周公营下都以居顽民，是为成周。平王东迁，定都于王城。子朝之乱，其余党多在王城。敬王畏之，徙都成周。"汪克宽曰："成周在王城之东，故《公羊》以为东周，苌弘谓敬王为东王；王城在成周之西，故《公羊》以为西周，苌弘谓子朝为西王。"之数说，考证详练，足订胡《传》之谬。孔子作《春秋》，亦据事直书，岂有改地名以为褒贬者乎？雪山王氏《诗总闻》曰："王城、下都，皆周公所营也，一则藉平王之迁，一则藉敬王之入，其虑患若预知者。《诗》云：'大东小东，杼轴其空。'平王自镐京而迁王城，千里而遥，所谓大东也；敬王自王城而入成周，百里而遥，所谓小东也。东而又东,西方之人远矣,故《诗》曰:'谁能西归?怀之好音。'又曰:'彼美人兮,西方之人兮。'皆是一意也。"近时无锡邵尚书国贤曰:"天王入于成周,下都也。既入成周矣,曷不遂入王城?子朝之余党在焉故也。故苌弘之建议城成周也,谓之迁都,其任怨也大矣,非忠之至者,其孰能与于此?或者不知王城、成周为二,遂以入成周为入于京师,使迁都之说卒无所归,而弘之忠不白于后世。呜呼,地之不考乃害于义如此哉!"慎按:邵尚书之说,或者正指胡文定,而不欲明言。盖近日学者之病,宁得罪于孔子,而不敢得罪于宋儒,类如此。虞文靖公云:"今人但见宋儒六经,而不知宋儒以前六经。"有味其言哉!慎故拾先哲遗言,为《东西二周后辨》,以补吴草庐之未备,亦有夹谷之奇,若程雪楼之赏契者乎![1]

杨慎充分利用前人和时人的考证结论,对东西二周的问题进行了考辨,并特别强调要掌握"古今地理之沿革"才能够得出正确的结论,否则只能是"妄立议论","眯目而道黑白"。同时,杨慎又指出,对于宋儒的结论要敢于提出疑问,不能像近日某些学者那样,"宁得罪于孔子,而不敢得罪于宋儒"。

4. 关于秦焚书坑儒的问题,至今仍是学界研究的热点[2],而杨慎对此问题有自己的看法。杨慎在《丹铅总录》卷一三《订讹类》"焚书起于韩非"条中考证称:

秦焚书坑儒,起于李斯乎?斯之先,固有为此说于秦者矣,韩非是也。非之言曰:"世之愚学,皆不知治乱之情,讘謕多诵先古之言,以乱当世之治。""又妄非有术之士,听其言者危,用其计者乱。"又曰:"群臣为学,门子好辩,可亡也。"又曰:"舍法

---

[1] (明)杨慎撰,丰家骅校证:《丹铅总录校证》,中华书局2019年版,第502—504页。
[2] 尤旭星:《近十年来中国内地焚书坑儒研究总结与问题前瞻》,《阴山学刊》2021年第1期。

律而言先王者，上任之以国。""主以是过予，而臣以此徒取矣。"此与斯所言是古非今，若合符节。作俑者，乃韩非，匪斯也。凡为异说者，一则骇，再则习；始则疑，终则行矣。宋儒有过求者，乃谓斯之学出于荀卿。焚坑之祸，卿有以启之。卿尝入秦，见应侯，讥秦之无士矣。舍非而罪卿，所谓洗垢而索瘢者耶！①

5. 关于四皓的姓字问题，杨慎之前有不同的看法。杨慎在《丹铅总录》卷一〇《人品类》"四皓姓字"条考证称：

《通鉴》四皓姓名，王幼学《集览》据《陈留志》及陶潜《四八目》为说，东菌公，一也；绮李季，二也；夏黄公，三也；甪里先生，四也。陈济《正误》以绮李、季夏为一人，黄公为一人，妄引杜诗"黄绮终辞汉"为据，其说杜撰，可笑。且诗人称古人姓名多剪截，便于音韵，如称司马长卿为马卿，称东方朔为方朔。唐诗有称东菌公者，盖亦此例，岂足为据乎！②

6. 司马迁《史记》，杨慎评价极高③，但即便如此，他对《史记》中存在的问题亦毫不讳言，而是结合史料进行考辨。如《丹铅总录》卷一六《官爵类》"司马迁误史"条：

《史记·齐世家》云："顷公朝晋，欲尊王晋景公，景公不敢当。"《晋世家》亦云："齐顷公欲上尊景公为王，景公让不敢。"按《左传》："齐侯朝于晋，将授玉。"司马迁误读"玉"为"王"，故遂节为此谬说耳，孔颖达《正义》云，吾取之。④

---

① （明）杨慎撰，丰家骅校证：《丹铅总录校证》，中华书局2019年版，第534页。
② （明）杨慎撰，丰家骅校证：《丹铅总录校证》，中华书局2019年版，第370页。
③ 如《升庵集》卷47"史评"条称赞司马迁编纂年表时说："太史公《年表》，于帝王则叙其子孙，于公侯则纪其年月，列行索以相属，编字戢而相排，虽燕越万里而于径寸之内犬牙可接，虽昭穆九代而于方寸之中雁行有序，使读者简便，举目可详，此其所以为快也。"见（明）杨慎《升庵集》，《四库全书》第1270册，第369页。
④ （明）杨慎撰，丰家骅校证：《丹铅总录校证》，中华书局2019年版，第710页。

7. 关于欧阳修《五代史》，宋人有誉之过甚者，认为胜于司马迁《史记》，杨慎在《丹铅总录》卷二五《璅语类》"五代史"条对其考辨曰：

> 欧阳氏《五代史》，誉之太过其实，至云胜于《史记》，此宋人自尊其本朝人物之言，要其实，未也。《史记》自《左氏》而下，未有其比，其所谓独冠诸史，非特太史公父子笔力，亦由其书会辑《左氏》《国语》《战国策》《世本》，及汉代司马相如、东方朔辈诸名人文章，以为桢干也。《五代史》所载，有是文章乎？①

8. 关于《西清诗话》中提及杜常、方泽为唐代诗人的问题，杨慎在《丹铅总录》卷一八《诗话类》"方泽杜常"条考证此杜常实为宋代诗人：

> 《诗话》云："杜常、方泽，在唐诗人中，名姓不显，而诗句惊人。今惟存《华清宫》一首。"《孙公谈圃》亦以为宋人。近注《唐诗三体》者，亦引《谈圃》，而不正指其非唐人，盖不欲显选者之失耳。予又见《范蜀公文集》中有《手记》一卷，记其一时交游名流，中有杜常，名姓下注曰"诗学"。又《宋史》有《杜常传》云："杜常，太后之姪，能诗。"以《史》与《谈圃》《手记》参之，为宋人无疑矣。如《唐诗鼓吹》以宋胡宿诗入唐选。宿在《宋史》有传，文集今行于世，所选诸诗在焉，观者不知其误，何耶？②

杨慎综合考察《宋史》《孙公谈圃》《手记》等资料的记载，考证出《西清诗话》误将宋人杜常当作唐代诗人，证据坚实，结论可靠。对此，焦竑在《焦氏笔乘》卷三"杜常"条中进一步补充道：

---

① （明）杨慎撰，丰家骅校证：《丹铅总录校证》，中华书局2019年版，第1201页。
② （明）杨慎撰，丰家骅校证：《丹铅总录校证》，中华书局2019年版，第770页。

用修此言，盖据史以正之耳。予尝见杜常一碑，凡数诗，《华清宫绝句》居首，前书"殿中丞杜常"，后题元丰年月。其诗与今所传微不同："一别家山十六程，晓来和月到华清。朝元阁上西风急，都入长杨作雨声。"盖周弼不惟迷其世代，且妄改其诗矣。大抵《三体》《鼓吹》所取皆晚唐之最下者，其人无识而寡学，要不足辨。①

9.《山海经·西山经》："长留之山，其神白帝少昊居之。惟员神磈氏之宫。是神也，主司反景。"郭璞注"反景"曰："日西入，则景反东照，主司察之。"杨慎进一步考证曰：

> 日西入，则景反东照，故曰反景。扬雄赋所谓"倒景"也。《尚书》："宅西，曰昧谷。寅饯纳日。"古文"昧谷"作"柳谷"。郑玄曰："五色聚为柳，日入时，具五色。"《说文》谷，日入色也。《尚书》饯日柳谷，属之仲秋。《山海经》司反景，亦居之白帝。盖倒景反照，在秋为多。其变千状，有作胭脂红者，谚所谓"日没胭脂红，无雨必有风"也；有如金缕穿射者，古诗所谓"日脚射空金缕直"，"西望千山万山赤"也。凡乍雨乍霁，载霞载阴，云气斑驳，日光穿漏其中，必有蛟龙隐见，是则所谓神司反景也。②

杨慎引用《尚书》、《说文解字》、扬雄《甘泉赋》、杜甫《光禄坂行》、梅尧臣《和张簿宁国山山门六题·夕阳岩》以及民间谚语等，考证"反景"的含义，指出太阳向西转向，影子也会跟着转向。

10.《山海经·海内北经》："犬封国曰犬戎国，状如犬。有一女子，方跪进杯食。"关于犬封国之女子何以要"跪进杯食"，杨慎利用所见云南当地民俗加以解释：

---

① （明）焦竑撰，李剑雄点校：《焦氏笔乘》，上海古籍出版社1986年版，第180—182页。
② （明）杨慎：《山海经补注》，《丛书初编》，第5页。

注:"槃瓠杀戎王高辛,以美女妻之,生男为狗,女为美人。"今云南百夷之地,女多美,其俗不论贵贱,人有数妻。妻妾事夫如事君,不相妒忌。夫就妾宿,虽妻亦反服役之,云重夫主也。进食更衣,必跪,不敢仰视。近日姜梦宾为兵备,亲至其地,归戏谓人曰:"中国称文王妃后不妒,百夷之妇,家家文王妃后也。""跪进杯食",盖纪其俗。①

11. 汉桑钦所撰《水经》,经北魏郦道元注释后广为流传,南宋陈振孙在《直斋书录解题》卷八"水经三卷水经注四十卷"条评价道:"详《水经》所作,殊为诡诞,全无凭据。"② 杨慎对此颇为不满,考证曰:

予窃以其说为不然。昔在陶唐,水失其行,神禹平之,史官纪其濬导之绩,于是乎《禹贡》作焉。厥后好事者,因禹迹之广,旁及异域,圻壤悉载,淑诡毕陈,于是乎《山海经》作焉。原钦此志,盖祖述《禹贡》,而宪章《山海》者也,专纪水泽,故以水名经。采撷群书,兼统众闻,固已富矣。《禹贡》《山海》据今所见尔,计钦所见,当不啻是。职方王会之遗图,沟洫河渠之杂志,輶车观风之赴告,谣俗闻见之传信,其不为无稽之籍可知已,钦岂必地至方问而后笔哉?以予尝所经历验之,自吾西蜀至北郡,水浮荆楚,陆走秦赵,径且万余里,名川支川问津者,无虑此书之十二,征往所载,与今所见,无至泰忤,用是例其未经者,虽天下可知也。谓其为未精审者,无乃厚诬欤?夫《禹贡》者,圣人作之,圣人订之,然其间如东汇泽为彭蠡,东迤北会为汇,传者摘其为记者之误。至于《山海经》之牴牾多有之,而学者犹不废也,则此书顾不足为《禹贡》之义疏、《山海》之

---

① (明)杨慎:《山海经补注》,《丛书初编》,第13页。
② (宋)陈振孙著,徐小蛮、顾美华点校:《直斋书录解题》,上海古籍出版社1987年版,第238页。

补逸乎？乃独久湮于肆箧者，亦由知之者鲜尔。①

杨慎对于《水经》的重视由此可见一斑，自此以后，明代学者研究刊刻《水经》者渐多，其中最重要的研究成果当为朱谋㙔（1552—1624，字郁仪）的《水经注笺》。②

12. 关于"黑水之源"究竟在哪里，历来争议不断，杨慎《丹铅总录》卷二《地理类》"黑水之源"条在前人考证的基础上，进一步考证称：

> 《禹贡》曰："华阳黑水惟梁州。"又曰："导黑水至于三危，入于南海。"郑玄云："三危在鸟鼠之西，而南当岷山，又在积石之西南。当黑水祠，黑水出其南胁。"又按《汉书·地理》："益州郡：滇池有黑水祠。"郦道元注《水经》，锐意寻讨，亦不能知黑水所经之处。马端临《舆地考》云："孔、郑通儒，亦莫知其处，是年代久远，遂至堙涸，无以详焉。"今按杜氏《通典》曰："吐蕃有可跋海，去赤岭百里，方圆七十里，东南流入西洱河，合流而东，号曰漾濞水。又东南出会川，为泸水焉。"泸水，即黑水也。长宁周文安公云："三危山在云南丽江，其源委既详，足以补《禹贡》之注矣。"濞水今在大理之西百里，土俗讹作样备。《唐书》：姚巂道讨击使唐九征，率兵击吐蕃，虏以铁絙梁漾、濞二水，通西洱，筑城城之。九征毁絙夷城，破之，建铁柱于滇池以勒功，即此水也。黑水祠在云南昆明县之官渡，今名黑杀天神土主俗祠，祷之者极众。马端临生于宋季，土宇分裂，纸上之言，难以考据。今三危、黑水祠、漾濞，皆在中国。

---

① 王文才、张锡厚辑：《升庵著述序跋》，云南人民出版社1985年版，第220—221页。
② 顾大韶在《炳烛斋随笔》中曾记载道："《水经注》一书，虽经杨用修、皇甫曾辈表章，然差错难晓处甚多。近世郁仪王孙（即朱谋㙔）之笺出，令人便于读诵，其功不浅，然有大误二处，尚未加辨正。'渭水'中卷，既云入于海矣，而其下卷乃始序诸葛屯田渭滨之事，其为倒连，显然易知。若以下卷作中卷，中卷作下卷，岂非一快？江水项下，自'江水左得起'至'安陆之延头'，止九十余字，明是注体而混入经文，亦应改正。"见（明）顾大韶《炳烛斋随笔》，《续修四库》子部第1133册，第6页。

· 212 ·

余寓云南二十余年，目击耳闻，是以得其真，并书以谂四方之好古者。①

杨慎的考证结论，虽然基于对相关文献的梳理以及他本人在云南的"目击耳闻"，但实际上并未完全解决黑水之源的问题。因此，清代学者如顾祖禹、赵一清、王鸣盛、阮元、俞正燮、陈澧等均有新的考辨。②

总之，杨慎虽然没有形成史学考据专书，但他的考据实践还是大大地丰富了明代史学的内容。特别是他在考证诸多史学问题的同时，往往会借机对明代学者的"不知学"进行有针对性的批评③，这对我们深入了解明代学术状况，了解杨慎的史学考据是在怎样的学术背景下展开的具有重要价值。

第二节 杨慎影响下的中晚明史学考据群体

杨慎作为开明代史学考据风气之先者，虽然他的考据实践对扭转明代史学理学化倾向做出了重要贡献，考据成果也极大丰富了明代史学的内容，但不得不承认，他的考据成果也还存在种种缺失。正因为如此，与他同时代或者稍后的学者，既有受他考据实践的影响，主动从事史学考据的人，也有因对其考据结论不满，在纠驳其考据失误的同时"被动"从事史学考据的人。总之，在杨慎实事求是的治学态度和广征博引的治学方法的影响下，逐渐有一批学者参与到史学考据中来，他们的考据成果不仅为明代史学的发展注入了全新的活力，更直接或间接地影响了清代史学考据的发展。

---

① （明）杨慎撰，丰家骅校证：《丹铅总录校证》，中华书局2019年版，第95—96页。
② （明）杨慎撰，丰家骅校证：《丹铅总录校证》，中华书局2019年版，第97—98页。
③ 《升庵集》卷50"张俊张浚二人"条，通过考证后指出："浚与俊岂可混为一人哉？今之士夫例以倾岳为浚之短，不知受诬千载如此。陈白沙诗'秦倾武穆因张浚'，白沙自《语录》《击壤》外，胸中全无古今，无怪其然，而举世懵然，余故详著，以见贤者之不可厚诬，考古之不可不精，议论之不可轻立，而益叹今人之不知学也。"见（明）杨慎《升庵集》，《四库全书》第1270册，第429页。

一 中晚明史学考据群体的形成

明代自正德以后，社会进入转型时期，史学的转型也在此时展开。"所谓史学的转型，是指理学化史学向非理学化史学的转变，是一种史学范型向一种史学范型的转变。"① 在这场史学转型的过程中，祝允明（1461—1527）及其《罪知录》极具代表性②，《罪知录》作为祝氏表达反传统思想的论文集，既在理论上提倡批判宋学，又明确提出了汉学的主张。③ 稍后的杨慎，不仅延续了祝氏的反宋学主张，批评宋儒"失之专者，一骋意见，扫灭前贤"④，"议论多而成功少"⑤，"地理不考而妄立议论"⑥，更以其渊博的学识和敏锐的意识，在史学上开启了博古考据之风。

杨慎所开启的博古考据之风，对当时的史学界造成了不小的影响。一些学者即在自己的著作中广泛采纳杨慎的史学考据成果。如万历年间卜大有（1512—?）所辑《史学要义》五卷，被认为是"中国历史上最早出现的聚群籍论史学之文为一编的纂辑作品"⑦，该书就专门收录了杨慎的多篇史学札记。李贽（1527—1602）编撰的《李卓吾先生读升庵集》二十卷，是李贽阅读杨慎《升庵集》后，对杨慎作品进行

---

① 钱茂伟：《明代史学的历程》，社会科学文献出版社2003年版，第99页。
② 当然，对于祝氏好载野史且多妄诞的问题，时人沈长卿在所著《沈氏日旦》卷2"崇祯元年夏"中已经进行了批评："野史多诞，而祝允明所纪尤其不经，如所载吴城老父每剔耳，耳中得物甚多，云五谷金银犹可，云罗绮绢帛之类皆出焉，则诞甚矣。荆门一媪亦然，尤可笑也。此翁善书而贪，乡人妄谑之，遂认为真，而附诸志怪之列。至于惯诋于忠肃公，则《列子》所谓秦人逢氏子得迷罔之疾，闻歌以为哭，视白以为黑，飨香以为臭，尝甘以为苦者，颠倒错乱，自其症候使然，不足怪也。"见（明）沈长卿《沈氏日旦》，《续修四库》子部第1131册，第362页。
③ 钱茂伟：《明代史学的历程》，社会科学文献出版社2003年版，第109—115页。
④ （明）杨慎：《升庵集》卷52"文学之衰"条，《四库全书》第1270册，第447页。
⑤ （明）杨慎撰，丰家骅校证：《丹铅总录校证》卷19《诗话类》"宋人多议论可厌"条，中华书局2019年版，第821页。
⑥ （明）杨慎撰，丰家骅校证：《丹铅总录校证》卷12《史籍类》"东西二周后辨"条，中华书局2019年版，第503页。
⑦ 杜维运：《史学史的资料——兼评明卜大有辑〈史学要义〉》，载瞿林东主编《史学理论与史学史学刊》总第7卷，社会科学文献出版社2009年版，第113页。

重新编排，并加以评点的成果。① 该书卷七和卷八为《史类》，收录了92篇文章，其中卷七《史类》"经史相表里"条，李贽评点称：

> 经史一物也。史而不经，则为秽史矣，何以垂戒鉴乎？经而不史，则为说白话矣，何以彰事实乎？故《春秋》一经，春秋一时之史也。《诗经》《书经》，二帝三王以来之史也。而《易经》则又示人以经之所自出，史之所从来，为道屡迁，变易匪常，不可以一定执也。故谓《六经》皆史可也。②

此条评语既强化了杨慎"经史相为表里"的观点，且明确提出"《六经》皆史"的命题，这对推动明代"史学摆脱经学的束缚有着重要意义，对千百年来形成的以经驭史，史附于经的局面有所突破，这种思想也被清代的史学评论家章学诚加以弘扬"。③ 张燧的《千百年眼》十二卷，作为"晚明一部通史性史论著作，以其犀利的见解为当世及后人称道"④，而该书曾大量因袭杨慎《升庵集》的内容，充分反映出杨慎史学考据成果对后世的影响。

一些学者则因不满于杨慎史学考据成果，进而在自己的相关著作中对其进行批驳。如杨慎好友云南巡抚顾应祥在《静虚斋惜阴录》中，周复俊在《泾林杂纪》中，陈绎在《金罍子》中，谢肇淛在《文海披沙》中，均对杨慎的考证失误进行了驳斥。陈耀文在《正杨》中，则是全面批驳了杨慎各方面的考据成果，史学考据成果的批驳就是其中最重要的部分。

此后，在当时文史学界具有重要影响力的王世贞（1526—1590），也同样受到杨慎的影响。王世贞曾在给胡应麟的信中说：

---

① 司马朝军：《〈读升庵集〉真伪考》，《文献辨伪学研究》，武汉大学出版社2008年版，第132—142页。
② 此评语后收入《焚书》卷五"经史相为表里"。见（明）李贽著，陈仁仁校释《焚书·续焚书校释》，岳麓书社2011年版，第351—352页。
③ 杨艳秋：《明代史学探研》，人民出版社2005年版，第69—70页。
④ 朱志先：《张燧〈千百年眼〉因袭杨慎〈升庵集〉考论》，《古籍整理研究学刊》2011年第1期。

> 仆尝谓弘、嘉之际，诸公艺业，亡不斐然。惟博综一途，寥寥绝响，仅一杨用修而讹戾叠出，余益下风，恐遂成国朝大缺陷。今既得元瑞不虞此矣。宇宙鸿业，将来足下一人，望之勖之。①

作为以博学著称的王世贞虽然也指出杨慎的考据成果"讹戾叠出"，但他也不得不承认，在当时学界若以博综而论，杨慎确实最为出色。因此，王世贞不仅对杨慎的著作颇为留意，更对其中的失误处进行纠驳。如《史乘考误七》载王世贞考证杨慎之失曰：

> 杨用修《丹铅余录》载河僵事，且于《实录》书之，云：正德中，文安县水忽僵立，是日天大寒，遂冻为冰柱，高五丈，四围亦如之，中空而傍有穴。后数日，流贼过文安乡，乡民入穴中避之，颇赖以全，土人谓之河僵。此固灾异也，不知五丈之冰穴藏得几许人，又不知不为照见否？不冻死否？我能往，寇亦能往，避兵之说恐未可信也。②

更为重要的是，王世贞将杨慎所开启的史学考据运用到对当代史史料的考证上，并撰写出了《史乘考误》这部对当代史史料进行考辨的书。该书的出现，"其意义不仅在于对当代史研究影响很大，而且对整个学风和社会思潮都具有一定影响"。③

焦竑也是受杨慎史学考据影响较深的学者，他虽然没有专门的史学考据著作，但他的《焦氏笔乘》及《续集》中就有不少涉及史书、史事的考证。此外，王士性的《广志绎》、胡应麟的《史书占毕》、朱国祯的《皇明史概》、孙能传的《剡溪漫笔》、赵崡的《石墨镌华》、沈德符的《万历野获编》、朱明镐的《史纠》等，均是受杨慎所开启的史学考据风气的影响而形成的史学考据成果。这些学者及其成果的

---

① （明）王世贞：《弇州续稿》卷206《答胡元瑞》，《四库全书》第1284册，第898页。
② （明）王世贞撰，吕浩校点：《弇山堂别集》卷26，上海古籍出版社2017年版，第615—616页。
③ 姜胜利：《王世贞与〈史乘考误〉》，《海南大学学报》（社会科学版）1997年第2期。

出现，既丰富了明代史学的整体面貌，也由此形成了一个以求真为目的的史学考据群体。

二 中晚明史学考据群体成果探究

（一）中晚明史学个案考据

当杨慎的史学考据工作刚刚展开之时，作为好友的云南巡抚顾应祥就已参与其中，他曾在所著《静虚斋惜阴录》卷一〇《论杂》中记录了他驳斥杨慎关于"汉寿"的考证：

> 曹操既克袁绍，表关羽为汉寿亭侯。汉寿，邑名，亭侯，爵也，后人误以汉为国号，止称寿亭侯，程篁墩学士著《关羽爵谥考》是矣，但谓汉寿为犍为则非。考《一统志》在四川保宁府广元县，在秦时为葭萌县，费祎北屯汉寿，即是此地。杨升庵《丹铅录》谓汉寿郡在蜀之岩道，尤非。岩道在蜀之雅州，晋为汉嘉郡，非汉寿也。篁墩又云羽谥壮缪，人以为恶谥而不称。此说亦非。当时操虽表羽为侯，而羽即奔还汉，初未尝食邑于此。及羽殁，汉追赠壮缪侯，胡元时又追封义勇武安王，故世人但称其爵而略其谥耳，非讳之也。又按《解州志》载关羽庙有四连环寿亭侯印一颗，苏州所刻，《汉晋印章图》亦载之，又不知何故。①

关于"汉寿"的地望，顾应祥不同意程敏政和杨慎的结论，认为应该在广汉葭萌县，但据清赵翼的考证，此"汉寿"不应在四川境内，而应是武陵郡的属县。② 关于"寿亭侯印"的问题，顾氏无法解答，但据文廷海先生的考证，此印为后人伪造无疑。③

---

① （明）顾应祥：《静虚斋惜阴录》，《续修四库》子部第1122册，第475页。
② （清）赵翼撰，曹光甫校点：《陔余丛考》卷35"汉寿亭侯"，上海古籍出版社2011年版，第687页。
③ 文廷海：《是"汉寿亭侯"还是"寿亭侯?"——关羽封爵考》，《中华文化论坛》2000年第4期。

此外，顾氏又在《静虚斋惜阴录》卷一二《杂论三》中记录了他驳斥杨慎考证"禹穴"的情形：

> 杨用修《丹铅录》云：司马子长《自叙》云"上会稽，探禹穴"，此子长自言遍游万里之日。"上会稽"，总吴越也；"探禹穴"，言巴蜀也。后人不知其解，遂以为禹穴在会稽，而作《地志》者以禹庙旁小坎如舂臼者当之，是有何奇而辱子长之笔耶？按：蜀之石泉，禹生之地，谓之禹穴。其石杳深，人迹不到。顷巡抚刘远夫修《蜀志》，搜访古碑刻，有"禹穴"二字，乃李白所书，始知会稽禹穴之误。大抵古人作文，言简而括，若禹穴在会稽，而上云"上会稽"，下又云"探禹穴"，不胜其复矣。予未敢以为然。按《史记》注，禹生于四川茂州文川县石纽山。《一统志》"石纽山在石泉县南"，是矣。古人云死则同穴，未闻以所生之地为穴也。史迁文虽简古，因禹穴在会稽，故带"探禹穴"三字，亦不谓之重复。李白之书，殆必唐之文人好事者以此呼之耳。《陕西通志》载，汉中府洵阳县东一百三十里山穴傍镌"禹穴"二字，古碑已剥落，亦古之好事者所为也。①

顾氏不同意杨慎所说"禹穴"在蜀地的结论，认为蜀地乃大禹出生地，而古人死则同穴，未闻以出生地为穴者。其实，对于杨慎"禹穴"的考证，不仅顾氏提出疑问，同为杨慎好友的周复俊在其《泾林杂纪》卷一中也提出了不同看法：

> 太史公"上会稽，探禹穴"，此二句实一时事，无待辨也。杨子亦以禹穴在蜀，若果然，不应太史公方登会稽，而遂幡然命驾万里入蜀，以探无缓急之禹穴也。……又云巡抚刘公掘地得禹穴石刻。刘公巡抚，予时寓蜀，数见其举动颠倒，心神恍惚，此

---

① （明）顾应祥：《静虚斋惜阴录》，《续修四库》子部第1122册，第513页。

必其下捏为之，以欺刘公耳。未久，刘卒于位。①

周氏不仅明确指出"上会稽"与"探禹穴"乃是一时之事，而且指出巡抚刘远夫"举动颠倒，心神恍惚"，因此他掘地得到的禹穴石刻，乃是其下属伪造来欺骗刘氏的。此后，陈耀文在《正杨》卷一"禹穴"条，也根据《史记·太史公自序》及《晋书·苻坚传》的记载，指出杨慎观点的破绽：

> 《史·自序》云："迁生龙门，耕牧河山之阳。年十岁则诵古文。二十而南游江、淮，上会稽，探禹穴，窥九疑，浮于沅、湘；北涉汶、泗，讲业齐、鲁之都，观孔子之遗风，乡射邹、峄；厄困鄱、薛、彭城，过梁、楚以归。于是迁仕为郎中，奉使西征巴、蜀以南，南略邛、笮、昆明，还报命。"本传固自明白，未浮湘、沅，辄探蜀穴，太史公无乃太阔步乎？末又有巴、蜀之言，更为何地乎？异哉！《载记》云："苻坚欲伐晋，谓什道安曰：'朕将与公谒虞陵于疑岭，瞻禹穴于会稽，泛长江，临沧海，不亦乐乎！'"安曰："东南区区，地下气疠，虞舜游而不返，大禹适而弗归，何足以上劳神驾，下困苍生。"今云"李白所书"，岂太白在汉、晋前耶？②

被誉为人文地理学家的王士性，则利用自己的实地考察，在《广志绎》卷四《江南诸省》中指出杨慎将大禹出生之地与埋葬之地混淆的事实：

> 会稽禹穴空石陷入石中，上锐下丰，可动而不可起，真神异也，或者禹葬衣冠之所，又谓生而藏秘图者。太史公云："上会稽，探禹穴。"明谓此无疑。杨用修强以石纽村当之，石纽乃大

---

① （明）周复俊：《泾林杂纪》，《续修四库》子部第1124册，第123页。
② （明）陈耀文：《正杨》，《四库全书》第856册，第55页。

禹所生，会稽则其所葬，彼禹穴二字，乃后人所作也。①

又在同书卷五《西南诸省》中进一步指出杨慎的考证结论乃是"穿凿之过"：

> 大禹生于石泉县石纽村，即今之石鼓山，其山朝暮二时有五色霞气。《华阳国志》称夷人营。其地方百里不敢居牧，有过逃其野中不敢追，云畏禹神能藏之，三年为人所得则共原之，云禹灵已宥之。唐李白亦书"禹穴"二字于石，杨用修遂以太史公所上之禹穴即此也，非会稽，盖穿凿之过。②

谢肇淛在《文海披沙》卷五"禹穴"条，不仅指出杨慎的错误，更认为杨慎关于"禹穴"的考证是"好奇而轻信，强辩而不顾理"：

> 杨用修辩禹穴，以为在巴蜀，其言甚坚，而余未敢以为然也。宇内山川同名者多矣，岂可以己一时之偶见，而尽排千古之议论乎？王元美有辩不赘。然据吕柟《游龙门记》，则龙门亦有禹穴，盖三禹穴矣。蒙山实在雅州，如必以为在云南，则山东亦有蒙山，何以知《禹贡》之蒙山不在此而必在彼耶？大率用修之议论，好奇而轻信，强辩而不顾理。③

据谢氏的考证可知，王世贞也曾参与到"禹穴"的讨论之中，并提出了与杨慎不同的看法。

当然，关于"禹穴"的问题，后人还在继续讨论。④ 这里需要特别指出的是，杨慎关于"禹穴"的考证，引发了当时学界的持续讨论，且参与讨论者都是在当时具有重要影响的人，他们的参与不约而

---

① （明）王士性撰，吕景琳点校：《广志绎》，中华书局1981年版，第71—72页。
② （明）王士性撰，吕景琳点校：《广志绎》，中华书局1981年版，第108—109页。
③ （明）谢肇淛：《文海披沙》，《续修四库》子部第1130册，第296页。
④ 周幼涛：《禹穴新探》，《浙江学刊》1995年第4期。

同地将杨慎的考证结论作为批驳对象。这从表面上看起来，无疑凸显了杨慎考证"禹穴"的失误；但事实上，若换一个角度来看，却恰恰证明了杨慎的史学考据实践在中晚明具有非凡的影响力，而这种影响力又绝不仅限于"禹穴"一个问题而已。因此，可以这么认为，"禹穴"问题的论争是中晚明史学考据的鲜活事例，这个鲜活事例展示出的正是一幅围绕杨慎而形成的中晚明史学考据群体景象的缩影。

陈耀文的《正杨》是开启全面纠驳杨慎考据讹误的专著，其中所涉内容极为丰富，关于史学考据者，如前面已经提及的关于"禹穴"的考证。又如《正杨》卷一"丹书"条，杨慎引《大戴礼记》及《左传》之文，认为丹书乃"古人之法律书名"[①]，陈耀文不同意杨慎的看法，并作了较为详细的考证。其中有云：

《吕氏春秋》云："文王见火乌衔丹书集于周舍，故色尚赤。"《左传》云："初，斐豹，隶也，著于丹书。栾氏之力臣曰督戎，国人惧之。斐豹谓范宣子曰：'苟焚丹书，我杀督戎。'宣子喜，曰：'而杀之，所不请于君焚丹书者，有如日！'乃出豹而闭之，督戎从之。踰隐而待之，督戎踰入，豹自后击而杀之。"据斐豹欲焚其丹书，又注谓以丹书其罪，似非法律书名。周之丹书，其可焚乎？引之为证，亦不类。《晏子春秋》云："公游于纪，得金壶，发而视之，中有丹书，曰：'食鱼无反，勿乘驽马。'晏子曰：'食鱼无反，毋尽民力乎！勿乘驽马，无置不肖者于侧乎！'公曰：'纪有书，何以亡也？'对曰：'君子有道，垂之间。纪有此言，注之壶，不亡何待乎！'"《汉书》云："高祖定天下，封功臣，申以丹书之信，重以白马之盟。"岂皆法律书耶？[②]

据陈氏所引诸"丹书"，显然均无法作为法律书籍看待，可见杨慎的考察确实存在问题。又如《正杨》卷一"麋鹿蜚鸿"条，陈耀文

---

① （明）杨慎撰，丰家骅校证：《丹铅总录校证》，中华书局2019年版，第1188页。
② （明）陈耀文：《正杨》，《四库全书》第856册，第62—63页。

先转引杨慎考证之文①,继而引述相关证据加以驳斥:

>《史记》:"麋鹿在牧,蜚鸿满野。"徐广曰:"此事出《周书》及《随巢子》,云'夷羊在牧'。"《索隐》曰:"按:高诱曰'蜚鸿,蠛蠓也。'言飞虫蔽田满野,故为灾,非是鸿雁也。《随巢子》作'飞拾',飞拾,虫也。"《纣纪》云:"厚赋敛以实鹿台之钱,而盈巨桥之粟。益收狗马奇物,充仞宫室。益广沙丘苑台,多取野兽飞鸟置其中。"《武纪》云:"武王伐纣,纣反走,入登于鹿台之上,蒙衣其殊玉,自焚于火而死。于是命南宫括散鹿台之财,发巨桥之粟。"观此,则鹿台非养鹿之所。《新序》云:"纣为鹿台,七年而成,其大三里,高千尺,临望云雨。"观此,则非可养鹿处。《文纪》云:"纣囚西伯,闳夭之徒,乃求骊戎之文马,有熊九驷,因嬖臣费仲而献之纣。乃赦西伯。"《六韬》曰:"商王拘周伯于羑里,太公等求得鸡斯之乘,以献商王。"观此,则纣非弃良马者。②

据陈氏的考察可见,杨慎的相关论证确实存在诸多疑问,实有进一步考察的必要。又如《正杨》卷四"明驼使"条,陈耀文先引杨慎的考证③,继而引《后魏书》之文加以驳斥:

>《后魏书》云:"高祖不饮洛水,常以千里足明驼更互回恒州取水,以供瞻焉。""明""鸣"之误,《酉阳杂俎》已载之矣。④

此后,焦竑在《焦氏笔乘续集》卷五"明驼"条,又补充考证道:

---

① (明)杨慎撰,丰家骅校证:《丹铅总录校证》,中华书局2019年版,第1182页。
② (明)陈耀文:《正杨》,《四库全书》第856册,第65页。
③ (明)杨慎撰,丰家骅校证:《丹铅总录校证》,中华书局2019年版,第554页。
④ 此条文渊阁本《正杨》原无,今据南京图书馆(索书号为GJ/110576)藏明隆庆三年(1569)刻本补。

《木兰辞》"愿驰千里明驼足，送儿还故乡"，驼卧，腹不帖地，屈足，漏明则走千里，故曰明驼。唐制：驿置有明驼使，非边塞军机，不得擅发。又《后魏书》："高祖不饮洛水，常以千里足明驼，更互回恒州取水供赡。"据此，则取水数千里外，不始于李赞皇矣。①

　　除此条外，焦竑在《焦氏笔乘》《续集》中还有不少史学考据的内容。如《焦氏笔乘》卷一"七始"条，针对杨慎《丹铅总录》卷七《音律类》"舜七始咏"②条考证称：

　　《汉书·律历志》引《尚书》："予欲闻六律、五声、八音、七始咏，以出纳五言。"言以律吕和五声，施之八音，合之成乐。七者，天地四时人之始也。顺以歌咏五常之言。今文"七始咏"作"在治忽"。史绳祖据汉《房中歌》"七始华始，肃倡和声"，而以今文"在治忽"为傅会，是矣。用修乃谓："今之切韵，宫、商、角、徵、羽之外，又有半商、半徵，盖牙、齿、舌、唇、喉之外，有深喉、浅喉二音，此谓七始咏，咏即韵也。"此说甚非。"七始"，本志自有定说，乃云《汉书》注不著七始之义，而别自为解，岂未见《汉书》邪？且《切韵》起于近世，而谓舜时有之，尤舛。③

　　杨慎《丹铅总录》卷二七《璅语类》"书句"条，记载了杨慎考证"约法三章"的断句问题："《汉书》'与父老约'句，'法三章耳：杀人者死，伤人及盗抵罪'。今皆读作'约法三章'，是何理也？"④焦

---

①（明）焦竑撰，李剑雄点校：《焦氏笔乘》，上海古籍出版社1986年版，第335页。
②（明）杨慎撰，丰家骅校证：《丹铅总录校证》，中华书局2019年版，第257页。
③（明）焦竑撰，李剑雄点校：《焦氏笔乘》，上海古籍出版社1986年版，第28—29页。此条，陈耀文在《正杨》卷2"七始"条亦有考证。见（明）陈耀文《正杨》，《四库全书》第856册，第91页。
④（明）杨慎撰，丰家骅校证：《丹铅总录校证》，中华书局2019年版，第1270页。

竑在《焦氏笔乘续集》卷五"句读"条夸赞道："杨用修读《史记》：'高祖与父老约，句。法三章耳。'皆妙得古人之旨，是正沿承之误。"① 孙能传在《剡溪漫笔》卷二"约法三章"条更进一步考证曰：

> 《汉·高帝纪》："与父老约，法三章耳。"王厚斋"与父老约"作一读，因上文"与诸侯约"，句法相类，遂解为要约之约。按此句与上"父老苦秦苛法"相应，"约"乃"苛"之对，当作省约之约。《文帝纪》云："汉兴，除秦烦苛，约法令。"颜师古注："约，省也。"是其义也。《过秦论》云："约法省刑，以持其后，使天下之人皆得自新。"元帝诏云："今律令烦多而不约，自典文者，不能分明。"成帝诏云："与中二千石、二千石、博士，议减死刑及可蠲除约省者。"其字义并同。宋钱易疏云："汉祖入关，萧相以文无害居宰相，约秦之法，为三章语。"益显明矣。近见《墨卿谈乘》亦如此作解，而辨证未凿。②

《剡溪漫笔》作为孙能传的考证笔记，保存有不少史学考据的内容。如卷二"鲐埼"条，记录了孙氏以自己的亲身经历为依据，考证地名"鲐埼"中"鲐"字含义的过程：

> 余邑滨海，有地名鲐埼，《汉·地理志》鄞有鲐埼亭是也。颜师古注："鲐，蚌也，长一寸，广二分，有小蟹在其腹。埼，曲岸也，其中多鲐，故以名亭。"余询之土人，鲐实螺属，中有小蟹，时出求食，有大小二种，土人谓之寄生。《酉阳杂俎》谓之寄居，淮海之人呼为蟹奴，郭璞《江赋》"琐蛣腹蟹"，即此鲐。一微物，赋纪之。鲐埼一僻壤，史书之。物与地之得名，亦有幸不幸也。汉律："会稽郡献鲐酱。"古以上供，当亦佳物。今人不解作酱，亦不复取充盘餐。国朝鲐鲻巡检司印文，以埼为鲻，又

---

① （明）焦竑撰，李剑雄点校：《焦氏笔乘》，上海古籍出版社1986年版，第323页。
② （明）孙能传：《剡溪漫笔》，《续修四库》子部第1132册，第335页。

与颜说不同,当更考之。①

又如卷二"白鹊合欢"条,以自己所亲见来强调"博物最难":

> 注释史传,惟博物最难。唐太宗时,有白鹊巢寝殿槐上,合欢如腰鼓。陈济《纲目正误》谓,其巢两头大中间小,如腰鼓之状。近见词林所进《帝鉴图说》,据此作解。洪容斋《二笔》亦云:"其巢合欢如腰鼓。"万历乙亥,有白鹊飞集余家庭桂,形如乾鹊而差小,毛羽光洁如雪,其鸣冬冬作小鼓声。余所亲见,合欢如腰鼓,当是两相和鸣如腰鼓之声耳。②

又如卷四"两欧史"条,针对杨慎批评欧阳修《五代史》③及《新唐书》④的观点,指出:

> 《旧五代史》一百五十卷,开宝中薛居正、扈蒙等所修。后欧阳公又作《五代史》,欧史出,学者不复知旧史矣。《唐书》亦公同修,说者乃谓新不如旧,《旧书》卒以不废。盖《五代史》出公一人,其淋漓逸宕处,直欲追踪子长;《唐书》独《帝纪》《志》《表》出自公手,余皆宋祁之笔,断鹤成凫,呼驴作卫,剪截晦涩,气殊不流,宜不足以没刘昫也。杨用修谓欧一代文人,所著反不如刘,恐公未肯心服,使尽出公手,岂止与刘昫争雄而已乎?⑤

又如卷五"书侍御史"条,指出冯梦祯(1548—1606)校刻诸史"良亦精勤",但冯氏认为《北史》中"书侍御史"当作"侍书御

---

① (明)孙能传:《剡溪漫笔》,《续修四库》子部第1132册,第336页。
② (明)孙能传:《剡溪漫笔》,《续修四库》子部第1132册,第337页。
③ (明)杨慎:《升庵集》卷47,《四库全书》第1270册,第370页。
④ (明)杨慎:《升庵集》卷47,《四库全书》第1270册,第371页。
⑤ (明)孙能传:《剡溪漫笔》,《续修四库》子部第1132册,第359页。

史",乃是未能注意到此为避唐高宗讳而产生的误解,实际当作"治书侍御史":

> 南监刻《北史》,冯司成标疑数处,有云:"'书侍御史'当作'侍书御史'。"考本史列传,"书侍御史"多有之,初非误文,当时官制,亦无"侍书御史"之衔,取《魏》《齐书》证之,乃"治书侍御史"。李延寿为唐高宗讳,削去"治"字。"治中从事"省作"中从事",亦以此。史籍避讳官衔人物等名,但当代以别字,如"民部"改"户部"之例。若去其本字,成何官衔?杨行密据淮南时,其父名怼,怼与夫同音,部曲并讳"夫"字,一时官阶,陈知新称"金紫光禄大检校尚书左仆射兼御史大",杨琮称"银青光禄大检校尚书右仆射兼御史大","大"下皆省去"夫"字,极可笑也。冯司成校刻诸史,良亦精勤,然疑其非"书侍御史"则可,意其为"侍书御史"则不可。①

谢肇淛不仅如上所引参与到杨慎所开启的史学考据中,更重要的是,他曾对杨慎的考据态度给予较为严厉的批评。《文海披沙》卷五"杨用修"条称:

> 国朝博物洽闻无如杨用修,其议论考订,掊击诋诃不遗余力,而其所著书,纰漏误舛甚于其言,故后之人亦好纠其讹而攻之。余谓古人著作,或意见之不同,或记忆之稍误,或耳目之瞽遗,岂能无病?后之观者,随事纠正,不失忠臣,苛求丑诋,徒滋口业。前代订讹尚存厚道,至用修而肆骂极矣。己好攻人而欲人之不攻己也,得乎?王元美鉴于用修,故其持论稍平。②

此处除了能够让后人直观地了解到杨慎同时代的人对杨慎考据工

---

① (明)孙能传:《剡溪漫笔》,《续修四库》子部第1132册,第363页。
② (明)谢肇淛:《文海披沙》,《续修四库》子部第1130册,第290页。

作所持的态度，也告诉我们王世贞参与考据乃是受到杨慎影响的事实。① 同时，谢肇淛也如杨慎那样特别强调古书不可妄改②，《文海披沙》卷一"书不可妄改"条考辨道：

> 古人书中语有本自平易而后人以意妄改者。《春秋》"星陨如雨"，此常言耳，而释者改"如"为"而"，有何意义？苏秦"宁为鸡口，毋为牛后"，此自谚语易晓，且韵亦叶，而必改为"鸡尸""牛从"，何其艰且晦也？"落霞""孤鹜"自是绮语，而释者以落霞为飞蛾。"今日不雨，明日不雨，必有蚌脯"，韵语也，而必改雨为雨，殊费解释。"借书一嗤，还书一嗤"，此杜元凯《戒子书》勿借人而引谚，后人转改为痴，又改为瓻、为鸱，愈改而义愈远。"醉如泥"，此口头语也，而必解泥为无骨虫。"无恙"者，无忧患也，而解恙为兽名，则齐后问岁无恙，岂兽能食岁耶？"风马牛"言风与马牛迟速不相及耳，而解为牝牡相交。"天子呼来不上船"，本谓登舟也，而释船为衣领。小儿识字，强作解事语，不知适见笑于大方也。③

不仅如此，谢氏也像杨慎所倡导的那样，重视小说在考史方面的价值。如《文海披沙》卷一"曹娥碑"条：

> 《世说》载魏武过曹娥碑下，读"黄绢幼妇"题。按曹娥碑在会稽中，曹操未尝南行至此，何由得见？即刘孝标注亦疑此。余按《三国志演义》中载，操征汉中时，过蔡琰庄，见有碑刻云云。此虽小说，于理为近，足破千古之疑。又按《典略》以为陈太丘碑，当亦以前事矛盾，故更之耳。不知黄绢语出李北海曹娥

---

① 关于王世贞《史乘考误》以外的相关史学考据成果的讨论，详见孙卫国《王世贞史学研究》（修订版），四川人民出版社2021年版，第205—212页。
② （明）杨慎撰，丰家骅校证：《丹铅总录校证》，中华书局2019年版，第529页。
③ （明）谢肇淛：《文海披沙》，《续修四库》子部第1130册，第244页。

碑，当时下笔必有考据。①

赵崡的《石墨镌华》是一部充满浓厚考证气息的金石学著作，其中有大量赵氏考证碑文信息的内容。如该书卷一《汉淳于长夏承碑》考证曰：

> 都玄敬引证极博，大略以此碑自元王文定公恽定为蔡邕书，谓其气凌百代，笔陈堂堂，洪丞相《隶释》谓其字体奇怪，郑侨《书衡》谓其兼篆体八分，合数说而疑碑非真迹。又云江阴徐扩有旧刻，阙字四十有五，此独完好，则其伪始信。余亦觅得一纸，非汉刻似不待辨。而杨用修谓为汉刻之仅存者，王元美亦云其隶法时时有篆籀笔，骨气洞达，精彩飞动，非中郎不能。岂所见别一碑耶？②

赵氏充分利用都玄敬的考证意见，指出此碑当为伪造，但同时又对杨慎、王世贞的看法持保留态度，认为杨、王所见或许为别一碑，态度客观，颇值得肯定。又如该书卷三《唐云麾将军碑》考证曰：

> 北海书逸而遒，米元章谓其屈强生疏，似为未当。此碑是其得意者，虽剥蚀过半，而存者其铓铩凛然。碑在蒲城，杨用修谓已断。正德中，刘远夫御史以铁束之，又谓已亡。朱秉器又谓良乡亦有此碑，蒲城者为赵文敏临书。今蒲城碑尚在未断，无有铁束事，且蒲城李思训葬处，北海真迹，的非文敏所能。良乡本肥媚，文敏书无疑。杨、朱二公未尝至蒲城，而朱公尤为瞽断。③

赵氏曾实地寻访各种古碑，他的考证往往是建立在亲见碑文原貌

---

① （明）谢肇淛：《文海披沙》，《续修四库》子部第1130册，第245页。
② （明）赵崡：《石墨镌华》，《四库全书》第683册，第459—460页。
③ （明）赵崡：《石墨镌华》，《四库全书》第683册，第480页。

的基础上,因此所得结论较为客观公允,他对《唐云麾将军碑》的考证就是最好的说明。

总之,上述例证已充分显示出,受杨慎史学考据成果的影响,中晚明众多学者参与到了史学考据中来,他们虽然大都未能形成史学考据专书,但在单个史学问题的考察方面取得了不少成绩,对丰富中晚明史学考据的成果,壮大中晚明史学考据的群体,起到了极为重要的推动作用。

(二) 中晚明史学专书考据

明代史学考据之风由杨慎开启,但稍显遗憾的是,杨慎并没有形成自己的史学考据专书。明代最早的史学考据专书无疑是王世贞的《史乘考误》。《史乘考误》的撰写,乃是王世贞有感于明代国史纂修中存在的种种问题,对此他说:

> 国史之失职,未有甚于我朝者也。故事,有不讳,始命内阁翰林臣纂修《实录》,六科取故奏,部院咨陈牍而已。其于左右史记言动,阙如也。是故无所考而不得书,国恤衮阙,则有所避而不敢书。而其甚者,当笔之士或有私好恶焉,则有所考无所避而不欲书;即书,故无当也。

王世贞认为,既然国史的纂修问题重重,那么就应该充分利用野史,毕竟"史失求诸野",但野史存在"挟郄而多诬""轻听而多舛""好怪而多诞"的问题;对此,王世贞提出应该充分利用"家乘铭状"等资料,但"家乘铭状"又存在"谀枯骨谒金言"的问题。于是,王世贞对三种史料进行了辩证的考察:

> 国史人恣而善蔽真,其叙章典、述文献,不可废也;野史人臆而善失真,其征是非、削讳忌,不可废也;家史人谀而善溢真,其赞宗阀、表官绩,不可废也。吾于三者,豹管耳。有所见,不敢不书,以俟博洽者考焉。夫家乘是而疑誉者,吾弗敢擿也;野史非而疑毁者,吾弗敢救也。其龃龉而两有证者,吾两存之;其

拂而戁者，吾始从阳秋焉。鄙人之途听而诞者也，纤人之修却而诬者也，则弗敢避矣。①

具体而言，王世贞在《史乘考误》中曾对包括《太祖实录》《成祖实录》《仁宗实录》《宣宗实录》《英宗实录》《宪宗实录》《孝宗实录》《武宗实录》《世宗实录》《穆宗实录》在内的十朝实录进行考辨，同时还利用实录的内容纠驳野史和家乘的讹误。② 如王世贞纠驳《太祖实录》中关于诸开国功臣命运的记载，就是其中最为典型的代表。

洪武二十七年十一月晦，颍国公傅友德卒，十二月定远侯王弼卒。二十八年二月宋国公冯胜卒，八月信国公汤和卒。信公封王谥葬，备极恩礼，所未闻者，袭封耳。若颍、宋二公之卒，在蓝梁公之后，一应恩典，俱从削夺。以郑端简《吾学编》暴卒例之，其为赐死无疑。但《实录》为宋公立传，备言其功。之所谓为大将驭众无纪律，其征纳哈出，裨将有盗胡马者，胜斩之以徇，然亦自掠胡马。至使阉者行酒于纳哈出妻，求大珠异宝。又胡王死才二日，强娶其女，失夷狄降附心，上以此深责之。然是十八年事耳。以后数佩印巡边，加太子太师，恐未可据以为罪状也。至颍公，尤不可晓。自洪武元年以后，北征及平蜀、平滇，功冠诸将，不闻有纤毫罪状。见疑以死，而史不于卒时立传，却于封公下及之，与蓝梁公同例。永乐中，又不为置后，岂藩邸时有宿歉耶？至汤信公，虽号宿将，为列侯首，而毗陵之欠忠，镌之诰券；瞿塘之退缩，载在诏敕。至恩礼优崇，有群公所不敢望者。盖首倡解兵退休之请，深中上心，而晚年风疾不能言动，又有以安上意耳。定远亦不立传，女为楚昭王妃，以昭王行实考之，盖

---

① （明）王世贞撰，吕浩校点：《弇山堂别集》卷20《史乘考误一》，上海古籍出版社2017年版，第472—473页。

② 孙卫国：《王世贞史学研究》（修订版），四川人民出版社2021年版，第137页。

亦赐死,家至籍也。高帝末年,大将有功名者,诛僇几尽,而秦、晋二邸,亦先薨逝,无非授文皇为袪除之地耳。史之曲讳甚多,不可枚举。①

王世贞通过史料对比,对实录中存在的曲笔、讳饰等问题进行考辨,并由此揭示出诸开国功臣不同命运背后的深层根源,乃是朱元璋的猜忌之心。经过王世贞的考察,《太祖实录》中存在的问题得以清晰呈现,这为后人深入研究明代历史提供了重要参考。

据统计,王世贞对野史的考论,共涉及92种书籍,"几乎涵盖了嘉、万以前所有重要的史书,亦有个别文集,对嘉、万时期以前的史书进行了一次较为系统的清理和考订"。② 如对薛应旂《宪章录》的疏漏进行的考辨就很具代表性。

《宪章录》谓:上欲易太子,恐文武大臣不从,与太监王诚、舒良谋,又啖内阁诸学士,赐金五十两,银一百两。命廷臣俱兼官僚,王直、胡濙俱太子太师,陈循、高谷、于谦太子太傅,仪铭、俞士悦、杨善、王文、王翱、何文渊太子太保,萧镃、王一宁太子少师,商辂为兵部左侍郎兼春坊大学士,满朝感惠。遂以太子为可易,而黄竑之邪议起矣。此大有误漏。内阁之赐银在易储先,而赐黄金在易储后,若诸公之加师傅,正与易储命同日下,非所谓满朝感惠也。当时左都御史王文、杨善俱先以劳勋加太子太保,非以此日加也。其他加太师者,勋臣则陈懋、石亨;加太傅者,勋臣则柳溥;加太保者,武臣则张軏,文臣则陈镒、石璞;加少师者江渊,加少傅者俞山;加少保者俞纲、罗通、李锡、萧维祯。而今皆遗之。又黄竑议在先,赏内阁在后。③

---

① (明)王世贞撰,吕浩校点:《弇山堂别集》卷20《史乘考误一》,上海古籍出版社2017年版,第486—487页。
② 孙卫国:《王世贞史学研究》(修订版),四川人民出版社2021年版,第155—172页。
③ (明)王世贞撰,吕浩校点:《弇山堂别集》卷24《史乘考误五》,上海古籍出版社2017年版,第563页。

《宪章录》是明代薛应旂编纂的一部记载本朝历史的编年体史书，书中所载的大量官修文献，被认为具有重要史料价值。① 但经过王世贞的考察，《宪章录》中记载的景帝与大臣商议易太子的事，显然存在诸多与史实不符的地方，这提醒我们在利用《宪章录》时一定要格外小心。

王世贞在《史乘考误》中用了三卷的篇幅来考辨"家乘"，涉及"家乘"一百二十余篇。如对李逊学所撰《焦少师芳葬志》的辨析就是其中的代表。

> 余过泌阳，得李尚书逊学所为《焦少师芳葬志》，其他谀辞不足道，姑书其入内阁以后语以示人。愚谓尚书死后，焦家人妄托之耶？不然，何以为尚书也？内云：纂修《通鉴节要》，瑾谓错误，厉威欲罪馆职。公曰："古今未闻以文字罪人者。"瑾乃止。瑾议差户侍追湖广逋赋，公力言其害，竟取其人还。四年，《孝庙实录》成，升少师，兼太子太师、华盖殿大学士，余如旧。累疏辞，不允。会以疾在告，上赐酒肴蔬米，命太医胗视。既久，请停俸，不允。病中闻平江伯陈锐以细故而充军，总兵官神英以微功而封伯，顿足恚怒久之。适同僚二公来视疾，公曰："此等大事，两先生何不与辨，而使人议朝廷政刑之失？"曰："亦尝言之。"五年三月，病愈入谢。四月，宁夏指挥何锦、周昂、丁广与安化庶人谋逆，缺副总兵，兵部尚书王公杲会议推补，久而未决，公曰："我虽未知参将仇钺之为人，然为何锦招入城，或不得已为妻子计耳。若用渠，安知其无所济？"遂具题，制曰可。时安化伪宽军民差役，警报日亟，而中官以张永督京营兵，内阁李公举致仕杨一清为总制，往讨之。公曰："宁夏皆习战边军也，京营虽曰天兵，恐不相敌。杨一清家在镇江，亦恐缓不及事。莫若下宽诏以安反侧，彼中自有收厥功者。"瑾方肆虐，坚于不从。公曰："一反虏尚能出伪旨以收人心，我堂堂天朝，明明天子，

---

① 展龙、张卉：《薛应旂〈宪章录〉史料价值初探》，《唐山师范学院学报》2007年第3期。

顾不能出片纸收人心,而使惠归于彼乎?"瑾不能答,但曰:"切勿太宽。"既而诏书一出,天下大悦。仇钺果以计斩周昂,擒安化,捕何锦、丁广于城外,宁夏遂平。时京兵尚未至潼关也,瑾恨悔曰:"我数年所行,一赦变尽。"谋去公。或曰:"上实注意,奈何?"瑾曰:"我第言其老,请厚其行耳。"乃以星变避位为辞。众疏具,始语公,公曰:"吾志也。但朝廷有事,不敢言耳。"急具疏,先后上,明日独公得允焉。按《通纪纂要》书成,指摘字误,大学士东阳等皆降俸,尚书梁储、侍郎靳贵、庶子毛澄等皆降官,誊录官有至敚职者。盖芳以己不与纂修,故导逆瑾为之。而今言瑾欲罪翰林臣,用芳言而止,何也?户侍追湖广赋者,瑾之乡人韩福,而芳所比也,肯言其害乎?安化之役,主赦者内阁意,假张彩达瑾而得之,志辞何尝有一实乎?夫芳恶浮于綵百倍,綵罹重辟,而芳老牖下,非人情也。

又考之史,四年二月,先是有诏荐怀才抱德,浙江以余姚周礼、徐子元、许龙,上虞徐文彪应,四人者上疏求用。瑾矫旨谓:"天下至大,岂无可应诏者?何余姚隐士之多若此?"下镇抚司鞫问。谓诏草出刘文靖健手,而谢文正迁私其乡人。瑾持至阁,欲逮之,并籍其家。李文正徐为劝解,瑾意少释。焦泌阳在傍目之,抗声曰:"纵轻处,亦当除名。"既而旨下,健、迁皆为民,礼等谪戍边卫,仍著令余姚人毋迁京官。而《泌阳墓志》则云:闻瑾仇致仕大学士刘公健、谢公迁、尚书韩公文,期以差官校往逮之。公亟约同列以疾辞,独候门入,召瑾语。不至,累促之,瑾乃来,公以前闻诘其有无,瑾良久曰:"有固有,上意也。我知为乡里耳!"公曰:"三人惟刘与我为乡里,亦惟刘有宿怨,国家大事,岂人论恩怨处耶?汝与上位说我焦某托,此三人皆受先帝顾命以遗上位者。今逮之,彼大臣义不苟辱,在途而死,是朝廷杀顾命大臣也。异时上位若云不知,要有当其辜者。"瑾惧而寝之。按,此不但与信史矛盾而已,韩公原非顾命臣,又曾被逮在三年内,与兹事了不相关。且焦公之见瑾,佞辞泉涌,今则忧浪若前后辈然。嗟乎,谀墓之人不学无术,而敢为矫妄,其罪浮于泌阳矣!①

王世贞对李逊学(1456—1519)所撰《焦少师芳葬志》进行了猛烈抨击,指出其中内容多为溢美之词,与史实不相符;同时利用《武宗实录》②证实《泌阳墓志》的记载颠倒黑白。由此可见,"家乘"虽然也是极为重要的史料,如焦竑即利用"家乘"等资料编成《国朝献征录》一百二十卷,但其中颠倒黑白处也着实不少,故在利用时务必小心谨慎。

受杨慎与王世贞史学考据思想影响最深者,无疑是布衣学者胡应麟。胡应麟不仅有专门纠驳杨慎考据失误的《丹铅新录》和《艺林伐山》,专门考辨古书真伪的《四部正讹》,更有专门的史学考据著作《史书占毕》。③总的来说,相对于杨慎和陈耀文,胡应麟在纠驳前人学术疏失方面,态度更为宽容和客观。他曾在《华阳博议下》总结说:

> 读书大患在好诋诃昔人,夫智者千虑必有一失,昔人所见岂必皆长?第文字烟埃,纪籍渊薮,引用出处时或参商,意义重轻各有权度,加以鲁鱼亥豕,讹谬万端,凡遇此类,当博稽典故,细绎旨归,统会殊文,厘正脱简,务成囊美,毋薄前修,力求弗合,各申己见可也。今偶睹一斑便为奇货,恐后视今犹今视昔矣。昔人之说有当于吾心,务著其出处而题之;亡当于吾心,务审其是非而驳之。毋先入,毋迁怒,毋作好,毋徇名,此称物之衡而尚论之极也。今明知其得而掩为己有,未竟其失而辄恣讥弹,壮夫不为,大雅当尔耶?④

---

① (明)王世贞撰,吕浩校点:《弇山堂别集》卷29《史乘考误十》,上海古籍出版社2017年版,第563页。

② 《明武宗实录》卷47,《明实录》第8册,台北:"中央研究院"历史语言研究所1966年版,第1073页。

③ 尹达先生在《中国史学发展史》中,认为杨慎的《史说》(案:未见)、王世贞的《史乘考误》、焦竑的《焦氏笔乘》和胡应麟的《史书占毕》,是明代史学考据的重要成果。见尹达主编《中国史学发展史》,中州古籍出版社1985年版,第276页。

④ (明)胡应麟:《少室山房笔丛》卷39,上海书店出版社2009年版,第409页。

第四章 杨慎与中晚明史学考据群体

正是建立在这样的态度基础上,胡应麟在《史书占毕》中对部分史学问题进行了颇为中肯的辨析。如《史书占毕一》对"三国""五代"说的分析就很典型:

> 陈寿《三国志》,魏、吴、蜀也,而唐丘悦《三国典略》则后周、北齐、南梁为三国也。欧阳修《五代史》,梁、唐、晋、汉、周也,而唐张询古《五代新说》则梁、陈、北齐、后周及隋为五代也。(案,五代之名,实起太宗命诸臣修梁、陈至隋五史,故当时谓之五代,而《晋书》以御撰不与也。杨用修以唐末五代当之固陋,晦伯止言询古《新说》,亦未尽也。)①

胡应麟批评杨慎"以唐末五代当之固陋",同时也指出陈耀文仅举唐张询古《五代新说》以证杨慎之非亦未尽。又如《史书占毕三》考辨"伯翳"与"伯益"的关系:

> 三代而上,史书名氏之讹众矣,其最大而可疑、可疑而弗可弗辩者,亡若伯翳之与伯益。自《史》以伯益佐禹、以伯翳先秦,司马贞、张守节等并疑其谬,而莫能援明证以折衷之,故历世纷纷迄于今。伯翳、伯益为二也,夫使伯翳、伯益若共工、仓颉、栗陆、容成、鸿蒙、云将、啮缺之属,荒忽茫昧而不足有亡则可,诚禹之佐、舜之辅而秦之先,则其人所系世道何如者,而可弗定于一也。史迁《秦本纪》云:"大业娶女华,女华生大费。大费佐禹平水土,辅舜驯鸟兽,舜妻以姚之玉女,是曰柏翳,为秦之先。"夫禹作司空,天下之大任;佐禹浚川,天下之大功。藉令非伯益而别一人,则《尚书》载之,当参咎陶,伍稷、离矣。今考虞廷臣庶,四岳、九官、十二牧辈靡不具载于《书》,而伯翳之文独不经见。以《史》所称平水土者质之乎《书》,则偕奏鲜食,益事也;以《史》所谓驯鸟兽者质之乎《书》,则掌

---

① (明)胡应麟:《少室山房笔丛》卷13,上海书店出版社2009年版,第133页。

火作虞，益官也。然则《尚书》所云伯益，非柏翳而谁耶？《秦纪》所云柏翳，非伯益之误耶？盖伯与柏其音同（《秦本纪》作"柏"），益与翳其声近，故《史记》误以一人析而为二，犹幸乎其人虽二而其事则一也。然而大费之云，又胡以称也？则吾尝读汲冢《纪年》而得之。《竹书》纪启即位之二年费侯伯益出就国，夫《史记》先称大费，复称伯翳，伯翳为人名则大费为国封矣，大费为国名则伯翳为伯益矣。即《竹书》一简而伯翳、伯益、大费举不待辩而明，而司马贞、张守节皆置弗道，彼《索隐》者恶在其为索，而《正义》者恶在其为正也。（《正义》陈杞下亦言二人本一，而《秦纪》《陈杞世家》并不言。案：《山海经》刘歆序，先称伯翳，复言伯益，其为一人明甚，而太史氏之误不辩自明矣。然《正义》亦不引。）①

针对司马迁在《史记》中以伯翳与伯益为二人，唐司马贞《史记索隐》、张守节《史记正义》虽然提出疑问，但未能给出坚实的证据加以驳斥。胡应麟在此基础上，特别利用《竹书纪年》等材料，最终证实了司马迁记载的失误。再如《史书占毕三》考辨"戡黎一事"出于文王或是武王，胡应麟利用《竹书纪年》考辨道：

  自文王释羑里之囚，纣锡之弓矢得专征伐，世遂以文王为西伯，至戡黎一事，咸曰文王是举将以震纣而萌其悔心也。噫！文王三分有二以服事殷，仲尼至德之叹，盖惓惓焉。一旦甫释囚系而辄有戡黎之举，若句践以美女豢吴而兵随其后者，孰谓文王之德顾为是耶？且纣当文王之时，三仁未亡，天命未绝，诸侯八百未会，而文王遽称兵以猎其郊，视后世乱臣贼子举晋阳以清君侧者，复奚异哉？元儒金吉甫氏，独引胶革之言，直以戡黎系之于武，而文之心始暴白于天下万世，然胶革之言足以证西伯之为武，而不足以证戡黎之为武也。余考汲冢《竹书》：帝辛四十一年，

---

① （明）胡应麟：《少室山房笔丛》卷13，上海书店出版社2009年版，第151—152页。

西伯昌薨。四十二年，西伯发受丹书于吕尚。四十四年，西伯发伐黎。自武王之立，以至克殷始终，西伯之外无别称焉，于是始信戡黎之举灼然出于武王，而文之以服事殷没齿皦无纤芥，可以刷百代之疑矣。金氏《前编》多引《竹书》，独兹事关系非眇，而《纪年》所载彰明较著，特为媮快人心而偶未之引，岂考核有所未至耶？①

当然，胡应麟的《史书占毕》除考证具体史实外，还提出了较为丰富的史学批评思想。如《史书占毕一》针对刘知幾提出的"史才三长"之说，认为还应该加上"二善"，方能达到史家的最高境界。

才、学、识三长足尽史乎？未也。有公心焉、直笔焉，五者兼之，仲尼是也。董狐、南史制作亡征，维公与直庶几尽矣。秦汉而下，三长不乏，二善靡闻。左、马恢恢，差无异说；班书、陈志，金粟交关，沈传、裴略，家门互易。史乎，史乎。②

向燕南先生指出："胡应麟之所以提出'公心'说和'直笔'说，也正是处在当时黜虚征实、维护史学严肃性客观性之史学思潮中，优秀史学家进行理论思考的产物。从传统史学理论的发展讲，胡应麟所提出的'公心''直笔'的理论，既是对刘知幾及其以后有关史学主体素养论述的发展，也是后来清代章学诚提出有关'史德'说的理论前奏。"③ 总之，胡应麟的《史书占毕》既是其史学考据的重要成果，同时也是一部重要的史学批评著作。

与胡应麟一样，沈德符也曾受到王世贞史学考据思想的深刻影响，在《万历野获编》中，沈德符除充分肯定王世贞的史学成果外④，更

---

① （明）胡应麟：《少室山房笔丛》卷13，上海书店出版社2009年版，第152—153页。
② （明）胡应麟：《少室山房笔丛》卷13，上海书店出版社2009年版，第127—128页。
③ 向燕南：《中国史学思想会通·明代史学思想卷》，福建人民出版社2018年版，第284页。
④ （明）沈德符：《万历野获编》卷25《评论》"评论前辈"，中华书局1959年版，第630—631页。

对王世贞考证粗疏之处进行了驳正和补充。如《万历野获编》卷一三《礼部》"三世得谥"条称：

> 弇州记父子得谥者，以为盛事，然尚未有三世得之者。今于余姚孙氏见之：第一世，右副都御使、赠礼部尚书、谥忠烈（燧）；第二世，南京礼部尚书、赠太子少保、谥文恪（陞）；第三世，吏部尚书、赠太子太保、谥恭简（鑨）。则国朝二百余年来，海内仅此一家而已，且门宗贵盛，世以忠孝清白见称，鑨兄弟四人，俱致位列卿，名德无玷，真熙朝盛事也。①

又如卷一六《科场》"戊辰公卿之盛"条：

> 弇州以一榜四相为盛事，此未足异。惟戊辰一榜，则赵少师（志皋）、张少师（位）、沈少师（一贯）、朱少保（赓）、陈宫保（于陛）、王宗伯东阁（家屏）、于宗伯东阁（慎行），先后宰相七人，真是极盛。若尚书则十八人，亚卿、中丞、三品京堂，则五十二人。而七相中五人一品，二人赠一品；尚书中四人一品，二人赠一品，凡系玉者十三人。此制科以来，未有之盛也。弇州又以弘治乙丑一榜七玉为最盛，盖未见戊辰之十三也。若嘉靖壬戌则亦七玉，为少师申时行、李汶，少傅余有丁、王锡爵、萧大亨，少保杨俊民，太子太保寨达，亦可媲美。今名硕辈出，劳烈孔彰，圣主酬功，将来更不胜记矣。②

此上两条为补充王世贞考证疏漏者。又如卷一〇《词林》"正德朝鼎甲庶常"条考证曰：

> 武宗御极十八年，放五科，凡鼎甲十五人，后来绝少大拜及

---

① （明）沈德符：《万历野获编》，中华书局1959年版，第349页。
② （明）沈德符：《万历野获编》，中华书局1959年版，第415页。

第四章 杨慎与中晚明史学考据群体

为正卿者，惟辛未科之桂萼、丁丑科之夏言、辛巳科之张璁，俱以外僚入相，俱蒙世宗异眷，贵宠震天下。五科除戊辰传奉八人外，四科又皆选庶常，并首甲凡得九十六人，惟辛未张石首、辛巳张茶陵，一参揆席，石首不一年以老病死，茶陵以不愿効劳青词，为世宗所恨，入阁亦一年，以悒郁死，犹之乎不相也。一时词林之厄至此，盖运会使然耶？按：正德戊辰科，《词林典故》所纪，止得庶吉士焦黄中、胡缵宗、邵锐、黄芳、刘仁等五人，即弇州《科试考》亦如之。然《胡缵宗墓志》中尚有李志学等三人，则当时传奉实八人也。此近代事，遂讹失至此，可叹。①

又如卷一二《吏部》"五贤附察"条考证称：

丁丑冬，江陵夺情，两京大小九卿各有公本保留，乃至御史则曾士楚为首，给事则陈三谟为首，合词请留。时惟词林吴、赵救正之，廷杖六十为民；比部艾、沈继之，杖八十；最后进士邹则语益加厉，杖一百，与二比部同遣戍。至辛巳京察，复别缀本末，欲永锢之。夫已氓已戍，宁须更丽考功法，弇州《首辅传》中姗笑之，谓江陵敏识人，而瞀乱若此，知其不久矣。此实至言，但谓将五君子入庚辰外计中，则实不然，当时弇州目睹其事，而谬误乃尔，信乎纪述之难也。②

此上两条为考证王世贞记载史实之讹谬者。可见，沈德符虽然对王世贞极为推崇，但并不盲目，而是对王世贞的相关史实讹谬处进行了批驳。当然，沈德符在《万历野获编》中不仅对王世贞的史学成果给予了极多的观照，也综合考证了其他史实的问题。如卷一《列朝》"建文君出亡"条就是其中最具代表性的成果：

---

① （明）沈德符：《万历野获编》，中华书局1959年版，第261页。
② （明）沈德符：《万历野获编》，中华书局1959年版，第261页。

· 239 ·

建文君出亡再归，其说不一。陆文裕谓从云南到阙，有故臣太监吴诚识之，遂留之内廷，以寿终，葬金山。郑端简之说亦如之。独薛方山《宪章录》云：正统十二年，广西思恩州获异僧杨应能，升州为府，以土知州岑瑛为知府，异僧即建文也。亦以吴诚为证，初不言其伪。《实录》则云：正统五年，有僧年九十余，自云南至广西，语人曰，我建文帝也。张天师言我四十年苦，今数满宜返国。诣思恩自言，岑瑛送之京师，会官鞫之。其姓名为杨应祥，钧州人。洪武十七年，度为僧，游两京云贵，以至广西，上命锢锦衣狱而死，同谋僧十二人俱戍边。凡三说俱不同。弇州独以《实录》为真，而薛所纪相近。又云思恩故府，未闻某年升州为府，则大不然。按思恩本元邕州，属田州府路，本朝洪武间，士官岑永昌归附，授思恩知州，仍属田州府。永乐初，改属布政司。永昌死，子瑛袭，至正统四年，瑛以杀贼功，升田州府知府，仍管思恩州。（升府事，见正统四年十月，《实录》内可查。）瑛欲并有田州，与知府岑绍交恶，总兵官柳溥议升思恩为府，益以诸峒，诏从之。寻改称军民府。瑛累升参政，改都指挥使。传至孙浚，又与田州知府岑猛交兵逐之，浚后败，其妾入官为婢，即故相焦泌阳所嬖者。至正德七年，始改流官，以至于今。然则思恩本以州改府甚明，薛仲常谓为获僧而改固误，弇州以为无改府事，则又误之误矣。大抵少帝之出，存亡不可知，其来归也，为真为伪，亦未可臆断。但建文帝以洪武丁巳年生，至正统初不过六旬，而杨应祥自称九十余，则假托立见，不待鞫已明矣。史官撰《实录》，自宜用隽不疑缚成遂故事，以正国体，即真如陆文裕、郑端简所言，亦不过令终其天年，英宗圣主，薛文清、李文达辈贤相，处分似亦宜然。但懿文太子之祀不废，而少帝犹然，若敖之鬼，是在圣子神孙，用故主事杨循吉、及近年庶子王祖嫡、通政司沈子木等之议，续其烝尝，若子产所谓有以归之，斯可矣。至唐隐太子巢剌王立后故事，未敢轻议也。近年陈南充议开局修史，言官因请复建文纪年，上命建文朝事，俱附《太祖本纪》

之末，而不没其年号，会修史中辍，不果行。少帝自地道出也，踪迹甚秘，以故文皇帝遣胡濙托访张三丰为名，实疑其匿他方起事，至遣太监郑和浮海，遍历诸国，而终不得影响，则天位虽不终，而自全之智有足多者，当时倘令故臣随行，必立见败露。近日此中乃有刻致身录者，谓其先世曾为建文功臣，因侍从潜遁为僧，假称师徒，遍历海内，且幸其家数度，此时苏、嘉二府逼近金陵，何以往来自由？又赓和篇什，徜徉山水，无一讥察者，况胡忠安公之出使也，自丁亥至丙申，遍行天下，凡十年而始报命，观《忠安传》中云：穷乡下邑，无不毕至。胡为常州人，去此地仅三舍，且往来孔道也，岂建文君臣，能罗公远隐身法耶？所幸伪撰之人，不晓本朝典制，所称官秩，皆国初所无，且妄创俚谈，自呈败缺，一时不读书不谙事之人，间为所惑，即名士辈，亦有明知其伪，而哀其乞怜，为之序论，真可骇恨。盖此段大谎，又从老僧杨应祥假托之事敷演而成，若流传于世，误后学不小。又《传信录》云：宣宗皇帝，乃建文君之子，传至世宗，皆建文之后。此语尤可诧。盖祖宋太祖留柴世宗二子及元末所传顺帝为宋端王合尊幼子二事，而附会之耳。乃不自揆，僭称传信，此与近日造二陵信史者何异？庸妄人自名为信，他人何尝信之？此皆因本朝史氏失职，以至于此。甲戌年，今上御日讲，问辅臣以建文君出亡事。张居正对曰：此事国史无考，但相传正统间，于云南邮壁题诗，有"流落江湖数十秋"之句，一御史异而询之，自言建文帝，欲归骨故土，遂驿召入宫养之，时年已七八十，后不知所终。盖江陵亦不会记忆《英录》中有此事也。①

关于"靖难之役"后建文帝的下落，众说纷纭，时至今日仍是学界讨论的热点之一②，但沈德符能够利用相关材料对其中种种矛盾之

---

① （明）沈德符：《万历野获编》，中华书局1959年版，第9—11页。
② 孙绍旭：《明建文帝出亡宁德考》，《史林》2016年第6期。

处进行有力的批驳，已充分体现出其善考的为学精神和严谨的治学态度。此外，《万历野获编》卷二三《妇女》"妇人弓足"①及"胡元瑞论缠足"②两条，对妇人缠足问题进行了深入考察，亦颇能体现其坚实的考证功底。

朱国祯的《皇明史概》是"一部兼采编年、纪传、纪事本末三体的明史著作"，"它对明代政经大事、典章制度、边疆外国有较完备的载录"。③朱国祯为了撰写此书，曾搜集了大量的国史、野史、家史等材料，通过排比，发现其中记载歧异之处甚多。为此，他进行了大量的考证工作，考证成果主要保存在《皇明大政记》的"存疑"中，其考证特点为重实据和重日月。④如《皇明史概》卷六《皇明大政记》"存疑"考证明太祖洪武二十四年征哈密当为征哈里梅之误：

> 诸书中称，洪武二十四年，都督宋晟、刘贞征哈密，大获而还。一云寇边往征。考之，为哈里梅……太祖虽常遣使立安定等卫，哈密又在其西，彼未尝来犯我，亦未尝用兵。至永乐二年，故元肃王安克帖木儿内附，封忠顺王。⑤

又如卷六《皇明大政记》"存疑"考证靖江王"贬谪迁徙"的时间问题：

> 靖江王薨于二十五年之正月，其贬谪迁徙，国史总列大凡，不详岁月。诸书中多有计年填入者，今不敢仍，惟录国史一则于后。⑥

又如卷七《皇明大政记》"存疑"考证明太祖死后安葬的时间问题：

---

① （明）沈德符：《万历野获编》，中华书局1959年版，第598—599页。
② （明）沈德符：《万历野获编》，中华书局1959年版，第599—600页。
③ 杨艳秋：《朱国祯〈皇明史概〉考析》，《南开学报》1999年第1期。
④ 钱茂伟：《朱国祯及其〈史概〉再探》，《宁波师院学报》（社会科学版）1990年第4期。
⑤ （明）朱国祯：《皇明史概》，《续修四库》史部第428册，第611页。
⑥ （明）朱国祯：《皇明史概》，《续修四库》史部第428册，第610页。

第四章 杨慎与中晚明史学考据群体

> 高皇之葬，《吾学编》明书"辛卯，皇太孙即位，是日葬孝陵"，而它书多不敢及，疑之也，嫌其太速，事理有不尽然者，于是有六月初一之说。夫即位必先告几筵，以明授受继体之正。建文即位，实在三十一年闰五月十六辛卯日，去高皇崩仅七日，即于是日完葬事，故燕王移檄亦有此句，且指以为罪，则葬之的据甚明。而秘史云葬在庚寅，是即位前一日。果尔，建文当受命于地下，而发引各门下葬，并初虞致祭，不啻数坛，尚称皇太孙，宁有大葬无嗣皇帝主祭之理？故即位而葬，同日并举，皆高皇遗命，正以速葬消诸藩入临觊望之心，建文宁敢自为迟速？然自来葬速，未有如高皇者，忧深虑远，何所不至。虽成败大数，胸中了了，而人谋合当如此，悉为料理。此正圣人心肠作用，可示嫡孙，不可示它人者。①

又如卷二一《皇明大政记》有"实录之舛"一条，对史臣焦芳于《孝宗实录》中任意褒贬、肆意诋诬的行为表示出极大的不满。其实，朱国祯原本对《明实录》所载史料的真实性有较高的期待②，但事实并不如此，因此他才会在杨慎、王世贞、焦竑、胡应麟之后，对《明实录》进行严厉的审查和批判。

凡此种种，均足以说明朱国祯在纂辑《皇明史概》时，在处理史料方面有较为自觉的考据意识，这无疑对推动明代史学考据的发展有重要的价值和意义。

朱明镐的《史纠》是一部考史劄记，作为至交好友的吴梅村在所作《朱昭芑墓志铭》中称《史纠》一书"特为可传"，并对该书之内容进行了描述：

> 其论《三国》也，谓陈寿有四阙，不志历学，不传列女，不搜高士，不采家乘，在史法宜增。其论南北朝也，谓《蜀》《魏》

---

① （明）朱国祯：《皇明史概》，《续修四库》史部第428册，第620页。
② 朱国祯在《皇明大政记引》中说："兴革升除大较，编纂官取诸司章奏汇而存之，所谓实录者，惟此为实。"见（明）朱国祯《皇明史概》，《续修四库》史部第428册，第513页。

《吴》《晋》之志入于《宋书》，《梁》《陈》《齐》《周》之志入于《隋书》，在史法宜改。于《唐书》，则欧阳主纪、志及表，宋主列传，一书之内，矛盾异同，仁宗命裴煜等五臣从容较勘，不闻一言之厘正，故修《唐书》者，其病在分。于《宋史》，则《孝宗本纪》编年记事前后乖错，最为不伦，诸臣列传诠次缪乱，凡有七失。盖元顺帝求成书之速，不三年而《宋》《辽》《金》三史告竣，皆仰成于脱脱之手，故修《宋史》者，其病在易。君之举正辨驳，皆此类也。①

具体而言，该书所考，上起《三国志》，下迄《金史》，缺《晋书》及《旧五代史》《新五代史》，故合计共考证了十六部正史。如《史纠》卷一《宋书》"王微传"条考证曰：

> 传称，微元嘉二十年卒，时年二十九矣。愚谓，谬甚。王微实以元嘉三十年卒，时年四十六也。于何验之？即以沈书本传验之，复以文帝本纪验之，再以李史验之。按王微本传：年十六，州举秀才、衡阳王义季右军参军，并不就。此时实元嘉元年也。考《文帝纪》：元嘉元年，封第六皇弟义宣为竟陵王，第七皇弟义季为衡阳王，悉典方州，则参军之命应在此年。王微在元嘉元年为十六岁，是无可疑矣。元嘉二十年卒，亦当为三十六岁，何得云二十九耶？考之李史，载其从弟僧绰宣文帝旨使就职，因留之宿。微妙解天文，知当有大故，独与僧绰仰观，遂辞不就。寻有元凶之变。由此言之，元嘉三十年，王微尚在，何得云二十九年初卒耶？微年为四十六，是又无可疑矣。或曰：沈氏之去宋代也近，李氏之去宋代也远，信远无宁信近也。愚即以沈书本传再驳之。传曰：微终，遗令，以尝所弹琴置床上，何长史来，以琴与之。何长史者，偃也。考《何偃列传》：元嘉十九年，为丹阳

---

① （清）吴伟业著，李学颖集评标校：《吴梅村全集》卷46，上海古籍出版社1990年版，第949页。

丞，除庐陵王友，太子中舍人，复使行义阳王昶国事。历职显然，初未尝为长史也。及元嘉二十九年，始迁始兴王浚征北长史，则王微卒时，当称何丹阳、何中庶，不应称何长史。此微之死当在二十九年、三十年之间，断断不为二十年也明矣，不然，卒于十年之前，而预称十年后所加之爵，不其诬耶？以王微本传细考之，微当以四十六岁卒，不得云二十九岁，此记岁之谬也。以《何偃列传》细考之，微当以元嘉三十年卒，不得云二十年，此纪年之谬也。沈书自章其谬，又不俟李氏之史，曲证而成之也。或曰：元嘉七年，王微十六岁，则计至二十年卒，应得二十九。及再考《衡阳王列传》：五年，为征虏将军。八年，领石头戍事。参军之举，应在此时。以五年推之，当云时年二十一，以八年推之，当云时年二十四，亦不得云二十九也。此衡阳王本传之可验者也。①

此条，朱明镐为了驳正沈约《宋书》所载王微卒年之误，充分利用《宋书·文帝纪》《衡阳文王义季传》《王微传》《何偃传》及《南史·王微传》的记载，多方对比考证，表现出非常自觉的考证意识。又如卷四《新唐书》"诸王传"条考证曰：

薨年卒月，纪以传信，史官之笔，未可轻下。乃有纪然而传不然，此传然而彼传又不然者，流之后撰，何所取裁？即如常山王承乾之卒，在《太宗纪》则贞观之十八年，在《承乾传》则贞观之十九年。太子弘之卒，在《高宗纪》《宏本传》则上元之二年，在《太子贤传》则上元之元年。肃王详之薨，在《德宗纪》则建中之三年，在《肃王详传》则建中之二年。惠昭太子之薨，在《宪宗纪》则元和之六年，在《穆宗纪》则元和之七年，在《惠昭本传》则元和之五年。诸王而外，复如武惠妃之薨，在《玄宗纪》及《惠妃本传》则开元二十五年，在《杨贵妃传》则开元之二十四年。然则从传乎？从纪乎？从此传乎？抑从彼传乎？

---

① （明）朱明镐：《史纠》，《四库全书》第688册，第465—466页。

帝纪修于欧阳,列传成于小宋,犹曰二人分局,或未校订,以故载笔有舛;及二传之矛盾,则成于一人,出于一手,何相背之戾也?诸王享年,纪录亦复多误。江夏王道宗薨年五十一,本传乃以为五十四。(道宗生于隋仁寿三年癸亥之岁,死于永徽四年癸丑之岁,自癸亥至癸丑,年五十一,何以见之?刘武同度索死之战,道宗年十七,此武德二年也。按此可推。)太子弘薨年二十三,本传乃以为二十四。(按《燕王忠传》,皇后废,武后子弘甫三岁,时永徽六年乙卯也。上元二年乙亥薨,正得二十三。)太子重润薨年二十,本传乃以为十九。(重润生,改元永淳,是岁壬午,死于大足元年,是岁辛丑,正得二十。)据传攻传,其失自见。①

此条,朱明镐取《新唐书》纪传之文,参互勘校,证明王承乾、太子弘、肃王详等人的卒年,本传的记载似皆有误,并特别强调他所采取的方法是"据传攻传,其失自见"。再如卷四《新唐书》"李勣传"条考证称:

《传》云:勣以总章二年卒,年八十六。刘昫《旧书》则云薨年七十六。愚细考之,李懋功卒年六十八,《旧书》《新书》皆非也。按李懋功本传,十七年,往从翟让作贼,时大业末年也。义宁三年,即大业末年,所不必论,加以高祖武德九年、太宗贞观二十三年、高宗永徽元年以至总章二年,共十九年,通计之,李懋功止六十八岁耳。卒年八十六,薨年七十六,刘、宋二史果何所据而书之耶?即曰大业末年,原属统辞,焉知非十年、十一年,而必以十三年遥断之乎?若然,则李懋功卒年或七十,或七十一,不得云七十六也。倘曰李懋功作贼时在大业中,则旧史之书薨稍近,而新史之书卒尤远矣。②

---

① (明)朱明镐:《史纠》,《四库全书》第688册,第505—506页。
② (明)朱明镐:《史纠》,《四库全书》第688册,第505—506页。

此条考证，朱明镐虽然没有像此前几条考证一样，有充足的史料做支撑，但却通过推理的方法，指出《旧唐书》《新唐书》所载李勣卒年均有误。①

总之，朱明镐《史纠》的出现，既是朱氏本人史学考据成果的集中体现，更是明代史学考据风潮影响下的重要成果。不仅如此，该书还得到四库馆臣的激赏，被收入《四库全书》之中，这对普遍轻视明代学术的乾嘉考据学家而言，是十分不易的。据此正可说明，明代史学考据由杨慎等人开启之后，经过无数学者的共同努力，推进到朱氏《史纠》的时代，已经与乾嘉考据学家们所秉持的汉学旨趣和方法非常契合了。

---

① 向燕南先生总结朱明镐此种考史方法为逻辑推理与经验实证相结合的方法。见向燕南、石岩《从叙史到考史：朱明镐及其〈史纠〉》，《辅仁历史学报》2009 年第 24 期。

第五章 杨慎与中晚明子学考据群体

"诸子学",或称"子学",既指先秦汉魏诸子百家之学术,亦指历代学者研究诸子著作、思想的学问,包括对诸子著作的校勘、训诂、辨伪、辑佚和考古新发现之子书的整理与研究。① 诸子学自西汉罢黜百家之后,地位一落千丈,此后历代研治之人极少。② 自唐柳宗元首开辨诸子群书之先河后,宋高似孙《子略》、明宋濂《诸子辨》对子书进行专门著录与辨析,但子书越辨,伪书却越多。自杨慎开启考评子书和以子证经的风气后,明代子书考据之风逐渐弥漫,吸引了陈耀文、胡应麟、焦竑、李贽、傅山、方以智等一批学者参与其中③;而杨慎在考辨子书真伪的同时,又通过造伪的方式来论证自己的观点。④ 受到杨慎学术影响并逐渐形成的子学考据群体,在对诸子之书进行大量考辨的同时,又以杨慎所为为戒,逐渐形成一种新的学术规范,并取得了一系列的研究成果,丰富了明代学术的内容。

---

① 郭齐勇:《诸子学的历史命运》,《社会科学战线》1997年第1期;郭齐勇、吴根友:《诸子学通论》,商务印书馆2015年版,第35页。

② 支伟成先生曾在《清代朴学大师列传》第二十《诸子学家列传》"叙目"中道出了诸子学从汉代到清代的发展情形:"治诸子实较艰于群经。盖自汉世罢黜百家而后,斯学销沉。六经有历代注疏可资探讨,诸子则舍《老》《庄》《孙》《吴》为讲道谈兵者所依托,余悉以背圣门之旨,遂弃置不复齿及。然即所释《老》《庄》《孙》《吴》,亦多空言,于训义固无与也。"见支伟成编著《清代朴学大师列传》,岳麓书社1998年版,第298页。

③ 魏宗禹:《明清时期诸子学研究简论》,《孔子研究》1998年第3期;刘仲华:《清代诸子学研究》,中国人民大学出版社2004年版,第30—35页。

④ 朱仙林:《辨伪与造伪并存——〈四部正讹〉成书前的明代辨伪学》,《中南大学学报》(社会科学版)2014年第4期。

第一节 子学复兴与杨慎的子学考据

明代正德以后,随着社会政治经济的剧烈变化,传统学术也在蜕变之中,嵇文甫先生总结这种变化称:"你尽可以说它'杂',却决不能说它'庸';尽可以说它'嚣张',却决不能说它'死板';尽可以说它是'乱世之音',却决不能说它是'衰世之音'。它把一个旧时代送终,却又使一个新时代开始。"① 在这个变化多姿的时代,理学在许多读书人的信仰中却发生了严重的危机,而被理学家视为"异端"的诸子学,因其能够提供给读书人重建学术信仰的重要资源,故而重新受到重视,并逐渐登上历史舞台。② 与此同时,子学的复兴也恰好为提倡用实证方法研讨古书的考据学家们提供了丰富的资料基础,而考据学家们在考证过程中对子书文献的广泛利用,又反过来进一步推动了子学的复兴,这种良性互动的结果,就促成了明代子学考据本身的兴起。

一 考评子书与杨慎的子学考据

杨慎作为明代最为博学之人,曾广泛涉猎经史子集四部之书,时人王焕曾说:"升庵先生起成都,潜心窥古作者,自坟典邱索以来诸书,下及稗官小说,无幽不烛,无异不领,无巨不举,无纤不破,盖胸中具一大武库焉。"③ 在杨慎涉猎的众多典籍中,子书就是其中最重

---

① 嵇文甫:《晚明思想史论》,河南大学出版社2008年版,第1页。
② 其中,背负着根深蒂固负面形象的荀子地位的变化最具典型意义。详见解扬《明代中叶的官方荀子形象——以〈大学衍义补〉中的〈荀子〉为中心》,《中国史研究》2016年第4期。又如郑天熙先生指出,明代中后期出现大量诸子入选古文选本的案例,也充分说明诸子地位的提升。详见郑天熙《论明代古文选本中的诸子》,《汕头大学学报》(人文社会科学版)2020年第12期。而近年又有黄振萍先生主持编纂的《明代诸子学文献丛刊》面世,黄先生在"出版说明"中明确指出,明代诸子学复兴具有振兴学术、拓展知识及其研究范围、抵制以天理限制人之可能性的官方理学的重大意义。见黄振萍主编《明代诸子学文献丛刊》,北京燕山出版社2019年版。
③ (明)王焕:《升庵先生外集跋语》,见王文才、张锡厚辑《升庵著述序跋》,云南人民出版社1985年版,第60页。

要的组成部分。① 为此，杨慎还专门摘录子书中的古隽之语，汇编而成《古隽》八卷。清李调元辑刻《函海》时将其收入，并为其作序称：

> 《古隽》者，升庵读诸子书，摘录古隽之语，以备观览者也。前唐马总有《意林》五卷，皆摘诸子语，然未有成段篇者。此则一段一篇皆摘之，其体例又在《意林》之上。有此书，则近时坊刻之《诸子汇函》《诸子奇赏》，金丹粹白之书，俱可不读矣。②

杨慎摘录诸子语，首先当然是因为诸子语言的深刻瑰丽，深深吸引着杨慎，于是摘录下来以备记诵③；其次也因为子书所载内容，可为杨慎从事经史考证提供必要的思想指引和资料基础。④ 这里值得注意的是，李调元在谈论杨慎《古隽》之时，特意提到了《诸子汇函》（题归有光编）和《诸子奇赏》（陈仁锡编）两书。虽然李氏的意思是，有了《古隽》之后，《诸子汇函》和《诸子奇赏》两书就可以不用读了，但实际上，《诸子汇函》和《诸子奇赏》作为子学文献汇编，在明代子学复兴过程中起到了重要推动作用。⑤ 这里暂且抛开两书所

---

① 好友思贤兄将"诸子"与"子书"视作各有所指的历时性概念，"诸子"指先秦学派及其著作，"子书"指汉魏六朝人的著作（杨思贤：《从诸子到子书：概念变迁与先唐学术演进》，《江苏社会科学》2018 年第 4 期），但本书所说"子书"，非专指汉魏六朝人的著作，而是包含先秦诸子在内的。

② （清）李调元辑：《函海》，清乾隆间绵州李氏万卷楼刻、嘉庆十四年李鼎元重校、道光五年李朝夔补刻本。亦见王文才、张锡厚辑《升庵著述序跋》，云南人民出版社 1985 年版，第 236 页。

③ 《古隽》卷 3 摘录"苏子说齐闵王"一文，杨慎注曰："此策凡二千四百六十字，极其长衍而典折，精神互应，明昏读之，惟恐其终篇，千载而下犹若抵掌，苏秦文笔妙古今，可以泣鬼神矣。"同卷摘录"荀子论强弱"一文，杨慎注曰："右出《荀子·王制篇》，总论王霸。三者之不同，全篇皆奇伟，而此段论论精确，又辞密致，如宝塔层出，玉环无端，可日诵之以为警策也。"据此可见杨慎对诸子文章之推崇程度。

④ 杨慎曾在多数人提倡"封建"之际，极力反对"封建"，并用大量篇幅进行考证（《升庵集》卷 48 "封建"条），对此，后世研究者已有充分的考察（详见田勤耘、牟哲勤《杨慎"封建论"发微》，《湖北社会科学》2013 年第 9 期），此不赘述。实际上，在《古隽》卷 3 中，杨慎曾摘录了"《吕览》论封建"一条，或许正是其讨论"封建"的参考资料之一。

⑤ 王文才先生指出，《诸子汇函》"评语几全属杨升庵、王凤洲，一望而知为坊贾伪造，托名震川编辑，即出于震孟，亦是赝品"。由此可见，杨慎对当时诸子文献的汇编者影响甚大。见王文才《杨慎学谱》，上海古籍出版社 1988 年版，第 302 页。

载内容不谈,单就两书序言中极力为诸子正名的态度,就可窥见两书编者对诸子的重视程度。先来看《诸子汇函序》,该序对将诸子视作"异端"的看法提出了批评:

> 自汉史迁为《六家指要》之说,而刘歆则有《七略》,班孟坚作《艺文志》又有名十家者,后分四部之书,而诸子百家皆列于子部。隋唐以降,凡儒、道、法家、名、墨、纵横之类,与《六经》并陈,盖其精神意识,上下千百襈,翊文运而行,虽升沉代谢,而单词只字能收豪杰之魄,破英雄之胆。《六经》、诸子实相表里。若模棱而求,辄目子为异端,则孤村酸腐,诚不知天之高地之下,而何足与之论《六经》哉?①

此序提出《六经》与诸子"相表里",虽似在尊经,实则是在肯定诸子。再来看《诸子奇赏序》所说:

> 以《六经》收诸子,不若以诸子返《六经》,强其所厌,不若用其所喜。夫诸子多救时之人,然《六经》治未病,诸子治已病;《六经》治百家之病,诸子治一时之病。《六经》药物悉备,而不预裁一方,病夫自取焉。诸子方太具,药太猛,乃治已也奇,治人也拙,治一国也奇,治一世也拙。奇以方,拙亦以方,后之习诸子者,几无疾而呻吟,类无方而操药。又近于入虎狼之窟,采鸟喙之毒,奚取焉?②

此序中,陈仁锡将《六经》与诸子均比作治病之良药,只是两者功效各有不同,"《六经》治未病,诸子治已病;《六经》治百家之病,诸子治一时之病",两者缺一不可。显然,陈仁锡的论证巧妙地化解了将诸子视作"异端"所带来的不利影响,使读者在不自觉中认可了

---

① (明)归有光辑:《诸子汇函》,《四库存目》子部第126册,第1—2页。
② (明)陈仁锡:《无梦园初集·马四》,《四库禁毁》集部第60册,第25页。

诸子的合法性，这无疑有助于解除时人阅读子书的顾虑。

当然，杨慎在阅读子书时，不仅摘录子书中古隽之语以汇编成书，还对其中一些子书进行评点①，因杨慎在当时学界之地位，所评之书往往受到时人的追捧，无形中扩大了子书在读书人中的影响力，从而客观上推动了子学的复兴。

据王文才先生的考察，现存署名杨慎评点的子书共63种，其中一部分乃杨慎"闲居多暇，秉笔评古"的结果，一部分为杨慎受"朋辈请托，借选以传"的结果，还有一部分则是他人"冒名编选，假托评人"的结果。② 其中，国家图书馆所藏明天启间武林坊刻《合诸名家评点诸子全书》（索书号为05746）所题杨慎评点者被认为较其他更为可信。通过对这些书中所保存的杨慎评点文字来看，主要是对子书语言的点评，而少有对词句及内容的考订。如《老子》第十七章："太上，下知有之；其次，亲而誉之；其次，畏之；其次，侮之。信不足焉，有不信焉。"杨慎评曰："下语刻画如此，史迁以申、韩本之老子，而老子之意深远，颇亦具眼。"又如《老子》第二十章："绝学无忧。唯之与阿，相去几何？善之与恶，相去何若？人之所畏，不可不畏。"杨慎评曰："'唯之'二句，似古歌谣中奇语。"再如《商君书·更法》篇，杨慎评曰："通篇一辩一驳，俱出名理名言，且文句轩举清劲，自是两汉莫及。"《商君书·说民》篇，杨慎评曰："首诎四事，便露重刑之旨，句颇简沃。"凡此种种，可见杨慎的评点更主要的还是在于辅助阅读，供士子临文揣摩，以助应试之需。

当然，杨慎在评点子书时，虽然没有直接进行文本内容的考证工作，但由于评点需要深入阅读文本，无形中也为其进行子书考据打下了基础。考焦竑编辑的《升庵外集》③，其中卷四六至卷四八为"子

---

① 郭孟良先生指出，"评点不仅具有重要的文体价值和审美功能，而且也蕴涵着广告意识和传播元素"，好的评点无疑也对促进作品的广泛传播具有重要作用。见郭孟良《晚明商业出版》，中国书籍出版社2011年版，第124—129页。

② 王文才：《杨慎学谱》，上海古籍出版社1988年版，第300、303页。

③ 今所据为国家图书馆藏明万历刻本，索书号为04323。以下所引此书内容，均出此版本，不另出注。

说"，涉及子书17种①，较为集中地体现了杨慎子书考据的成果。如《升庵外集》卷四六《子说》"老子论性"条考证曰：

> 《文子》引《老子》曰："人生而静，天之性也。感物而动，性之欲也。"汉儒取入《礼记》，遂为经矣。若知其出于老氏，宋儒必曲为讥评，但知其出于经，则护持交赞，此亦矮人之观场也。又如"澹泊明志，宁静致远"，本出于《淮南子》，而诸葛称之，若儒者知其为刘安语，又肯取乎？

杨慎通过对比指出，汉儒存在引子书入经的事实②，而宋儒不察，"但知其出于经，则护持交赞"，"若知其出于老氏"，"必曲为讥评"。显然，杨慎并不赞同宋儒的释经态度，因此其考证内容带有较为明显的反宋学倾向。③

杨慎对道家的《庄子》情有独钟，他不仅以北宋陈景元《南华真经章句·阙误》为基础写成《庄子阙误》④，而且对《庄子》中的字词句进行考证。如《升庵外集》卷四六《子说》"赋芧"条考证"芧"字的含义，同卷"孟浪之言"条考证"孟"字的读音，同卷"嚆矢"条考证"嚆"字的含义，同卷"屏偃"条考证"屏偃"的含义，同卷"冯字新解"条考证"冯"字的含义，等等，均是此类。更

---

① 此17种子书分别是：《老子》《庄子》《列子》《关尹子》《鹖子》《文子》《韩非子》《管子》《公孙龙子》《鬼谷子》《慎子》《荀子》《尸子》《青史子》《抱朴子》《符子》《文中子》。

② 阎若璩在《尚书古文疏证》卷2第三十二条中亦引用上述例证，用以证明"人心道心本出《荀子》以窜入《大禹谟》，遂专经久而忘其所自来矣"这类现象很多。但又对杨慎反宋学的态度不满，称："因又笑近代杨慎辈，苦欲贬剥考亭，谓其《诗传序》首用'人生而静'为不知出于《老子》也者，若知出《老子》，肯以其异端语而用之乎？不知朱子博极群书，洞如观火，岂不记及《文子》，盖未尝以《礼记》为有取《老子》而袭用之也。"见（清）阎若璩《尚书古文疏证》，上海古籍出版社1987年版，第249—252页。

③ 胡应麟《丹铅新录一》"文子"条驳斥杨慎的考证曰："柳河东谓《文子》乃后人聚敛而成，盖出本秦、汉人撰，而六朝、唐人如李暹、徐灵府等皆润益之。其书杂取经子诸家语以解《道德经》，凡称老子皆假借之词，杨反谓汉儒取入《礼记》，非也。"见（明）胡应麟《少室山房笔丛》卷5，上海书店出版社2009年版，第58页。

④ 王文才：《杨慎学谱》，上海古籍出版社1988年版，第304页；邹阳：《杨慎〈庄子阙误〉真相发覆》，《湖北社会科学》2019年第2期。

为特别的是，他打破常规，明确指出后世认为庄子曾强烈谴责儒家学说的看法不符合实际。《升庵外集》卷四六《子说》"庄子愤世"条称：

> 庄子愤世嫉邪之论也，人皆谓其非尧舜，罪汤武，毁孔子，不知庄子矣。庄子未尝非尧舜也，非彼假尧舜之道而流为之哙者也；未尝罪汤武也，罪彼假汤武之道而流为白公者也；未尝毁孔子也，毁彼假孔子之道而流为子夏氏之贱儒、子张氏之贱儒者也。

除对子书中的字词句进行考证外，杨慎还曾对《鬻子》《关尹子》等书的真伪进行了考辨。《升庵外集》卷四八《子说》"关尹子"条考辨曰：

> 今世有《关尹子》，其文出于后人伪撰，不类春秋时文也。按《列子·仲尼篇》引关尹子……又《说符篇》引关尹子谓列子曰……按此二条，皆精义格言，今之伪撰者曾无一语类是，可证矣。《关尹子》书虽亡，观此二条，亦尝鼎一脔矣乎。

杨慎认为今传本《关尹子》不类春秋时人语，并通过对比《列子》所引关尹子语来证明自己的观点。[①] 又如同卷"鬻子"条考辨曰：

> 鬻子，文王时人，著书二十二篇，子书莫先焉，今其存者十四篇，皆无可取，后人赝本无疑也。按贾谊《新书》所引《鬻子》七条……是皆正言确论也，今之所传有是乎？又《文选》注引《鬻子》……今本亦无，知其为伪书矣。盍取贾谊书中七条传之，以冠于书，亦愈于传赝售伪也。

[①] 关于《关尹子》的真伪问题，至今仍是学界讨论的热点问题。详见蒋国保《今本〈关尹子〉辨析》，《安徽大学学报》（哲学社会科学版）1981年第2期；詹石窗《〈关尹子〉真伪问题与文学价值考论》，《太原学院学报》（社会科学版）2021年第6期。

杨慎对《关尹子》《鹖子》两书真伪的考察，虽不如胡应麟在《四部正讹》中的考察深入①，但其"筚路蓝缕之功亦不可没"。②

荀子被宋代理学家视为"异端"，杨慎对此观点颇不以为然。《升庵外集》卷四八《子说》"宋人讥荀卿"条记录了杨慎为荀子辩护之言：

> 宋人讥荀卿云："卿之学不醇，故一传于李斯，而有坑焚之祸。"此言过矣。孔子曰："与其进也，不与其退也。"弟子为恶而罪及师，有是理乎？若李斯可以累荀卿，则吴起亦可以累曾子矣。刘向《别录》云："吴起始事曾子，而受《春秋》于曾申。"《盐铁论》曰："李斯与苞丘子同事荀卿，苞丘子修道白屋之下。"二事人皆引用，而罕知其原。

总之，杨慎对子书的评点与考证，既是对子书复兴这个时代要求的有力回应，同时也反过来推动了子书复兴向深度和广度两方面发展。正是由于杨慎在当时学界具有独特影响力，方才吸引不少学者投身于明代子学考据的相关工作中，这是必须加以肯定的。

二 以子证经与杨慎的子学考据

就考据学发展的历程来看，考经与证史一直以来都是考据学首要的任务。因此，学者们往往会从文字、音韵、训诂入手，重视经书中名物制度的考释，重视历史典籍中史实的考辨。在考辨过程中，既重视对经书与史书中本证的挖掘，同时也特别重视充分利用他证和旁证。于是，作为他证和旁证的子书，因其包含有丰富的材料，自然就成了考经证史时备受关注的内容。如胡应麟在《史书占毕三》中强调：

---

① （明）胡应麟：《少室山房笔丛》卷31，上海书店出版社2009年版，第302、307页。
② 司马朝军：《明代辨伪四大家合论》，《文献辨伪学研究》，武汉大学出版社2008年版，第36页。

> 夫三代之书，其传于后世常寡，而三代之迹，其轶于上古常多。至圣贤大节，未有不具载于六经，而互见于子史者，若之何合六经、诸子、诸史而茫亡一证也？故吾断以为夷、齐无叩马之说也。①

由胡应麟所说可见，他认为六经、诸子、诸史是可以互相印证的。而事实上，杨慎在重视对子书本身进行考证的同时，已较为自觉地利用以子证经的方法，并取得了不少的成绩。而这种考证方法发展到清代，更成为学者们普遍采用的考据学方法，对推动清代乾嘉考据学的发展起到重要的作用。②

杨慎从事经学考据的问题，前文第三章已有较为充分的考察，通过考察我们知道，杨慎特别重视由古音以通古义，因此编撰了多部古音学著作，其中《转注古音略》是最具代表性的成果。在该书中，杨慎除了充分利用《六经》的材料以经证经外，也广泛引用子书的记载以子证经。如《转注古音略》卷一《一东》"窾"字："音空，空也。《庄子·养生主》：'导大窾。'向秀读。"同卷《一东》"洞"字："音同。《淮南子·原道》：'天地鸿洞。'"同卷《三江》"䏸"字："音腔。《庄子·徐无鬼》：'䏸然而喜。'司马彪读。"同卷《四支》"卮"字："《庄子·寓言》：'卮言日出。'读如'欹器'之'欹'。李轨说。"同卷《五微》"运"字："《淮南子·览冥》：'画隋灰而月运阙。'注云：'"运"读如"遭围"之"围"。'高诱读。"同卷《六鱼》"租"字："音疽。《鲁连子》：'田巴议于租丘，一日而服千人。'"同卷《六鱼》"杼"字："音舒。《邹子》：'杼意通旨，明其所谓。'刘向《疏》：'一杼愚意，死无所恨。'"同卷《七虞》"牟"字："音模。《淮南子·要略》：'卢牟六合。'注：'卢牟，规模也。'"同卷《七虞》"沟"字："音拘。《荀子·非十二子》：'沟犹瞀儒。'古'沟''拘'音通。《礼记·曲礼上》：'以袂拘而退。'

---

① （明）胡应麟：《少室山房笔丛》卷15，上海书店出版社2009年版，第153页。
② 刘仲华：《试析清代考据学中以子证经、史的方法》，《清史研究》2001年第1期。

拘亦音沟也。"① 凡此之类，数量十分可观。对此，四库馆臣称赞道："以其（即《转注古音略》）引证颇博，亦有足供考证者，故顾炎武作《唐韵正》犹有取焉。"② 顾炎武撰写《唐韵正》，除曾利用杨慎《转注古音略》的内容外，也受到杨慎以子证经的考证方法的影响，大量引据子书来证明自己的观点。如《唐韵正》卷二《五支》"移"字下，顾炎武除引证了《楚辞》《史记》《说苑》《列女传》《越绝书》等典籍外，也引据了《管子》《庄子》《列子》《吕氏春秋》《六韬》《淮南子》等子书③。这不仅充分显示出顾炎武广搜博考的治学特点，更显示出他在从事考据工作时，能够娴熟运用以子证经的考据方法。

其实，杨慎不仅在考证古音古义时重视利用子书文献，在考证经书本身的内容时也广引子书中的材料。现就《升庵经说》所载略举数证如下。

《升庵经说》卷一"太极"条，杨慎为了论证"太极"之为无限，就找到《庄子》所说之"大块"以证成之：

> "太极"者，至之又至，非寻常之极，故曰"太极"。屋极之极有形也，无形之极则曰"太极"。《庄子》之言"大块"是已。土块之块有限也，无限之块曰"大块"。知此者，知孔子立言之意矣。……周子恐后人滞于有，故曰"太极本无极"，犹《庄子》名元气曰"大块"。④

又如同卷"易字说"条，为了考证"易"字的含义，引用《庄子》之言曰：

---

① 王文才、万光治主编：《杨升庵丛书》（一），天地出版社2002年版，第554、555、560、562、572、577、578、580、582页。
② 《钦定四库全书总目》（整理本），中华书局1997年版，第565页。
③ （清）顾炎武：《唐韵正》卷2，《顾炎武全集》（2），上海古籍出版社2011年版，第338—339页。
④ 王文才、万光治主编：《杨升庵丛书》（一），天地出版社2002年版，第49页。

《庄子》云："冉求问于仲尼曰：'昔吾昭然，而今昒然，何也？'曰：'昔之昭然，神者先受之。今之昒然，且为不神者求也。'"是"昒"即"昧"之证也。古"昒谷"作"昜谷"，"昧谷"作"昒谷"。易取日中于地，而月彩沉也。后世字从日为旸，是有二日也。①

又如同卷"馯臂子弓"条，引《荀子》以证"馯臂子弓"为何人：

《儒林传》："商瞿受《易》于孔子，瞿以授鲁桥庇子庸，子庸授江东馯臂子弓。"此子弓，即《荀子》所称"仲尼、子弓"者。或以为仲弓，或以为朱张字子弓，皆臆说也。②

又如卷二"肥遯"条，为了论证"肥"字古文作"𩚳"，后误作"蜚"，引《淮南子》等文献以证成之：

子夏曰："肥，饶裕也。"古文肥作"𩚳"。字或误作"蜚"，遂有"飞遯"之说。《淮南子》云："遯能飞，吉孰大焉？"③

又同卷"穴井"条，为了论证朱熹解"井者，穴地出水之处"的观点，引《孙子兵法》等以证成之：

不曰"凿井"，而曰"穴地"，何也？《中山经》云："帝囷山有井焉，名天井。"《孙子兵法》云："地陷曰天井。"穴地出水，盖此类耳。穴地之井，天所为也。凿地之井，人所为也。先天上古穴井，后天中古凿井也。④

---

① 王文才、万光治主编：《杨升庵丛书》（一），天地出版社2002年版，第55页。
② 王文才、万光治主编：《杨升庵丛书》（一），天地出版社2002年版，第60页。
③ 王文才、万光治主编：《杨升庵丛书》（一），天地出版社2002年版，第77页。
④ 王文才、万光治主编：《杨升庵丛书》（一），天地出版社2002年版，第81页。

又同卷"俗儒泥古"条，以《文子》引《老子》之言论证宜知变、不宜泥古的观念：

"穷则变，变则通，通则久。"《礼》曰："礼，时为大，顺次之。"《文子》引《老子》之言曰："天下几有常法哉？当于世事，得于人理，顺于天地，祥于鬼神，即可正治矣。"又曰："先王之制，不宜即废之，末世之事，善则著之。故先王制礼乐，而不制于礼乐；制法，而不制于法。故曰：'道可道，非常道。'"呜呼！斯言也，其识时务、达治体之深者乎！①

又卷三"化益"条，引《荀子》《吕氏春秋》论证"化益"为伯益：

《世本》云："化益作井。"宋衷曰："化益，伯益也。"《荀子·成相》篇：传禹平天下，躬亲为民行劳苦，得益、皋陶、横革、直成为辅。《吕氏春秋》云："得陶、化益、真成、横革、之交五人佐禹。"化益即伯益，真成即直成也。②

又卷七"豕人立而啼"条，引《管子》《荀子》考证曰：

啼，《管子》作"谛"。《荀子》"哭泣谛号"，古啼字也。③

又同卷"负兹"条，引《荀子》以证"兹"为何物：

诸侯疾称"负兹"。兹，草也。犹言负薪。言有疾不能负草也。又云"布兹"。注云："兹，蓐席也。"然则"负兹"者，盖言有病

---

① 王文才、万光治主编：《杨升庵丛书》（一），天地出版社2002年版，第91—92页。
② 王文才、万光治主编：《杨升庵丛书》（一），天地出版社2002年版，第112页。
③ 王文才、万光治主编：《杨升庵丛书》（一），天地出版社2002年版，第218页。

· 259 ·

而坐蒻伏簀也。予观《荀子·正论》篇云："琅玕、龙兹、华瑾以为实。"注："龙兹，即今之龙须席。或曰兹与髭同。徐广：兹者，籍席之名。《列女传》'琅玕龙疏'，疑龙疏即龙兹。"①

又卷八"于越"条，引《庄子》以证"于越"为古双声字：

越曰于越，吴曰勾吴，邾曰邾娄，本一字而为二字，古声双叠也。《庄子》云："离朱之目。"《孟子》云："离娄之明。"娄、朱本二字而二声，足以为证。或以"勾吴、于越"为方言夷音，谬矣。②

又卷九"姑息"条，引《尸子》以证"姑息"之义：

《檀弓》曰："细人之爱人也以姑息。"注："姑，且也；息，休也。"其义殊晦。按《尸子》云："纣弃黎老之言，而用姑息之语。"注："姑，妇女也；息，小儿也。"其义始明白。合表出之。③

又同卷"蜃"条，引据《墨子》《淮南子》及兵书以证"蜃"为大蚌：

"雉入大水为蜃"。蜃，即大蚌也。《墨子》曰"楚之明月，生于蚌蜃"是也。其胎谓之"珠胎"。《淮南子》所谓"珠胎与月盈亏"。又曰"月死而螺蚌焦"是也。又曰："蚌闻雷声则瘕。"又按兵书云："东海出气如鼍，渭水出气如蜃。"蜃形似蛇而大。④

又卷一三"徵字音说"条，引《庄子》以证"徵"当读作"证"：

---

① 王文才、万光治主编：《杨升庵丛书》（一），天地出版社2002年版，第228页。
② 王文才、万光治主编：《杨升庵丛书》（一），天地出版社2002年版，第247—248页。
③ 王文才、万光治主编：《杨升庵丛书》（一），天地出版社2002年版，第263页。
④ 王文才、万光治主编：《杨升庵丛书》（一），天地出版社2002年版，第269页。

"足则吾能徵之矣。"徵，当音证。《左传》："不徵辞。"注："徵，音证。言语相违而不明证其辞。"与《尚书》"明徵定保"音义同。《庄子》："九徵至，而不肖人得矣。"唐贞观中，有唐九证。其名取《庄子》"九徵"说，而字作"证"，可以定其音矣。①

由以上所举诸例可见，杨慎在考证经学问题时，十分重视对子书的利用。子书在经学考据中何以会有如此功效呢？其实主要是因为，先秦诸子书在著书时间上与儒家经典非常接近，因而在文字、音韵、训诂等方面均可与之相互参证。② 因此，杨慎才能够充分利用子书所载内容对经学相关问题进行考辨，这样做的结果，无疑既丰富了经学考据的内涵，同时也推动了子学考据的兴起。

第二节　杨慎影响下的中晚明子学考据群体

正是由于杨慎及其之后的学者对子书的重视，不仅逐步扭转了读书人对子书的固有偏见，更促进了子学复兴时代的加速到来。当读书人不再视子书为"异端"，将六经与诸子并举，认为"六籍如日月，诸子百家如星辰；六籍如河海，诸子百家为沼沚"，两者"并存于宇宙而不可独灭"，甚至大声疾呼"不读诸子百家，不知学问之大"③时，人们对子书的需求量自然会大大增加，对获得一部质量高、内容全的子书读本的需求也会进一步加强，此时，对子书进行校勘、考辨与刊刻就日益提上学术研究者的议事日程。随之而来的是，子书考据群体也在杨慎等人的考据实践的影响下逐渐形成，成为明代学术发展的重要组成部分。

---

① 王文才、万光治主编：《杨升庵丛书》（一），天地出版社2002年版，第349页。
② 详见刘仲华《试析清代考据学中以子证经、史的方法》，《清史研究》2001年第1期；林军《清代考据学的兴起与诸子学历史地位的升降》，《福建师范大学学报》（哲学社会科学版）2004年第2期。
③ 邵景尧：《举业天衢序》，（明）顾起元辑，陆翀之删定《新刻顾会元注释古今捷学举业天衢》，国家图书馆藏明万历二十七年周曰校万卷楼刻本（索书号为14006）。

一 中晚明子学考据群体的形成

明代正德以后,随着书籍文化的繁盛,各种书籍的编辑和刊刻呈现出明显上升趋势,而恰在此时,子书也备受读书人的喜好,因此编辑和刊刻子书就成为一项颇为时髦的举动。

根据对杜信孚先生纂辑的《明代版刻综录》[①]的初步统计,明代刊刻各类子书版本近200种。如《墨子》有嘉靖三十一年芝城铜活字印本、嘉靖三十九年唐尧臣刊本、万历九年书林童思泉涵春楼刊本、万历归安茅坤刊本四种版本[②],《韩非子》有嘉靖四十年浙西张鼎文颍东书院刊本、万历三年门无子刊本、万历三十二年周孔教刊本、万历黄策刊白文本、万历张寿朋刊本、万历葛鼎刊本、天启五年王道焜刊本、天启六年赵如源刊本共八种版本[③],等等。其中还有不少子书的评注本和释义本。如弘治十四年刘绩刊本《管子》(刘绩补注),嘉靖王潼刊本《庄子通义》《列子通义》(均为朱得之撰),嘉靖三十七年孔弘铎刊本《孔子家语补注》(何孟春撰),万历三年门无子刊本《韩子迂评》(门无子撰),万历七年梁梦龙刊本《孙子书校解引类》(赵本学撰),万历八年陶幼学刊本《庄义要删》(孙应鳌撰),万历四十年张维枢刊本《管子榷》(朱长春撰),万历四十三年梅士亨天一馆刊本《管子删评》(梅士亨撰),天启杭州书林读书坊刊本《关尹子注》(孙鑛评),等等。

不仅如此,还有汇编的诸子合刊本多种。如嘉靖六年芸窗书院刊本《六子全书》六十二卷(许宗鲁辑),嘉靖六年许宗鲁樊川别业刊本《六子书》六十二卷(许宗鲁辑),嘉靖十二年山阴周泂耶山精舍刊本《六子全书》六十二卷,嘉靖十二年顾春世德堂刊本《六子书》

[①] 杜信孚纂辑,周光培、蒋孝达参校:《明代版刻综录》,江苏广陵古籍刻印社1983年版。
[②] 关于明刻《墨子》更详细的介绍,见秦彦士《明本〈墨子〉提要》,《文献》2001年第4期。
[③] 关于明刻《韩非子》更详细的介绍,见张觉、刘妍妍《明代全刻本〈韩非子〉流传考述》,《云南大学学报》(社会科学版)2008年第2期。

六十卷（顾春编），嘉靖十四年徽藩崇古书院刊本《七子》七卷，嘉靖二十三年欧阳清刊本《五子书》八卷（欧阳清编），万历书林石经堂刊本《诸子汇函》二十六卷（归有光辑），万历四年潭阳书林陈崑泉积善堂刊本《六子全书》六十卷，万历五年南京国子监刊本《子汇》二十四种三十四卷（余有丁、周子义编），万历五年周子仪刊本《子汇》二十四种三十五卷（周子仪辑），万历六年吉府刊本《二十家子书》二十八卷（谢汝诏辑），万历九年陈楠慎德书院刊本《四子全书》二十三卷（陈楠辑），万历十八年金陵书林周竹潭刊本《诸子品节》五十卷（陈深辑），万历二十一年建阳书林余成章刊本《六子纂要》十二卷（张位、赵志皋编），万历二十四年书林郁文瑞尚友轩刊袖珍本《老庄合刻》十卷，万历新安吴勉学刊本《二十子全书》一百六十九卷（吴勉学辑），万历新安黄之寀刊本《六子书》二十一卷，万历闵齐伋朱墨套印本《三子合刊》十三卷，天启蒋之翘三径斋刊本《诸子奇赏》一百十卷（陈仁锡编），天启建阳书林萧世熙刊本《五子隽》十卷（陈继儒评注），桐荫书屋刊本《六子书》六十卷，等等。

  子书编刊的逐渐繁荣，不仅说明子书读者群体的日益扩大，更为明代子学考据的展开提供了充足的资料储备。在这样的学术背景下，学者们开始围绕子学各方面的问题展开研究。如顾应祥除从事经史考据外，还精于九章勾股之学，著有《测圆海镜分类释术》等书。方弘静的《千一录》，其卷五至卷八为《子评》，对子学问题进行了一定考察。李时珍作为明代最负盛名的医药学家，不仅医术精湛，还历时二十七载，三易其稿，撰成《本草纲目》，被王世贞认为是"性理之精微，格物之通典，帝王之秘篆，臣民之重宝"。① 在该书中，李时珍除充分利用各类医药书籍外，还曾广泛利用四部之书从事相关考证，其中子书占有一定比重。陈耀文作为考证杨慎学术疏失方面的代表性人物，在《正杨》《学林就正》中针对杨慎子学考据的失误进行了必要

---

① （明）王世贞：《本草纲目序》，见钱超尘等校《金陵本〈本草纲目〉新校正》，上海科学技术出版社2008年版。

的驳正。焦竑作为阳明后学,却主张"非博学不能成约"①,他在子学研究方面,除《焦氏笔乘》《续集》等著作中涉及一些子学考据问题外,还有《老子翼》《庄子翼》等专门研究的著作。胡应麟作为深度参与到明代考据学中来的人,他不仅有专门研究子书源流的《九流绪论》,更有考辨诸书真伪的《四部正讹》,其中涉及子部书籍的考辨共计76种(其余经部14种,史部16种,集部8种)。方以智作为明清之际的考据大家,除著有考据学专著《通雅》外,尚有专门研究《庄子》哲学思想的《药地炮庄》。除此之外,尚有张元谕《篷底浮谈》、张萱《疑耀》、孙能传《剡溪漫笔》、谢肇淛《五杂组》、姚旅《露书》、周婴《卮林》、顾大韶《炳烛斋随笔》、董斯张《吹景集》等,除考经证史之外,对诸子也有一定的考辨。

总之,受汉代以来儒学独尊及宋明以来理学思想的深刻影响,明代正德以前,子学始终处于相对低迷的状态。随着阳明心学的出现,作为官方意识形态的程朱理学逐渐受到挑战,读书人不再以读儒家经典为业,而是"厌《五经》而喜《老》《庄》,黜旧闻而崇新学"②,子学逐渐得到多数读书人的青睐。但即便如此,能够真正从学术研究的角度来处理子学问题的人毕竟还是少数,与之相应的是,从事子学考据的人总体上并不多。正是在这样一种相对不利的条件下,由于杨慎的倡导及学者们的共同努力,中晚明子学考据群体方才逐渐建立起来。

二 中晚明子学考据群体成果探究

(一) 中晚明子学个案考据

杨慎在进行子学考据时,虽然取得了一定的成绩,但也出现了一些问题,而这些问题的存在却引起后世学者对子学问题的关注。虽然这类考据往往零散不成系统,但客观上起到了促进子学考据群体形成

---

① (明)焦竑撰,李剑雄点校:《焦氏笔乘续集》卷1《读〈论语〉》,上海古籍出版社1986年版,第205页。
② (清)顾炎武著,黄汝成集释,栾保群、吕宗力点校:《日知录集释》卷18《破题用庄子》,上海古籍出版社2006年版,第1057页。

第五章　杨慎与中晚明子学考据群体

的作用。如《升庵外集》卷四八《子说》"符子"条，杨慎指出：

  《符子》曰："周人有爱裘而好珍羞，欲为千金之裘，而与狐谋其皮；欲为少牢之膳，而与羊谋其羞。言未卒，狐相率逃于重丘之下，羊相呼藏于深林之中，故周人十年不制一裘，五年不具一牢。何则？周人之谋失之矣。"古谚有之："筑舍道旁，三年不成，虽则不成，迟犹有望也。"若夫休官而谋于子，纳妾而谋于妻，欲用孔子而谋于晏婴与子西，欲成其谋，得乎？

据《太平御览》卷二〇八《司徒下》引《符子》曰：

  鲁侯欲以孔子为司徒，将召三桓而议之，乃谓左丘明曰："寡人欲以孔丘为司徒，而授以鲁政焉，寡人将欲询诸三子。"左丘明曰："孔丘圣人与。夫圣人任政，过在离位焉。君虽欲谋，其选弗合乎？"鲁侯曰："吾子奚以知之。"丘明曰："周人有爱裘而好珍羞，欲为千金之裘而与狐谋其皮，欲具少牢之珍而与羊谋其羞。言未卒，狐相率逃于重丘之下，羊相呼藏于深林之中，故周人十年不制一裘，五年不具一牢，何者？周人之谋失之矣。今君欲以孔丘为司徒，召三桓而议之，亦与狐谋裘，与羊谋羞哉。"于是鲁侯遂不共三桓谋，而召孔丘为司徒。①

对比可知，《太平御览》所引《符子》之文，说的是鲁侯欲以孔子为司徒而谋于三桓，但杨慎将其误作"欲用孔子而谋于晏婴与子西"。对此，陈耀文在《正杨》卷二"符子"条中质疑道："今末以孔子、晏婴为证，是岂真见《符子》者耶？"② 显然，陈耀文的质疑是合理的。

杨慎还曾考察《鬼谷子》，他对宋高似孙《子略》认为《汉书·

---

① （宋）李昉等：《太平御览》，中华书局1960年版，第998页。
② （明）陈耀文：《正杨》，明隆庆三年刻本。此据南京图书馆藏，索书号为GJ/110576。此条，《四库全书》本《正杨》无。

· 265 ·

艺文志》中无《鬼谷子》的说法进行了驳斥。《升庵外集》卷四八《子说》"鬼谷区"条考辨曰：

> 《汉书·艺文志》："《鬼谷区》三篇。"注："即《鬼臾区》也。"《郊祀志》："黄帝得宝鼎冕侯，问于鬼臾区。"云云。注："即鬼容区。""容""臾"声相近。今按"鬼谷"即"鬼容"者，又字相似而误也。高似孙《子略》便谓《艺文志》无《鬼谷子》，何其轻于立论乎？

杨慎认为《汉书·艺文志》中的"鬼谷区"即"鬼臾区"，而"鬼臾区"即"鬼容区"，故"鬼容"即"鬼谷"，字相似而误。因此，高似孙《子略》称《汉书·艺文志》不著录《鬼谷子》，是未经考察的"轻于立论"。对此，陈耀文在《正杨》卷二"鬼谷子"条中驳斥道：

> 《史记》注："郑玄云：鬼臾区，黄帝佐也。"《史记》云"鬼谷先生"，苏秦、张仪之师也。今以为"容区"，岂见鬼耶？仪、秦亦岂黄帝时人耶？《拾遗记》："鬼谷子云：'吾生于归谷。'亦曰鬼谷，鬼者归也。又曰：'归者，谷名也。'《古史考》云：'鬼谷子也。鬼、归相近也。'"柳子云："汉刘向、班固录书无《鬼谷子》，《鬼谷子》后出，妄言乱世难信。"今诮《子略》，柳子亦未见耶？①

陈耀文首先指出，杨慎以"鬼臾区"为"鬼谷子"，乃是对史料的误读；接着又指出，杨慎未曾注意到，实际在高似孙之前，柳宗元已经有类似的说法。对于杨慎考察中存在的问题，胡应麟在《四部正讹》中有更全面的考察：

> 《鬼谷》，纵横之书也。余读之，浅而陋矣，即仪、秦之师，

---

① （明）陈耀文：《正杨》卷2，《四库全书》第856册，第87页。

其术宜不至猥下如是。柳宗元谓刘氏《七略》所无，盖后世伪为之者，学者宜其不道。而高似孙辈辄取而尊信之，近世之耽好之者又往往而是也。甚矣，邪说之易于入人也。宋景濂氏曰："《鬼谷》所言捭阖、钩箝、揣摩等术，皆小夫蛇鼠之智，家用之则家亡，国用之则国偾，天下用之则失天下。其中虽有'知性寡累'等语，亦庸言耳。学士大夫所宜唾去而宋人爱且慕之，何也？"其论甚卓，足破千古之讹。……案，鬼臾区，黄帝之臣，《汉·艺文志》兵阴阳家有《鬼臾区》三篇，与《风后》《力牧》连类，说者谓即鬼臾区，以臾、容声相近，是矣。而杨以为鬼谷，则"区"字安顿何所乎？此其可笑正与"方城"作"万城"切对。漫笔之以当解颐。（案，《意林》注："鬼谷者，谓无其人，犹无是公云尔。"斯说得之。）《鬼谷子》，《汉志》绝无其书，文体亦不类战国。晋皇甫谧序传之。案，《隋志》纵横家有《苏秦》三十一篇、《张仪》十篇，《隋·经籍志》"已亡"，盖东汉人本二书之言会萃附益为此，或即谧手所成而托名鬼谷，若子虚、亡是云耳。《隋志》占气家又有《鬼谷》一卷，今不传。（又关尹传亦称鬼谷，见《隋志》。）①

据此可知，杨慎对《鬼谷子》的考辨确实存在比较大的问题，而陈耀文与胡应麟通过考辨，既纠正了杨慎的考证失误，更呈现出明代子学考据的延续性。另外，胡应麟在《丹铅新录一》中还针对杨慎子学考据的其他问题提出了质疑。②

当然，除上述围绕杨慎子学考据的讹误而展开的考据工作外，尚有受杨慎影响而从事子学考据者。如张元谕在《篷底浮谈》卷六《谈子》中讨论了先秦诸子在后世的演变轨迹：

---

① （明）胡应麟：《少室山房笔丛》卷31，上海书店出版社2009年版，第305页。
② 《丹铅新录一》"老子""文子""公孙龙""秦子苻子"等诸条，均是针对杨慎子学考据提出的质疑。见（明）胡应麟《少室山房笔丛》卷5，上海书店出版社2009年版，第57—60页。

魏牟、田骈、宋钘、慎到、惠施、邓析诸子之书，后世不传。《管子》《孔丛子》，朱子以为伪书。然世亦不尚邹衍五德之运，人颇述之，而未尝见于事。惟申、韩之害暗行于今，而罔觉也。损国家之元气者，其在是乎，其在是乎？①

对于此问题，谢肇淛在《五杂组》卷八《人部四》中亦有讨论：

古有百家九流，而今之行世者，仅仅数家而止。至于墨家、纵横家、名家，不惟不能传其学，亦不能举其书矣。战国之时，杨、墨盛行，及其后而杨之言绝矣，独墨氏之教，至往往称与孔并，即荀卿、贾谊亦尔，何其张也？然自汉以来，不闻有治墨家言者，岂泛爱而忘亲，纤啬而非儒，不可适于世故耶？纵横之术，自鬼谷子而后，秦、仪、衍、轸相尚为高，至于汉之侯公、蒯彻，三国秦宓、彭羕之徒，亦其遗也。唐末藩镇纷争，说士间出，若柏耆、罗隐之流，皆得阖捭短长之术，而高者取世资，下至不能保其首领，亦所遇何如耳。名家搏抗千古，鉴察微茫，耳目岂能皆真？毁誉易于失实，不有人祸，必有天刑，谈何容易？是以君子不为也。②

焦竑在《焦氏笔乘》卷二"外篇杂篇多假托"条，考证了《庄子》中《内篇》《外篇》《杂篇》的作者问题：

《内篇》断非庄生不能作，《外篇》《杂篇》则后人窜入者多。之、哙让国在孟子时，而《庄》文曰："庄子身当其时。"昔者陈恒弑其君，孔子请讨。而《胠箧》曰："陈成子弑其君，子孙享国十二世。"即此推之，则秦末汉初之言也。岂其年踰四百岁乎？曾、史、盗跖与孔子同时，杨、墨在孔后孟前，《庄子·内篇》三卷，未尝一及五人，则《外篇》《杂篇》多出后人可知。又

---

① （明）张元谕：《篷底浮谈》，《续修四库》子部第1126册，第29页。
② （明）谢肇淛撰，韩梅、韩锡铎点校：《五杂组》，中华书局2021年版，第272页。

"封侯""宰相"等语，秦以前无之，且避汉文帝讳，故田恒为田常，其为假托尤明。①

张萱在《疑耀》卷二"慎子名姓辨"条，考证了慎子的名姓问题：

> 《孟子》："鲁欲使慎子为将军。"赵岐注：慎子名滑釐。《正义》同。朱考亭从之。又按《史记》慎到，赵人。谓慎子即慎到，是到又慎子之名，诸书皆同。但下文"此则滑釐所不识也"，为慎子自呼。余按古人自呼皆呼名，未有呼字者，岂慎子以滑釐为名，而以到为字耶？皆不可晓。《庄子·天下》篇又曰慎子与彭蒙、田骈为友，学墨子弟子禽滑釐之术。故薛仲常应旂著《四书人物考》，遂以慎子所云滑釐，乃述其师，非自呼其名也，岂师弟同名耶？《姓谱》诸书又以滑釐字慎子，其后以字为氏，而以滑釐为慎氏所自出，则益误矣。慎子之先，当有慎氏，慎之姓非自滑釐始也。②

孙能传在《剡溪漫笔》卷一"管子"条，考察了《管子》中有后人伪撰之文：

> 《管子》文最古奥，乃其中亦多后人赝入。《小问篇》云："百里傒，秦国之饭牛者也，穆公举而相之，遂霸诸侯。"考穆公之薨在周襄王三十一年，仲以王八年卒，先穆公之薨已二十三年

---

① （明）焦竑撰，李剑雄点校：《焦氏笔乘》，上海古籍出版社1986年版，第41页。
② （明）张萱撰，栾保群点校：《疑耀》，文物出版社2019年版，第55页。关于慎子名姓的问题，清焦循《孟子正义》亦有考辨。《孟子·告子下》："慎子勃然不悦曰：'此则滑釐所不识也。'"汉赵岐注："滑釐，慎子名。"焦循疏曰："赵氏以慎子自称滑釐不识，则滑釐是慎子之名。慎子名滑釐，故不以为到也。按釐与来通，《诗·周颂·思文》'贻我来牟'，《汉书·刘向传》作'饴我釐麰'是也。《尔雅·释诂》云：'到，至也。'《礼记·乐记》云'物至知知'，注云：'至，来也。'到与来为义同。然则慎子名滑釐，其字为到与？与墨之徒禽滑釐同名。或以慎子即禽滑釐，或以慎子师事禽滑釐，称其师滑釐不识，皆非是。"［（清）焦循撰，沈文倬点校：《孟子正义》卷25，中华书局1987年版，第851—852页］

矣。仲求窜戚时，安得称公谥号？《七臣篇》云："楚王好小腰，而美人省食；吴王好剑，而国士轻死。"好剑乃吴王阖闾；好小腰，一以为楚灵王，一以为庄王，事皆在后。大抵伪撰文字，其使事下语未免破绽，若有神使之，不令后世尽受其欺也。桓公游琅琊一段："先王之游也，春出，原农事之不本者，谓之游。秋出，补人之不足者，谓之夕。师行而粮食其民者，谓之亡。从乐而不反者，谓之荒。先王有游夕之业于人，无荒亡之行于身。"全本《孟子》傅会成文。①

《剡溪漫笔》卷二"说难本荀子"条，考证出《韩非·说难》源于《荀子·本相》，李斯《谏逐客书》源于《荀子·王霸》：

《荀子·非相》篇云："凡说之难，以至高遇至卑，以至治接至乱。未可直至也，远举则病缪，近世则近佣。"《韩非·说难》一篇，全自此充衍，特其文精深闳肆，遂成千古绝调，所谓青于蓝者也。李斯《谏逐客书》两"然后可"，章法亦本《王霸》篇来。二人同游于卿之门，故其文皆似之，然流为刻核，儒术扫地矣。②

姚旅在《露书》卷二《核篇下》中，利用《艺文类聚》等类书的引文，对《管子》《文子》《庄子》等书的文字进行了辨析：

《管子·弟子职》："左手执烛，右手折即。"即，烛烬也。今书作"右手执烛，左手正尽"，烛尽何须正？左手正之，不既背乎？《诗纪》作"正桦"，"桦"注作即，是矣，但左右两字亦错。③

《文子》曰："以数集之寿，忧天下之乱，犹忧河水之涸，泣

---

① （明）孙能传：《剡溪漫笔》，《续修四库》子部第1132册，第329—330页。
② （明）孙能传：《剡溪漫笔》，《续修四库》子部第1132册，第334页。
③ （明）姚旅：《露书》，《续修四库》子部第1132册，第529页。

而益之。"数集，数年也，今本作"数算"，不若"数集"为古矣。《艺文类聚》引《淮南子》作"数离之寿"。离者，载离寒暑也，尤胜于"数算"。①

《文子》曰："日月欲明，浮云蔽之。丛兰欲修，秋风败之。"《艺文类聚·秋部》引此作"浮云盖之"，《兰部》引此作"丛兰修发"，必有一误矣。《淮南子》引用亦作"浮云盖之"，而"丛兰"句又作"兰芝欲修"。②

《庄子》："楚之南有冥灵者。"《齐民要术》引此作"楚之南有宜泠者"。或作"冥泠"，字异音同，不妨互用乎。③

利用类书等文献来对古书进行校勘，清乾嘉考据学者如王念孙等在《读书杂志》中用得极多，效果亦极好，而姚旅的此类校勘成果虽然不多，但这样的尝试无疑是十分有益的。

董斯张在《吹景集》卷四"列子中杂赝书"条，考证了《列子》一书杂入魏晋人之文的问题：

> 向疑《列子》杂魏晋人笔，其窜《南华》语者十之三。夸父、禺疆、思士、思女，见《山海经》。奔戎为右、鹄血、马湩，见《穆天子传》。骊黄、牝牡，见《淮南》。沧沧凉凉，见桓谭书。太易、太初，见《易乾凿度》。其采管、晏、墨翟、陆贾诸书，不能毛举也。……看书须具看书眼，如翔风别玉，符朗辨鹅，始不为假骨董眩惑，若随矮人观场，亦坐云雾中而已。④

当然，董斯张对《列子》真伪的考辨工作还显得相对粗略，但若考虑到当时正处于子学复兴的初期这一时代大背景，那么能够提出这样的质疑本身就是一件值得肯定的事。何况，直至今日，关于《列

---

① （明）姚旅：《露书》，《续修四库》子部第1132册，第530页。
② （明）姚旅：《露书》，《续修四库》子部第1132册，第530页。
③ （明）姚旅：《露书》，《续修四库》子部第1132册，第530页。
④ （明）董斯张：《吹景集》，《续修四库》子部第1134册，第44页。

子》真伪的讨论，仍然是学界的热点之一。① 有鉴于此，我们又有什么理由苛责数百年前的学者虽不完美但充满努力的尝试呢？

（二）中晚明子学专书考据

杨慎开启了中晚明子学考据的序幕，也吸引了部分学者参与到子学考据的实践中来，但他自己并未特意撰写一部子学考据的专书。

明代从事子学考据而有专书者，无疑首推胡应麟，他的《四部正讹》用大量篇幅考证子书之真伪②，《九流绪论》专辨诸子之源流及学术之得失③，《经籍会通三》中有大量内容考辨子书之存佚及真伪。④ 此外，他的《少室山房集》卷一〇二至卷一〇三中，存有"读庄""读墨""读吕览""读战国诸子""读鬼谷子""读关尹子""读淮南子""读鹖子"等条目，也都是有关子书的论述⑤，而这些内容大部分都收入《九流绪论》。下面即以《少室山房集》卷一〇二"读墨"条所涉及的内容为例来加以说明：

> 诸子百家并出于春秋之世，所以诬蔑帝王圣喆者无所不至，然于吾仲尼未尝不知所尊事也。特其学术偏陋，虽间引仲尼以自文，而踳驳不中，诞幻无稽，适所以诬蔑之，然而未敢有昌言以排之、极论以毁之者，有之，盖自墨翟始。翟书十五卷今存，余

---

① 周书灿：《再论中国古典学重建问题——以列子时代考订与〈列子〉八篇真伪之辨为例》，《浙江社会科学》2017年第8期；王保国、王渓：《〈列子〉真伪之辨与〈列子〉认知的重建》，《中州学刊》2020年第8期。
② 当然，《四部正讹》是明代辨伪学最闪耀的成果，辨伪学与考据学原本存在天然联系，顾颉刚先生曾在《清代扬州学派》中明确指出："考证为渐变，疑古为突变。非考证无以变其量，非疑古无以变其质。考证是不自觉的革命，疑古是自觉的革命。"（顾洪编：《顾颉刚学术文化随笔》，中国青年出版社1998年版，第308页）对此，汪启明先生更进一步强调："从学理上看，考据学不一定非辨伪不可，但辨伪却一刻也不能离开考据学。"又说："不考据无以辨伪，无考据学支撑的辨伪，极有可能成为另一种伪科学。"（汪启明：《考据学论稿》，巴蜀书社2010年版，第546—547页）正因为如此，胡应麟的《四部正讹》固然是一部伟大的辨伪学著作，可它又何尝不是一部伟大的考据学著作呢？特别是其中考子书的占比最大，故将其视作一部子学考据的专书也未尝不可。
③ 尹芳：《胡应麟诸子学研究》，硕士学位论文，扬州大学，2018年，第36页。
④ （明）胡应麟：《少室山房笔丛》卷3，上海书店出版社2009年版，第28—39页。
⑤ （明）胡应麟：《少室山房集》，《四库全书》第1290册，第742—752页。

尝读其《非儒》《明鬼》《公孟》诸篇，所为嘱授其徒、簧鼓其众者，一以指摘仲尼为事。庄周远出翟后，盖闻其风而兴起焉耳。周之为书，荡乎礼法之外，自神农以至汤武，靡不在其戏侮之列，其敢于非圣，盖无足怪，而翟者固是尧、舜非桀、纣，摩顶放踵以为天下，而独甘心置喙于吾圣人，何哉？盖其意欲与吾儒角立并驱，以上接二帝三王之统，故肆言以震惊一世而冀其从，而又苦行以先之，聚徒以倡之，驯致儒、墨之称杂然并立于衰周之世，正仲尼所谓"言伪而辨，行坚而僻"者，圣王有作，其无逃于横议之刑必矣。孟轲氏距杨、墨，考杨之言论指归，要以自为，不至如墨之恣无忌惮也。贻祸之烈，唐儒如韩愈者，亦从而尊信之，彼未深考其言耳，窥其一二，则所以诛之绝之者，庸讵在二子后哉？①

胡应麟通过考证指出，诸子百家中非毁孔子者始于墨子，其后庄子"闻其风而兴起"。庄子"荡乎礼法之外"，故其"敢于非圣""无足怪"，但墨子"是尧、舜非桀、纣，摩顶放踵以为天下"，却"甘心置喙"于孔子，这又是为什么呢？胡应麟阅读《墨子》中《非儒》《明鬼》《公孟》诸篇后指出，这是由于墨子"欲与吾儒角立并驱，以上接二帝三王之统，故肆言以震惊一世而冀其从，而又苦行以先之，聚徒以倡之，驯致儒、墨之称杂然并立于衰周之世"，即希望通过诋毁孔子而引起人们的注意，最终与儒家"并立于衰周之世"。并强调称，韩愈对于"贻祸之烈"的墨子言论，不仅不能如孟子一样排斥，却"从而尊信之"，是"未深考其言"的结果。于是，胡应麟在《九流绪论上》中对韩愈的态度进一步批评道：

退之《读墨》云："孔子必用墨子，墨子必用孔子，不相用不足为孔、墨。"余以退之未尝读《墨》也。公孟子谓墨子曰："昔圣王之列也，上圣立为天子，其次立为公卿大夫。今孔子博于《诗》《书》，察于《礼》《乐》，详于万物，若孔子当圣王，

---

① （明）胡应麟：《少室山房集》，《四库全书》第1290册，第743页。

岂不以为天子哉？"子墨子曰："夫知者必尊天事鬼，爱人节用，合焉为知矣。今子曰孔子博于《诗》《书》，察于《礼》《乐》，详于万物，而曰可以为天子，是数人之齿而以为富也。"凡翟与其徒拟议概如此。使墨而遇孔，必将为桓魋之要，为武叔之毁；孔而遇墨，两观之诛，亡所事少正卯矣。①

韩愈《读墨子》提出的孔墨并用的观点，在对后世造成巨大影响的同时，也引起了广泛的争议。② 赞同韩愈观点者，胡应麟举出柳宗元和宋濂，其中柳宗元"掊击百氏不遗余力"，却唯独没有批评墨家，宋濂在《诸子辨》中"持论甚精"，但"读墨亦以孔子所不弃"。胡应麟认为，柳、宋二人之所以如此说，均是深受韩愈的影响而"弗深考"的结果。③ 批评韩愈观点者，胡应麟举出黄震和马端临，其中黄震《黄氏日抄》卷五五《读诸子》"墨子"条认为：

墨子之说似是而实不可为治。殆不止如韩昌黎之议荀、扬，择焉不精而已。而昌黎乃侪墨子于孔子，何哉？且昌黎不过谓墨氏尚同，而孔谓居是邦不非其大夫。《春秋》讥专臣亦尚同尔。然不非其大夫者，恶居下讪上，讥专臣者，恶以臣逼君。孔非尚同也。墨之言尚同，谓天子所是皆是之，天子所非皆非之，与孔门所谓如其不善而莫违之戒正相反。顾可谓其与孔子同乎？又不过谓墨氏兼爱，而孔谓泛爱亲仁，以博施济众为圣，亦兼爱尔。然仁者则亲之，既异于爱众，而博施为仁。虽尧、舜犹病之，孔非兼爱也。……昌黎严于荀、扬择焉未精之辨，何独恕于墨子似是而非耶？《墨子》之书凡二，其后以论称者多衍复；其前以经称者善文法。昌黎主文者也。或者一时悦其文而然欤。昌黎曰：孔子必用墨子，墨子必用孔子。愚曰孔子必不用墨子，墨子亦必

---

① （明）胡应麟：《少室山房笔丛》卷27，上海书店出版社2009年版，第265页。
② （唐）韩愈著，马其旭校注，马茂元整理：《韩昌黎文集校注》（上），上海古籍出版社2018年版，第47—48页。
③ （明）胡应麟：《少室山房笔丛》卷27，上海书店出版社2009年版，第266页。

第五章　杨慎与中晚明子学考据群体

不能用孔子。虽然儒名而墨行者，昌黎固尝挥之矣。①

黄震认为，孔子与墨子关于尚同、兼爱的观点，仅仅是表面的相似，实质并不相同，并不能简单地将两者进行对比，韩愈的说法不可取。马端临《文献通考》卷二一二《经籍考》"墨子十五卷"条称：

> 自夫子没而异端起。老、庄、杨、墨、苏、张、申、商之徒，各以其知舛驰，至孟子始辞而辟之。然观七篇之书，所以距杨、墨者甚至，而阔略于余子何也？盖老、庄、申、商、苏、张之学，大概俱欲掊击圣人，鄙尧笑舜陋禹，而自其说胜。老、庄之蔑弃仁义礼法，生于愤世嫉邪，其语虽高虚可听，而实不可行，料当时亦无人宗尚其说，故邹书略不及之。苏、张之功利，申、商之刑名，大抵皆枉寻直尺，媚时取宠，虽可以自售，而乡党自好少知义者亦羞称之。故孟子于二家之说，虽斥绝之，而犹未数数然者，正以其与吾儒旨趣本自冰炭薰莸，游于圣门之徒，未有不知其非者，固毋俟于辩析也。独杨朱、墨翟之言，未尝不本仁、祖义、尚贤、尊德，而择之不精，语之不详，其流遂至取于无父无君，正孔子所谓似是而非，明道先生所谓淫声美色易以惑人者，不容不深锄而力辩之。②

马端临认为，杨朱、墨翟之言虽然亦"本仁、祖义、尚贤、尊德"，但"择之不精，语之不详"，故其末流"取于无君无父"，"正孔子所谓似是而非，明道先生所谓淫声美色易以惑人"，因此需要对其加以严厉批驳。胡应麟对于黄震与马端临的看法表示赞同，认为其言"最得之"。③

总之，通过上述梳理可见，胡应麟对《墨子》的考辨，既对我们深入理解儒墨关系有重要帮助，也体现了他善疑博辨的考据风格。其

---

① 上海师范大学古籍整理研究所编：《全宋笔记》第十编第10册，大象出版社2018年版，第127—128页。
② （元）马端临：《文献通考》，中华书局1986年版，第1740—1741页。
③ （明）胡应麟：《少室山房笔丛》卷27，上海书店出版社2009年版，第266页。

实，胡应麟在《四部正讹》中对相关子书真伪的考辨，也充分体现出其考据的风格和特色。如胡应麟在《四部正讹中》对《文子》一书真伪的考辨就是其中的代表：

> 《文子》九篇，元魏李暹注，称老氏弟子，姓辛，葵丘濮上人。自柳子厚以为驳书，而黄东发直以注者唐人徐灵府所撰。余以柳谓驳书是也，黄谓徐灵府撰则失于深考。按班史《艺文志》道家有《文子》九篇，注云："老子弟子，与孔子同时，而称周平王问，似依托者。"则汉世固以疑之，（此注非刘向则班固自注者，凡颜注，自另有"师古曰"三字）及考梁目、《隋志》皆有此书，（梁十篇，隋十二篇，并见《隋书》中）则自汉历隋至唐，固未尝亡，而奚待于徐氏之伪？惟中有汉后字面而篇数屡增，则或李暹辈润益于散乱之后与？（周氏谓平王是楚平王）按文子，《汉书》不注姓名，而马总《意林》有《范子计然》十三卷，云计然姓辛，字文子，李暹所注盖实因之。然《意林》别出《文子》十二卷，其语政与今传本同，则计然之书非此明甚，而暹辈直以名字偶合当之，故历世承讹，至洪野处、宋景濂而后定。嘻！甚矣。第两公言犹有未尽。余以不直文子非计然，即计然名文子，吾弗敢信也。《汉志》惟兵家有《范子》二篇，而农、杂、道家并亡称计然者，今《意林》所录乃阴阳历数之书，必魏、晋处士因班传依托为此，其姓名率乌有类，恶足据哉。①

胡应麟同意柳宗元《文子》乃"驳书"（即真伪杂糅之书）②的说法③，而不同意黄震《文子》乃唐人徐灵府（号默希子）④所撰的

---

① （明）胡应麟：《少室山房笔丛》卷31，上海书店出版社2009年版，第304—305页。
② （唐）柳宗元：《柳河东集》卷4，上海人民出版社1974年版，第67页。
③ 胡应麟称："《文子》真而时有伪者。"见（明）胡应麟《四部正讹下》，《少室山房笔丛》卷32，上海书店出版社2009年版，第322页。
④ （宋）黄震：《黄氏日抄》卷55《读诸子》"文子"，见上海师范大学古籍整理研究所编《全宋笔记》第十编第10册，大象出版社2018年版，第128页。

说法。同时参考洪迈《容斋续笔》卷一六"计然意林"①、宋濂《诸子辨》②中的观点，对黄震的说法进行了驳斥。更进一步指出洪迈、宋濂所考"犹有未尽"，因为他认为不仅"文子非计然，即计然名文子，吾弗敢信也"。

总之，受到杨慎子学考据实践直接或间接的影响，有部分学者参与到子学考据中来。虽然与从事经史考据者人数众多、成果丰富相比，从事子学考据者不仅人数相对较少，而且成果也相对零散不成系统；但若考虑到在很长一段时间里，子学往往被视为"异端"，少有人问津，那么通过他们的努力，逐渐引起更多学者关注子学，从而推动明末清初的子学复兴，这无疑是特别值得肯定的。

---

① （宋）洪迈撰，孔凡礼点校：《容斋随笔》，中华书局2005年版，第413页。
② （明）宋濂注，黄灵庚编辑校点：《宋濂全集》卷79，人民文学出版社2014年版，第1898页。

第六章 杨慎与中晚明文学考据群体

杨慎"博物洽闻,于文学为优"[1],其文"无一体不备,亦无备不造"。[2] 作为明代博学风潮的重要倡导者和推动者,杨慎在文学创作与文学批评方面首先引入考据学方法,以经史博证考据之法治诗文,对中晚明文学的发展产生了广泛而深远的影响。[3] 如后七子领袖王世贞虽"深贬用修而阴法之"[4],胡应麟"少癖用修书","于杨子业忻慕为执鞭"[5],特别是杨慎长期谪居云南,故对当地士人如张禺山、杨宏山、唐延俊、梁佐等人,均造成了极大的影响。在对杨慎所倡导的博考思潮的批判和吸收下,明代文学考据群体逐渐形成,这对明代文学、考据学乃至清代乾嘉考据学的发展均有相当的影响。

第一节 稽古博文与杨慎的文学考据

集部文献的注释,可追溯到东汉王逸的《楚辞章句》以及唐代李善的《文选注》,但前者仍属于汉代经学章句注释的范畴,而后者虽

---

[1] 《明史》卷192,中华书局1974年版,第5105页。
[2] (明)李贽:《读升庵集小引》,《李卓吾先生读升庵集》,哈佛大学汉和图书馆藏明刻本。
[3] 吕斌:《明代博学思潮与文论——以杨慎为例的考察》,《文学评论》2010年第1期。
[4] (明)许学夷著,杜维沫校点:《诗源辩体后集纂要》卷2,人民文学出版社1987年版,第412页。
[5] (明)胡应麟:《丹铅新录引》,《少室山房笔丛》卷5,上海书店出版社2009年版,第53页。

第六章　杨慎与中晚明文学考据群体

然摆脱了单纯的经学章句注释的藩篱，包含了对诗文用典的笺释，但仍然少有考据的成分。直到宋代文集注释的兴起，在对前人笺注是非得失进行严谨考辨的基础上，方才激荡起一股文学考据之风。① 杨慎将考据学的方法引入文学创作与批评中，既是受宋代以来文学考据实践影响的结果，也是对明代"前七子"文学思潮的一种反拨②，更是其大力提倡求真务实考据学风的必然结果。③ 就杨慎本人的文学考据成果而言，主要保存在他的《升庵诗话》《丹铅总录》《升庵集》《升庵外集》等书中④，现就相关材料的记载，着重从文学评点⑤与博证之法两个方面探讨杨慎的文学考据。

一　文学评点与杨慎的文学考据

评点作为中国古代一种较为特殊的文学批评形式，对中国古典文学的发展产生过非常积极的影响。明代文学评点以弘治朝为界分为前后两个阶段，前一阶段较为冷清，而后一阶段则逐渐兴盛，特别是到嘉靖、万历以后，更是出现了一个前所未有的高峰，被视为中国评点文学的全盛期。⑥ 杨慎的文学评点活动主要发生在嘉靖朝。杨慎虽然没有文学评点的专著，但他关于《楚辞》、《文选》、李白诗、杜甫诗等的评点，却被收录在《丹铅总录》《升庵诗话》等著作中，成了当

---

①　温志拔：《知识、文献、学术史：南宋考据学研究》，中国社会科学出版社2019年版，第228—242页。
②　雷磊：《杨慎诗学研究》，中国社会科学出版社2006年版，第146页。
③　考据作为一种研究方法，无疑在古典文学研究中起了不可替代的基础性作用（凌郁之：《传统考据的现代阐释——古典文学考据方法论述略》，《江淮论坛》2003年第4期），而考据学"依然是近现代中国学术研究（包括古代文学研究）中取得的最突出成果"［张剑：《考据学与古代文学研究》，《华南师范大学学报》（社会科学版）2016年第6期］。
④　杨慎的《升庵诗话》《丹铅总录》《升庵集》《升庵外集》等往往存有重复的条目，因此，在无特殊差异的情况下，笔者下文的论述中，引用相同条目时仅据其中一种，不一一注出来源，特此说明。
⑤　关于此方面的考察，白建忠先生在其《杨慎文学评点研究》（人民出版社2019年版）一书中已有非常详细的考察，请参阅。
⑥　孙琴安：《中国评点文学史》，上海社会科学院出版社1999年版，第88页。

时刻书者辑录评语的重要资源。① 通过对这些评语的考察可以发现，它们大多呈现出考据的特质，而对这些评语的分析，可以较为清晰地呈现出杨慎文学考据的真实面貌。

关于《楚辞》篇目《九辩》《九歌》中"九"的解释，自汉代以来意见不一，杨慎在评《九辩》时指出：

> 古人言数之多止于九。《逸周书》云："左儒九鉴于王。"《孙武子》："善攻者动于九天之上，善守者伏于九地之下。"此岂实数耶？《楚辞·九歌》十一篇，《九辩》亦十篇。宋人不晓古人虚用九字之义，强合《九辩》二章为一章，以协九数，兹又可笑。②

此则评语实际摘录自杨慎《升庵集》卷四三"九国"条，其文曰：

> 《公羊传》云："葵丘之会，桓公震而矜之，叛者九国。"九国，谓叛者多耳，非实有九国也。宋儒赵鹏飞云："葵丘之会惟六国，会咸牡丘皆七国，会淮八国，宁有九国乎？"《公羊》本意谓一震矜而九国叛，犹《汉纪》云"叛者九起"云尔。赵氏如数求之，真痴人说梦也。古人言数之多止于九。《逸周书》云："左儒九谏于王。"《孙武子》："善攻者动于九天之上，善守者伏于九地之下。"此岂实数邪？《楚辞·九歌》乃十一篇，《九辩》亦十篇，宋人不晓古人虚用九字之义，强合《九辩》二章为一章，以协九数，兹又可笑。③

杨慎广泛征引文献，旗帜鲜明地反对将《九辩》《九歌》等中的"九"作为实数来看待，其说法得到清吴景旭的赞同。④ 当然，"九"

---

① 白建忠：《杨慎文学评点研究》，人民出版社2019年版，第16页。
② （宋）洪兴祖、（明）刘凤等：《楚辞注评》卷8，国家图书馆藏明凌毓柟套印本（索书号为09016）。
③ （明）杨慎：《升庵集》，《四库全书》第1270册，第310页。
④ （清）吴景旭：《历代诗话》卷8，中华书局1958年版，第92页。

在古书中究竟应该视作实数还是虚数，不能一概而论。对此，清代汪中在《述学·内篇一·释三九》中有较为详细的考辨。①

《文选》卷七司马相如《子虚赋》："错翡翠之葳蕤，缪绕玉绥。"杨慎评曰：

> 葳蕤，旗名，卤簿中有之。唐诗"春楼不闭葳蕤锁"，又"望见葳蕤举翠华"。按：孙氏《瑞应图》云："葳蕤，瑞草，王者礼备至则生。"②

此则评语录自《升庵集》卷五九"葳蕤"条。③ 杨慎认为"葳蕤"当为旗名。对此，陈耀文在《正杨》卷四"唐诗葳蕤"条中提出不同意见，认为"葳蕤"并非"旗"之专名，并广引魏文帝《沧海赋》"振绿叶以葳蕤"，何晏《景福殿赋》"流羽毛之葳蕤"，《古乐府》卷七《乌夜啼》"欢下葳蕤钥，交侬那得住"，刘孝标《与举法师书》"葳蕤秋竹，照曜春松"，《文心雕龙》"纬候稠迭，钩谶葳蕤"，郑禺《津阳门》诗"迎娘歌喉玉窈窕，蛮儿舞带金葳蕤"等文献加以证实。④

《文选》卷二三阮籍《咏怀诗》："西游咸阳中，赵李相经过。"李善注曰："颜延年曰：'赵，汉成帝赵后飞燕也；李，武帝李夫人也。并以善歌妙舞，幸于二帝也。'"⑤ 杨慎评曰：

> 赵李，颜延年以为赵飞燕、李夫人。刘会孟谓："安知非实有此人，不必深求其谁何也。"不详诗意，"咸阳""赵李"谓游侠近幸之俦。《汉书·谷永传》："小臣赵李从微贱尊宠，成帝常

---

① （清）汪中著，李金松校笺：《述学校笺》，中华书局2014年版，第12—26页。
② （梁）萧统选，（明）郭正域评点，（明）凌濛美校订：《选赋》卷3，明吴兴凌氏凤笙阁朱墨套印本。
③ （明）杨慎：《升庵集》卷59，《四库全书》第1270册，第564页。
④ （明）陈耀文：《正杨》，《四库全书》第856册，第134页。
⑤ （梁）萧统编，（唐）李善注：《文选》，中华书局1977年版，第324页。

与微行者。"籍用"赵李"正出此。若如颜说赵飞燕、李夫人,岂可言"经过"?如刘言当时实有此人,唐王维诗亦有"日夜经过赵李家",岂唐时亦实有此人乎?乃知读书不详考深思,虽延年之博学、会孟之精鉴,亦不免失之,况下此者耶?①

此则评语全录自《升庵诗话》卷二"赵李"条。② 在评语中,杨慎对颜延之(字延年)、刘辰翁(字会孟)的看法进行了驳斥,并举出《汉书·谷永传》的记载加以证实,且据此得出"读书不详考深思,虽延年之博学、会孟之精鉴,亦不免失之"的结论。杨慎的考证结论一出,引起了中晚明众多学者的争相讨论,此点本章第二节将要详述,此处暂不涉及。③

《文选》卷二三王粲《赠文叔良》:"探情以华,睹著知微。"杨慎评曰:

> 《文选》王仲宣诗:"探情以华,睹著知微。"本于《史记·律书》"情核其华,道著明矣"之语。华者,貌也。然《史记》之语,观仲宣之诗而益明,仲宣之诗,得李善之解而始白,观书所以贵乎博证也。④

此则评语录自《升庵诗话》卷一"探情以华"条。⑤ 杨慎认为,王粲之诗,典出《史记·律书》"情核其华,道著明矣"。但据《史记·律书》原文,则此句当作"虽妙必效情,核其华道者明矣"⑥,

---

① (梁)萧统选,(明)郭正域批点,(明)凌濛初辑评:《选诗》卷3,国家图书馆藏明凌濛初套印本(索书号为16808)。
② (明)杨慎撰,王大厚笺证:《升庵诗话新笺证》,中华书局2008年版,第81页。
③ 白建忠先生引述清赵殿成笺注王维诗"日夜经过赵李家"的内容,认为其结论较杨慎的考证更为合理。见白建忠《杨慎文学评点研究》,人民出版社2019年版,第32—33页。
④ (梁)萧统选,(明)郭正域批点,(明)凌濛初辑评:《选诗》卷3,国家图书馆藏明凌濛初套印本。
⑤ (明)杨慎撰,王大厚笺证:《升庵诗话新笺证》,中华书局2008年版,第8页。
⑥ (汉)司马迁:《史记》卷25,中华书局1959年版,第1252页。

第六章　杨慎与中晚明文学考据群体

"情"字当属上读。因此，陈耀文在《正杨》卷三"探情以华"条中，据《史记·律书》正文及张守节《正义》之文驳斥道："观注，'情'属'效'读，'道'属'华'读，若'情核其华'为句则不通矣。'者明'，亦不云'著明'矣。"①

《文选》卷二七曹植《名都篇》："脍鲤臇胎鰕，寒鳖炙熊蹯。"杨慎评曰：

> "寒鳖"，五臣妄改作"炰鳖"。盖《毛诗》"炰鳖脍鲤"旧句，浅识孰不以为"寒"字误而从"炰"字邪？不思"寒"与"炰"字形相远，音呼又别，何得误至于此？李善注云："今之时馂谓之寒。"盖韩国馔用此法。《盐铁论》"羊淹鸡寒"，《崔骃传》亦有"鸡寒"，曹植文"寒鸽鹠麕"，刘熙《释名》"韩鸡为正"。古字"寒"与"韩"通也。②

此则评语录自《升庵诗话》卷五"古书不可妄改"条③，文句略有不同。杨慎指出，五臣改"寒鳖"为"炰鳖"有误，并据李善注加以驳斥。但根据考察，杨慎之说实际出自唐李匡乂《资暇集》卷上"非五臣"条：

> 曹植《乐府》云："寒鳖炙熊蹯。"李氏云："今之腊肉谓之寒，盖韩国事馔尚此法。"复引《盐铁论》"羊淹鸡寒"，刘熙《释名》"韩羊韩鸡"为证，"寒"与"韩"同。又李以上句云："脍鲤臇胎鰕。"因注诗曰："炰鳖脍鲤。"五臣兼见上句有脍，遂改"寒鳖"为"炰鳖"，以就《毛诗》之句。又曹子建《七启》云："寒芳莲之巢龟，鲙西海之飞鳞。"五臣亦改"寒"为"搴"，搴，取也。何以对下句之"脍"耶？况此篇全说毂

---

① （明）陈耀文：《正杨》，《四库全书》第856册，第107页。
② （梁）萧统选，（明）郭正域批点，（明）凌濛初辑评：《选诗》卷5，国家图书馆藏明凌濛初套印本。
③ （明）杨慎撰，王大厚笺证：《升庵诗话新笺证》，中华书局2008年版，第261页。

· 283 ·

事之意，独入此"搴"字，于理甚不安。上句既改"寒"为"搴"，即下句亦宜改"脸"为"取"。纵一联稍通，亦与诸句不相承接。以此言之，明子建故用"寒"字，岂可改为"急""搴"耶？①

李白和杜甫是唐代诗坛的大家，杨慎对李杜情有独钟，不仅有众多论述李杜诗的条目保存在《升庵诗话》中，还曾与好友张含选评了《李诗选》和《杜诗选》。②而在《李诗选》《杜诗选》中，就保存有不少杨慎考辨李杜生平及诗文的内容。如《李诗选》卷首载有杨慎的《李诗选题辞》③，即辨析了李白的出生地：

> 五代刘昫修《唐书》，以白为山东人，自元稹序杜诗而误。杜诗云："汝与山东李白好。"乐史云："李白慕谢安风流，自号东山李白。"杜子美所云乃是东山，后人倒读为山东。元稹之序，又由于倒读杜诗也。不然，则太白之诗云："学剑来山东。"又云："我家寄东鲁。"岂自诬乎？宋有晁公武者，孟浪人也，遂信《旧唐书》及元稹之误，乃曰："太白自叙及诗，皆不足信。"噫！世安有己之族姓，已自迷之，而傍取他证乎？《新唐书》知其误，乃更之为唐宗室，盖以陇西郡望为标也。善乎刘子玄之言曰："作史者为人立传，皆取旧号，施之于今。为王氏传，必曰琅琊临沂人；为李氏传，必曰陇西成纪人。欲求实录，不亦难乎。且人无定所，因地而生，生于荆者言皆成楚，生于晋者齿便成黄。岂有世历百年，人更七叶，而犹以本国为是，此乡为非？则是孔子里于昌平，阴氏家于新野，而系纂微子，源承管仲，乃为齐宋之人，非曰邹鲁之士，可乎？"宋景文修《唐书》，其弊正坐此。夫族姓郡国，关系亦大矣，诵其诗不知其人，可乎？余故详著而

---

① （唐）苏鹗撰，吴企明点校：《苏氏演义（外三种）》，中华书局2012年版，第168—169页。
② 丰家骅：《杨慎评传》，南京大学出版社1998年版，第248页。
③ 此文亦收入《升庵集》卷3，题作《李太白诗题辞》。见（明）杨慎《升庵集》，《四库全书》第1270册，第42—43页。

明辩之，以订史氏之误，姓谱之缺焉。①

此文中，杨慎辨析了《旧唐书》"白为山东人"之误，认为"山东"乃"东山"，后人因元稹《唐故工部员外郎杜君墓系铭并序》的说法而致误。又说《新唐书》认为李白乃"唐宗室"之后，故"以陇西郡望为标"是错误的，并引刘知几的话加以证明。②

又如《杜诗选》卷二《哀王孙》："长安城头头白乌，夜飞延秋门上呼。"杨慎评曰："《太平广记》云：'梁侯景之乱，有白头乌数千人建业。童谣云：白头乌，拂朱雀，还与吴。'子美正用此事，而注不知引。"③ 关于杜诗此句，杨慎在《丹铅总录》卷二一《诗话类》"白头乌"条另有考证："《三国典略》曰：'侯景篡位，令饰朱雀门，其日，有白头乌万计，集于门楼。童谣曰：白头乌，拂朱雀，还与吴。'杜工部诗：'长安城头头白乌，夜飞延秋门上呼。'盖用其事，以侯景比禄山也。而《千家注》不知引此。"④ 白建忠先生对此评论道：

  杨慎所言"子美正用此事，而注不知引"以及"《千家注》不知因此"有一定道理，如宋元时期的《九家集注杜诗》《补注杜诗》《集千家注杜工部诗集》等，皆未引《三国典略》之语。但杨慎所言有失全面，如宋代蔡梦弼《杜工部草堂诗笺》卷九"长安城头头白乌"句下注曰："《三国典略》：侯景令饰朱雀门，其日，白头乌万计，集门楼上。"吴景旭《历代诗话》卷三五"白头乌"……肯定了杨慎的看法。明清时期承袭杨慎之注或者引《三国典略》之语作注者不乏其人，如胡震亨《唐音癸签》卷

---

① （唐）李白撰，（明）张含选，（明）杨慎评点：《李诗选》，国家图书馆藏明嘉靖二十四年（1545）张氏家塾刻本（索书号为13501）。
② 白建忠先生经过考证指出，杨慎以"山东"乃"东山"之倒读的说法不妥，而关于李白非唐宗室的论证是合理的。见白建忠《杨慎文学评点研究》，人民出版社2019年版，第119—121页。
③ （唐）杜甫撰，（明）张含选，（明）杨慎批点：《杜诗选》，《杜诗丛刊》第2辑，台湾大通书局1974年版，第54—55页。
④ （明）杨慎撰，丰家骅校证：《丹铅总录校证》，中华书局2019年版，第966页。

二二"诂笺七"、仇兆鳌《杜诗详注》卷四、浦起龙《读杜心解》卷二等。①

由此可见，杨慎对杜诗的考证结论在明清学者中造成了一定的影响。

又如《杜诗选》卷四《愁坐》："葭萌氏种迥，左担犬戎存。"杨慎评曰："李充《蜀记》云：'蜀山自绵谷、葭萌，道径险窄，北来担负者，不容易肩，谓之左担道。'解者数十家，无一知者。又妄易作'立担'，或易作'武担'，皆可笑也。"②此则评语亦见《丹铅总录》卷二《地理类》"杜诗左担之句"条：

> 杜少陵《愁坐》诗云："葭萌氏种迥，左担犬羊屯。"葭萌、左担，皆地名。葭萌，人皆知之；左担，人罕晓也。《太平御览》引李充《蜀记》："蜀山自绵谷葭萌，道径险窄，北来担负者，不容易肩，谓之左担道。"解者数十家，无一知者，又妄易"左"作"立"，可笑。又《益州记》："阴平县有左担道，其路至险，自北来者，担在左肩，不得度右肩也。"③

其后，《函海》本《诗话补遗》卷二亦载有"杜诗左担之句"条，考证更为详尽：

> 杜子美《愁坐》诗曰："高斋常见野，愁坐更临门。十月山寒重，孤城水气昏。葭萌氏种迥，左担犬戎存。终日忧奔走，归期未敢论。"葭萌、左担，皆地名也。葭萌，人知之；左担，人罕知也。注者不知，或改作"武担"，又改作"立担"，皆可笑。按《太平御览》引李克《蜀记》云："蜀山自绵谷、葭萌，道径险

---

① 白建忠：《杨慎文学评点研究》，人民出版社2019年版，第136页。
② （唐）杜甫撰，（明）张含选，（明）杨慎批点：《杜诗选》，《杜诗丛刊》第2辑，台湾大通书局1974年版，第120页。
③ （明）杨慎撰，丰家骅校证：《丹铅总录校证》，中华书局2019年版，第79页。

窄，北来担负者，不容易肩，谓之左担道。"又李公胤《益州记》云："阴平县有左肩道，其路至险，自北来者，担在左肩，不得度右肩。"常璩《南中志》云："自僰道至朱提，有水、步道。九道有黑水及羊官水，至险难行；步道渡三津，亦艰阻。故行人为语曰：'犹溪赤水，盘蛇七曲；盘羊乌栊，气与天通。看都护泚，住柱乎尹。庲降贾子，左儋七里。'又有牛叩头、马搏颊坂，其险如此。"据此三书，左担道有三：绵谷一也，阴平二也，朱提三也。义则一而已。朱提，今之乌撒，云贵往来之西路也。①

综观上引杨慎关于杜诗"左担"的三条考证文字，虽然也存在一些引文失误之处②，但总体而言，无疑充分体现出杨慎文学考据的博证特色。

二 博证之法与杨慎的文学考据

杨慎在从事文学考据工作时，特别重视"博证"之法③，此点上文已略有提及，本部分则着重加以分析讨论。杨慎的文学考据之所以能够做到广征博引，无疑与杨慎本人拥有广博的知识储备密切相关。杨慎曾借讨论杜甫的诗句"读书破万卷，下笔如有神"指出：

> 读书虽不为作诗设，然胸中有万卷书，则笔下自无一点尘矣。近日士夫争学杜诗，不知读书果破万卷乎？如其未也，不过拾《离骚》之香草，丐杜陵之残膏而已。又尝记宋宣、政间，文人称翟汝文、叶梦得、汪藻、孙觌四人。孙尝自评曰："吾之视浮溪，浮溪之视石林，各少十年书。石林视翟忠惠亦然。识者以为确论。"今之学文者，果有十年书乎？不过抄《玉篇》之难字，

---

① （明）杨慎撰，王大厚笺证：《升庵诗话新笺证》，中华书局2008年版，第834—835页。
② 白建忠：《杨慎文学评点研究》，人民出版社2019年版，第144页。
③ （明）杨慎撰，王大厚笺证：《升庵诗话新笺证》，中华书局2008年版，第8页。

效红勒之轧辞而已,乃反峻其门墙,高自标榜,必欲晚古人而薄前辈,何异蚍蜉撼大树乎?①

显然,杨慎的博学正是建立在他十年读书、胸有万卷的知识积累基础之上。② 正因为有如此雄厚的知识储备,杨慎才会特别强调"诗文用字须有来历",并说不独杜甫、韩愈如此,"自古名家皆然"③,且将这种理念运用到自己的文学考据实践中,形成了独特的文学考据风格。④《升庵诗话》卷一"鱼鱼雅雅"条称:

> 《古乐府·朱鹭曲》:"朱鹭,鱼以乌,鹭何食,食茄下。""乌",古与"雅"同,叶音作"雅"。盖古字乌也、雅也,本一字也。"雅"与"下"相叶,始得其音。"鱼以雅"者,言朱鹭之威仪,鱼鱼雅雅也。韩文《元和圣德诗》"鱼鱼雅雅"之语本此。"茄",古"荷"字。⑤

据杨慎考证,韩愈《元和圣德诗》中的"鱼鱼雅雅"句,即从《古乐府》中的《朱鹭曲》而来。又《升庵诗话》卷二"王粲用刘歆赋语"条称:

---

① (明)杨慎撰,丰家骅校证:《丹铅总录校证》,中华书局2019年版,第844—845页。
② 《升庵诗话》卷8"袁绍杯"条,杨慎考证杜甫《秋尽》"江上徒逢袁绍杯"句时,特别强调"不读万卷书,不能解读杜诗"。又同卷"莺啼修竹"条,杨慎考证杜甫《滕王亭子》"春日莺啼修竹里"句时,又强调称:"读书不多,未可轻议古人。"见(明)杨慎撰,王大厚笺证《升庵诗话新笺证》,中华书局2008年版,第401、428页。
③ (明)杨慎撰,丰家骅校证:《丹铅总录校证》,中华书局2019年版,第850页。
④ 其实,早在明末就有人对杨慎此种考据风格提出批评,如万历举人沈长卿在《沈氏日旦》卷1"崇祯元年春"中称:"代有淳浇,运有含发,而诗文因之。杨用修推本某人某句从某朝某篇化出,其言已陋,胡元瑞较量低昂,如衡秤之不爽,尤可笑也。后辈毋为所惑。"[(明)沈长卿:《沈氏日旦》,《续修四库》子部第1131册,第321页]近代以来,也有研究者指出,历史研究(也包括其他研究)当然要强调严谨,要注意史料的出处,但不必非要达到"无一字无来历"的程度不可。(卜健:《"无一字无来历"平议》,《中华读书报》2018年7月11日第15版)其实,正如清谭献在《〈复堂词录〉自序》中所说:"作者之用心未必然,而读者之用心何必不然。"[(清)谭献撰,罗仲鼎、俞浣萍整理:《复堂词录》,浙江古籍出版社2016年版,第2页]而杨慎对诗文出处的考辨,或许正可用"读者之用心何必不然"来解释。
⑤ (明)杨慎撰,王大厚笺证:《升庵诗话新笺证》,中华书局2008年版,第42页。

第六章　杨慎与中晚明文学考据群体

　　刘歆《遂初赋》："望亭隧之巉巉兮，飞旗帜之翩翩。"王粲《七哀诗》："登城望亭隧，翩翩飞羽旗。"实用刘歆语。①

据杨慎考证，王粲《七哀诗》中的"登城望亭隧，翩翩飞羽旗"，化用自刘歆的《遂初赋》。又《升庵诗话》卷二"粘天"条称：

　　庾阐《扬都赋》："涛声动地，浪势粘天。"本自奇语。昌黎祖之曰："洞庭漫汗，粘天无壁。"张祜诗"草色粘天鶗鴂恨"，黄山谷"远山粘天吞钓舟"。秦少游小词"山抹微云，天粘衰草"，正用此字为奇，今俗本作"天连"，非矣。②

据杨慎考证，韩愈、张祜、黄庭坚的诗，以及秦观的词，均化用自庾阐的《扬都赋》"涛声动地，浪势粘天"。关于此问题，杨慎在《词品》卷三"天粘衰草"一条所举例证更为丰富：

　　秦少游《满庭芳》："山抹微云，天粘衰草。"今本改"粘"作"连"，非也。韩文"洞庭漫汗，粘天无壁"，张祜诗"草色粘天鶗鴂恨"，山谷诗"远水粘天吞钓舟"，邵博诗"老滩声殷地，平浪势粘天"，赵文鼎词"玉关芳草粘天碧"，严次山词"粘云江影伤千古"，叶梦得词"浪粘天，蒲桃涨绿"，刘行简词"山翠欲粘天"，刘叔安词"暮烟细草粘天远"。粘字极工，且有出处。又见《避暑录话》可证。若作"连天"，是小儿之语也。③

又《升庵诗话》卷二"慧远诗"条称：

　　晋释慧远《游庐山》诗："崇岩吐气清，幽岫栖神迹。希声

---

① （明）杨慎撰，王大厚笺证：《升庵诗话新笺证》，中华书局2008年版，第78页。
② （明）杨慎撰，王大厚笺证：《升庵诗话新笺证》，中华书局2008年版，第87页。
③ 岳淑珍校注：《杨慎词品校注》，中州古籍出版社2013年版，第167页。

奏群籁，响出山溜滴。有客独冥游，径然忘所适。挥手抚云门，灵关安足辟。留心叩玄扃，感至理弗隔。孰是腾九霄，不奋冲天翮。妙同趣自均，一悟超三益。"此诗世罕传，《弘明集》亦不载，独见于庐山古石刻耳。（一作《东林寺志》）"孰是腾九霄"，与陶靖节"孰是都不营"之句同调，真晋人语也。杜子美诗："得似庐山路，真随慧远游。"正用此事，字亦不虚。千家注杜，乃不知引此。①

据杨慎考证，杜甫《题玄武禅师屋壁》中的"得似庐山路，真随慧远游"句，典出慧远《游庐山》诗，而千家注杜者均未能引及。又《升庵诗话》卷二"晚见朝日"条称：

谢灵运诗："晓闻夕飙急，晚见朝日暾。"此语殊有变互。凡风起必以夕，此云"晓闻夕飙"，即杜子美之"乔木易高风"也。"晚见朝日"，倒景反照也。孟郊诗："南山塞天地，日月石上生。高峰夕驻景，深谷夜先明。"皆自谢诗翻出。②

据杨慎考证，杜甫、孟郊诗句，均据谢灵运诗"晓闻夕飙急，晚见朝日暾"而来。又《升庵诗话》卷三"八咏"条称：

沈约《八咏》诗云："登台望秋月。会圃临春风。秋至湣衰草。寒来悲落桐。夕行闻夜鹤。晨征听晓鸿。解佩去朝市。被褐守山东。"此诗乃唐五言律之祖也。"夕""夜"，"晨""晓"，四字似复非复，后人决难下也。东坡诗："朝与鸟（一作乌）鹊朝，夕与牛羊夕。"二句尤妙，亦祖沈意。③

---

① （明）杨慎撰，王大厚笺证：《升庵诗话新笺证》，中华书局2008年版，第89页。
② （明）杨慎撰，王大厚笺证：《升庵诗话新笺证》，中华书局2008年版，第101页。
③ （明）杨慎撰，王大厚笺证：《升庵诗话新笺证》，中华书局2008年版，第137页。

据杨慎考证，沈约《八咏》乃唐诗五言之祖，而苏轼《和陶移居二首》也是"祖沈意"而来。又《升庵诗话》卷三"太白用徐陵诗"条称：

> 徐陵诗："竹密山斋冷，荷开水殿香。"太白诗"风动荷花水殿香"，全用其语。①

据杨慎考证，李白"风动荷花水殿香"句，乃是化用自徐陵《奉和简文帝山斋诗》"竹密山斋冷，荷开水殿香"。

以上所举，仅是杨慎此类考证的冰山一角，在《升庵诗话》《词品》②等著作中还有众多例证。由此可见，杨慎凭借其自身的博学，往往能够较准确考证出各类诗文的来历，为深入理解诗文提供参考。③当然，杨慎在从事文学考据的过程中，并非仅仅关注诗文的文献出处问题，也会对诗文中存在的其他问题进行全面考察。

1. 书贵旧本，不宜妄改古书字句。如《升庵诗话》卷五"书贵旧本"条，通过大量举证，得出"书所以贵旧本者，可以订讹，不独古香可爱而已"的结论④：

> 观乐生爱收古书，尝言："古书有一种古香可爱。"余谓此言未矣。古书无讹字，转刻转讹，莫可考证。余于滇南见故家收《唐诗纪事》抄本甚多，近见杭州刻本，则十分去其九矣。刻《陶渊明集》，遗《季札赞》。《草堂诗余》旧本，书坊射利，欲速

---

① （明）杨慎撰，王大厚笺证：《升庵诗话新笺证》，中华书局2008年版，第163页。
② 关于杨慎词学考证方面的成绩，林玟君有较为详细的考察。详见林玟君《杨慎"六朝学"研究——兼论江户时代荻生徂徕的容受》，博士学位论文，台湾师范大学，2020年，第272—275页。
③ 杨慎甚至在"宋人论诗"中强调："必以无出处之言为诗，是杜子美所谓伪体也。"见（明）杨慎撰，王大厚笺证《升庵诗话新笺证》，中华书局2008年版，第210页。
④ 《升庵诗话》卷6"陈子昂诗"条说："书所以贵旧本也。余见新本，疑其误而思之未得，一见旧本，释然。"又同卷"京师易春晚"条亦说："余尝言古书重刻一番，差讹一番，一苦于人之妄改，二苦于匠之刀误。书所以贵旧本，以此。"见（明）杨慎撰，王大厚笺证《升庵诗话新笺证》，中华书局2008年版，第318页。

售,减去九十余首,兼多讹字。余抄为《拾遗辩误》一卷。先太师收《唐百家诗》,皆全集,近苏州刻则每本减去十之一。如《张籍集》本十二卷,今只三四卷,又傍取他人之作入之。王维诗取王涯绝句一卷入之,诧于人曰:"此维之全集。"以图速售。今王涯绝句一卷,在《三舍人集》之中,将谁欺乎?此其大关系者。若一句一字之误尤多。略举数条:如王涣《李夫人歌》"修嫮秾华销歇尽","修嫮"讹作"得所"。武元衡诗"刘琨坐啸风清塞",讹作"生苑"。琨在边城,则"清塞"字为是,焉得有"苑"乎?杜牧诗"长空澹澹没孤鸿",今妄改作"孤鸟没",平仄亦拗矣。杜诗"七月六日苦炎蒸",俗本"蒸"字作"热"。"纷纷戏蝶过开幔",俗本"开"作"闲",不知子美父名闲,诗中无"闲"字。"邀欢上夜关",今俗本作"卜夜间";"曾闪朱旗北斗殷",妄改"殷"作"闲",成何文理?前人已辩之矣。刘巨济收许浑诗"湘潭云尽暮烟出",今俗本"烟"作"山",亦是浅人妄改。湘水多烟,唐诗"中流欲暮见湘烟"是也,"烟"字大胜"山"字。李义山诗:"瑶池宴罢留王母,金屋妆成贮阿娇。"俗本作"玉桃偷得怜方朔",直似小儿语耳。陆龟蒙《宫人斜》诗"草著愁烟似不春",俗本作"草树如烟似不春",尤谬。小词如周美成"憎憎坊曲人家","坊曲",妓女所居,俗改"曲"作"陌"。张仲宗词"东风如许恶",俗改"如许"作"妒花",平仄亦失贴。孙夫人词"日边消息空沉沉",俗改"日"作"耳"。东坡"玉如纤手嗅梅花",俗改"玉如"作"玉奴"。其余不可胜数也。书所以贵旧本者,可以订讹,不独古香可爱而已。①

又如《升庵诗话》卷一"狄香"条,讨论了明人刻书时擅改古书的问题:

张衡《同声歌》:"洒扫清枕席,鞮芬以狄香。"鞮,履也。

---

① (明)杨慎撰,王大厚笺证:《升庵诗话新笺证》,中华书局2008年版,第266—267页。

第六章 杨慎与中晚明文学考据群体

狄香，外国之香也。谓以香熏履也。近刻《玉台新咏》及《乐府诗集》改"狄香"作"秋香"，大谬。吴中近日刻古书，妄改例如此，不能一一尽弹正之。①

又如《升庵诗话》卷八"杜诗步檐字"条，通过广引证据，证明杜诗用字有所本，且据此证明后人改"步檐"为"步蟾"是妄改②：

杜子美诗："步檐倚杖看牛斗。"檐，古簷字。《楚辞·大招》："曲屋步櫩。"注："曲屋，周阁也。步櫩，长砌也。"司马相如赋："步櫩周流，长途中宿。"櫩，亦古檐字也。又梁陆倕《钟山寺》诗："步簷时中宿，飞阶或上征。"沈氏满愿诗："步簷随新月，挑灯惜落花。"杜公盖袭用其字，后人不知，妄改作"步蟾"。且前联有"新月"字，而结句又云"步蟾"，复矣。况"步蟾"乃举子坊牌字，杜公诗宁有此恶字耶？甚矣，士俗不可不医也。③

又如《升庵诗话》卷九"杜诗野艇字"条，通过考证，特别强调"胸中无杜学"，不可"订改杜诗"文字：

杜诗古本"野艇恰受两三人"，浅者不知"艇"字有平音，乃妄改作"航"字，以便于读，谬矣。《古乐府》云："沿江有百丈，一濡多一艇。上水郎担篙，何时至江陵。"艇音廷，杜诗盖用此音也。故曰：胸中无国子监，不可读杜诗。彼胸中无杜学，乃欲订改杜诗乎？④

---

① （明）杨慎撰，王大厚笺证：《升庵诗话新笺证》，中华书局2008年版，第68页。
② 杨慎此说得到清吴景旭的高度评价，被认为是"卓识"。见（清）吴景旭《历代诗话》卷38《杜诗》"孤帆步檐"条，中华书局1958年版，第459页。
③ （明）杨慎撰，王大厚笺证：《升庵诗话新笺证》，中华书局2008年版，第411—412页。
④ （明）杨慎撰，王大厚笺证：《升庵诗话新笺证》，中华书局2008年版，第440页。

又如《升庵诗话》卷一○"偃曝"条，通过考证指出，后人不知孟浩然"偃曝"典出《文选》王僧达"寒荣共偃曝"句，而妄改作"掩曝"，是"近日强作解事小儿之通弊"：

> 孟浩然："草堂时偃曝，兰枻日周旋。"偃曝，谓偃卧曝背也。用《文选》王僧达"寒荣共偃曝"之句。今刻孟诗，不知其出处，改作"掩曝"，可笑。而谬者犹曰："诗刻必去注释，从容咀嚼，真味自长。"此近日强作解事小儿之通弊也。盖颐中有物，乃可言咀嚼而出真味，若空肠作雷鸣，而强为戛齿之状，但垂饥涎耳，真味何由出哉？①

又如《函海》本《诗话补遗》卷二"石䖟卸亭"条，杨慎不仅考证出"石䖟"典出《荀子》，"卸亭"典出庾信诗，且指出后人因不知此诗用典而妄改的事实：

> 唐人《送元中丞江淮转运》诗一首，王维、钱起集皆有之。其云："去问珠官俗，来经石䖟春。东南卸亭上，莫使（使或作问）有风尘。"用事颇隐僻。石䖟，用《荀子》"紫䖟鱼盐"及《文选》"石䖟应节而扬葩"事也。卸亭，吴大帝驻辇所憩，后人建卸亭，在晋陵。庾信诗："卸亭一回望，风尘千里昏。"是也。今刻本或改"石䖟"作"右却"，"卸亭"或改作"衍亭"。转刻转误，漫一正之。②

2. 书贵博考，应综合各家之说以定是非。如《升庵诗话》卷五"古蜡祝丁零威歌遗句"条，通过考证明确得出"书所以贵乎博考"的结论：

---

① （明）杨慎撰，王大厚笺证：《升庵诗话新笺证》，中华书局2008年版，第584页。
② （明）杨慎撰，王大厚笺证：《升庵诗话新笺证》，中华书局2008年版，第823—824页。

《礼记》"蜡祝辞"云："土反其宅，水归其壑，昆虫无作，草木归其泽。"而蔡邕《独断》又有"丰年若土，岁取千百"。增此二句，义始足。《丁零威歌》："城郭是，人民非，何不学仙冢累累？"而《修文御览》所引云："何不学仙去，空伴冢累累。"增此三字，文义始明。书所以贵乎博考也。①

又如《升庵诗话》卷八"绿沉"条，杨慎综合利用诸家观点，对杜甫《陪郑广文游何将军山林》诗中"绿沉"二字进行考证②：

杜少陵《游何将军山林》诗："雨抛金锁甲，苔卧绿沉枪。"竹坡周少隐《诗话》云："甲抛于雨，为金所锁；枪卧于苔，为绿所沉。有'将军不好武'之意。"此瞽者之言也。薛氏《补遗》云："绿沉，精铁也。"引《隋书》文帝赐张渊绿沉之甲。赵德麟《侯鲭录》谓绿沉为竹。引陆龟蒙诗："一架三百竿，绿沉森杳冥。"虽少有据，然亦非也。予考"绿沉"乃画工设色之名。《邺中记》云："石虎造象牙桃枝扇，或绿沉色，或木难色，或紫绀色，或郁金色。"王羲之《笔经》云："有人以绿沉漆竹管见遗。"《南史》：梁武帝"西园食绿沉瓜"。是绿沉即西瓜皮色也。梁简文诗："吴戈夏服箭，骥马绿沉弓。"虞世南诗："绿沉明月弦。"刘邵（一作劭）《赵都赋》："弩有黄间、绿沉。"若如薛与赵之说，铁与竹岂可为弓弦耶？杨巨源诗："吟诗白羽扇，校猎绿沉枪。"与杜少陵之句同，皆谓以绿沉色为漆，饰枪柄。③

又如《升庵诗话》卷一一"杜常华清宫"条，通过广列证据，指出杜常乃宋人而非唐人，诗中"晓星"，今本作"晓风"，或改作"晓乘"，均不佳：

---

① （明）杨慎撰，王大厚笺证：《升庵诗话新笺证》，中华书局2008年版，第288页。
② 关于"绿沉"更详细的讨论，见白建忠《杨慎杜诗考证三则》，《杜甫研究学刊》2015年第1期。
③ （明）杨慎撰，王大厚笺证：《升庵诗话新笺证》，中华书局2008年版，第422页。

"行尽江南数十程,晓星残月入华清。朝元阁上西风急,都入长杨作雨声。"宋周伯弜《唐诗三体》以此首为压卷第一。《诗话》云:"杜常、方泽姓名不显,而诗句惊人如此。"按杜常乃宋人,杜太后之侄,《宋史·文苑》有传。《孙公谈圃》亦以为宋人。《范太史集》有《手记》一卷,纪时贤姓名,而杜常在其列,下注"诗学"二字,其为宋人无疑。周伯弜误矣,然诗极佳。"晓星",今本作"晓风",重下句"西风"字,或改作"晓乘",亦不佳。余见宋敏求《长安志》,乃是"星"字。敏求又云:"长杨非官名,朝元阁去长杨五百余里,此乃风入长杨,树叶似雨声也。"深得作者之意。此诗姓名时代误,"晓风"字误,"长杨"意误,特为正之。①

又如《函海》本《诗话补遗》卷二"华不注"条,广引证据,证实"华不注"之"不"当如伏琛所说读作"跗":

《左传》:成公二年,晋郤克战于鞍,"齐师败绩,逐之,三周华不注。"相传读"不"字但作"卜"音。伏琛《齐记》引挚虞《畿服经》:"'不'音'跗',如《诗》'蕚不韡韡'之'不',谓花蒂也。言此山孤秀,如华跗之注于水。"其说甚异而有征。又按《水经注》云:"华不注山,单椒秀泽,孤峰刺天。青崖翠发,望同点黛。"《九域志》云:"大明湖望华不注山,如在水中。"李太白诗:"昔我游齐都,登华不注峰。兹山何峻秀,彩翠如芙蓉。"比之芙蓉,盖因"华不"之名也。以数说互证之,伏氏音"不"为"跗",信矣。②

3. 注重证据,强调要客观评判诗文及注释的价值。③ 如《升庵诗话》卷二"傅玄杂诗"条,就是针对前人多批评《文选》五臣注,而

---

① (明)杨慎撰,王大厚笺证:《升庵诗话新笺证》,中华书局2008年版,第616—617页。
② (明)杨慎撰,王大厚笺证:《升庵诗话新笺证》,中华书局2008年版,第828页。
③ 杨慎对于"宋无诗"说的严肃批评,就是极好的例子。参见羊列荣《明代"宋无诗"说考论》,《文汇报》2017年1月6日第W10版。

通过具体例证得出"五臣注亦不可废"的结论：

> 傅玄《杂诗》："摄衣步前庭，仰观南雁翔。玄景随形运，流响归洞房。"五臣注："景，雁影也，映于月光而色玄也。"二句皆承上文说雁，其旨始白。五臣注亦不可废。①

又如《升庵诗话》卷三"张正见咏鸡"条，通过对张正见《咏鸡》诗的具体分析，指出严羽《沧浪诗话》中对张正见的评价失之偏颇：

> 张正见《咏鸡》诗曰："蜀郡随金马，天津应玉衡。"② 上句用"金马碧鸡"事③，下句用纬书"玉衡星精散为鸡"事也。④ 以无为有，以虚为实，影略之句，伐材之语，非深于诗者，孰能为之！严沧浪乃云：张正见之诗，"虽多，亦奚以为"⑤。岂知言哉？⑥

又《升庵诗话》卷八"日抱鼋鼍"条，就利用"以杜证杜"的方法，考证了杜诗旧注之误：

> 韩石溪廷延语余曰："杜子美《登白帝最高楼》诗云：'峡坼云霾龙虎卧，江清日抱鼋鼍游。'此乃登高临深，形容疑似之状

---

① （明）杨慎撰，王大厚笺证：《升庵诗话新笺证》，中华书局2008年版，第86页。实际上，据学者的研究，五臣注并非如唐宋人所说荒俚浅陋，而有其独到的、不容否定的成绩。见江庆柏《〈文选〉五臣注平议》，《郑州大学学报》（哲学社会科学版）1994年第4期。
② 此诗见载于《乐府诗集》卷28，题作（南朝陈）张正见《晨鸡高树鸣》。见（宋）郭茂倩编《乐府诗集》，中华书局1979年版，第407页。
③ 《汉书》卷25下《郊祀志下》："或言益州有金马碧鸡之神。"见（汉）班固《汉书》，中华书局1962年版，第1250页。
④ 《艺文类聚》卷91《鸡》引《春秋运斗枢》曰："玉衡星精散为鸡。"见（唐）欧阳询《宋本艺文类聚》，上海古籍出版社2013年版，第2348页。
⑤ 《沧浪诗话·考证》："南北朝人，惟张正见诗最多，而最无足省发，所谓'虽多亦奚以为'。"见（宋）严羽著，郭绍虞校释《沧浪诗话校释》，人民文学出版社1983年版，第221页。
⑥ （明）杨慎撰，王大厚笺证：《升庵诗话新笺证》，中华书局2008年版，第165页。

耳。云霾圻峡,山木蟠挐,有似龙虎之卧;日抱清江,滩石波荡,有若鼋鼍之游。"余因悟旧注之非,其云:"云气阴黯,龙虎所伏;日光圆抱,鼋鼍出曝。"真以为四物矣。即以杜证杜,如"江光隐映鼋鼍窟,石势参差乌鹊桥",同一句法,同一解也。苏子《赤壁赋》云:"踞虎豹,登虬龙,攀栖鹘之危巢,俯冯夷之幽宫。"亦是此意。岂真有乌鹊、鼋鼍、虬龙、虎豹哉?①

又如《丹铅总录》卷二〇《诗话类》"瑟瑟"条,即利用白居易自己的诗句来论证"瑟瑟"的含义:

> 白乐天《琵琶行》:"枫叶荻花秋瑟瑟。"此句绝妙。枫叶红,荻花白,映秋色碧也。瑟瑟,珍宝名,其色碧,故以"瑟瑟"影指碧字。读者草草,不知其解也。今以问人,辄答曰:"瑟瑟者,萧瑟也。"此解非是。何以证之?乐天又有《暮江曲》云:"一道残阳照水中,半江瑟瑟半江红。"此"瑟瑟"岂萧瑟哉?正言残阳照江,半红半碧耳。乐天有灵,必惊予为千载知音矣。②

又如嘉靖本《诗话补遗》卷三"琼花"条,广引证据,既解释了琼花为何种花,又论证了"琼花无种"的错误说法:

> 扬州有蕃厘观,观中有琼花,即陈后主所谓《玉树后庭花曲》中云"琼树朝朝新"也。其花后萎,好奇者云"琼花无种",过矣。宋傅子容诗云:"比场如矾总未嘉,要须博物似张华。因看异代前贤帖,知是唐昌玉蕊花。"注云:"唐杨汝士云:'唐昌观玉蕊,以少故贵。'"王汝玉名为玉蕊,王介甫名为场花,取其

---

① (明)杨慎撰,王大厚笺证:《升庵诗话新笺证》,中华书局2008年版,第410页。
② (明)杨慎撰,丰家骅校证:《丹铅总录校证》,中华书局2019年版,第882页。焦竑编辑的《升庵外集》卷20"瑟瑟"条,考证得较此处详尽,可参看。

色白也。山谷名曰山矾，以其可以供染也。即今之栀子花，佛经名薝（音胆）卜花，《本草》名越桃。刘禹锡诗："玉女来看玉树花，异香先引七香车。攀枝弄雪频回首，惊怪人间日易斜。"张籍诗："五色云中紫凤车，寻仙来到洞仙家。飞轮回首无踪迹，惟见斑斑满地花。"王建诗："一树珑璁玉刻成，飘廊点地色轻轻。女冠夜觅香来处，惟见阶前碎月明。"注云："唐元和中，唐昌观中玉蕊花盛开，有仙女来游，取数枝飘然而去。"余谓此说未必然，盖因刘、张诗有"玉女香车""飞轮回首"之句，遂傅会其说。又因仙女取花，飘然而去，遂傅会天下无种之说。不知诗人咏物托言也。滇云处处有之，村姑采插盈路，仙女一何多乎？[①]

综上可见，杨慎以其广博的学识和善疑的精神，在明代文学考据方面做出了有益的尝试，并取得了不错的成绩。杨慎的相关努力，给此后明代文学考据的展开树立了很好的榜样。

第二节　杨慎影响下的中晚明文学考据群体

在杨慎文学考据实践及思想的影响与带动下，与其同时或稍后的学者中，有不少人在文学创作特别是在文学批评中逐渐意识到考据的重要性[②]，这不仅进一步拓宽了明代文学创作与批评的视野，也由此逐渐汇聚起一个文学考据的群体，对端正空疏学风，推动明代文学乃至整个学术的发展均起到了积极的作用。

---

① （明）杨慎撰，王大厚笺证：《升庵诗话新笺证》，中华书局2008年版，第1011—1012页。
② 当然，时人也有对杨慎从事文学考据提出批评者，如沈长卿《沈氏日旦》卷一"崇祯元年春"中说："杨用修慎乃鼎元中最博洽者，王元美辈窃轻之，予不以为然。及观所著《诗话》，谓杜子美此一句本诸谢宣远，此一句本诸颜延年，李太白此一句本诸徐陵、王粲，此一句本诸刘歆。夫古人会心触景，各有机神，岂屑沿袭？只因此老自己无一毫性灵，句句字字皆有所本，故睥视古人耳。予不羡用修之博，羡其有能诗之夫人。用修以大礼得罪流滇，夫人有相念之诗，载《弇州集》。嗟嗟其议大礼，原无特见，亦本诸司马君实者。"见（明）沈长卿《沈氏日旦》，《续修四库》子部第1131册，第331—332页。

一 中晚明文学考据群体的形成

清人袁枚在极力批判考据学的同时①，也不得不承认"太不知考据者，亦不可与论诗"。② 可见，在进行诗文创作与批评时，考据学的作用不可忽视。在杨慎开启明代文学考据之风后，其好友顾应祥随即参与其中，他在《静虚斋惜阴录》卷一〇《论杂》中记录了他针对《楚辞》中的"枘凿"二字的考辨过程：

> "枘凿"二字，其原出于《楚词·离骚经》，云："不量凿而正枘兮，固前修以菹醢。"凿音漕，穿孔也。枘，刻木端所以入凿者也。宋玉《九辩》云："圆凿而方枘兮，吾固知其鉏铻而难入。"又《周礼·考工记》："轮人为轮，斩三材必以其时。三材既具，巧者和之。"郑玄注云："调其凿枘而合之。"夫凿以受枘，如今之篾相似，凿方则枘方，凿圆则枘圆，然后相入，方枘而圆凿，则不相入矣。今之为文者，不考其来历，止曰"枘凿之不相入"。亦有不识"枘"字，而误以为"柄凿"者，杨升庵《丹铅录》辩之虽详③，又引郑氏注，误以为《考工记》本文，亦失之不考。窃意枘之与凿，不特方圆之不相入，苟长短、广狭、深浅之不同，亦不能相入矣。观《离骚经》曰："不量凿以正枘兮。"郑氏注云："调其凿枘而合之。"其义可见。作文者谓"枘凿之不相入"，犹之可也，谓"相枘凿矣"，又曰"奚啻枘凿"，则大不通。④

顾应祥对"枘凿"二字的考辨，显然是受到杨慎考辨影响的结果。顾氏不仅对"枘凿"二字进行了全新的考察，且指出了杨慎考辨

---

① 暴鸿昌：《袁枚与乾嘉考据学》，《史学月刊》1993年第1期。
② （清）袁枚著，王英志批注：《随园诗话》，凤凰出版社2009年版，第244页。
③ （明）杨慎撰，丰家骅校证：《丹铅总录校证》，中华书局2019年版，第560页。
④ （明）顾应祥：《静虚斋惜阴录》，《续修四库》子部第1122册，第478页。

中存在的问题。其后,焦竑之子焦周亦受杨慎、顾应祥相关考辨的影响,在《焦氏说楛》卷七中对"枘凿"二字进一步考辨道:

> 枘凿。枘,儒税切。凿,音造,如漕河之漕,亦音造也。枘凿,乃木工之篡牡,本自相入,但以方纳圆则不可耳。《史记·孟子列传》:"持方枘欲内圆凿,其能入乎?"今去"方圆"二字,云"枘凿不相入",甚为不通。吾乡一老儒,以字学自负,读"枘"为"柄","凿"音"怍",闻者但匿笑而已。①

焦周的考辨,在杨慎、顾应祥所举例证基础上,又增添了《史记·孟子列传》中的材料,为后人深入理解"枘凿"二字的含义提供了材料支撑。

其实,不仅杨慎关于"枘凿"二字的考辨引起了当时及后世学者的关注,杨慎的其他文学考据内容也引起了学者们的积极回应。陈耀文在《正杨》中,特别对杨慎所考证的"赵李""玉树""金谷序""桃花行""李白""李白家世""东山李白""唐诗葳蕤"等条目进行了驳正,此类文学考据的成果,构成了陈耀文"正杨"的重要组成部分。

王世贞作为"后七子"的领袖,在当时文坛影响巨大,他的《艺苑卮言》虽然是一部文学理论专著,但该书也特别注重对相关诗文内容的翔实考证②,其中就有不少内容是专门针对杨慎的相关文学考据而发的。如关于杨慎驳宋人"诗史"之说③,王世贞考辨道:

> (杨慎)其言甚辩而核,然不知向所称皆兴比耳。诗固有赋,以述情切事为快,不尽含蓄也。语荒而曰"周余黎民,靡有孑遗"。劝乐而曰"宛其死矣,它人入室"。讥失仪而曰"人而无

---

① (明)焦周:《焦氏说楛》,《续修四库》子部第1174册,第35—36页。
② 贾飞:《〈艺苑卮言〉成书考释》,《文献》2016年第6期;亦见氏著《王世贞诗文论资料补辑与新论》,社会科学文献出版社2021年版,第45页。
③ (明)杨慎撰,王大厚笺证:《升庵诗话新笺证》,中华书局2008年版,第212页。

礼，胡不遄死"。怨詈而曰"豺虎不食，投畀有北"。若使出少陵口，不知用修何如贬剥也。且"慎莫近前丞相嗔"，乐府雅语，用修乌足知之。①

王世贞认为，"杜诗'直陈时事'继承的乃是中国传统诗歌敷陈其事的'赋'法"，而杨慎"以作诗之手法定杜诗之优劣未免过于武断"。② 对于杨慎的观点，方弘静在《千一录》卷一一《诗释三》中给出了与王世贞相似的批评。③

胡应麟受杨慎、王世贞二人影响甚大，对于杨慎在文学考据方面的成绩与不足，胡应麟可谓了然于胸，因此他不仅在《丹铅新录》《艺林学山》中专门针对杨慎的考据疏失进行了全方位的考辨，更在致力于重整"文学"知识谱系的《诗薮》中，对杨慎的诗学思想进行了颇为中肯的评价。④

焦竑作为晚明最具影响的学者之一，他所取得的成绩是多方面的。受杨慎影响，他在文学考据方面也取得了不俗的成绩，这些成绩较为集中地保存在他的《焦氏笔乘》《续集》中。如杨慎在《丹铅总录》卷一八《诗话类》"方泽杜常"条考证杜常实为宋代诗人。⑤ 对此，焦竑在《焦氏笔乘》卷三"杜常"条中做了进一步补充，并总结道："盖周弼不惟迷其世代，且妄改其诗矣。大抵《三体》《鼓吹》所取皆晚唐之最下者，其人无识而寡学，要不足辨。"⑥

受此风气的影响，有不少学者逐渐参与到文学考据的实践中来，进而形成了一批涉及文学考据的著作。如郎瑛的《七修类稿》虽非文学考据的专著，但其中卷二九至卷三九为《诗文类》，其中有不少考证诗文的成果。方弘静的《千一录》，其中卷九至卷一二为《诗释》，

---

① （明）王世贞著，罗仲鼎校注：《艺苑卮言校注》，齐鲁书社1992年版，第183页。
② 罗晨：《杜诗"诗史"说检讨》，《武汉理工大学学报》（社会科学版）2017年第4期。
③ （明）方弘静：《千一录》，《续修四库》子部第1126册，第258页。
④ 许建业：《援史学入诗学：胡应麟〈诗薮〉的诗学历史化》，《文学遗产》2020年第4期。
⑤ （明）杨慎撰，丰家骅校证：《丹铅总录校证》，中华书局2019年版，第770页。
⑥ （明）焦竑撰，李剑雄点校：《焦氏笔乘》，上海古籍出版社1986年版，第180—182页。

也有不少诗文考证的内容。张元谕曾参与到批评杨慎考据成果的行列中，所著《篷底浮谈》卷五为《谈文》，其中亦涉及文学考据的内容。顾起经的《类笺唐王右丞诗集》不仅是今见王维诗最早的注本，更体现出明显的文学考据特色。许学夷的《诗源辩体》是中晚明考据学与文学相结合的极为成功的典范文本。王嗣奭的《杜臆》则是以考据方法注杜诗的重要成果。此外，何良俊的《四友斋丛说》、王肯堂的《郁冈斋笔麈》、张萱的《疑耀》、郑明选的《郑侯升集》、孙能传的《剡溪漫笔》、谢肇淛的《五杂组》《文海披沙》、姚旅的《露书》、董斯张的《吹景集》、茅元仪的《暇老斋杂记》等书中，均有不少涉及文学考据的成果。

总之，正是在对杨慎文学考据成果的阅读、思考与回应中，逐渐激发起学者们关注文学考据的问题，随着众多学者将精力逐渐投入文学考据中，中晚明文学考据群体才最终得以形成。他们的相关文学考据成果，不仅充实了中晚明文学研究的内涵，更推动了中晚明文学研究向广度和深度两方面发展。

二 中晚明文学考据群体成果探究

（一）中晚明文学个案考据

由于杨慎的文学考据成果在当时及后世广泛传播，引起了学者们的普遍关注，其中一些颇具争议的考证结论还引发了学者们的反复辩难。比如上一节曾提及杨慎对阮籍《咏怀》"西游咸阳中，赵李相经过"中的"赵李"进行了较为细致的考辨。当此考辨结论出来后，杨慎的好友何良俊提出了反驳意见，他说，"赵李"既非赵飞燕、李夫人，亦非赵季、李平，因为"诗人托兴寓言，或咸阳偶有此二家"，因此若"必求其人则凿矣"。[①] 随后，陈耀文列举《汉书》卷七七《何并传》、卷八五《谷永传》、卷九七下《孝成许皇后传》、卷一〇〇上《叙传》以及《广弘明集》卷二三谢灵运《昙隆法师诔》等例证，

[①] （明）何良俊：《四友斋丛说》卷36《考文》，中华书局1959年版，第5页。

指出杨慎所谓"小臣赵李"乃因句读有误所致①，而"赵李"连称在古书中往往与"程郑"并举，非杨慎所谓"阳翟可杀之赵、李也"。②王世贞也参与到"赵李"问题的讨论中，他虽然明确指出将"赵李"视为赵飞燕、李夫人是"大误"，却也如杨慎那样，误将"小臣赵李"连读。③胡应麟较王世贞进了一步，他首先表示同意陈耀文的观点，认为杨慎关于"小臣赵李"及赵季、李款的说法有误，但又指出陈耀文所引谢灵运文中之"赵李"，实承袭自阮籍诗，"下属程郑似是一人姓名，然以'相'字推之，当作二人为是"。④董斯张不同意杨慎与王世贞的观点，指出：

> 合二传（即《谷永传》《叙传》）观之，赵、李之为飞燕、李平，复何疑哉？升庵、弇州皆以"小臣赵李"为句，殊误。弇州云："不应与倢伃游从。"亦未稽《叙传》"赵、李诸侍中"语耳。当时倢伃贵盛，亲属赫奕，入侍帝宴，出假主威。《谷永传》云"为赵、李复怨"，《叙传》云"赵、李诸侍中"，皆指其亲属也。阮公诗正用《叙传》语。沈休文赋云："弱冠未仕，缔交戚里，驰鹜王室，遨游许、史。"沈所云"许、史"者，正谓乐陵、博望辈耳，岂亦指许后及悼皇妣耶？此赋可以互证。

此外，董斯张还指出，虽然陈耀文也引用了《谷永传》及《叙传》的内容，但并未明言"赵李"即指赵飞燕、李平，也未能考证出阮籍所谓"经过"，实际"正指其亲属"。⑤此后，焦竑之子焦周，不

---

① 焦竑在《焦氏笔乘续集》卷5"句读"条中，也对杨慎、王世贞的断句提出了批评。见（明）焦竑撰，李剑雄点校《焦氏笔乘》，上海古籍出版社1986年版，第324页。
② （明）陈耀文：《正杨》卷3"赵李"，《四库全书》第856册，第100—102页。
③ （明）王世贞：《弇州四部稿》卷158《说部·宛委余编三》，《四库全书》第1281册，第529页。
④ （明）胡应麟：《少室山房笔丛》卷26《艺林学山八》，上海书店出版社2009年版，第251页。
⑤ （明）董斯张：《吹景集》，《续修四库》子部第1134册，第101页。

第六章 杨慎与中晚明文学考据群体

仅明确反对将"赵李"视作赵飞燕、李夫人,还利用《汉书·何并传》的记载纠驳杨慎,并感叹说"淹通之难"。① 甚至于作为清代考据学开山之祖的顾炎武,也参与到关于"赵李"问题的讨论中,并根据《汉书》之《谷永传》《外戚传》《叙传》的记载指出:"史传明白如此,而以为武帝之李夫人,何哉?"②

总之,围绕"赵李"究竟是谁这个问题,以杨慎为首的中晚明考据学群体成员何良俊、陈耀文、王世贞、胡应麟、焦竑、董斯张、焦周等进行了热烈的讨论,他们的讨论过程呈现给我们的是考据学群体成员之间彼此关注、良性互动的真实情形。

其实,类似的个案考察还有很多,如关于杜甫《苏端薛复筵简薛华醉歌》中提及"东山李白"的问题,《升庵诗话》卷七"东山李白"条认为,"流俗本妄改作'山东李白'"是"近于郢书燕说"。③ 陈耀文不同意杨慎的看法,且利用《旧唐书》卷一九〇下《杜甫传》《李白传》、《南部新书》卷甲、《明一统志》卷二二《济南府·流寓》"李白"注文,指出改作"山东李白""或当不误"。④ 王世贞也并不完全赞同杨慎观点,通过考证认为:"白本陇西人,产于蜀,尝流寓山东。子美从游,时在山东,故称山东也。此山东乃关东,非今之山东也。《一统志》固已俗,然用修亦所谓得其一未得其二者也。"⑤ 而胡应麟除肯定陈耀文的考辨外,也指出陈耀文的考证存在疏漏,并说:"独《彰明逸事》及魏万序未及考,或亡以服用修之心,余说出庶几尽之。"⑥ 对于此问题,除上举诸人的考辨外,胡震亨(1569—1645)在《唐音癸签》卷二九"谈丛五"中也表达了自己的观点。⑦

---

① (明)焦周:《焦氏说楛》,《续修四库》子部第1174册,第66页。
② (清)顾炎武著,黄汝成集释,栾保群、吕宗力点校:《日知录集释》卷27《文选注》,上海古籍出版社2006年版,第1553—1554页。
③ (明)杨慎撰,王大厚笺证:《升庵诗话新笺证》,中华书局2008年版,第376页。
④ (明)陈耀文:《正杨》卷4"东山李白",《四库全书》第856册,第131页。
⑤ (明)王世贞:《弇州四部稿》卷163《说部·宛委余编八》,《四库全书》第1281册,第601页。
⑥ (明)胡应麟:《少室山房笔丛》卷9《丹铅新录五》,上海书店出版社2009年版,第90页。
⑦ (明)胡震亨:《唐音癸签》,古典文学出版社1957年版,第252页。

又比如《升庵诗话》卷五"逐子"条，杨慎认为："杜诗：'大家东征逐子回。'刘须溪云：'逐字不佳。'予思之，杜诗无一字无来处，所以佳，此'逐'字无来处，所以不佳也。"并说"逐"字当依《诗经·四牡》"不遑将母"改作"将"，因为"反言见义"。① 对此，方弘静认为："杨升庵以'逐'字未雅，拟'将'字，不若赋中'随'字佳耳。然杜用'逐'字，盖以平声不响也。"② 郑明选更明确认为"逐"字当作"随"字："愚按：大家《东征赋》首云'惟永初之有七兮，余随子乎东征'，则大家亦自谓随子矣。何谓随子归养为不可乎？'逐子'即'随子'变文耳，杜公用其事，即依其文，又何谓无来处乎？"③ 而张萱则反对杨慎以"将"字易"逐"字，他说："（杨慎）以'逐'为'将'，虽《诗》有'不遑将母'及《古乐府》'一母将九雏'，杜岂不知者？其用'逐'字，原有深意。妇人三从，其一从子，'逐'即从义也。意不在将而在从，语不以从而以逐，此正诗家三昧。以'将'字易之，不亦浅乎！"④

实际上，除上述围绕杨慎文学考据而展开者外，学者们还有不少文学考据的成果值得梳理。何良俊《四友斋丛说》卷三六《考文》考证苏轼《赤壁赋》中"食"字曰：

> 苏长公《赤壁赋》："惟江上之清风，与山间之明月，耳得之而为声，目遇之而成色，取之无禁，用之不竭，是造物者之无尽藏也，而吾与子之所共食。"本作"食"字，有墨迹在文衡山家，余亲见之。今刻本作"适"。然"适"字亦好，或长公自加改窜耶？然不可考也。⑤

---

① （明）杨慎撰，王大厚笺证：《升庵诗话新笺证》，中华书局2008年版，第282页。
② （明）方弘静：《千一录》卷9《诗释一》，《续修四库》子部第1126册，第234页。
③ （明）郑明选：《郑侯升集》卷32《秕言》"杨升庵评杜诗"，《四库禁毁》集部第75册，第545—546页。
④ （明）张萱撰，栾保群点校：《疑耀》卷3"杨用修妄改杜诗"，文物出版社2019年版，第103页。
⑤ （明）何良俊：《四友斋丛说》，中华书局1959年版，第326—327页。

何良俊虽然见到了苏轼墨迹，但对《赤壁赋》中的"食"字今刻改作"适"字，仍持两可的态度。王肯堂《郁冈斋笔麈》卷四对此问题给出了肯定的态度，认为"食"字更好：

> 余平生四见长公手书真迹，皆作"食"，而俗刻妄改为"适"，可恨也。"食"字之义，世罕解者，王弇洲公以《张苍传》"食酒数石不乱"释之，亦非是。按内典言"一切有情皆依食住"，其释"食"字云："能生喜乐，增益身心。"故《增一阿含经》云："眼以眠为食，耳以声为食，鼻以香为食，舌以味为食，身以细腻为食，意以法为食，涅槃以无放逸为食。"然则"耳遇之而成声，目遇之而成色"，正是食义耳。细味之，乃知其用字之妙也。①

王肯堂借助亲见的苏轼手书真迹以及佛教典籍的记载，证明俗刻妄改"食"作"适"的错误。②

又如方弘静《千一录》卷九《诗释一》考证杜诗曰：

> 有一搢绅颇负时名者，初读杜诗，妄改"荆门郑薛寄书近""门"为"朋"③，盖以"蜀客"宜对"荆朋"也。见者以为笑。夫见书未多，安可轻改圣人，所以戒阙疑也。④

方弘静借批评时人轻改杜甫诗句之机，强调要多读书，知"多闻阙疑"之义。

焦竑《焦氏笔乘》卷四"杜诗用孙策语"条考证杜诗"功曹非复

---

① （明）王肯堂：《郁冈斋笔麈》，《续修四库》子部第1130册，第148—149页。
② 袁枚在《随园诗话》卷一中提出不同意见："东坡《赤壁赋》：'而吾与子之所共适。'适，闲适也。罗氏《拾遗》以为当是'食'字，引佛书以睡为食，则与上文文义平险不伦。东坡虽佞佛，必不自乱其例。"见（清）袁枚著，王英志批注《随园诗话》，凤凰出版社2009年版，第14页。
③ 此处的"荆门"当是"荆州"之误。见（唐）杜甫《宋本杜工部集》卷14《赤甲》，张元济辑《续古逸丛书·集部》，江苏古籍出版社2001年版，第271页。
④ （明）方弘静：《千一录》，《续修四库》子部第1126册，第239页。

汉萧何"句的用典问题：

> 《刘贡父诗话》云："曹参曾为汉功曹，而杜诗云：'功曹非复汉萧何'，误矣。"按曹参亦未为功曹，子美自用孙策语耳。吴虞翻为孙策功曹，策曰："孤有征讨事，未得还府，卿复以功曹为吾萧何守会稽耳。"广德元年，子美在梓州补京兆府功曹，故以自况。《三国志》既非僻书，贡父乃未之见，而轻诋子美，何邪？①

对于焦竑的结论，董斯张在《吹景集》卷六"萧何功曹"条中驳斥道：

> "功曹无复汉萧何"，刘贡父谓："曹参尝为功曹，非酂侯也。"焦澹园引孙策语虞翻曰："卿复以功曹为吾萧何守会稽耳。"《三国志》亦非僻书，贡父乃未之见，而轻诋子美，何耶？按《汉书·高帝纪》云："萧何为主吏，主进，令诸大夫曰：'进不满千钱者，坐之堂下。'"云云。孟康曰："主吏，功曹也。"然则少陵用此非误也，贡父偶未之思耳。此《墨庄漫录》所引，较澹园殊确。刘生月旦，大是卤莽。②

实际上，对于此问题，孙能传在《剡溪漫笔》卷一"萧何功曹"条中有更全面的考察：

> 杜子美诗："功曹非复汉萧何。"刘贡父谓："曹参尝为功曹，云酂侯，非也。"虞伯生谓："子美用孙策语，虞翻为策功曹，策曰：'孤有征讨事，未得还府，卿复以功曹为吾萧何，守会稽耳。'"后阅《避暑录》《墨庄漫录》，皆引《高帝纪》"萧何为主吏"，孟康注云："主吏，功曹也。"考之《史》《汉》良然，乃知功曹自何本色，特未

---

① （明）焦竑撰，李剑雄点校：《焦氏笔乘》，上海古籍出版社1986年版，第120页。
② （明）董斯张：《吹景集》，《续修四库》子部第1134册，第56页。

之深考耳。子美破万卷书，虽注脚亦不放过，出入笔端皆成故实，其精如此。后人卤莽涉猎，罕能致精，即目所常见之书，经人拈出，恍同秘籍，强作解事，妄为雌黄，皆子美之所窃笑也。①

孙能传的考证，既指出了刘攽（字贡父）、虞集（字伯生）对杜甫用典的错误解读，同时也明确说明，他是在阅读了叶梦得《避暑录话》、张邦基《墨庄漫录》的考证，并考察了《史记·高祖本纪》《汉书·高帝纪》的相关记载后，得出"功曹"即指"萧何"的结论。为此，孙能传感叹道："子美破万卷书，虽注脚亦不放过，出入笔端皆成故实，其精如此"，同时批评"后人卤莽涉猎，罕能致精，即目所常见之书，经人拈出，恍同秘籍，强作解事，妄为雌黄"。

（二）中晚明文学专书考据

通过上文考察可知，受杨慎影响加入中晚明文学考据群体中来的学者，有些人在自己的相关考据学著作中，针对某个单一的文学问题进行了较为深入的考辨，而有些人则形成了自己的文学考据专书。其中形成文学考据专书且极具代表性的，无疑是顾起经的《类笺唐王右丞诗集》②，该书是现存王维诗最早的注本，是具有明显考据学特色的著作。在该书卷首，顾起经以九条《凡例》与九条《正讹》讨论了他为何会注释王维的诗，以及在注释的过程中如何展开文学考据："按诸本旧多纰缪，纪录不同，是非相贸，虽宋刻亦漫因蹈，况吴、蜀以下诸刻乎？今遂条其《凡例》《正讹》计十又八则，粗有厘定，殊愧疏鄙，敢布之左方，惟博识君子裁览其义焉。"具体而言，如关于文字的校订，顾起经在该书《凡例》中描述了他广集众本，排比异同，参互考订的情形：

宋本、川本、吴本、广信本、扬州本、刘校本，六家刻题篇各别。如《文粹》《英华》《英灵》《友议》《本事诗》《乐府集》

---

① （明）孙能传：《剡溪漫笔》，《续修四库》子部第1132册，第331页。
② 笔者所用为国家图书馆藏嘉靖三十五年（1556）无锡顾氏奇字斋刻本，索书号为07623。以下凡引此书文字均出此本，不再加注。

《万首绝句》《唐诗纪事》《合璧事类》《吟窗杂录》《唐绝选》《三体注》《众妙集》《百家集》《律髓》《鼓吹》《唐音》及今之《正声》《品汇》，凡二十家（仙林按：据上所列仅有十九家而已），多纪公诗，具列异同，兼述训解。今纤用互订，内字未妥，即以诸家校其善者而从之。

又如关于地理、职官、姓名等的考证，《凡例》中也有具体的解释：

称地理、职官、姓名等，考之两汉、六朝诸史洎新、旧《唐书》传志沿革出处，悉入注中。至关内所隶山川官殿，多出《黄图》《雍录》《长安志》《西安图》《通志》《大纪》者，并详书于册。如姓氏则略具其字里爵秩，无正传者更稽之杂记、外家，或附见他传者证之。

总之，在该书中，顾起经针对王维诗中所涉及的人物、地理、名物、典章制度乃至文字音义等进行了全方位的考证。而在《正讹》部分，顾起经列举了九条考订王维诗的内容，如考证"东山别业"的主人是韦给事而非章给事：

《韦给事东山别业》，乃韦恒官给事，而东山即其旧第也。诸本不考二传，并作章给事，岂以章、韦点画相类耶？况玄、肃二纪臣僚初无章姓，故二传无之。今改章作韦给事云。

此处所考，见于《类笺唐王右丞诗集》卷一《田庐》类，诗题为《同卢拾遗过韦给事东山别业二十韵给事首春休沐维已陪游及乎是行亦预闻命会无车马不果斯诺》，顾起经在诗题下对"韦给事东山别业"有更详细的考证：

按卢拾遗，卢象也。韦给事，韦嗣立子恒也。东山别业，即嗣立所居骊山旧第也。《唐书·艺文志》：卢象，字纬卿，汶水人。初为左拾遗、膳部员外郎,为禄山伪官,贬永州司户左参军。《韦思谦传》:嗣立,字延构,营别第骊山鹦鹉谷,帝临幸,命从官赋诗,制序冠篇,因封嗣立逍遥公,名所居曰清虚原幽栖谷。又云:子恒,擢殿中侍御史,累转给事中。观此,则东山别业为嗣立所创,而后为给事所居者。又读张说《东山记》,略曰:兵部尚书,同中书门下三品,修文馆大学士韦公之曲有别业焉。……此皆言景龙幸东山别业之事。后公又有《韦给事山居》一律,即首春休沐陪游时所作。

《正讹》还列举了他考证"尹谏议史馆山池"中的"尹谏议"姓"尹"而非"伊":

《尹谏议史馆山池》,按《唐书》云:"道士尹愔为谏议知史馆。"诸本并误作"伊",今正之作"尹"。

此处所考,见于《类笺唐王右丞诗集》卷四《禁省》类,诗题为《和尹谏议史馆山池》,顾起经在诗题下对"尹谏议"误作"伊谏议"进一步考辨称:

《文苑英华》、宋本并作"伊谏议",非。《唐书·帝纪》:开元二十五年,道士尹愔为谏议大夫、集贤院学士并知史馆事。按《尹愔传》:愔,秦州天水人。初为道士,玄宗尚玄言,有荐愔者,召对,喜甚,厚礼之,拜谏议大夫、集贤院学士,兼修国史。开元末,卒,赠左散骑常侍。唐《孙逖集》《授尹谏议制》云……可朝请大夫、守谏议大夫、集贤院学士,兼知史馆事。《通志》:唐西内史馆,在门下省北,贞观三年置。又东内史馆,在强文馆东。

此外,《正讹》又考证了"空愧裘羊踪"中的"裘羊"误作"牛羊":

· 311 ·

"空媿裘羊踪",事载《高士传》及《三辅决录》,即谢诗云"永怀裘羊踪"是也。以"牛""裘"音画俱类,故诸本并误作"牛羊",今遂正之作"裘羊"。

此处所考,见于《类笺唐王右丞诗集》卷四《宴集》类,诗题为《黎拾遗昕裴迪见过秋夜对雨之作》,顾起经在该诗"空愧求羊踪"句下考辨称:

《三辅决录》:求仲、羊仲不知何许人,皆治车为业,挫廉逃名。蒋元卿去兖州,还杜陵,荆棘塞门,舍中有三径,不出,惟二人从之游,时人谓之"二仲"。谢灵运诗:"永怀求羊踪。"

同在此诗中,顾起经还考辨了首句"促织鸣已急"中"促织"的命名由来及不同称谓:

《古今注》:促织,谓鸣声如急织也。《尔雅·释文》:蟋蟀,一名蛬,今促织也,亦名蜻蛚。《诗疏》:似蝗而小,正黑色,有光泽。楚人谓之王孙,幽人谓之趋织。里语云:趋织鸣,懒妇惊。《春秋考异邮》:立秋,趋织鸣。古诗:促织鸣东壁。

当然,除了顾起经在《正讹》中所提及的九条文学考据成果外,《类笺唐王右丞诗集》中还有许多类似的考据成果值得挖掘。[1] 如卷一《四时》类有《秋夜独坐怀内弟崔兴宗》诗,顾起经详细考证了"蟪蛄声悠悠"句中"蟪蛄"为何物:

《庄子》注:蟪蛄,夏蝉也。《离骚》:蟪蛄鸣兮啾啾。《释虫》云:蚻蚗,蟪蜩。即此是也。《庄子音义》以为此即《楚辞》

---

[1] 对此,刘黎先生已进行了初步的讨论。详见刘黎《王维诗歌三家注研究》,博士学位论文,陕西师范大学,2011年,第17—36页。

所谓寒螀也。按《风土记》：蟪蛄鸣于朝，（寒）螀鸣于夕。则寒螀、蟪蛄又为两物。司马相如云：蟪蛄，寒蝉也，一名蜺蟟，春生夏死，夏生秋死。《尔雅》：关东谓蟪蛄为蜓蚞，齐谓之螇螰也。《方言》云：蛥蚗，齐谓之螇螰，楚谓之蟪蛄，或谓之蛉蛄，秦谓之蛥蚗。自关（而）东谓之虭蟟，或谓之蜺蟟，或谓之蜓蚞。然则，亦皆蝉之别名耳。《说苑》孔子曰："蟪蛄之声犹尚存耳。"阮籍诗：蟪蛄鸣荆棘。

又如卷一《宫阙》类有《扶南曲歌词》五首，其第一首有"翠羽流苏帐"句，顾起经考证"流苏"的形制称：

《子虚赋》注：流苏者，缉乌尾而垂之若流然，以其蕊下垂，故曰苏。今俗亦谓绦头蕊为苏。《吴都赋》注：流苏者，五色羽饰帷而垂之也。《宋书·五行志》：桓玄四角金龙衔五色羽葆流苏。《海录碎事》：盘线绘绣之球，五彩错为之，同心而下垂者曰流苏。《丹铅余录》：《倦游录》述流苏之制，但云五彩同心而下垂者，莫能言其始。黄公绍《书林》亦止引《晋书》"割流苏为马帴"，皆后世帏帐间所悬耳。古者流苏，盖乐器之节。《前汉书》注作"流遡"。《周礼》注：后世合宫悬用之而有流苏之饰。乐器而用以为帏帐之悬，则自晋以后始也。王冈诗：绮席流苏帐。《西京杂记》：赵飞燕居昭阳殿，中庭彤朱，而殿上丹漆，砌皆铜沓，黄金涂，白玉阶，壁带往往为黄金釭，含蓝田璧，明珠、翠习饰之。上设九金龙，皆衔九子金铃，五色流苏。

又如卷三《歌行》类有《老将行》诗，中有"李广无功缘数奇"句，顾起经考证"数奇"之"数"为"所具切"而非"所角切"：

《李广传》：上诫，以为李广老，数奇，毋令当单于。注：数为匈奴所败，奇谓不偶也。作事数不偶也。《西清诗话》：唐人以为专门之学，虽名世善用故事者，或未免少误。如王摩诘诗"卫青不败由天幸"云云，乃霍去病，非卫青也。意有"大将军"字，误指去病为卫青耳。《宋景文公笔记》：《李广传》"数奇"注，切为所角反，故学者皆曰数奇。孙宣公奭，当世大儒，亦从曰数。后予得江南本，乃所具反。由是复观颜注，乃颜破朔从所具反云。《示儿编》云：蔡絛不以数奇为误对，则亦知王维读"数"字从去声之为当也。黄山谷曰：李广数奇，师古以为命只不偶合，则数乃命只之数，非疏数之数也。因此诗注仍旧音，故辨之。《齐东野语》：宋景文云云，余因考《艺文类聚》《冯敬通集》"吾数奇命薄"，《唐文粹》徐敬业诗"数奇良可叹"，王维诗"李广无功缘数奇"，杜诗"数奇谪关塞"，罗隐诗"数奇当自愧"，观其偶对，则数为命数，非疏数之数，音所具切，明矣。

又如卷四《居处》类有《终南别业》诗，顾起经引据众说，先考证"南山"之义，复证明王维此诗用语之精妙：

《五经要义》：终南山，长安南山也。《毛诗注》：终南，周之名山，在长安之南。《括地志》：南山，即终南山，一名太乙，一名橘山，一名周南，一名地肺，在长安城南八十里。《杂录》：终南山横亘关中，面南，西起秦陇，东彻蓝田，凡八百里。一名南山，东西连亘蓝田、咸宁、长安、鳌屋四县之境。……《章泉诗话》：王维诗"行到水穷处，坐看云起时"，杜甫云"水流心不竞，云在意俱迟"，知诗于此不可无语。或以小诗复之曰："水行云起初无意，云在水流终有心。倘若不将无有判，浑然谁谓伯牙琴。"公曰："所谓可与言诗矣。"《苕溪渔隐》：山谷老人曰："余顷年登山临水，未尝不读王摩诘诗'行到水穷处'云云。"顾知此老胸次定有泉石膏肓之疾。李肇《国史补》：王维有诗名，然好窃取人句，如"行到水穷处，坐看云起时"，此《英华集》中诗也。《直方诗话》：余以为有摩诘之才则可，不然，是剽窃之雄耳。《宣和画谱》：藏在御府有李伯时所写王维看云图一。岂有见于此诗乎？《天厨禁脔》：此诗不直言其闲逸，而意中见其闲逸。

《后湖集》录此诗,造意之妙,与造物相表里,岂直诗中有画哉?观其诗,知其蝉蜕尘埃之中,蜉蝣万化之表者也。《律髓》:右丞此诗有一唱三叹,不可穷之妙。如《辋川·孟城坳》《华子冈》《茱萸沜》《辛夷坞》等诗,右丞倡,裴迪酬,虽各不过五言八句,穷幽入玄,学者当自细参,则得之。

又如卷五《送别》类有《送宇文三赴河西充行军司马》诗,中有"蒲类(一作垒)成秦地,莎车(一作居)属汉家"句,顾起经考证"蒲类"与"莎车"曰:

《后汉书·西域传》:燉煌太守张珰上书,北虏呼衍王常展转蒲类、秦海之间。注:大秦国在西海西,故曰秦海也。《水经》:河水一源出于阗南山下,北流与葱岭河合,又东注蒲昌海。即蒲类也。晋灼曰:蒲类海在西域,近天山,又号阿恶国。按:传云在燉煌北,其地有蒲类泽。章怀曰:今名婆悉海。《索隐》曰:《广志》云蒲类海在蒲昌海西。《通志》:蒲类,一名盐泽,去玉门、阳关三百余里,广袤三百里,其水冬夏不增减。一名婆惜海,汉班超将兵击伊吾于蒲类海,是也。《西域传》:莎车国,西经蒲犁、无雷。西域唯莎车王延最强,不肯附属。天凤五年,延死,康代立。檄书河西,问中国动静,自陈思慕汉家。建武五年,河相大将军窦融乃承制立康为汉莎车建功怀德王、西域大都护,五十五国皆属焉。

又如卷六《庆宴》类有《奉和圣制暮春送朝集使归郡应制》诗,顾起经考证诗题中所提及的"朝集使",以及王维所和玄宗御制诗的出处问题:

《周礼疏》:汉朝集使上计会之法,则朝集使之官自周已有之。《新唐书·礼乐志》:设诸州朝集使位,都督、刺史三品以上。《帝纪》:永徽五年正月,以旱诏文武官、朝集使言事。显庆元年十一月,赐京官、朝集使勋一转。《选举志》:开元五年,谒先师,朝集使皆往阅礼焉。文武授散官以簿附朝集使,上于考功、兵部。《张齐贤传》:武后诏读时令,四方朝集使皆列于庭。《通典》:朝集使于尚书省礼见皇太子,受朝集使参辞。《实录》:武德九年三月,宴朝集使于百福殿。天宝三载三月,敕两省五品以下,于鸿胪亭祖饯朝集使。《会要》:贞观十七年诏,为诸州朝集使造邸第三百余所。二十年,有司言,《汉仪注》朝贺正月,礼毕还藩。敕每岁分番朝集。十月二十五日至京,十一月朔见。诏十一日参。《文苑英华》载《处分十道朝集使敕》十二篇,皆张九龄撰。《唐大诏令》:《处分朝集使敕》八首,苏颋作。按《玉海》载玄宗御制有《送十道采访使朝集使》诗,或即此,是圣制也。

据上引诸例可见,顾起经对王维诗的注释呈现出博证的考据特征,而这正是杨慎以来文学考据的共同特色,因此该书的出现是对杨慎所倡导的文学考据思潮的有力回应,对我们重新认识明代考据学思潮的影响具有重要价值。总之,顾起经的《类笺唐王右丞诗集》是中晚明文学专书考据最具代表性的成果之一,值得认真研讨。

结　语

　　本书着重探讨了杨慎及其影响下的中晚明考据学群体的形成及其在经史子集四方面取得的成果。以下就对上文的考察略作总结。

　　明嘉靖朝的"大礼议"事件，不仅对明代中后期的政局产生了极其深远的影响①，更直接导致杨慎遭廷杖后贬谪云南永昌卫。这样的结果，非常不幸地导致杨慎政治前途的终结，但值得庆幸的是，杨慎并未因此意志消沉，他虽然再也无法实现"得君行道"②的政治夙愿，但却在学术研究方面取得了巨大的成绩。其中尤为突出的是，杨慎被贬谪云南后，将大部分时光投入需要耗费大量时间和精力来处理的考据学上，取得了一系列的研究成果。凭借杨慎在士大夫群体中的巨大影响，以及人们早已厌倦了理学的僵化和心学的空疏，同时伴随着书籍文化在正德以后的逐渐发达，杨慎在求实思想指引下完成的考据成果，很快就以印本书籍的形式传播开来。③杨慎的考据成果往往富于质疑精神和博辨态度，这在他生活的那个时代的著作中是罕见的，因此，其相关考据成果甫一面世，就引起了学者们的广泛关注，进而激起了一场声势浩大的考据学热潮。

　　通过对相关原始文献的细致爬梳可见，由杨慎所开启的这场考据

---

① 关于此点，详见胡吉勋《"大礼议"与明廷人事变局》，社会科学文献出版社2007年版。
② 关于士大夫如何"得君行道"的具体阐释，详见余英时《朱熹的历史世界：宋代士大夫政治文化的研究》，生活·读书·新知三联书店2004年版，第423—457页。
③ 关于文本、印书和阅读之间的复杂关系，参见［法］罗杰·夏蒂埃《书籍的秩序——14至18世纪的书写文化与社会》，吴泓缈、张璐译，商务印书馆2013年版，第87—101页。

学热潮，不仅在杨慎生前已呈燎原之势，吸引了张含、顾应祥、王廷表、简绍芳、周复俊、朱曰藩、刘绘、何良俊等杨慎的至交好友；更在杨慎逝世之后持续高涨，最终汇聚了季本、郎瑛、梅鷟、丰坊、郑晓、陈绛、顾起经、陈士元、方弘静、朱睦㮮、李时珍、张元谕、陈耀文、王世贞、焦竑（附焦周）、陈第、王士性、王肯堂、胡应麟、张萱、朱国祯、郑明选、张燧、许学夷、孙能传、王嗣奭、谢肇淛、赵㟓、徐𤊹、姚旅、冯复京（附沈万钶）、周婴、顾大韶、邹忠胤、沈德符、董斯张、毕拱辰、何楷、茅元仪、毛晋、朱明镐、方以智等在中晚明学术界具有较高声望的学者的参与。可见，正是在杨慎考据实践和思想的影响下，中晚明考据学群体意识逐渐觉醒，考据学群体成员逐渐壮大，使得明代考据学最终发展成为一种有别于理学和心学的颇具影响的学术新势力。需要特别强调的是，在上述考据学者中，有复古派领袖王世贞，有泰州王学后劲焦竑，有擅长经学考据的梅鷟，有擅长古音学的陈第，有擅长史学研究的朱国祯，有人文地理学家王士性，有著名藏书家谢肇淛，还有开启"正杨"与"翼杨"风潮的陈耀文与胡应麟。总之，这些考据学者绝非明代学术思想界的边缘人物，而是中晚明第一流的学者，由此可见，考据学者的学术地位的中心化，在很大程度上表明考据学在明代属于不可忽视的、正在崛起的重要学术传统。[①] 对这些考据学者的考据成果进行深入的爬梳、整理和分析，既能够充分彰显杨慎在明代考据学发展历程中的独特地位，同时也能够呈现给我们一幅超越时空的激烈但不失精彩的学术互动的情形。

正是建立在上述文献考察的基础上，本书分别从杨慎与中晚明经学、史学、子学、文学考据群体的关系角度切入，全面深入地揭示了杨慎对中晚明考据学发展的深刻影响。其中，杨慎提倡以考古音、求古义、识古字为基础的经学考据思想，不仅对扭转明人忽视文字音韵，阅读经典原文及历代注疏时存在诸多障碍的局势提供了方法上的指导，更吸引了不少人关注经学问题甚至从事经学考据，这些人从各自不同的角度为明代经学的复兴做出了贡献。

---

① 代玉民：《焦竑与明清儒学研究》，博士学位论文，南京大学，2018 年，第 154 页。

结　语

　　杨慎以其博洽的学识及善疑的精神开启的考据学风，深深地影响到明代史学的发展，为冲破"理学化史学"做出重要贡献。在杨慎实事求是的治学态度和广征博引的治学方法的影响下，逐渐有一批学者参与到史学考据中来，他们的考据成果不仅为明代史学的发展注入了全新的活力，更直接或间接地影响了清代史学考据的发展。

　　诸子学（或称子学）自西汉罢黜百家之后，地位一落千丈，此后历代研治之人极少。自唐柳宗元首开辨诸子群书之先河后，宋高似孙《子略》、明宋濂《诸子辨》对子书进行专门著录与辨析，但子书越辨，伪书却越多。自杨慎开启考评子书和以子证经的风气后，明代子书考据之风逐渐弥漫，吸引了陈耀文、胡应麟、焦竑、李贽、傅山、方以智等一批学者参与其中；而杨慎在考辨子书真伪的同时，又通过造伪的方式来论证自己的观点。受到杨慎学术影响并逐渐形成的子学考据群体，在对诸子之书进行大量考辨的同时，又以杨慎所为为戒，逐渐形成一种新的学术规范，并取得了一系列的研究成果，丰富了明代学术的内容。

　　杨慎"博物洽闻，于文学为优"，其文"无一体不备，亦无备不造"。作为明代博学风潮的重要倡导者和推动者，杨慎在文学创作与文学批评方面首先引入考据学方法，以经史博证考据之法治诗文，对中晚明文学的发展产生了广泛而深远的影响，吸引了不少学者的关注，这些学者在对杨慎所倡导的博考思潮的批判和吸收下，逐渐形成了明代文学考据群体，他们的考据成果对明代文学、考据学乃至清代乾嘉考据学的发展均有相当的助力。

　　当然，由于明代各类文献资料的极度丰富性，以及受笔者阅读视野和学识能力的限制，上述基于对明代部分原始文献的梳理所得到的考据学家，虽然数量已较此前的研究有巨大的突破，但毫无疑问，这些考据学家绝非中晚明考据学家的全部，相应的，以此为基础所讨论的考据成果亦绝非中晚明考据成果的全部。因此，本书的相关考察，与其说是明代考据学研究的终点，毋宁说仅仅是一个初步的尝试和良好的开始而已。

附录一 杨慎研究论著目录续补

——以 2005—2017 年中国内地为中心

一 引言

杨慎为明代最负盛名的学者之一,所涉足的学术领域极其广泛(传统的经、史、子、集无不涉及),且多有创获,故于中晚明学术之进程有着广泛而深刻的影响。对杨慎学术之研究,自 20 世纪 80 年代以来,已逐渐成为学界研究之焦点。特别是近年来,随着研究者数量的增加,研究方法和研究角度的渐次多样,杨慎研究已然成为明代学术研究中最具活力的领域之一。

据笔者初步统计,从 2005 年初到 2017 年底,共 12 年时间[1],学界对杨慎学术之研究呈现"井喷式"发展,共得单篇论文 313 篇、硕博士学位论文 64 本、专题研究论著 17 本[2],基金项目 3

---

[1] 笔者之所以选择从 2005 年初开始统计,是因为截至 2004 年底的杨慎研究现状,已有林庆彰、贾顺先两先生的《杨慎研究论著目录》(《中国文哲研究通讯》1992 年第 2 卷第 4 期)、侯美珍先生的《杨慎研究论著目录续编》(《中国文哲研究通讯》1995 年第 5 卷第 2 期)、李勤合先生的《杨慎研究论著目录增补》(《中国文哲研究通讯》2005 年第 15 卷第 2 期)三文进行了详细考察和著录,故关于此前的相关研究情况,敬请查阅上述三文,此不赘述。

[2] 需要指出的是,高小慧《杨慎文学思想研究》(北京大学,2005 年)、杨钊《杨慎研究——以文学为中心》(四川师范大学,2010 年)、丛培凯《杨慎古音学文献探赜》(台湾师范大学,2013 年)三篇博士论文,前两篇已于 2010 年由中国社会科学出版社、巴蜀书社出版,后一篇于 2017 年由花木兰文化出版社出版,故三者统计时存在重合。此外,学位论文中,林惠美《杨慎及其词学研究》(博士学位论文,高雄师范大学,2004 年)虽发表于 2004 年,本不在此次考察范围内,但因李勤合先生未曾统计,故补记于此。

项。[①] 单篇论文据研究角度之不同，可大致区分为生平交友（27篇）、文献考据（49篇）、史学成就（15篇）、文学成就（139篇）、杨慎与地方文化（15篇）、作品赏析（34篇）、相关研究（24篇）、研究综述（10篇）八个方面。其中特别值得关注的是生平交友、文献考据、文学成就三个方面。

生平交友方面的研究，因受孟子"知人论世"观念的影响，故是研究者长久以来持续关注的话题；复因近年关于杨慎生平交友方面的材料逐渐被挖掘出来，故此方面的研究较之前取得了一定的突破。如关于杨慎卒年、卒地的问题，此前由于材料的缘故，未能得到合理的解答。而在2006年，先后有丰家骅[②]、董运来[③]两先生利用《明文海》卷四三四所载游居敬《翰林修撰升庵杨公墓志铭》，得出杨慎于嘉靖三十八年（1559）七月六日卒于昆明高峣寓所的结论。虽然针对此一结论仍有研究者提出疑问[④]，但最新的研究成果再次证明游居敬《翰林修撰升庵杨公墓志铭》所载杨慎卒于嘉靖三十八年的结论可信。[⑤]而关于此一问题，自20世纪80年代初张增祺先生提出不同意见以来[⑥]，已有众多学者参与到讨论中。经过三十余年的反复辩难，学者们不仅对此一问题有了更为具体的认知，且通过对此一问题的讨论，既掌握了大量相关材料，也挖掘出诸多此前不为人知的关于杨慎本人、家族及其学术的细节，为全面深入的讨论提供了储备资料。

文献考据方面的研究，随着电子信息技术的普及，资料的获取已不像之前那么困难。故建立在对杨慎相关资料全面搜集、详细梳理和

[①] 据统计，此13年间所发表（出版）的文章（专著）及申请的基金项目，若以年为单位计算，分别是：2005年9篇（本/项），2006年21篇（本/项），2007年23篇（本/项），2008年22篇（本/项），2009年22篇（本/项），2010年46篇（本/项），2011年39篇（本/项），2012年33篇（本/项），2013年43篇（本/项），2014年34篇（本/项），2015年33篇（本/项），2016年32篇（本/项），2017年41篇（本/项）。

[②] 丰家骅：《杨慎卒年卒地新证》，《南京师范大学文学院学报》2006年第2期。

[③] 董运来：《杨慎卒年卒地新考》，《图书馆杂志》2006年第6期。

[④] 邓新跃：《杨慎卒年新考》，《成都大学学报》（社会科学版）2007年第3期。

[⑤] 周雪根：《杨慎卒年卒地再证》，《贵州文史丛刊》2016年第3期。

[⑥] 张增祺：《有关杨慎生平年代的订正》，《昆明师院学报》（哲学社会科学版）1980年第1期。

辨析基础上的文献研究，其所得出的结论可信度往往较高。这就为更深入的杨慎及其学术的研究提供了相对可靠的文本。如关于杨慎所编的词选《百琲明珠》，明词研究专家张仲谋先生对其真伪曾提出疑问，认为"它很可能不是杨慎原本，而是晚明人或即杜祝进的伪托"。[①] 若如此，则将直接影响到对杨慎词学成就的总体评价。但经过朱志远先生据相关文献进行的详细考辨，不仅澄清了"万历本《百琲明珠》确系承自原本，实非后人伪托"，还考察出"明代重要词学理论著作《词品》之成书，亦与迻录《百琲明珠》词目及评语有关"，进而提出"《百琲明珠》的价值与意义有待重新认识和评价"[②] 的结论。此结论的提出，显然需要对杨慎词学文献进行全面深入考察后方能得出，而这样的文献精读和全面分析，正是未来杨慎研究中亟须加强的部分。

文学成就方面的研究，就研究数量上言，此方面的研究成果最为丰富，几乎占了所有单篇研究成果的一半；就研究的深度和取得的成绩方面而言，此方面亦是杨慎相关研究中最引人注目的，不仅发表了多篇极具分量的研究论文[③]，还有一大批硕博士论文及研究专著涉及此方面的论题，为推动杨慎学术研究及中晚明文学研究提供了重要的参照。

短短的十年间，能吸引如此众多的研究者参与杨慎学术的研究，能有如此众多的研究成果呈现在我们面前，且其中不乏高质量的学术研究成果，这无疑是值得关注杨慎及明代学术研究的同行们欣喜的。但欣喜之余，我们又必须清楚地认识到，就总体而言，与数量众多的研究成果形成鲜明对比的是，真正高水平的学术研究成果所占的比例相对较少。也就是说，关于杨慎学术的相关研究，值得我们继续深入挖掘之处尚多。正因为如此，近年来关于杨慎及其学术的研究，学界

---

① 张仲谋：《明词史》，人民文学出版社2002年版，第125页。
② 朱志远：《万历本〈百琲明珠〉非伪作辨考——兼论杨慎〈词品〉与〈百琲明珠〉的承传关系》，《文献》2016年第1期。
③ 如针对杨慎文论、词学、诗学等方面的成绩，就有研究者分别在国内文学研究杂志《文学评论》《文学遗产》发表了三篇极具分量的论文。分别是：吕斌《明代博学思潮与文论——以杨慎为例的考察》，《文学评论》2010年第1期；胡元翎、张笑雷《论杨慎词曲的"互融""互异"兼及"明词曲化"的研究理路》，《文学评论》2011年第5期；雷磊、陈光明《论杨慎诗歌创作的师法历程与风格趣向》，《文学遗产》2007年第4期。

投入了更多的精力和热情。如2014年湘潭大学雷磊教授获批的国家社科基金重大项目"《杨慎全集》整理与研究"（编号14ZDB075）、2016年山西师范大学白建忠教授获批的国家社科基金后期资助项目"杨慎文学评点研究"（编号16FZW026），以及2017年本人获批的国家社科基金青年项目"杨慎与中晚明考据学群体研究"（编号17CZW027）。杨慎研究方面能在前后三年间，获得如此高规格的资助，既说明学界对杨慎研究能拓展的空间仍抱有极大的自信和期许，同时也说明，杨慎研究尚有诸多值得深入挖掘之处。其中，雷教授主持的"《杨慎全集》整理与研究"的完成，将是对杨慎相关资料的一次较为彻底的搜寻和整理；无疑能够提供给我们一份全面的杨慎资料，这将极大地推动杨慎研究向深度和广度两方面拓展。同时，我们仍可期待通过对杨慎学术的深入研究，能够给整个明代中后期学术研究提供足够的资料与理论方面的支撑，而这正是我们所乐意看到的。

兹就搜集到的内地（港、台地区亦略有涉及）近十年来杨慎研究的相关资料，按类汇为一编，以期为学界深入研究杨慎学术提供些微帮助。但笔者深知，资料搜集绝非易事，况且欧美、日本及中国港、澳、台等地区的资料，囿于闻见，笔者未能详加搜讨，故遗漏之处所在多有，深望学界同人不吝补充赐正为盼，是为记。

二 生平交友

丰家骅：《杨慎卒年卒地新证》，《南京师范大学文学院学报》2006年第2期。

董运来：《杨慎卒年卒地新考》，《图书馆杂志》2006年第6期。

穆药：《杨慎撰修鸡足山志考辨——杨慎卒年四议》，收入赵怀仁主编《大理民族文化研究论丛》第2辑，民族出版社2006年版。

姜晓霞：《情深意笃，亦师亦友——杨慎与张含的交游及其影响》，《昆明师范高等专科学校学报》2007年第1期。

邓新跃：《杨慎卒年新考》，《成都大学学报》（社会科学版）2007年第3期。

杨钊：《杨慎、张佳胤交游考》，《北方论丛》2008 年第 2 期。

丰家骅：《杨慎与云南沐氏——杨慎交游考述之一》，《南京师范大学文学院学报》2009 年第 3 期。

丰家骅：《简绍芳：杨慎研究第一人——杨慎交游考述之一》，《江苏教育学院学报》（社会科学版）2009 年第 5 期。

白建忠：《"杨门六学士"漫议》，《大理学院学报》2010 年第 1 期。

杨冬梅：《杨慎其人其书》，《收藏家》2010 年第 4 期。

林啸：《简述杨慎生平事迹及著述情况》，《才智》2011 年第 12 期。

姚蓉：《杨慎、黄峨夫妻往还之作考论》，《中南大学学报》（社会科学版）2013 年第 3 期。

李宇舟：《从"总角之交"到"白首唱和"——张含与杨慎的交游考》，《曲靖师范学院学报》2014 年第 2 期。

蒋乾、白建忠：《杨慎在滇交游考》，《广播电视大学学报》（哲学社会科学版）2014 年第 2 期。

段德李：《关于杨慎的两个考论》，《保山学院学报》2014 年第 3 期。

杨钊：《杨慎、曾玙交游考》，《文艺评论》2014 年第 4 期。

蒋乾、陈庆江：《杨慎与徐霞客昆明旅迹探析》，《保山学院学报》2014 年第 4 期。

杨钊：《杨慎与刘大谟交游考》，《中华文化论坛》2014 年第 12 期。

吕书换：《杨慎与大礼仪》，《青年作家》2014 年第 16 期。

刘辉亮：《杨慎与李元阳交游考》，《文艺评论》2015 年第 12 期。

刘英波：《杨廷和、杨慎、黄娥散曲中的心态解析》，《西华师范大学学报》（哲学社会科学版）2016 年第 1 期。

李映发：《杨慎身世和文化贡献新论》，收入西华大学蜀学研究中心、四川省文史研究馆主编《蜀学》第 11 辑，巴蜀书社 2016 年版。

周雪根：《杨慎卒年卒地再证》，《贵州文史丛刊》2016 年第 3 期。

陈正贤：《杨慎：一位状元的悲苦人生》，《文史天地》2016 年第 10 期。

冯婵:《杨慎:从"神童"到状元》,《先锋》2016年第11期。

邓经武:《杨慎:明代著述第一人》,《晚霞》2016年第17期。

彭新有、沙振坤:《论杨慎与张含的文学交往》,《语文教学通讯·D刊(学术刊)》2017年第11期。

三　文献考据

郭伟玲:《杨慎与图书编撰学》,《四川图书馆学报》2005年第4期。

郭素红:《论杨慎经学诠释的特点》,《兰州学刊》2006年第10期。

雷磊:《杨慎古音学源流考辨》,《湘潭大学学报》(哲学社会科学版)2007年第6期。

张仲谋:《杨慎〈词品〉因袭前人著述考》,《古籍整理研究学刊》2008年第4期。

解国旺:《论明代杨慎古诗选本的文献学价值——以〈风雅逸篇〉和〈五言律祖〉为例》,《作家》2008年第6期。

郭康松:《论杨慎对明清考据学的贡献》,《历史文献研究》第27辑,华东师范大学出版社2008年版。

郭素红:《论明中期经学对宋学的反动——以杨慎对经学的阐释为中心》,《清华大学学报》(哲学社会科学版)2009年第6期。

张志烈:《杨升庵〈谢华启秀〉的学术价值》,《西华大学学报》(哲学社会科学版)2010年第3期。

王亦旻:《杨慎〈行书禹碑考证卷〉真伪考辨及文献价值》,《文物》2010年第5期。

朱志先:《杨慎汉史考据学探论》,《西华大学学报》(哲学社会科学版)2010年第5期。

汤亚平、丁忠兰:《杨慎〈滇南月节词〉饮食词语考释》,《云南民族大学学报》(哲学社会科学版)2010年第6期。

旷天全:《〈全蜀艺文志〉编者考论》,《绵阳师范学院学报》2010年第7期。

刘单单：《杨慎曲用韵反映的 -p、-t、-k 韵尾考》，《文教资料》2010 年第 25 期。

王永波：《〈升庵文集〉版本源流考》，收入西华大学蜀学研究中心、四川省文史研究馆主编《蜀学》第 5 辑，巴蜀书社 2010 年版。

朱志先：《张燧〈千百年眼〉因袭杨慎〈升庵集〉考论》，《古籍整理研究学刊》2011 年第 1 期。

张祝平：《杨慎、顾炎武考据学对贬宋论的推衍》，《广西社会科学》2011 年第 1 期。

刘单单、李永春：《杨慎词曲用韵反映的 -m、-n 韵尾考》，《洛阳理工学院学报》（社会科学版）2011 年第 2 期。

杨钊：《〈杨升庵丛书〉的学术价值》，《四川图书馆学报》2011 年第 4 期。

杨中兴：《明代杨升庵在大理学术著作丰硕》，《大理日报（汉）》2011 年 8 月 31 日第 A03 版。

高小慧：《杨慎著述流变考》，《兰台世界》2011 年第 28 期。

赵永康：《杨慎〈廿一史弹词〉版本源流及其蜀中传播——兼论是书作于云南》，《泸州职业技术学院学报》2012 年第 1 期。

付建荣：《杨慎〈俗言〉成书考》，《图书馆杂志》2012 年第 3 期。

朱国伟：《"〈汉杂事秘辛〉明杨慎作伪说"考辨》，《明清小说研究》2012 年第 3 期。

王永波：《〈升庵文集〉版本源流考》，《古籍整理研究学刊》2012 年第 6 期。

白建忠：《〈升庵诗话〉常用字词试探》，收入西华大学蜀学研究中心、四川省文史研究馆主编《蜀学》第 7 辑，巴蜀书社 2012 年版。

韩伟：《杨慎对焦竑之影响考释》，《古籍整理研究学刊》2013 年第 2 期。

陈茝珊：《〈钱笺杜诗〉举引〈升庵诗话〉考》，《西华大学学报》（哲学社会科学版）2013 年第 4 期。

李文泽：《历代巴蜀学人的文字学研究——以汉、唐宋、明代巴蜀学人为例》，《湖湘论坛》2013 年第 4 期。

高小慧：《杨慎〈升庵诗话〉及其考据诗学》，《郑州大学学报》（哲学社会科学版）2013年第4期。

乔立智、常青：《杨慎〈升庵集〉对杜诗的考据探论》，《杜甫研究学刊》2013年第4期。

高远：《论析〈四库全书总目〉对明代学者杨慎的评价》，《内江师范学院学报》2013年第11期。

曾绍皇：《杨慎杂剧创作之文献述评与文本考辨》，《武陵学刊》2014年第2期。

魏红翎：《〈成都文类〉〈全蜀艺文志〉误收之魏晋南北朝作品考辨》，收入西华大学蜀学研究中心、四川省文史研究馆主编《蜀学》第8辑，巴蜀书社2014年版。

朱仙林：《辨伪与造伪并存——〈四部正讹〉成书前的明代辨伪学》，《中南大学学报》（社会科学版）2014年第4期。

赵永康：《杨慎〈廿一史弹词〉考——兼析版本源流与蜀中流布》，《中华文化论坛》2014年第12期。

乔立智：《杨慎〈升庵集〉训诂考据补正五则》，《青年作家》2014年第20期。

罗超华：《杨慎〈全蜀艺文志〉版本及流传考略》，《重庆邮电大学学报》（社会科学版）2015年第1期。

皮晓霞：《杨慎的编辑思想及其在中国古籍编撰史上的地位》，《宁波大学学报》（人文科学版）2015年第5期。

杨钊：《杨慎编辑〈全蜀艺文志〉考释》，《中华文化论坛》2015年第10期。

韩慧清：《杨慎的文献学理论与实践》，《图书馆学刊》2015年第10期。

朱志远：《万历本〈百琲明珠〉非伪作辨考——兼论杨慎〈词品〉与〈百琲明珠〉的承传关系》，《文献》2016年第1期。

李晓宇：《杨慎与明代巴蜀史学的博雅考据之风》，收入西华大学蜀学研究中心、四川省文史研究馆主编《蜀学》第11辑，巴蜀书社2016年版。

叶晔：《汤显祖评点〈花间集〉辨伪》，《文献》2016 年第 4 期。

温庆新：《〈明史·艺文志〉子部小说家类著录〈墨池琐录〉等考辨三则》，《明清小说研究》2016 年第 4 期。

李成、陈谙哲：《论杨慎文献学思想和方法——以〈丹铅总录〉为例》，《绵阳师范学院学报》2017 年第 1 期。

吕红光：《〈杨升庵年谱〉补正——以新发现的哈佛大学藏书馆资料为依据》，《浙江树人大学学报》（人文社会科学版）2017 年第 2 期。

刘亮、徐莹：《杨慎的乐府诗文献研究》，《名作欣赏》2017 年第 3 期。

熊言安：《苏轼〈潇湘竹石图〉真伪新考》，《南京艺术学院学报（美术与设计）》2017 年第 3 期。

白建忠：《杨慎〈杜诗选〉考辨七则》，《杜甫研究学刊》2017 年第 4 期。

四　史学成就

杨钊：《杨慎〈明故待封君南溧张公墓志铭〉考》，《文献》2008 年第 4 期。

程莉莉、崔晓亮：《浅谈杨慎对西南地区的地理认识》，《保山师专学报》2009 年第 1 期。

毛春伟：《杨慎评〈史通〉二题》，收入瞿林东主编《史学理论与史学史学刊》第 7 辑，社会科学文献出版社 2009 年版。

伍成泉：《杨慎史学述略》，《湖南科技学院学报》2011 年第 10 期。

杨立新：《明代状元杨升庵家族迁徙轨迹详考：兼谈"湖广填四川"与"江西填湖广"》，收入麻城市人民政府编《明清移民与社会变迁》，湖北人民出版社 2012 年版。

杨春梅：《关于杨慎的云南民间传说》，《黑龙江生态工程职业学院学报》2013 年第 5 期。

张亚群、李力：《杨慎在科举文化史上的地位与影响》，《西北师大学报》（社会科学版）2013 年第 6 期。

田勤耘、牟哲勤：《杨慎"封建论"发微》，《湖北社会科学》2013年第9期。

安琪：《在边疆书写历史：杨慎两部滇史中的云南神话叙事》，《云南社会科学》2014年第1期。

陈丽娟：《论杨慎的历史意识》，《大众文艺》2014年第4期。

杨钊、陈龙国：《杨慎〈明故待封君南溪张公墓志铭〉手书考释》，《兰台世界》2015年第36期。

韩慧清：《杨慎的人生哲学与明代士风》，《齐齐哈尔大学学报》（哲学社会科学版）2016年第3期。

纪海龙：《杨廷和与〈明武宗实录〉修纂》，《内蒙古大学学报》（哲学社会科学版）2017年第2期。

李桂芳：《论杨慎的史学思想》，《中华文化论坛》2017年第7期。

高小慧：《融通三教　从容自适——论杨慎思想的多维建构》，《中华文化论坛》2017年第9期。

五　文学成就

邓新跃：《杨慎对杜诗"诗史说"的批判及其批评史意义》，《杜甫研究学刊》2005年第1期。

郑家治、周邦君：《杨慎诗歌体式论初探》，《西华大学学报》（哲学社会科学版）2005年第2期。

刘桂彰：《由诗本质之认识看杨升庵论李杜优劣之思维》，载《"思维·诠释·表达"学术研讨会论文集》，2005年12月。

雷磊：《一脉相承而别张壁垒：杨慎与李东阳之诗学比较研究》，收入左东岭主编《2005明代文学国际学术研讨会论文集》，学苑出版社2005年版。

白建忠、孙俊杰：《论杨慎批点〈文心雕龙〉》，《广播电视大学学报》（哲学社会科学版）2006年第2期。

吴波、曾绍皇：《论杨慎小说观及文言小说创作》，《明清小说研究》2006年第2期。

雷磊：《杨慎与李东阳：观察明代诗学流变多样态的视角》，《社会科学辑刊》2006年第3期。

林啸：《从杨慎词的用典看其心理特征》，《太原日报》2006年6月19日第10版。

白建忠、孙俊杰：《"五色圈点"考论——以杨慎批点〈文心雕龙〉中的"五色圈点"为例》，《社会科学家》2006年第4期。

吴波、曾绍皇：《〈廿一史弹词〉与杨慎人生价值体系的自我调整》，《中国文学研究》2006年第4期。

许如苹：《杨慎论〈诗经〉对后世诗歌创作的影响》，收入中国诗经学会编《第七届〈诗经〉国际学术研讨会论文集》（二），学苑出版社2006年版。又，收入中国诗经学会编《诗经研究丛刊》第13辑，学苑出版社2007年版。

郑家治：《杨慎诗歌本质论初探》，收入西华大学蜀学研究中心、四川省文史研究馆主编《蜀学》第1辑，巴蜀书社2006年版。

白建忠：《论杨慎批点〈文心雕龙·风骨〉》，《语文学刊》2006年第21期。

田同旭：《论杨慎对李贽异端思想的影响》，《晋阳学刊》2007年第1期。

陈斌：《杨慎六朝诗学述论》，《盐城师范学院学报》（人文社会科学版）2007年第1期。

邓新跃：《杨慎崇尚六朝的诗学取向的批评史意义》，《唐都学刊》2007年第2期。

高小慧：《杨慎论唐宋诗之争》，《中州学刊》2007年第2期。

雷磊、陈光明：《论杨慎诗歌创作的师法历程与风格趣向》，《文学遗产》2007年第4期。

李昌云：《杨慎诗歌美学思想初探》，收入西华大学蜀学研究中心、四川省文史研究馆主编《蜀学》第2辑，巴蜀书社2007年版。

许如苹：《杨慎诗歌与诗学研究现况述要》，《书目季刊》2007年第41卷第3期。

杨钊：《杨慎散曲"俊而葩"风格论》，《戏剧文学》2007年第

12期。

王腊梅：《李怀民中晚唐诗观与杨慎"晚唐诗二派"说》，《消费导刊》2007年第14期。

周莹：《明朝唐诗学和宋理学文化背景下的杨慎文化观》，《西藏大学学报》（社会科学版）2008年第1期。

张宏生：《杨慎词学与〈草堂诗余〉》，《南京师大学报》（社会科学版）2008年第2期。

张静：《评点与词话——杨慎评点〈草堂诗余〉与撰著〈词品〉之关系》，《中国韵文学刊》2008年第2期。

曾绍皇：《论杨慎俗文学创作的典范意识》，《中国文学研究》2008年第3期。

曾绍皇：《〈洞天玄记〉的隐喻系统与杨慎"游神物外"之宗教意识》，《江汉论坛》2008年第4期。

邓新跃：《论杨慎对宋代诗学的批判》，《中国文学研究》2008年第4期。

岳淑珍：《从〈词林万选〉到〈百琲明珠〉——杨慎词选论》，《绍兴文理学院学报》（哲学社会科学版）2008年第5期。

曾绍皇、龚舒：《从〈廿一史弹词〉看杨慎对史传文学叙事传统的吸纳与重构》，《兰州学刊》2008年第6期。

高小慧：《杨慎论明代文学》，《语文知识》2009年第2期。

罗宗强：《从杨慎的文学观看文学思想发展过程中的交错现象》，《首都师范大学学报》（社会科学版）2009年第4期。

曾绍皇：《论杨慎文言小说专集编撰的师法渊源与艺术特质》，《明清小说研究》2009年第4期。

方锡球：《去古：杨慎对六朝诗歌与唐诗关系的发现》，收入中国中外文艺理论学会编《中国中外文艺理论学会年刊》，知识产权出版社2009年版。

冯小禄、张欢：《杨慎"并州故乡"观的内涵及成因——与苏轼故乡观的比较》，《云南师范大学学报》（哲学社会科学版）2009年第5期。

程妹芳:《从翰林院作家的身份看杨慎的诗学理论》,《内江师范学院学报》2009年第5期。

白建忠:《杨慎文章学探要》,《山西师大学报》(社会科学版)2009年第5期。

高小慧:《孰为诗"圣"?——杨慎"扬李抑杜"论》,《运城学院学报》2009年第6期。

吕斌:《明代博学思潮与文论——以杨慎为例的考察》,《文学评论》2010年第1期。

张明明:《杨慎的"博学论"及其在诗学上的体现》,《西安社会科学》2010年第1期。

左芝兰:《论杨升庵曲与明曲词化现象》,《四川戏剧》2010年第2期。

高小慧:《杨慎诗学体系论》,《河南社会科学》2010年第2期。

郑家治:《试论杨慎词学的审美观》,收入《地方文化研究辑刊》第3辑,巴蜀书社2010年版。

杨钊:《杨慎"以曲入词"辨》,《四川师范大学学报》(社会科学版)2010年第3期。

严铭:《略论杨慎对庾信诗风的接受》,《成都大学学报》(社会科学版)2010年第3期。

白建忠:《论杨慎的散曲》,《中国韵文学刊》2010年第4期。

高小慧:《杨慎"李杜优劣"论》,《名作欣赏》2010年第5期。

高小慧:《杨慎〈升庵诗话〉对明诗的批评》,《中州学刊》2010年第5期。

赵俊玲:《杨慎对〈文选〉评点学的贡献》,《名作欣赏》2010年第5期。

李立华、周颖、王冬梅:《陈洪绶〈杨升庵簪花图〉中浪漫型艺术的表现》,《艺术探索》2010年第6期。

祖秋阳:《书香门第,儒宦世家——浅析杨春、杨廷和、杨慎的文学贡献》,《牡丹江大学学报》2010年第8期。

庄鹏、王笑莹:《从杨慎〈廿一史弹词〉看其人生哲学观的转变》,

《现代语文》（文学研究）2010年第10期。

杨钊：《王夫之〈明诗评选〉对杨慎的批评》，《江汉论坛》2010年第12期。

王晓翌：《杨慎词的曲化现象阐释》，《飞天》2010年第18期。

简恩定：《杨慎〈杜诗选〉评述》，《东吴中文学报》2010年第20期。

林啸：《从杨慎描写女性美词作的用典看其心理特征》，《大家》2010年第23期。

喻芳：《从〈升庵诗话〉看杨慎的诗歌美学思想》，收入西华大学蜀学研究中心、四川省文史研究馆主编《蜀学》第5辑，巴蜀书社2010年版。

杨钊：《杨慎对苏轼文学家族的批评》，《重庆文理学院学报》（社会科学版）2011年第1期。

蒋旅佳：《庾信诗歌批评——杨慎建构六朝诗学的典型个案》，《牡丹江师范学院学报》（哲学社会科学版）2011年第1期。

林啸：《杨慎风光词、唱和词的艺术特色》，《青年文学家》2011年第2期。

巨传友：《从〈词品〉与〈升庵诗话〉的重出条目看杨慎的词学尊体意识》，《名作欣赏》2011年第2期。

张劲松：《杨慎反宋人"诗史"说的阐释探幽——明人对宋代诗学话语的突破口》，《贵州大学学报》（社会科学版）2011年第2期。

杨春梅：《浅析杨慎云南诗歌中的审美情感》，《保山学院学报》2011年第4期。

岳淑珍：《杨慎〈词品〉述论》，《河南大学学报》（社会科学版）2011年第4期。

朱瑞昌：《明代"词宗"杨慎的情爱词考》，《大家》2011年第5期。

胡元翎、张笑雷：《论杨慎词曲的"互融""互异"兼及"明词曲化"的研究理路》，《文学评论》2011年第5期。

赵俊玲：《杨慎〈文选〉学成就刍议》，《许昌学院学报》2011年第 6 期。

张丑平：《论西南气候风物与杨慎贬谪文学创作》，《兰州大学学报》（社会科学版）2011 年第 6 期。

朱安女：《杨慎复兴华夏文学思想的文化解读——以〈禹王碑〉〈禹碑歌〉为例》，《大理学院学报》2011 年第 7 期。

朱江：《浅析杨慎怀古词的艺术特色》，《安徽文学》2011 年第 11 期。

王军蓉：《试论杨慎的反"诗史"说》，《青年文学家》2011 年第 13 期。

高小慧：《雄浑沉着 典雅蕴藉——论杨慎的律诗》，《名作欣赏》2011 年第 23 期。

杨钊：《杨慎"文存古法"论》，《中州学刊》2012 年第 1 期。

杨钊：《杨慎〈异鱼图赞〉的文体学意义》，《江汉论坛》2012 年第 2 期。

彭新有、沙振坤：《千古高风说到今——论〈红楼梦〉菊花诗与杨慎梅花诗之关系》，《语文教学通讯·D 刊（学术刊）》2012 年第 2 期。

樊兰、崔志博：《从〈词品〉管窥杨慎词学思想》，《长城》2012 年第 2 期。

王万洪：《"美艳两致，有格有调"——杨慎点评〈风骨〉新论》，《大家》2012 年第 2 期。

李金秋、白建忠：《"文质"、"文法"与"警策"——杨慎文章学又探》，《内蒙古师范大学学报》（哲学社会科学版）2012 年第 2 期。

赵晓兰、佟博：《〈全蜀艺文志〉与〈成都文类〉中的杜诗》，《杜甫研究学刊》2012 年第 2 期。

雷磊：《杨慎与何景明：六朝派与前七子的交接》，《中国韵文学刊》2012 年第 3 期。

杨春梅：《杨慎云南诗歌的风格特点》，《保山学院学报》2012 年第 3 期。

秦军委、李文华：《杨慎六朝诗学观与明中期主流诗学观异同及探因》,《河北北方学院学报》(社会科学版)2012年第3期。

白建忠:《杨慎〈楚辞〉学述评》,《广播电视大学学报》(哲学社会科学版)2012年第3期。

李董清:《杨慎永昌府诗歌创作对"诗主性情"理论的实践》,《保山学院学报》2012年第4期。

李凤能:《杨升庵与他的〈历代史略词话〉》,《文史杂志》2012年第5期。

何世剑:《论杨慎对庾信诗赋的接受》,《河北学刊》2012年第5期。

万志海:《王世贞与杨慎诗学观比较》,收入邓正兵主编《人文论谭》第4辑,武汉出版社2012年版。

杨春梅:《杨慎云南诗歌中的审美观照对象》,《保山学院学报》2013年第1期。

阳旖晨、曹旻:《杨慎诗歌用韵浅析》,《长沙铁道学院学报》(社会科学版)2013年第1期。

蒋旅佳:《"从盛唐回到六朝":杨慎律诗学策略》,《云南民族大学学报》(哲学社会科学版)2013年第2期。

刘文刚:《杨慎的杜甫研究》,《杜甫研究学刊》2013年第3期。

白建忠:《杨慎的杜诗学》,《杜甫研究学刊》2013年第4期。

袁辉:《由〈升庵诗话〉看杨慎的宋诗观》,《哈尔滨学院学报》2013年第4期。

袁辉:《"承""变"之道与学诗之法——杨慎论唐诗与六朝诗歌文本关系的批评史意义》,《中南民族大学学报》(人文社会科学版)2013年第5期。

蒋旅佳、蒋聚缘:《以"艺"论之——杨慎建构六朝初唐诗学观的价值评判标准》,《西华师范大学学报》(哲学社会科学版)2013年第5期。

曾绍皇:《雅、俗之辨与杨慎俗文学创作及研究述评》,《湖南城市学院学报》2013年第6期。

宋炳龙:《杨升庵与大理的诗书情结》,《大理文化》2013年第

6期。

郑平：《杨慎词学思想之创作方法与批评标准》，《文艺评论》2013年第6期。

严铭：《论杨慎对杜甫的尊崇和追摹》，《兰州学刊》2013年第7期。

韩文进：《杨慎贬谪词文化溯源》，《青年文学家》2013年第11期。

申田：《明代杨慎的文学创作成果述略》，《兰台世界》2013年第27期。

［日］横田辉俊、许如苹：《杨慎的诗论》，《国际汉学论丛》第4辑，2014年1月。

白建忠、沈文凡：《明清时期杨慎接受述评——以诗词为中心》，《古籍整理研究学刊》2014年第2期。

焦云宏、金梅：《杨慎诗词中的云南印象》，《云南开放大学学报》2014年第2期。

文爽：《以性统情，秾丽婉至——杨慎"主情"诗学观念及其创作实践研究》，《河南科技大学学报》（社会科学版）2014年第4期。

丁培利：《杨慎"傅粉簪花"的文化内涵——以陈洪绶〈杨升庵簪花图〉为例》，收入故宫博物院编《故宫学刊》第12辑，故宫出版社2014年版。

白建忠：《杨慎杜诗考证三则》，《杜甫研究学刊》2015年第1期。

李芬兰：《论杨慎的文学创作及创作缘起》，《文学教育》（上）2015年第2期。

张广莉：《杨慎诗学思想初探》，《美与时代》（下）2015年第2期。

赵心愚：《杨慎〈木氏宦谱·序〉的初步研究》，《云南社会科学》2015年第2期。

茶志高：《杨慎诗补遗五首》，《保山学院学报》2015年第6期。

彭新有：《成化年间宝石重——论杨慎〈宝井篇〉与张含〈宝石谣〉之唱和》，《文化学刊》2015年第8期。

李慈瑶：《论杨慎的骈文尊体思想》，《暨南学报》（哲学社会科学版）2015年第9期。

江良健：《试论杨慎〈词品〉收录女性词作之缘由》，《有凤初鸣年刊》2015年第11期。

郑平：《杨慎用语"入妙"的词体创作主张》，《语文学刊》2015年第14期。

曾萍：《从杨慎诗歌看"诗可以怨"》，《短篇小说（原创版）》2015年第17期。

柏柱生、金野：《杨慎的文学史价值再思考》，《课程教育研究》2015年第35期。

白建忠：《〈文心雕龙〉与明代的文章学》，《文艺理论研究》2016年第3期。

王立增：《论杨慎的乐府研究》，《四川师范大学学报》（社会科学版）2016年第4期。

杨钊：《〈全蜀艺文志〉中"风谣"的文化解读》，《古籍整理研究学刊》2016年第4期。

高小慧：《杨慎对〈文选〉的评价与接受》，《宜宾学院学报》2016年第5期。

苏焘：《明代博学诗论视野下的李白接受进程及诗歌对话——以杨慎为中心》，《天中学刊》2016年第5期。

夏志颖：《杜甫："集中无词"或"词曲之祖"——从杨慎的一个观点说起》，《江苏师范大学学报》（哲学社会科学版）2016年第5期。

阮思雨、李丹：《由〈升庵诗话〉看杨慎的宋诗观》，《青年文学家》2016年第6期。

王笑莹：《论杨慎词学思想对其词创作的影响》，《贵州师范学院学报》2016年第8期。

杨钊：《杨慎〈全蜀艺文志〉对"仗节死义"之士诗文的选评》，《中华文化论坛》2016年第9期。

张明明：《论杨慎对严羽"尊唐黜宋"传统的修正》，《乐山师范学院学报》2016年第11期。

刘康丽：《杨慎〈五言律祖〉研究综述》，《北方文学旬刊》2016年第12期。

杨钊：《杨慎对苏轼的文化批评》，《中国韵文学刊》2017年第1期。

左云：《浅析杨慎词调研究对明清词学贡献》，《北方文学》2017年第3期。

胡琦：《词章趣味与经典重置：以〈檀弓〉批点为中心》，《文学遗产》2017年第4期。

韩敏、王伟：《明代中后期朱淑真诗词的接受与批评——以杨慎、钟惺为中心》，《山西大同大学学报》（社会科学版）2017年第4期。

张广成：《杜甫〈滕王亭子〉诗旨解读——兼评杨慎对"诗史"的非议及其他》，《杜甫研究学刊》2017年第4期。

黄羽璇：《论杨慎〈檀弓丛训〉与明代后期〈檀弓〉学习之兴起》，《成大中文学报》2017年总第57期。

黄莘瑜：《以风韵写天真——从陈献章到王夫之》，《汉学研究》2017年第35卷第2期。

白建忠：《论杨慎等人对木公诗歌的评点》，《民族文学研究》2017年第6期。

陈安民：《〈异鱼图赞〉与其〈笺〉〈补〉的社会文化史蕴含》，《西华师范大学学报》（哲学社会科学版）2017年第6期。

杨照：《论〈升庵诗话〉的诗歌评论视角》，《中华文化论坛》2017年第11期。

寇小娟：《从〈词品〉看杨慎的词学观》，《青年文学家》2017年第21期。

六 杨慎与地方文化

王波、廖继成：《基层博物馆工作的现状及思考——以四川新都杨升庵博物馆为例谈区县博物馆工作》，《四川文物》2006年第2期。

唐玲：《从杨慎诗看明代西南地区"衣食住行"》，《云南行政学院学报》2007年第2期。

罗朝荣：《盘活杨升庵宗祠　加温一日游》，《成都日报》2007年

5月24日第A06版。

武谊嘉：《杨慎对西南区域文化的贡献》，《南京师范大学文学院学报》2009年第4期。

胡艳：《杨慎状元文化本土化教育模式初探》，《大家》2010年第8期。

严铭：《杨慎文化本土化建设需要"自觉"意识》，《作家》2010年第10期。

当归：《开发西部文化的先行者——杨慎》，《中国西部》2011年第3期。

严铭：《杨慎文化精神本土开发的意义及其策略思考》，《社科纵横》2011年第10期。

杨春梅、张全辉：《杨慎对滇文化的影响》，《保山学院学报》2012年第4期。

徐永红：《贬谪之臣杨慎对古代云南旅游文化的贡献》，《兰台世界》2014年第27期。

杨庆黎：《论杨升庵对保山文化的贡献》，《兰台世界》2014年第33期。

段德李：《杨慎谪戍永昌后的多重矛盾心性分析》，《保山学院学报》2015年第1期。

刘苏晓：《客籍文人的贵州印象——以杨慎为例》，《兴义民族师范学院学报》2015年第2期。

杨丽华：《从杨慎往返川滇行程看明中期的南方丝绸之路》，《中华文化论坛》2017年第11期。

彭新有、沙振坤：《杨慎在大理地区的文学活动及其影响》，《名作欣赏》2017年第20期。

七　作品赏析

杨钊：《脱略礼度　放浪形骸——明代戏剧中杨慎形象论》，《四川戏剧》2007年第6期。

李蕊芹、许勇强：《浅析杨慎竹枝词的巴渝色彩》，《科教文汇》2008年第2期。

陈丽萍：《羁身边陲　放歌永昌——杨升庵永昌诗赏析》，《保山师专学报》2008年第3期。

涂登宏：《杨慎巴渝诗词浅析》，《时代文学》2008年第7期。

冯小禄：《何事白头犹道路——论杨慎的充军心态变迁》，《楚雄师范学院学报》2008年第12期。

翁燕珍：《从〈戎旅赋〉到〈无闷篇〉——杨慎戍滇早期生活与心态研究》，收入武汉大学中国传统文化研究中心编《明代文学与科举文化》，中国社会科学出版社2008年版。

倪宗新：《杨慎书法作品赏析》，《四川文物》2009年第2期。

冯小禄、张欢：《喜见滇云旧侣，重到并州故乡——杨慎异乡观剖析》，《楚雄师范学院学报》2009年第5期。

张大文：《析农兵叩问历史　论文武击中时弊——读明代状元杨慎的〈殿试对策〉》，《美文》2009年第9期。

王晓翌：《谈杨慎后期词风》，《飞天》2009年第14期。

王充闾：《杨升庵与〈临江仙〉词》，《青海湖文学月刊》2010年第3期。

吕艳萍：《杨慎词简析》，《当代小说》2010年第6期。

刘益明：《学养的遗憾——杨升庵书法艺术探析》，《作家》2010年第16期。

彭新有：《戴花归路似东坡——浅论杨慎与戏曲的机缘》，《名作欣赏》2010年第35期。

朱瑞昌：《从〈临江仙〉谈明人杨慎的咏史词》，《安徽文学》2011年第1期。

张国宏：《杨慎书法鉴赏》，《秘书》2011年第9期。

彭新有、沙振坤：《白发戴花君休笑——论杨慎簪花的文化内涵》，《语文教学通讯·D刊（学术刊）》2011年第12期。

周秉高：《是"天下第一词"吗？——评〈滚滚长江东逝水〉》，《职大学报》2012年第2期。

刘英波:《杨慎"离思曲"探析》,《四川文理学院学报》2012年第6期。

彭新有、沙振坤:《白发戴花君休笑——杨慎簪花的文化内涵》,《古典文学知识》2013年第1期。

池国龙、章建春:《文学作品教学内容的选择与呈现——以古典诗歌杨慎的〈杨柳〉为例》,《教学月刊》(中学版)2013年第5期。

孙芳:《在悲愁吟唱与洒脱行走之间——杨慎词的个性特色》,《中华文化论坛》2013年第7期。

彭新有:《是非成败转头空——论杨慎抒怀词》,《语文学刊》2013年第10期。

彭新有:《论杨慎的思乡词》,《文学教育》(上)2013年第12期。

彭新有:《多情黄菊休添泪——论杨慎贬谪滇云前期作品的情感特征》,《学园》2013年第32期。

彭新有:《天教一片滇南景——论杨慎咏滇词》,《德宏师范高等专科学校学报》2014年第1期。

林啸:《以典入词——杨慎词作的用典特色》,《语文建设》2014年第2期。

林啸:《杨慎词的用典之富》,《芒种》2014年第4期。

杨春梅、太丽琼:《杨慎永昌诗歌中的意象》,《黑龙江生态工程职业学院学报》2014年第6期。

杨昇:《杂剧〈簪花髻〉中的杨慎形象与晚明士风》,《唐山学院学报》2015年第2期。

杨荣:《杨慎晚年诗歌特点刍议》,《芒种》2015年第10期。

张云涛:《草书杨慎词轴》,《中国书法》2015年第12期。

赵元波:《江山永恒 人生短暂——读杨慎〈临江仙·滚滚长江东逝水〉》,《山西老年》2016年第10期。

赵兴运:《读杨慎〈临江仙·滚滚长江东逝水〉》,《诗词月刊》2017年第9期。

八 相关研究

张宏生：《作家研究的新思维——〈杨慎诗学研究〉序言》，《中国韵文学刊》2006年第4期。

林鑫：《联话杨慎》，《对联（民间对联故事）》2006年第12期。

邓运佳：《天地一戏场 尧舜一大净——杨升庵戏曲艺术观的新发现》，《四川戏剧》2007年第4期。

熊召政：《嘉靖与杨慎》，《同舟共进》2007年第6期。

马戈：《逛庙会知府遇杨慎》，《棋艺（象棋）》2010年第5期。

孙芳：《亲近佛老 亦曲亦伸——杨慎贬谪后的思想状态及行为方式探析》，《中华文化论坛》2011年第6期。

鲁晓敏：《明朝的文化种子杨慎》，《教师博览》2012年第1期。

解维汉：《半生谪戍三千里——杨升庵故居》，《对联（民间对联故事）》2012年第11期。

孙芳：《论杨慎的民间形象》，《时代文学》2012年第12期。

肖伊绯：《大儒杨慎的戏剧人生》，《中华文化画报》2012年第12期。

胡义成：《破解〈西游记〉最终定稿者之谜的一个同时期署名破译参照系——〈越绝书〉以隐语署名和明代杨慎破译其作者的经验教训》，《社会科学论坛》2013年第2期。

王志彬：《慎思明辨 研几探微——读白建忠〈杨慎与"杨门七子"研究〉》，《社会科学论坛》2013年第2期。

李明泉：《为深入研究杨升庵构筑坚实基础——读〈杨升庵年谱〉》，《中华文化论坛》2014年第1期。

陈沫吾：《十年磨一剑 寒光照人暖——读〈杨升庵年谱〉的思考》，《文史杂志》2014年第4期。

李明泉：《为深入研究杨升庵构筑坚实基础——倪宗新〈杨升庵年谱〉读后》，《中国书法》2014年第5期。

杨世明：《〈杨升庵诗词〉序》，《文史杂志》2015年第6期。

岳进：《明代古诗选本中的"谐隐"与博雅思潮》，《新疆大学学报》（哲学·人文社会科学版）2016年第5期。

刘旭青：《论〈古谣谚〉在文学发展中的作用》，《中国韵文学刊》2017年第1期。

孙学堂：《"大礼议"与嘉靖前期重情重韵的诗学思想》，《文学遗产》2017年第1期。

张文妍：《明代奇女黄峨散曲研究》，《广播电视大学学报》（哲学社会科学版）2017年第2期。

曹慧敏：《女性主义视角下的黄峨研究新论》，《宁夏大学学报》（人文社会科学版）2017年第3期。

吴真：《〈西厢记〉莺莺像题诗的讹传与误读》，《中山大学学报》（社会科学版）2017年第3期。

俞华：《从杨慎的"辞尚简要"谈现代公文写作》，《秘书之友》2017年第9期。

赵伟：《明代散曲的爱情表达与杨慎夫妇》，《博览群书》2017年第12期。

九 学位论文

林惠美：《杨慎及其词学研究》，博士学位论文，高雄师范大学，2004年。

戚红斌：《杨慎谪滇及其对云南文化的贡献》，硕士学位论文，云南师范大学，2005年。

郭章裕：《明代文心雕龙学研究：以明人序跋与杨慎、曹学佺评注为范围》，硕士学位论文，淡江大学，2005年。

黄劲杰：《杨慎升庵诗话之诗学理论研究》，硕士学位论文，辅仁大学，2005年。

高小慧：《杨慎文学思想研究》，博士学位论文，北京大学，2005年。

冯玉华：《杨慎诗词与云南旅游文化》，硕士学位论文，云南师范大学，2006年。

刘开云：《拔戟自成一队，力倡诗言性情——杨慎诗论与诗作研究》，硕士学位论文，中南民族大学，2006年。

樊兰：《杨慎词研究》，硕士学位论文，河北大学，2007年。

曾绍皇：《杨慎俗文学研究》，硕士学位论文，湖南师范大学，2007年。

朱瑞昌：《杨慎词研究》，硕士学位论文，南开大学，2007年。

付建荣：《杨慎〈俗言〉整理与研究》，硕士学位论文，内蒙古师范大学，2008年。

许如苹：《杨慎诗歌与诗学之研究》，博士学位论文，高雄师范大学，2008年。

符树芬：《杨慎在云南》，硕士学位论文，云南大学，2008年。

王巍：《杨慎〈墨池琐录〉书学思想研究》，硕士学位论文，吉林大学，2009年。

程莉莉：《杨慎与西南地区地理学》，硕士学位论文，西南大学，2009年。

毛春伟：《杨慎史论研究》，硕士学位论文，北京师范大学，2009年。

韩文进：《杨慎贬谪词研究》，硕士学位论文，广西师范学院，2010年。

杨钊：《杨慎研究——以文学为中心》，博士学位论文，四川师范大学，2010年。

王金旺：《杨慎古音学研究》，硕士学位论文，西北师范大学，2010年。

张福洪：《杨慎词研究》，硕士学位论文，西南大学，2010年。

鲁芳：《杨慎与〈丹铅余录〉》，硕士学位论文，内蒙古师范大学，2010年。

张笑雷：《杨慎词曲研究》，硕士学位论文，黑龙江大学，2010年。

王树江：《杨慎的古音学思想研究》，硕士学位论文，北京师范大学，2010年。

蒋旅佳：《杨慎与六朝初唐诗学观研究》，硕士学位论文，安庆师范学院，2011年。

阳旖晨：《杨慎诗歌用韵研究》，硕士学位论文，湖南师范大学，2011年。

孙芳：《杨慎贬谪后的生存状态及复杂心态》，硕士学位论文，四川师范大学，2011年。

刘单单：《杨慎词曲用韵考》，硕士学位论文，吉林大学，2011年。

刘艳：《杨慎诗学与明代中期文学复古思潮》，硕士学位论文，华中师范大学，2011年。

赵青：《杨慎的唐诗观》，硕士学位论文，华侨大学，2011年。

李文华：《论杨慎的六朝诗学观》，硕士学位论文，宁夏大学，2011年。

彭新有：《杨慎谪滇词研究》，硕士学位论文，华东师范大学，2012年。

李宇舟：《张含与杨慎之交游及唱酬研究》，硕士学位论文，云南大学，2012年。

郭琼霞：《杨慎散文研究初探》，硕士学位论文，四川师范大学，2012年。

孙一超：《〈太史升庵文集〉与佛教》，硕士学位论文，上海师范大学，2012年。

曾允盈：《以身博考 四处非家：杨慎滇地书写探论》，硕士学位论文，暨南国际大学，2012年。

孙冠楠：《杨慎散曲创作及批评思想研究》，硕士学位论文，沈阳师范大学，2013年。

关鹏：《杨慎〈词林万选〉研究》，硕士学位论文，东北师范大学，2013年。

郭艳红：《杨慎〈升庵集〉笺校与研究》，硕士学位论文，郑州大学，2013年。

曾海源：《杨慎〈转注古音略〉研究》，硕士学位论文，华侨大学，2013年。

李明明：《方树梅辑杨慎滇游诗校注》，硕士学位论文，云南大学，2013年。

丛培凯：《杨慎古音学文献探赜》，博士学位论文，台湾师范大学，2013年。

刘格非：《关于杨慎古体诗用韵的明代语音研究》，硕士学位论文，四川师范大学，2014年。

王镱容：《知识生产与文化传播——新论杨慎》，博士学位论文，"中央大学"，2014年。

曹宁：《杨慎谪滇诗研究》，硕士学位论文，云南师范大学，2015年。

张晓婷：《杨慎〈诗经〉学研究》，硕士学位论文，辽宁大学，2015年。

张广莉：《杨慎诗学思想研究》，硕士学位论文，安徽师范大学，2015年。

马丽娅：《杨慎谪滇词与〈词品〉词学思想之关系研究》，硕士学位论文，云南大学，2015年。

蒋乾：《杨慎谪滇时期旅迹交游研究（1524—1559）》，硕士学位论文，云南大学，2015年。

邓琳琳：《杨慎所辑歌谣谚研究》，硕士学位论文，四川师范大学，2015年。

陈实伟：《杨慎〈赤牍清裁〉研究》，硕士学位论文，成功大学，2015年。

刘欢：《〈俗言〉研究》，硕士学位论文，沈阳师范大学，2015年。

李驰宇：《杨慎谪滇诗词文化因子研究》，硕士学位论文，云南师范大学，2016年。

潘长安：《明中后期考据学视野下的春秋学研究：以杨慎、朱睦㮮为中心》，硕士学位论文，河北师范大学，2016年。

卢坤：《杨慎前期诗歌研究》，硕士学位论文，湘潭大学，2016年。

戚薇：《杨慎后期诗歌研究》，硕士学位论文，湘潭大学，2016年。

刘辉亮：《明代新都杨氏家族研究》，硕士学位论文，西华师范大学，2016年。

李娅：《杨慎戍滇时期文学思想研究》，硕士学位论文，云南师范大学，2017年。

杨芳琦：《杨慎与明中期复古诗学》，硕士学位论文，山东大学，2017年。

刘康丽：《杨慎〈五言律祖〉研究》，硕士学位论文，湘潭大学，2017年。

朱蕾：《杨慎〈诗经〉学研究》，硕士学位论文，华东师范大学，2017年。

罗惠文：《杨慎书法研究》，硕士学位论文，云南大学，2017年。

吴海燕：《明中后期诗话中的六朝诗歌批评研究——以杨慎、胡应麟、许学夷为中心》，硕士学位论文，集美大学，2017年。

童颜：《杨慎文论与书论比较研究》，硕士学位论文，湖南师范大学，2017年。

左云：《杨慎词学思想及创作特色》，硕士学位论文，湘潭大学，2017年。

十　研究论著

雷磊：《杨慎诗学研究》，中国社会科学出版社2006年版。
王大厚笺证：《升庵诗话新笺证》，中华书局2008年版。
陈清茂：《杨慎对谣谚研究的贡献》，宏冠出版社2010年版。
杨钊：《杨慎研究——以文学为中心》，巴蜀书社2010年版。
高小慧：《杨慎文学思想研究》，中国社会科学出版社2010年版。
丰家骅：《杨慎评传》，南京大学出版社2011年版。
王大淳笺证：《丹铅总录笺证》，浙江古籍出版社2013年版。
岳淑珍校注：《杨慎词品校注》，中州古籍出版社2013年版。
杨日出：《杨慎生平及其文学》，花木兰文化出版社2013年版。
倪宗新：《杨升庵年谱》（全3册），中央文献出版社2013年版。
王万洪编：《杨慎〈书品〉校注评译》，四川师范大学电子出版社2014年版。
蒋怀洲编：《杨慎传》，云南美术出版社2014年版。
姜晓霞：《杨慎与杨门诸子研究》，复旦大学出版社2015年版。

杨晓富：《文坛巨星——杨慎》，云南人民出版社2015年版。

张承源：《流放状元：杨升庵》，云南人民出版社2016年版。

李汤、李晓宇：《清白与丹心：新都杨慎家族传世家语》，四川人民出版社2016年版。

丛培凯：《杨慎古音学文献探赜》（上下），收入《中国语言文字研究辑刊》第12编，花木兰文化出版社2017年版。

十一　研究综述

高小慧：《杨慎研究综述》（上），《天中学刊》2006年第1期。

高小慧：《杨慎研究综述》（下），《天中学刊》2006年第3期。

白建忠、孙俊杰：《百年来杨慎研究综述》，《内蒙古师范大学学报》（哲学社会科学版）2007年第2期。

穆药：《20世纪杨慎卒年讨论回眸》，《云南师范大学学报》（哲学社会科学版）2007年第4期。

毛春伟：《杨慎研究之历史与现状》，《中国社会科学报》2009年6月9日第7版。

杨钊：《近三十年来杨慎研究述评》，《重庆文理学院学报》（社会科学版）2010年第2期。

孙芳：《杨慎研究现状及展望》，《西南科技大学学报》（哲学社会科学版）2011年第1期。

彭新有、沙振坤：《天涯青镜感华颠——杨慎词研究综述》，《德宏师范高等专科学校学报》2013年第2期。

白建忠：《近十几年来杨慎研究的回顾与展望》，《天水师范学院学报》2014年第6期。

朱仙林：《十年来杨慎研究述评及展望》，《书目季刊》2017年第51卷第3期。

十二 基金项目

雷磊（湘潭大学）主持："《杨慎全集》整理与研究"，2014年度国家社科基金重大项目（第二批），编号14ZDB075。

白建忠（山西师范大学）主持："杨慎文学评点研究"，2016年度国家社科基金后期资助项目，编号16FZW026。

朱仙林（江苏第二师范学院）主持："杨慎与中晚明考据学群体研究"，2017年度国家社科基金青年项目，编号17CZW027。

附录二 杨慎研究论著目录再续补
（2018年1月—2023年7月）

【说明】此目录的制作，主要是因为"附录一"所收杨慎研究论著截止于2017年底，而2018年至今的杨慎研究论著已相当丰富，故特制作"附录二"以弥补之。

一 研究论著

（明）杨慎著，（清）张三异、（清）张仲璜增注：《廿一史弹词注》，凤凰出版社2017年版。

（明）杨慎撰，王大厚笺证：《升庵词品笺证》，中华书局2018年版。

（明）杨慎撰，高林广评注：《词品》，中华书局2019年版。

（明）杨慎撰，丰家骅校证：《丹铅总录校证》，中华书局2019年版。

（明）杨慎著，王仲镛、王大厚笺注：《绝句衍义笺注》，浙江古籍出版社2020年版。

（明）杨慎撰，王大厚笺证：《升庵诗话新笺证》，中华书局2020年版。

（明）杨慎著，赵艳评注：《杨升庵〈书品〉〈画品〉评注》，安徽美术出版社2021年版。

（明）杨慎编，刘琳、王晓波点校：《全蜀艺文志》，四川大学出版社2022年版。

丛培凯：《杨慎古音学文献探赜》（上下），花木兰文化出版社 2017 年版。

王文才：《杨慎学谱》，四川人民出版社 2018 年版。

王镱容：《知识生产与文化传播：新论杨慎》，花木兰文化事业有限公司 2018 年版。

曾绍皇：《杨慎俗文学研究》，湖南师范大学出版社 2019 年版。

昆明市升庵祠文物管理所编：《杨升庵碧峣精舍诗词选》，云南美术出版社 2019 年版。

白建忠：《杨慎文学评点研究》，人民出版社 2019 年版。

秦际明：《杨慎学案》，四川人民出版社 2019 年版（此书原为秦际明 2017 年四川大学博士后出站报告）。

张德全：《杨慎传》，天地出版社 2020 年版。

王智勇主编：《杨慎研究文选》，四川人民出版社 2020 年版。

严铭：《杨慎诗歌赏析》，四川大学出版社 2021 年版。

王万洪：《杨慎书法艺术理论评注》，四川大学出版社 2021 年版。

高小慧：《杨慎〈升庵诗话〉与明代诗学》，上海古籍出版社 2022 年版。

二　研究论文

喻芳：《论杨慎、黄峨夫妇的离思之作》，《地方文化研究辑刊》2018 年第 1 期。

祁和晖：《杨升庵——为中华民族成长做出贡献的伟大哲人》，《地方文化研究辑刊》2018 年第 1 期。

樊莹莹：《〈杨慎诗话〉所释名物词探求举隅》，《西华师范大学学报》（哲学社会科学版）2018 年第 1 期。

高小慧：《论杨慎的乐府诗》，《内江师范学院学报》2018 年第 1 期。

赵心愚：《杨慎〈木氏宦谱·序〉及其资料价值》，《天府新论》2018 年第 2 期。

秦际明：《杨慎经学方法与明代学术变迁》，《天府新论》2018年第2期。

王韵：《明代杨慎家族的家训文化及其影响》，《中华文化论坛》2018年第2期。

吕红光：《曾玙其人及其诗歌考论——兼论曾玙与杨慎诗歌之异同》，《浙江树人大学学报》（人文社会科学版）2018年第2期。

郑海涛、田甜：《杨慎词曲比较论》，《西华师范大学学报》（哲学社会科学版）2018年第2期。

周雪根：《"杨门六学士"称谓考述》，《广州大学学报》（社会科学版）2018年第3期。

王笑莹：《论升庵词的"俗化"现象》，《贵州师范学院学报》2018年第4期。

杨春梅：《杨慎〈南中集〉的思乡主题意象解读》，《保山学院学报》2018年第4期。

于景祥、胡佩杰：《论明代中期文学批评中公正对待六朝骈文的倾向——以杨慎、王文禄为中心》，《广西师范大学学报》（哲学社会科学版）2018年第4期。

毛春伟：《论杨慎史学批评及其学术意义》，《四川师范大学学报》（社会科学版）2018年第4期。

李殿元：《从杨慎际遇论蜀地文人"好文刺讥"》，《文史杂志》2018年第4期。

段媛媛：《参与过去：滇史书写中的三种视角——以〈滇载记〉〈南诏野史〉和〈白国因由〉为例》，《上海地方志》2018年第4期。

雷磊、欧阳莹：《论杨慎的"以词为曲"》，《中华文化论坛》2018年第5期。

黄维敏：《中晚明文学新变与杨慎文学史地位再认识》，《中华文化论坛》2018年第5期。

祁和晖：《杨升庵——为中华民族成长作出贡献的伟大哲人》，《中华文化论坛》2018年第5期。

唐林：《杨慎传世书法考略》，《中华文化论坛》2018年第5期。

金生杨：《杨慎易学考论》，《中华文化论坛》2018年第5期。

郑平：《杨慎词学思想之体性认识与审美取向》，《语文学刊》2018年第5期。

朱志先：《杨慎史学批评研究》，《西华大学学报》（哲学社会科学版）2018年第5期。

刘元良：《复古文艺思潮影响下的杨慎书学观》，《艺苑》2018年第5期。

张东华：《管窥杨慎书论——以〈丹铅总录〉为例》，《书法赏评》2018年第5期。

陈玲、张春阳、罗敏、彭红、姚迪：《名人文化遗产与城市文化发展研究——以杨慎故居及博物馆为例》，《成都师范学院学报》2018年第6期。

程荣、吴长庚：《杨慎对朱熹的批评与文学接受》，《合肥学院学报》（综合版）2018年第6期。

雷磊、王耿：《"杨慎学术高峰论坛"纪要》，《中国史研究动态》2018年第6期。

王斌、艾茂莉：《〈蜀中广记〉所引杨慎佚著考》，《中华文化论坛》2018年第8期。

姚权贵：《杨慎文字学考论》，《中华文化论坛》2018年第8期。

江龙：《"四重四足"传家久，升庵文化继世长——杨慎的家教文化及其教育应用》，《四川教育》2018年第12期。

白建忠：《杨慎文学评点综论》，《中华文化论坛》2018年第12期。

刘婷婷：《浅谈杨慎贬谪对其词作的影响》，《戏剧之家》2018年第25期。

万明泊：《从〈升庵诗话〉看杨慎"代代有诗"的批评理念》，《名作欣赏》2018年第29期。

杨钊、黄元英：《盛明巴蜀文人杨慎对孔明的批评》，《中国韵文学刊》2019年第1期。

田小彬：《论杨慎的"不幸"与中国文化的"幸运"》，《文史杂志》2019年第1期。

林家骊、李敏：《论曾玙的巴蜀情怀及其对巴蜀文化的贡献》，《四川师范大学学报》（社会科学版）2019年第2期。

岳淑珍：《明代词选论》，《南阳师范学院学报》2019年第2期。

邹阳：《杨慎〈庄子阙误〉真相发覆》，《湖北社会科学》2019年第2期。

喻世华：《论杨慎对苏轼词的评价——以〈草堂诗余〉批点本、〈词品〉为依据》，《中国苏轼研究》2019年第2期。

高小慧：《论〈列子〉对杨慎文学思想的影响》，《中外文论》2019年第2期。

黄建红：《从杨慎〈滇程记〉看明代云南交通》，《云南档案》2019年第3期。

王作华：《明杨慎编著〈廿一史弹词〉》，《兰州文理学院学报》（社会科学版）2019年第3期。

郑利华：《杨慎诗学中的诗史意识与知识观念》，《复旦学报》（社会科学版）2019年第3期。

白建忠：《杨慎佚序五篇考述》，《绍兴文理学院学报》（人文社会科学版）2019年第3期。

辜梦子：《杨慎论"北曲"条考辨》，《戏曲研究》2019年第3期。

琚小飞：《书写与权威：四库馆臣对〈全蜀艺文志〉作者的改撰》，《南京师范大学文学院学报》2019年第3期。

贺宏亮：《〈潇湘竹石图〉杨慎题跋真伪考鉴——兼论〈潇湘竹石图〉的真伪问题》，《中国美术》2019年第4期。

陶武先：《博学奇才　实诚贤士——杨升庵人生瞻念》，《中华文化论坛》2019年第4期。

王子晴：《〈葛原诗话〉对杨慎诗论体制形式的继承与变异》，《散文百家（新语文活页）》2019年第5期。

杨锦涛：《论杨慎〈升庵诗话〉中的〈诗〉论宗尚》，《中共郑州市委党校学报》2019年第6期。

黄梅、李玉栓：《明代西南地区文人结社现象考述——以巴蜀文人结社为考察中心》，《成都大学学报》（社会科学版）2019年第6期。

王丽娟、王齐洲：《〈词品〉和〈水浒传〉所载宋江词辨析》，《学术研究》2019 年第 7 期。

杨锦涛、雷磊：《杨慎"南中正集"版本及流变考》，《湖南科技学院学报》2019 年第 11 期。

李丹：《杨慎〈石屏歌碑〉等石刻书法艺术探析》，《中国书法》2019 年第 12 期。

李宛真：《浅析杨慎的复古书学思想及成因》，《明日风尚》2019 年第 16 期。

王蕊：《杨慎与云南的绿水青山》，《青年文学家》2019 年第 20 期。

柏冬燕：《从〈杨慎簪花图〉看陈洪绶人物画风格》，《美术教育研究》2019 年第 21 期。

伍强胜：《杨慎书法品评略论》，《中国书法》2019 年第 24 期。

高林广：《论杨慎"填词必溯六朝"说》，《中国韵文学刊》2020 年第 2 期。

徐晶晶、王军涛：《杨慎谪滇哀祭文研究》，《青年文学家》2020 年第 2 期。

雷磊、王耿：《歌谣体诗的新境界：以杨慎〈送余学官归罗江〉为中心的考察》，《复旦学报》（社会科学版）2020 年第 3 期。

李青刚：《杨慎"复古"书学观的当代人文性探照》，《书法赏评》2020 年第 3 期。

滕雄、文军：《杨慎〈临江仙〉英译策略的多维描写研究》，《民族翻译》2020 年第 4 期。

伦珠旺姆（宁梅）、胡学炜：《杨慎〈山海经补注〉的跨文化视野》，《西北民族研究》2020 年第 4 期。

冼雨彤：《博学之风与晚明文人笔记——以杨慎为例》，《韩山师范学院学报》2020 年第 5 期。

王耿、杨锦涛：《杨慎诗文中云南"浴佛节"习俗考释》，《河南教育学院学报》（哲学社会科学版）2020 年第 6 期。

马志英：《明中期杨慎与云南多民族文人交游活动考论》，《中南民族大学学报》（人文社会科学版）2020 年第 6 期。

严铭:《杨慎诗歌用典解析》,《成都理工大学学报》(社会科学版)2020年第6期。

李林晓:《明中叶词话的雅俗之辨——以陈霆、杨慎词学思想为例》,《常州工学院学报》(社会科学版)2020年第6期。

祖巾岚:《试论杨慎的山水诗作》,《湘南学院学报》2020年第6期。

赵建民、杨继涛:《杨慎〈临江仙·滚滚长江东逝水〉英译本的翻译策略对比研究》,《保山学院学报》2020年第6期。

邓露瑶:《杨慎的〈出嘉陵江〉与〈宿金沙江〉》,《文学教育》(下)2020年第7期。

钟岳文:《〈词品〉:中国历史上重要的词论专著》,《月读》2020年第10期。

朱浩云:《明代三大才子的艺术与市场》,《东方收藏》2020年第11期。

李浩楠:《杨慎〈历代史略十段锦词话〉契丹(辽)部分研究》,《辽金历史与考古》第11辑,科学出版社2020年版。

黄仕忠、林杰祥:《杨慎〈陶情乐府〉诸集编纂刊刻考》,《复旦学报》(社会科学版)2021年第1期。

向净卿:《古义与治道:杨慎"舍宋取汉"的〈尚书〉学》,《国际儒学论丛》2021年第1期。

刘咏涛:《中国文学史杨慎书写评议》,《成都大学学报》(社会科学版)2021年第2期。

茶志高:《杨慎"三寓两游蒙化"考论》,《楚雄师范学院学报》2021年第2期。

靳梓培:《尚意与求实:杨慎〈升庵诗话〉的诗学阐释思想》,《古代文学理论研究》2021年第2期。

白建忠:《集腋成裘,后出转精——评〈词品〉高林广、李丽译注本》,《重庆文理学院学报》(社会科学版)2021年第6期。

罗惠文:《杨慎金石思想的意蕴与启发探究——以其与经学的融通为核心》,《大学书法》2021年第3期。

张舒雅:《杨慎纪事词新探》,《开封文化艺术职业学院学报》2021

年第 4 期。

李美清：《蜀中才女黄峨的悲情人生》，《文学教育》（上）2021 年第 4 期。

丰家骅：《杨慎和黄峨的爱情》，《寻根》2021 年第 4 期。

丰家骅：《杨慎与云南门生——杨慎交游考述之四》，《江苏第二师范学院学报》2021 年第 4 期。

李质繁：《明人对〈山海经〉的阅读接受与明代学术》，《北京社会科学》2021 年第 5 期。

赵心愚、成飞：《丽江木氏世系问题新证——以陈钊镗〈木氏宦谱·后序〉所见资料为辨析》，《云南师范大学学报》（哲学社会科学版）2021 年第 5 期。

李宇阳：《浅谈明代官员书法——以杨慎为例》，《牡丹》2021 年第 6 期。

彭新有：《论杨慎对云南文学创作的引领》，《名作欣赏》2021 年第 11 期。

郑云月、李彬：《浅谈贬谪前后杨慎咏梅诗的特点差异》，《赤峰学院学报》（汉文哲学社会科学版）2021 年第 12 期。

钱真慧：《杨慎散曲的代言体浅论》，《文学教育》（上）2021 年第 12 期。

刘立祥：《杨慎：辛未状元的悲壮人生》，《文史天地》2021 年第 12 期。

陈婷婷：《杨慎〈滇南月节词〉与滇南城市风貌》，《戏剧之家》2021 年第 16 期。

李晓梦：《杨慎"纠错"》，《快乐语文》2021 年第 17 期。

韩硕：《杨慎诗歌批评中的辨体意识》，《青年文学家》2021 年第 20 期。

乐惠蓉、曾那迦、曾丽：《新都杨氏家风塑造离不开她们》，《廉政瞭望》2021 年第 20 期。

吴洪泽：《〈全蜀艺文志〉与蜀学》，《儒藏论坛》，2021 年。

周迪、丁淑梅：《论明代杨氏父子散曲中的"亭"意书写》，《中国古代小说戏剧研究》第 17 辑，学苑出版社 2022 年版。

周启荣：《明代儒学：杨慎与焦竑的文献训诂学及其阐释原则》，朱仙林译，《国际儒学》（中英文）2022 年第 1 期。

王春翔：《嘉靖前期"六朝初唐派"商榷——兼辨析"为初唐者"》，《中国诗歌研究》第 23 辑，社会科学文献出版社 2022 年版。

车祎：《明代尺牍总集的编纂方式及其文体学意义》，《斯文》第 8 辑，社会科学文献出版社 2022 年版。

秦春林、胡鹏：《大儒不废于书——杨慎经学、书学之融通》，《书法》2022 年第 2 期。

荼志高、江嘉楠、许珊珊：《论杨慎与杨一清故事的混同现象》，《楚雄师范学院学报》2022 年第 2 期。

高小慧：《明代〈诗经〉的文学解读——以杨慎为个案》，《中外文论》2021 年第 2 期。

赵乾瑛、夏志颖：《"梅词第一"之争的词学史考察》，《广东开放大学学报》2022 年第 3 期。

范靖宜：《兰茂与杨慎儒道互补思想的比较》，《宗教学研究》2022 年第 3 期。

石容、席嘉：《杨慎尺牍伪书四种考论》，《河南图书馆学刊》2022 年第 4 期。

罗克彬：《贵州关岭：杨慎家族的仕途起点》，《文史天地》2022 年第 4 期。

康宇：《从杨慎的经典诠释思想看明代中后期经学发展的革新》，《学术交流》2022 年第 4 期。

陈居渊：《杨慎考〈易〉溯源》，《天府新论》2022 年第 4 期。

谢贵安、王志建：《"日新德业"：杨慎学行的儒家根柢纵论》，《天府新论》2022 年第 4 期。

秦际明：《订朱返经——论文宗杨慎的儒学面向》，《天府新论》2022 年第 4 期。

孙向荣：《媒介传播与前期刊时代知识生产与研究形式的互动》，《探求》2022 年第 4 期。

郭浩南：《明朝巴蜀诗人对前后七子复古诗论的反拨》，《西昌学院学报》（社会科学版）2022年第4期。

赵滢：《杨慎为云南书写的七绝赞歌〈滇海曲〉——兼与杜甫〈夔州歌十绝句〉比较》，《名作欣赏》2022年第5期。

卫昕：《杨慎与黄峨》，《同舟共进》2022年第5期。

冯修齐：《杨慎楹联考述》（上），《文史杂志》2022年第5期。

雷磊、钱真慧：《杨慎〈风雅逸篇〉正德、嘉靖本考异》，《贵阳学院学报》（社会科学版）2022年第5期。

李丹：《杨慎在滇时期的石刻创作及文学特点》，《曲靖师范学院学报》2022年第5期。

冯修齐：《杨慎楹联考述》（下），《文史杂志》2022年第6期。

陈超：《在紫禁城感怀杨慎》，《阅读与成才》2022年第6期。

赵聃、洪智：《杨慎家族家风文化及其时代价值》，《楚雄师范学院学报》2022年第6期。

陈为兵、黄晓蝶：《杨慎在贵州的文学创作与文化影响》，《郑州航空工业管理学院学报》（社会科学版）2022年第6期。

张艳艳：《杨慎书法审美鉴赏研究》，《美与时代》（中）2022年第11期。

晁孟杰：《杨慎著述所释俗语词的构词法考察》，《河西学院学报》2023年第1期。

罗家乐、盛作国：《杨慎老学思想研究》，《贵阳学院学报》（社会科学版）2023年第1期。

周游、骆锦芳：《杨慎诗歌中的贵州形象书写》，《六盘水师范学院学报》2023年第1期。

丰家骅：《杨慎与周复俊的师友情——杨慎交游考述之五》，《江苏第二师范学院学报》2023年第2期。

赵永康：《曾一鲁〈泸阳八景图〉的艺术意境——与杨慎〈咏江阳八景送客还滇南〉诗对读》，《文史杂志》2023年第2期。

李玉诚：《黄帝〈巾几铭〉辨伪》，《信阳师范学院学报》（哲学社会科学版）2023年第2期。

陈为兵：《论明清时期川滇黔与贬谪文人相互文化影响》，《河南科技学院学报》2023年第5期。

三 学位论文

鲁亚楠：《杨慎贬谪时期的曲作研究》，硕士学位论文，湖北大学，2018年。

宋莹莹：《杨慎评点明人诗歌研究》，硕士学位论文，云南师范大学，2018年。

周炜：《杨慎绝句批评研究》，硕士学位论文，湘潭大学，2018年。

欧阳莹：《杨慎〈陶情乐府〉研究》，硕士学位论文，湘潭大学，2018年。

赵文慧：《〈升庵诗话〉的唐诗观研究》，硕士学位论文，广西民族大学，2018年。

许晓蓉：《杨慎〈文选〉学研究》，硕士学位论文，郑州大学，2018年。

沈玉娟：《杨慎诗词评点研究》，硕士学位论文，四川师范大学，2019年。

马莉：《杨慎所编诗词选本研究》，硕士学位论文，四川师范大学，2019年。

何敏：《政争背景下的杨慎研究》，硕士学位论文，四川师范大学，2019年。

蒋亚丽：《杨慎与明中后期诗学》，硕士学位论文，郑州大学，2019年。

马瑶瑶：《杨慎书法研究》，硕士学位论文，西安工业大学，2019年。

付美娟：《杨慎诗歌批评研究》，硕士学位论文，浙江师范大学，2019年。

陆艳芳：《杨慎〈空同诗选〉研究》，硕士学位论文，湘潭大学，2019年。

陈君忆：《杨慎〈李诗选〉批点研究》，硕士学位论文，湘潭大学，

2019年。

徐晶晶：《杨慎谪滇散文研究》，硕士学位论文，西藏大学，2020年。

王蕊：《杨慎诗学清代接受研究》，硕士学位论文，郑州大学，2020年。

王梦月：《杨慎六朝诗学观念研究》，硕士学位论文，河北大学，2020年。

余琼：《杨慎〈玉堂集〉研究》，硕士学位论文，湘潭大学，2020年。

王肖：《杨慎〈史记〉评点研究》，硕士学位论文，湘潭大学，2020年。

杨锦涛：《杨慎〈南中集〉研究》，硕士学位论文，湘潭大学，2020年。

魏丹：《杨慎〈升庵长短句〉研究》，硕士学位论文，湘潭大学，2020年。

尹菊：《杨慎谪滇时期诗词创作研究》，硕士学位论文，东北师范大学，2021年。

林兴蕊：《杨慎的"三礼学"研究》，硕士学位论文，贵州大学，2021年。

刘璐璐：《杨慎词学及〈词品〉研究》，硕士学位论文，淮北师范大学，2021年。

徐桑：《杨慎〈文心雕龙〉批点研究》，硕士学位论文，湘潭大学，2021年。

杨菁伟：《杨慎〈升庵诗话〉研究》，硕士学位论文，湘潭大学，2021年。

韩硕：《杨慎诗学批评与〈诗经〉传统》，硕士学位论文，西北大学，2022年。

张婷媛：《杨慎〈谭苑醍醐〉研究》，硕士学位论文，东北师范大学，2022年。

唐杰：《〈广志绎〉征引文献研究》，硕士学位论文，上海财经大学，2022年。

徐丹丹：《杨慎散文研究》，硕士学位论文，绍兴文理学院，2022年。

蒲吉祥：《杨慎乐府诗研究》，硕士学位论文，四川师范大学，2022年。

张学芬：《明末清初杜诗评点研究》，博士学位论文，山东大学，2022年。

参考文献

大型丛书缩略语一览

《四库全书》　《景印文渊阁四库全书》，台湾商务印书馆 1983—1986 年版。

《续修四库》　《续修四库全书》编纂委员会编：《续修四库全书》，上海古籍出版社 2002 年版。

《四库存目》　四库全书存目丛书编纂委员会编：《四库全书存目丛书》，齐鲁书社 1997 年版。

《四库禁毁》　四库禁毁书丛刊编纂委员会编：《四库禁毁书丛刊》，北京出版社 1997 年版。

《四库未收》　四库未收书辑刊编纂委员会编：《四库未收书辑刊》，北京出版社 1998 年版。

《丛书初编》　王云五主编：《丛书集成初编》，商务印书馆 1936 年版。

一　古典文献

（一）经部文献

《十三经注疏》整理委员会整理，李学勤主编：《十三经注疏》，北京大学出版社 1999 年版。

（明）陈第：《尚书疏衍》，《四库全书》第 64 册。

（明）陈第著，康瑞琮点校：《毛诗古音考　屈宋古音义》，中华书局 2008

年版。

（明）陈士元：《论语类考》，《四库全书》第207册。

（明）陈士元：《孟子杂记》，《四库全书》第207册。

（明）陈士元：《易象钩解》，《丛书初编》本。

（明）陈耀文：《经典稽疑》，《四库全书》第184册。

（明）陈元龄：《思问初编》，《四库禁毁》经部第4册。

（明）丰坊：《鲁诗世学》，《四库存目》经部第60册。

（明）冯复京：《六家诗名物疏》，《四库全书》第80册。

（明）郝敬：《尚书辨解》，《续修四库》经部第43册。

（明）何楷：《古周易订诂》，清乾隆十六年（1751）海澄郭文焰闻桂斋刻本。

（明）何楷：《诗经世本古义》，《四库全书》第81册。

（明）季本：《诗说解颐》，《四库全书》第79册。

（明）毛晋：《毛诗陆疏广要》，《四库全书》第70册。

（明）史维堡：《尚书晚订》，《四库存目》经部第53册。

（明）王樵：《尚书日记》，《四库全书》第64册。

（明）杨慎：《古音略例》，《四库全书》第239册。

（明）袁仁：《尚书砭蔡编》，《四库全书》第64册。

（明）朱睦㮮：《五经稽疑》，《四库全书》第184册。

（明）邹忠胤：《诗传阐》，《四库存目》经部第65册。

（清）段玉裁：《诗经小学》，《续修四库》经部第64册。

（清）惠栋：《九经古义》，《四库全书》第191册。

（清）焦循撰，沈文倬点校：《孟子正义》，中华书局1987年版。

（清）毛奇龄：《论语稽求篇》，《四库全书》第210册。

（清）皮锡瑞著，周予同注释：《经学历史》，中华书局1959年版。

（清）阎若璩：《尚书古文疏证》，上海古籍出版社1987年版。

（清）姚际恒著，顾颉刚标点：《诗经通论》，中华书局1958年版。

（清）朱彝尊著，汪嘉玲、黄智明等点校：《经义考》，台北："中央研究院"中国文哲研究所筹备处1999年版。

（宋）欧阳修著，李逸安点校：《易童子问》，《欧阳修全集》，中华书局 2001 年版。

（宋）朱熹集注：《宋本论语集注》，国家图书馆出版社 2016 年版。

（二）史部文献

（汉）班固：《汉书》，中华书局 1962 年版。

（汉）司马迁：《史记》，中华书局 1959 年版。

（明）陈第：《世善堂藏书目录》，《续修四库》史部第 919 册。

（明）黄儒炳：《续南雍志》，台北：伟文图书出版社有限公司 1976 年版。

（明）黄佐：《翰林记》，《四库全书》第 596 册。

（明）焦竑编：《国朝献征录》，周骏富辑《明代传记丛刊》第 110 册，台北：明文书局 1991 年版。

（明）李贽：《续藏书》，周骏富辑《明代传记丛刊》第 106 册，台北：明文书局 1991 年版。

（明）刘文征撰，古永继点校：《滇志》，云南教育出版社 1991 年版。

（明）祁承㸁等：《澹生堂藏书记·澹生堂藏书目》，上海古籍出版社 2015 年版。

（明）沈德符：《万历野获编》，中华书局 1959 年版。

（明）王士性撰，吕景琳点校：《广志绎》，中华书局 1981 年版。

（明）王世贞撰，吕浩校点：《弇山堂别集》，上海古籍出版社 2017 年版。

（明）徐𤊹等撰，马泰来整理：《新辑红雨楼题记 徐氏家藏书目》，上海古籍出版社 2014 年版。

（明）杨慎：《山海经补注》，《丛书初编》本。

（明）张燧撰，朱志先校释：《〈千百年眼〉校释》，武汉大学出版社 2018 年版。

（明）赵崡：《石墨镌华》，《四库全书》第 683 册。

（明）朱明镐：《史纠》，《四库全书》第 688 册。

（明）朱国祯：《皇明史概》，《续修四库》史部第 428 册。

（清）黄虞稷撰，瞿凤起、潘景郑整理：《千顷堂书目（附索引）》，上海古籍出版社 2001 年版。

（清）黄宗羲著，沈芝盈点校：《明儒学案》，中华书局 2008 年版。

（清）计六奇撰，魏得良、任道斌点校：《明季北略》，中华书局 1984

年版。
（清）纪昀等：《钦定四库全书总目》（整理本），中华书局1997年版。
（清）叶德辉著，漆永祥点校：《书林清话》，北京联合出版公司2018年版。
（清）张金吾撰，冯惠民整理：《爱日精庐藏书志》，中华书局2012年版。
（清）张廷玉等：《明史》，中华书局1974年版。
（清）张夏：《洛闽源流录》，《四库存目》史部第123册。
（清）赵翼著，王树民校证：《廿二史劄记校证》，中华书局1984年版。
（清）周中孚著，黄曙辉、印晓峰点校：《郑堂读书记》，上海书店出版社2009年版。
（宋）陈振孙著，徐小蛮、顾美华点校：《直斋书录解题》，上海古籍出版社1987年版。
（元）马端临：《文献通考》，中华书局1986年版。
（元）脱脱等：《宋史》，中华书局1977年版。
冯惠民等选编：《明代书目题跋丛刊》，书目文献出版社1994年版。
"中央研究院"历史语言研究所校印：《明实录》，台北："中央研究院"历史语言研究所1966年版。
《［道光］广东通志》，《续修四库》史部第675册。
《［道光］上元县志》，《中国地方志集成·江苏府县志辑》3，江苏古籍出版社1991年版。
《［光绪］上虞县志》，《中国方志丛书·华中地方》第63号，台北：成文出版社有限公司1970年版。
《［光绪］应城县志》，《中国地方志集成·湖北府县志辑》11，江苏古籍出版社1991年版。
《［康熙］常州府志》，《中国地方志集成·江苏府县志辑》36，江苏古籍出版社1991年版。
《［康熙］上虞县志》，《中国方志丛书·华中地方》第545号，台北：成文出版社有限公司1983年版。
《［乾隆］莆田县志》，清光绪五年（1879）刻本。

《［同治］湖州府志》，清同治十三年（1874）刻本。

(三) 子部文献

(明) 陈绛：《金罍子》，《续修四库》子部第 1124 册。

(明) 陈耀文：《正杨》，《四库全书》第 856 册。

(明) 邓球：《闲适剧谈》，《续修四库》子部第 1127 册。

(明) 董斯张：《吹景集》，《续修四库》子部第 1134 册。

(明) 方弘静：《千一录》，《续修四库》子部第 1126 册。

(明) 丰坊：《书诀》，《四库全书》第 816 册。

(明) 高濂著，王大淳点校：《遵生八笺》，浙江古籍出版社 2017 年版。

(明) 顾起元撰，陈稼禾点校：《客座赘语》，中华书局 1987 年版。

(明) 顾起元辑，陆翀之删定：《新刻顾会元注释古今捷学举业天衢》，明万历二十七年（1599）周曰校万卷楼刻本。

(明) 顾应祥：《静虚斋惜阴录》，《续修四库》子部第 1122 册。

(明) 归有光辑：《诸子汇函》，《四库存目》子部第 126 册。

(明) 何良俊：《四友斋丛说》，中华书局 1959 年版。

(明) 胡应麟：《少室山房笔丛》，上海书店出版社 2009 年版。

(明) 焦竑撰，顾思点校：《玉堂丛语》，中华书局 1981 年版。

(明) 焦竑撰，李剑雄点校：《焦氏笔乘》，上海古籍出版社 1986 年版。

(明) 焦周：《焦氏说楛》，《续修四库》子部第 1174 册。

(明) 解缙等：《永乐大典》，中华书局 2012 年版。

(明) 郎瑛：《七修类稿》，上海书店出版社 2001 年版。

(明) 李日华著，屠友祥校注：《味水轩日记》，上海远东出版社 1996 年版。

(明) 李贽著，陈仁仁校释：《焚书·续焚书校释》，岳麓书社 2011 年版。

(明) 陆容撰，佚之点校：《菽园杂记》，中华书局 1985 年版。

(明) 沈长卿：《沈氏日旦》，《续修四库》子部第 1131 册。

(明) 孙能传：《剡溪漫笔》，《续修四库》子部第 1132 册。

(明) 王肯堂：《郁冈斋笔麈》，《续修四库》子部第 1130 册。

(明) 谢肇淛：《文海披沙》，《续修四库》子部第 1130 册。

（明）谢肇淛撰，韩梅、韩锡铎点校：《五杂组》，中华书局2021年版。

（明）徐㶿撰，沈文倬校注，陈心榕标点：《笔精》，福建人民出版社1997年版。

（明）薛应旂：《薛子庸语》，《续修四库》子部第940册。

（明）杨慎：《丹铅续录》，《四库全书》第855册。

（明）杨宗吾：《检蠹随笔》，《四库存目》子部第144册。

（明）姚旅：《露书》，《续修四库》子部第1132册。

（明）张萱撰，栾保群点校：《疑耀》，文物出版社2019年版。

（明）张元谕：《篷底浮谈》，《续修四库》子部第1126册。

（明）郑晓：《古言》，《续修四库》子部第1123册。

（明）周复俊：《泾林杂纪》，《续修四库》子部第1124册。

（明）周晖：《金陵琐事·续金陵琐事·二续金陵琐事》，南京出版社2007年版。

（明）周婴纂，王瑞明点校：《卮林》，福建人民出版社2006年版。

（明）朱国祯：《涌幢小品》，中华书局1959年版。

（清）陈澧著，钟旭元、魏达纯校点：《东塾读书记》，上海古籍出版社2012年版。

（清）方以智撰，黄德宽、诸伟奇主编：《方以智全书》，黄山书社2019年版。

（清）顾炎武著，黄汝成集释，栾保群、吕宗力点校：《日知录集释》，上海古籍出版社2006年版。

（清）蒋超伯：《南漘楛语》，《续修四库》子部第1161册。

（清）李慈铭：《越缦堂读书记》，上海书店出版社2015年版。

（清）汪中著，李金松校笺：《述学校笺》，中华书局2014年版。

（清）王士禛：《居易录》，《四库全书》第869册。

（清）赵翼撰，曹光甫校点：《陔余丛考》，上海古籍出版社2011年版。

（清）周广业：《过夏杂录》，《续修四库》子部第1154册。

（清）周亮工：《书影》，上海古籍出版社1981年版。

（清）朱一新著，吕鸿儒、张长法点校：《无邪堂答问》，中华书局2000年版。

（宋）洪迈撰，孔凡礼点校：《容斋随笔》，中华书局 2005 年版。

（宋）李昉等：《太平御览》，中华书局 1960 年版。

（宋）叶廷珪撰，李之亮校点：《海录碎事》，中华书局 2002 年版。

（唐）欧阳询：《宋本艺文类聚》，上海古籍出版社 2013 年版。

（唐）苏鹗撰，吴企明点校：《苏氏演义（外三种）》，中华书局 2012 年版。

（元）孔齐撰，庄敏、顾新点校：《至正直记》，上海古籍出版社 1987 年版。

上海师范大学古籍整理研究所编：《全宋笔记》（第十编），大象出版社 2018 年版。

许维遹撰，梁运华整理：《吕氏春秋集释》，中华书局 2009 年版。

朱谦之：《老子校释》，中华书局 1984 年版。

（四）集部文献

（梁）萧统编，（唐）李善注：《文选》，中华书局 1977 年版。

（梁）萧统选，（明）郭正域批点，（明）凌濛初辑评：《选诗》，明凌濛初套印本。

（梁）萧统选，（明）郭正域评点，（明）凌森美校订：《选赋》，明吴兴凌氏凤笙阁朱墨套印本。

（明）曹学佺：《曹学佺诗文集》，香港文学报社出版公司 2013 年版。

（明）陈仁锡：《无梦园初集》，《四库禁毁》集部第 60 册。

（明）董斯张：《静啸斋存草》，《续修四库》集部第 1381 册。

（明）顾大韶：《炳烛斋稿》，《四库禁毁》集部第 104 册。

（明）顾大韶：《炳烛斋随笔》，《续修四库》子部第 1133 册。

（明）顾应祥：《崇雅堂文集》，明万历三十八年（1610）刻本。

（明）归有光撰，严佐之等主编：《归有光全集》，上海人民出版社 2015 年版。

（明）郭金台撰，陶新华点校：《石村诗文集》，岳麓书社 2010 年版。

（明）何良俊：《何翰林集》，《四库存目》集部第 142 册。

（明）胡应麟：《少室山房集》，《四库全书》第 1290 册。

（明）胡震亨：《唐音癸签》，古典文学出版社 1957 年版。

（明）胡直：《衡庐精舍藏稿》，《四库全书》第1287册。

（明）焦竑编：《升庵外集》，国家图书馆藏明万历刻本。

（明）焦竑撰，李剑雄点校：《澹园集》，中华书局1999年版。

（明）梅守箕：《梅季豹居诸二集》，《四库未收》第6辑第24册。

（明）倪宗正：《倪小野先生全集》，《四库存目》集部第58册。

（明）商辂著，孙福轩编校：《商辂集》，浙江古籍出版社2012年版。

（明）沈守正：《雪堂集》，《四库禁毁》集部第70册。

（明）宋濂著，黄灵庚编辑校点：《宋濂全集》，人民文学出版社2014年版。

（明）汤显祖著，徐朔方笺校：《汤显祖集全编》，上海古籍出版社2016年版。

（明）唐顺之著，马美信、黄毅点校：《唐顺之集》，浙江古籍出版社2014年版。

（明）王世贞：《弇州四部稿》，《四库全书》第1281册。

（明）王世贞：《弇州续稿》，《四库全书》第1282册。

（明）王世贞著，罗仲鼎校注：《艺苑卮言校注》，齐鲁书社1992年版。

（明）许学夷著，杜维沫校点：《诗源辩体》，人民文学出版社1987年版。

（明）杨慎：《升庵集》，《四库全书》第1270册。

（明）杨慎：《升庵全集》，《万有文库》本，商务印书馆1937年版。

（明）杨慎：《太史升庵遗集》，明万历三十四年（1606）刻本。

（明）杨慎撰，丰家骅校证：《丹铅总录校证》，中华书局2019年版。

（明）杨慎撰，王大淳笺证：《丹铅总录笺证》，浙江古籍出版社2013年版。

（明）杨慎撰，王大厚笺证：《升庵诗话新笺证》，中华书局2008年版。

（明）杨慎撰，岳淑珍校注：《杨慎词品校注》，中州古籍出版社2013年版。

（明）叶向高：《苍霞余草》，《四库禁毁》集部第125册。

（明）张凤翼：《处实堂集》，《续修四库》集部第1353册。

（明）张含著，殷守刚、徐秋雅点校：《张愈光诗文选》，云南教育出版社 2019 年版。

（明）郑明选：《郑侯升集》，《四库禁毁》集部第 75 册。

（明）朱孟震：《玉笥诗谈》，《丛书初编》本。

（明）朱曰藩：《池上编》，明嘉靖刻本。

（明）朱曰藩：《山带阁集》，清道光十五年（1835）校刻本。

（明）朱曰藩：《山带阁集》，《四库存目》集部第 110 册。

（清）段玉裁撰，钟敬华点校：《经韵楼集》，上海古籍出版社 2008 年版。

（清）顾炎武撰，华东师范大学古籍研究所整理，黄珅等主编：《顾炎武全集》，上海古籍出版社 2011 年版。

（清）顾炎武著，华忱之校注：《顾亭林文选》，四川人民出版社 1998 年版。

（清）黄宗羲：《黄宗羲全集》，浙江古籍出版社 2012 年版。

（清）黄宗羲编：《明文海》，中华书局 1987 年版。

（清）钱谦益：《列朝诗集小传》，上海古籍出版社 1983 年版。

（清）钱谦益著，钱曾笺注，钱仲联标校：《牧斋初学集》，上海古籍出版社 1985 年版。

（清）钱谦益著，钱曾笺注，钱仲联标校：《牧斋有学集》，上海古籍出版社 1996 年版。

（清）全祖望撰，朱铸禹汇校集注：《全祖望集汇校集注》，上海古籍出版社 2000 年版。

（清）谭献撰，罗仲鼎、俞浣萍整理：《复堂词录》，浙江古籍出版社 2016 年版。

（清）吴景旭：《历代诗话》，中华书局 1958 年版。

（清）吴伟业著，李学颖集评标校：《吴梅村全集》，上海古籍出版社 1990 年版。

（清）袁枚著，胡晓蓓注析：《随园尺牍：鱼雁传不尽的情思》，南京师范大学出版社 2018 年版。

（清）袁枚著，王英志批注：《随园诗话》，凤凰出版社 2009 年版。

（清）朱舜水著，朱谦之整理：《朱舜水集》，中华书局 1981 年版。

(宋)郭茂倩编:《乐府诗集》,中华书局 1979 年版。
(宋)严羽著,郭绍虞校释:《沧浪诗话校释》,人民文学出版社 1983 年版。
(宋)朱熹撰,朱杰人等主编:《朱子全书》,上海古籍出版社、安徽教育出版社 2002 年版。
(唐)杜甫撰,(明)张含选,(明)杨慎批点:《杜诗选》,《杜诗丛刊》第 2 辑,台湾大通书局 1974 年版。
(唐)韩愈著,马其旭校注,马茂元整理:《韩昌黎文集校注》,上海古籍出版社 2018 年版。
(唐)李白撰,(明)张含选,(明)杨慎评点:《李诗选》,明嘉靖二十四年(1545)张氏家塾刻本。
(唐)柳宗元:《柳河东集》,上海人民出版社 1974 年版。

二 现代论著

白建忠:《杨慎文学评点研究》,人民出版社 2019 年版。
白寿彝主编,杨钊等分纂:《中国通史纲要》,上海人民出版社 1980 年版。
曹之:《中国古籍编撰史》,武汉大学出版社 2015 年版。
陈安仁:《明代学术思想》,商务印书馆 1940 年版。
陈时龙:《明代的科举与经学》,中国社会科学出版社 2018 年版。
陈徽:《明代藏书家徐惟起研究》,福建教育出版社 2016 年版。
杜信孚、杜同书:《全明分省分县刻书考》,线装书局 2001 年版。
杜信孚纂辑,周光培、蒋孝达参校:《明代版刻综录》,江苏广陵古籍刻印社 1983 年版。
范凤书:《中国私家藏书史》,大象出版社 2001 年版。
方锡球:《许学夷诗学思想研究》,黄山书社 2006 年版。
方彦寿:《增订建阳刻书史》,福建人民出版社 2020 年版。
费孝通著,刘豪兴编:《乡土中国》(修订本),上海人民出版社 2013 年版。

丰家骅：《杨慎评传》，南京大学出版社1998年版。

高小慧：《杨慎文学思想研究》，中国社会科学出版社2010年版。

龚延明主编，毛晓阳点校：《天一阁藏明代科举录选刊·登科录》下册，宁波出版社2016年版。

龚延明主编，邱进春点校：《天一阁藏明代科举录选刊·登科录》中册，宁波出版社2016年版。

顾洪编：《顾颉刚学术文化随笔》，中国青年出版社1998年版。

顾颉刚主编：《古籍考辨丛刊》第一集，社会科学文献出版社2010年版。

郭孟良：《晚明商业出版》，中国书籍出版社2011年版。

郭齐勇、吴根友：《诸子学通论》，商务印书馆2015年版。

何炳棣著，徐泓译注：《明清社会史论》，台北：联经出版事业股份有限公司2013年版。

何宗美、张晓芝：《〈四库全书总目〉的官学约束与学术缺失》，人民文学出版社2017年版。

何宗美：《明末清初文人结社研究》，南开大学出版社2003年版。

胡吉勋：《"大礼议"与明廷人事变局》，社会科学文献出版社2007年版。

黄振萍主编：《明代诸子学文献丛刊》，北京燕山出版社2019年版。

嵇文甫：《晚明思想史论》，河南大学出版社2008年版。

嵇文甫：《王船山学术论丛》，生活·读书·新知三联书店1962年版。

贾飞：《王世贞诗文论资料补辑与新论》，社会科学文献出版社2021年版。

姜晓霞：《杨慎与杨门诸子研究》，复旦大学出版社2015年版。

蒋怀洲编：《杨慎传》，云南美术出版社2014年版。

亢学军：《明代中晚期考据学研究》，大众文艺出版社2010年版。

雷磊：《杨慎诗学研究》，中国社会科学出版社2006年版。

李剑雄：《焦竑评传》，南京大学出版社2011年版。

梁启超撰，朱维铮导读：《清代学术概论》，上海古籍出版社1998年版。

林庆彰：《明代经学研究论集》（增订本），华东师范大学出版社2015年版。

林庆彰：《明代考据学研究》，台湾学生书局1986年版。

林庆彰、贾顺先编：《杨慎研究资料汇编》，台北："中央研究院"中国文哲研究所筹备处1992年版。

林忠军、张沛、张韶宇等：《明代易学史》，齐鲁书社2016年版。

刘大杰：《中国文学发展史》，复旦大学出版社2011年版。

刘师培著，邬国义、吴修艺编校：《刘师培史学论著选集》，上海古籍出版社2006年版。

刘勇：《变动不居的经典：明代〈大学〉改本研究》，生活·读书·新知三联书店2016年版。

刘毓庆：《从经学到文学——明代〈诗经〉学史论》，商务印书馆2001年版。

刘仲华：《清代诸子学研究》，中国人民大学出版社2004年版。

罗炳良：《清代乾嘉历史考证学研究》，北京图书馆出版社2007年版。

罗炽：《方以智评传》，南京大学出版社2001年版。

蒙文通：《蒙文通文集》，巴蜀书社1995年版。

蒙文通：《中国史学史》，上海人民出版社2006年版。

缪咏禾：《中国出版通史·明代卷》，中国书籍出版社2008年版。

倪宗新：《杨升庵年谱》，中央文献出版社2013年版。

聂付生：《晚明文人的文化传播研究》，中国戏剧出版社2007年版。

漆永祥：《乾嘉考据学研究》（增订本），北京大学出版社2020年版。

钱超尘等校：《金陵本〈本草纲目〉新校正》，上海科学技术出版社2008年版。

钱茂伟：《明代史学的历程》，社会科学文献出版社2003年版。

钱明：《浙中王学研究》，中国人民大学出版社2009年版。

钱穆：《中国近三百年学术史》，九州出版社2011年版。

丘为君：《戴震学的形成：知识论述在近代中国的诞生》，新星出版社2006年版。

任继愈主编：《中国藏书楼》，辽宁人民出版社2001年版。

司马朝军：《文献辨伪学研究》，武汉大学出版社2008年版。

司马朝军：《续修四库全书杂家类提要》，商务印书馆2013年版。

孙钦善：《中国古文献学史》（修订本），中华书局2015年版。
孙琴安：《中国评点文学史》，上海社会科学院出版社1999年版。
孙卫国：《王世贞史学研究》（修订版），四川人民出版社2021年版。
唐明邦：《李时珍评传》，南京大学出版社1991年版。
唐明贵：《论语学史》，中国社会科学出版社2009年版。
汪启明：《考据学论稿》，巴蜀书社2010年版。
王嘉川：《布衣与学术：胡应麟与中国学术史研究》，商务印书馆2005年版。
王文才、张锡厚辑：《升庵著述序跋》，云南人民出版社1985年版。
王文才：《杨慎学谱》，上海古籍出版社1988年版。
王文才、万光治主编：《杨升庵丛书》，天地出版社2002年版。
王重民：《中国善本书提要》，上海古籍出版社1983年版。
温志拔：《知识、文献、学术史：南宋考据学研究》，中国社会科学出版社2019年版。
吴恩荣：《明代科举士子备考研究》，光明日报出版社2020年版。
吴晗：《江浙藏书家史略》，中华书局1981年版。
向燕南：《中国史学思想会通·明代史学思想卷》，福建人民出版社2018年版。
萧一山：《清代通史》，华东师范大学出版社2006年版。
谢观著，余永燕点校：《中国医学源流论》，福建科学技术出版社2003年版。
谢国桢：《明末清初的学风》，上海书店出版社2006年版。
杨世文：《走出汉学：宋代经典疑辨思潮研究》，四川大学出版社2008年版。
杨艳秋：《明代史学探研》，人民出版社2005年版。
杨钊：《杨慎研究——以文学为中心》，巴蜀书社2010年版。
尹达主编：《中国史学发展史》，中州古籍出版社1985年版。
余嘉锡：《四库提要辨证》，云南人民出版社2004年版。
余英时：《论戴震与章学诚：清代中期学术思想史研究》，生活·读书·新知三联书店2005年版。

余英时:《宋明理学与政治文化》,吉林出版集团有限责任公司 2008 年版。

余英时:《朱熹的历史世界——宋代士大夫政治文化的研究》,生活·读书·新知三联书店 2004 年版。

郁贤皓主编:《中国古代诗文名著提要·汉唐五代卷》,河北教育出版社 2009 年版。

张富祥:《宋代文献学研究》,上海古籍出版社 2006 年版。

张文贤编著:《精美书法》,复旦大学出版社 2016 年版。

张秀民:《中国印刷史》,上海人民出版社 1989 年版。

张仲谋:《明词史》,人民文学出版社 2002 年版。

浙江省社会科学院编著:《浙江人物志》,浙江人民出版社 1986 年版。

郑振铎撰,吴晓铃整理:《西谛书跋》,文物出版社 1998 年版。

支伟成编著:《清代朴学大师列传》,岳麓书社 1998 年版。

周少川:《藏书与文化:古代私家藏书研究》,北京师范大学出版社 1999 年版。

周远富:《〈通雅〉古音考》,河南人民出版社 2008 年版。

朱维铮:《中国经学史十讲》,复旦大学出版社 2002 年版。

三 学术文章

安琪:《在边疆书写历史:杨慎两部滇史中的云南神话叙事》,《云南社会科学》2014 年第 1 期。

白建忠:《杨慎的杜诗学》,《杜甫研究学刊》2013 年第 4 期。

白建忠:《杨慎杜诗考证三则》,《杜甫研究学刊》2015 年第 1 期。

白建忠:《杨慎文章学探要》,《山西师大学报》(社会科学版)2009 年第 5 期。

暴鸿昌:《袁枚与乾嘉考据学》,《史学月刊》1993 年第 1 期。

卜健:《"无一字无来历"平议》,《中华读书报》2018 年 7 月 11 日第 15 版。

曹之:《明代三大著者群》,《图书情报论坛》1996 年第 4 期。

陈斌：《广陵诗人朱曰藩文学交游考述》，《福建师范大学学报》（哲学社会科学版）2010年第3期。

陈广宏：《诗论史的出现——〈诗源辩体〉关于"言诗"传统之省察》，《文学遗产》2018年第4期。

陈鸿儒：《陈第古音思想及考音方法检讨——述评〈毛诗古音考〉所考字音的说解文字》，《东南学术》2008年第5期。

陈鸿儒：《陈第古音思想及考音方法再检讨——述评〈毛诗古音考〉所考字音的本证旁证》，《东南学术》2009年第3期。

陈居渊：《论杨慎的经典诠释学思想》，《学术界》2002年第1期。

陈丽萍：《晚明学人张煊及其〈西园闻见录〉》，《云南师范大学学报》（哲学社会科学版）2008年第5期。

陈清慧：《明代藩府刻书辑考》，《中国典籍与文化》2010年第2期。

陈清慧：《明代藩府著述辑考》，《古籍整理研究学刊》2009年第2期。

陈腾：《线装书的起源时间》，《中国典籍与文化》2020年第4期。

褚国飞：《中国历史上的科举、考据与科学——访美国普林斯顿大学艾尔曼教授》，《中国社会科学报》2009年12月29日第4版。

丛玉龙：《朱明镐与〈史纠〉的评史理论》，《濮阳职业技术学院学报》2010年第2期。

邓新跃：《杨慎卒年新考》，《成都大学学报》（社会科学版）2007年第3期。

董运来：《杨慎卒年卒地新考》，《图书馆杂志》2006年第6期。

杜洪涛：《空位危机、女主干政与嘉靖议礼》，《史林》2011年第1期。

杜洪涛：《再论嘉靖大礼议——以张延龄案为线索》，《北京师范大学学报》（社会科学版）2013年第4期。

杜维运：《史学史的资料——兼评明卜大有辑〈史学要义〉》，载瞿林东主编《史学理论与史学史学刊》总第7卷，社会科学文献出版社2009年版。

段超：《晚明"学风空疏"考辨》，《社会科学战线》1998年第1期。

樊国相：《何楷生平小考》，《语文教学通讯》2016年第4期。

范知欧：《沈德符家族藏书事迹始末钩沉》，《文献》2011年第4期。

丰家骅：《简绍芳：杨慎研究第一人》，《江苏教育学院学报》（社会科学版）2009年第5期。

丰家骅：《杨慎卒年卒地新证》，《南京师范大学文学院学报》2006年第2期。

冯保善：《"三言"、"二拍"编者的朋友——董斯张》，《文史知识》2002年第4期。

冯贤亮：《布衣袁仁：晚明地方知识人的生活世界》，《学术月刊》2018年第8期。

付建荣：《杨慎〈俗言〉成书考》，《图书馆杂志》2012年第3期。

高小慧：《杨慎〈升庵诗话〉及其考据诗学》，《郑州大学学报》（哲学社会科学版）2013年第4期。

高小慧：《杨慎著述流变考》，《兰台世界》2011年第28期。

高远：《论析〈四库全书总目〉对明代学者杨慎的评价》，《内江师范学院学报》2013年第11期。

葛兆光：《"唐宋"抑或"宋明"——文化史和思想史研究视域变化的意义》，《历史研究》2004年第1期。

郭进绍：《才兼文武　志存山水——陈第的传奇一生》，《福建史志》2013年第3期。

郭康松：《论杨慎对明清考据学的贡献》，《历史文献研究》第27辑，华东师范大学出版社2008年版。

郭康松：《清代考据学的启蒙》，《湖北大学学报》（哲学社会科学版）2001年第2期。

郭明芳：《明代冯复京著述及其〈六家诗名物疏〉版本著录考述》，《东吴中文线上学术论文》2013年第23期。

郭培贵：《明代科举各级考试的规模及其录取率》，《史学月刊》2006年第12期。

郭齐勇：《诸子学的历史命运》，《社会科学战线》1997年第1期。

郭人民：《〈战国策〉东西周考辨》，《河南大学学报》（社会科学版）1985年第4期。

郭素红：《论明中期经学对宋学的反动——以杨慎对经学的阐释为中

心》，《清华大学学报》（哲学社会科学版）2009年第6期。

郭素红：《论杨慎经学诠释的特点》，《兰州学刊》2006年第10期。

郭伟玲：《杨慎与图书编撰学》，《四川图书馆学报》2005年第4期。

郭沂：《孟子车非孟子考：思孟关系考实》，《中国哲学史》2002年第3期。

郭懿仪：《杨慎古音观的建立及其〈古音〉系列著作》，《巴蜀史志》2020年第5期。

韩慧清：《杨慎的文献学理论与实践》，《图书馆学刊》2015年第10期。

韩立群、周小艳：《〈六家诗名物疏〉：〈诗经〉名物疏集大成之作》，《河北学刊》2013年第6期。

郝润华：《顾炎武与清代考据学》，《西北师大学报》（社会科学版）1989年第2期。

侯美珍：《杨慎研究论著目录续编》，《中国文哲研究通讯》1995年第5卷第2期。

侯荣川：《明朝朱之蕃、朱孟震、潘之恒生卒年考》，《玉林师范学院学报》（哲学社会科学）2012年第1期。

胡露：《〈四库全书总目〉时间之误举例》，《齐齐哈尔大学学报》（哲学社会科学版）2014年第4期。

胡元翎、张笑雷：《论杨慎词曲的"互融""互异"兼及"明词曲化"的研究理路》，《文学评论》2011年第5期。

黄灵庚：《宋濂的阐述性理之作——〈龙门子凝道记〉、〈诸子辨〉辨证》，《浙江社会科学》2014年第12期。

黄羽璿：《论杨慎〈檀弓丛训〉与明代后期〈檀弓〉学习之兴起》，《成大中文学报》2017年第57期。

贾飞：《〈艺苑卮言〉成书考释》，《文献》2016年第6期。

简恩定：《杨慎〈杜诗选〉评述》，《东吴中文学报》2010年第20期。

江庆柏：《〈文选〉五臣注平议》，《郑州大学学报》（哲学社会科学版）1994年第4期。

姜广辉、钟华：《章学诚"六经皆史"论批判》，《哲学研究》2018年第8期。

姜广辉：《梅鷟〈尚书考异〉考辨方法的检讨——兼谈考辨〈古文尚书〉的逻辑基点》，《历史研究》2007年第5期。

姜胜利：《王世贞与〈史乘考误〉》，《海南大学学报》（社会科学版）1997年第2期。

蒋国保：《今本〈关尹子〉辨析》，《安徽大学学报》（哲学社会科学版）1981年第2期。

蒋乾、白建忠：《杨慎在滇交游考》，《广播电视大学学报》（哲学社会科学版）2014年第2期。

琚小飞：《书写与权威：四库馆臣对〈全蜀艺文志〉作者的改撰》，《南京师范大学文学院学报》2019年第3期。

鞠明库、艾险峰：《张萱〈西园闻见录〉举疑》，《华侨大学学报》（哲学社会科学版）2007年第2期。

康瑞琮：《陈第及其〈毛诗古音考〉》，《天津师大学报》（社会科学版）1985年第3期。

亢学军、侯建军：《明代考据学复兴与晚明学风的转变》，《河北学刊》2005年第5期。

雷磊：《杨慎古音学源流考辨》，《湘潭大学学报》（哲学社会科学版）2007年第6期。

雷磊、陈光明：《论杨慎诗歌创作的师法历程与风格趣向》，《文学遗产》2007年第4期。

李焯然：《治国之道——明成祖及其〈圣学心法〉》，《汉学研究》1991年第9卷第1期。

李家树：《何楷的〈诗经世本古义〉》，《中国文化研究所学报》1994年新第3期。

李明杰：《明代国子监刻书考略（上）——补版及新刻图书、底本及校勘问题》，《大学图书馆学报》2009年第3期。

李明杰：《明代国子监刻书考略（下）——书工及刻工、版式行款、刻书经费、社会评价诸问题》，《大学图书馆学报》2009年第5期。

李勤合：《杨慎研究论著目录增补》，《中国文哲研究通讯》2005年第15卷第2期。

李晓宇：《杨慎与明代巴蜀史学的博雅考据之风》，《蜀学》第 11 辑，巴蜀书社 2016 年版。

李宇舟：《从"总角之交"到"白首唱和"——张含与杨慎的交游考》，《曲靖师范学院学报》2014 年第 2 期。

李玉安、李天翔：《明代的藏书管理与散佚——论明代废黜秘书监的后果》，《山东图书馆学刊》2009 年第 6 期。

李致忠：《十三经注疏版刻略考》，《文献》2008 年第 4 期。

李忠伟：《试论明中期学者丰坊〈诗经〉学考据特征》，《宁波大学学报》（人文科学版）2019 年第 5 期。

林家豪：《沈德符史学思想探析——基于〈万历野获编〉的史料记载》，《嘉兴学院学报》2015 年第 2 期。

林军：《清代考据学的兴起与诸子学历史地位的升降》，《福建师范大学学报》（哲学社会科学版）2004 年第 2 期。

林庆彰：《中国经学史上的回归原典运动》，《中国文化》2009 年秋季号（总第 30 期）。

林庆彰、贾顺先：《杨慎研究论著目录》，《中国文哲研究通讯》1992 年第 2 卷第 4 期。

林涛：《毕拱辰与〈泰西人身说概〉》，《春秋》2018 年第 5 期。

凌郁之：《传统考据的现代阐释——古典文学考据方法论述略》，《江淮论坛》2003 年第 4 期。

刘福铸：《姚旅的〈露书〉及其方言学价值》，《莆田学院学报》2010 年第 1 期。

刘辉亮：《杨慎与李元阳交游考》，《文艺评论》2015 年第 12 期。

刘瑾辉、孙计康：《明代〈孟子〉考据学举要》，《阅江学刊》2010 年第 6 期。

刘瑾辉、孙计康：《明代〈孟子〉考据学综论》，《求是学刊》2011 年第 2 期。

刘黎、郭芹纳：《乾嘉考据学源起之新探》，《社会科学家》2010 年第 8 期。

刘俐君：《论梅鷟〈尚书考异〉〈尚书谱〉两书性质与成书先后》，《汉学研究》2017年第35卷第1期。

刘青松：《晚明时代古音学思想发微》，《语言研究》2001年第4期。

刘仁：《〈文渊阁书目〉版本系统考论》，《文献》2019年第4期。

刘体胜：《陈士元的〈语〉〈孟〉学》，《江汉论坛》2009年第7期。

刘体胜：《晚明陈士元易学思想探绎》，《华南师范大学学报》（社会科学版）2010年第4期。

刘晓咏：《明万历北监本〈十三经注疏〉研究述论》，《文教资料》2016年第36期。

刘雅萌：《以象数扫落象数——王弼〈周易注〉对汉易象数的变革》，《中州学刊》2017年第8期。

刘玉国：《陈耀文〈正杨〉中"嵎夷既略"条驳杨慎释"略"述评》，《东吴中文学报》2011年第22期。

刘毓庆：《"窈窕"考》，《中国语文》2002年第2期。

刘毓庆：《从经学到文学——论明代"〈诗经〉学"的历史贡献》，《文学遗产》2002年第5期。

刘毓庆：《季本、丰坊与明代〈诗〉学》，《中国文学研究》2003年第3期。

刘仲华：《试析清代考据学中以子证经、史的方法》，《清史研究》2001年第1期。

吕斌：《明代博学思潮与文论——以杨慎为例的考察》，《文学评论》2010年第1期。

吕红光：《〈杨升庵年谱〉补正——以新发现的哈佛大学藏书馆资料为依据》，《浙江树人大学学报》（人文社会科学版）2017年第17卷第2期。

罗超华：《杨慎〈全蜀艺文志〉版本及流传考略》，《重庆邮电大学学报》（社会科学版）2015年第1期。

罗晨：《杜诗"诗史"说检讨》，《武汉理工大学学报》（社会科学版）2017年第4期。

罗惠文：《杨慎金石思想的意蕴与启发探究——以其与经学的融通为核心》，《大学书法》2021年第3期。

马昕：《重评〈子贡诗传〉〈申培诗说〉的造伪与辨伪——以明代中晚期的经学复古运动为背景》，《儒家典籍与思想研究》第 4 辑，北京大学出版社 2012 年版。

马学良：《吹尽狂沙始见金——谈谈明代的内府刻本》，《收藏家》2018 年第 6 期。

毛庆耆：《〈疑耀〉著作权之"张"冠"李"戴》，《中国典籍与文化》1998 年第 3 期。

毛庆耆：《明代岭南学者张煊及其〈疑耀〉》，《暨南学报》（哲学社会科学版）2003 年第 5 期。

毛曦：《乾嘉考据史学与中国考据史学》，《江西大学学报》（社会科学版）1992 年第 1 期。

莫砺锋：《〈唐诗三百首〉中有宋诗吗?》，《文学遗产》2001 年第 5 期。

潘明福、陈清清：《明湖州词人顾应祥考略》，《湖州师范学院学报》2009 年第 6 期。

彭新有、沙振坤：《杨慎在大理地区的文学活动及其影响》，《名作欣赏》2017 年第 20 期。

皮晓霞：《杨慎的编辑思想及其在中国古籍编撰史上的地位》，《宁波大学学报》（人文科学版）2015 年第 5 期。

钱茂伟：《朱国祯及其〈史概〉再探》，《宁波师院学报》（社会科学版）1990 年第 4 期。

秦际明：《杨慎经学方法与明代学术变迁》，《天府新论》2018 年第 2 期。

秦彦士：《明本〈墨子〉提要》，《文献》2001 年第 4 期。

任道斌：《茅元仪生平、著述初探》，《明史研究论丛》第 3 辑，江苏古籍出版社 1985 年版。

宋亚：《神话与地理并重：顾颉刚对〈山海经〉的性质界定与价值重估》，《民间文化论坛》2020 年第 4 期。

孙绍旭：《明建文帝出亡宁德考》，《史林》2016 年第 6 期。

孙卫国：《沈德符与王世贞》，《中国典籍与文化》1999 年第 1 期。

孙之梅：《归有光与明清之际的学风转变》，《文史哲》2001 年第 5 期。

唐明贵：《陈士元〈论语类考〉探微》，《齐鲁文化研究》第9辑，泰山出版社2010年版。

田河、赵彦昌：《"六经皆史"源流考论》，《社会科学战线》2004年第3期。

田勤耘、牟哲勤：《杨慎"封建论"发微》，《湖北社会科学》2013年第9期。

汪泓：《许学夷生平志趣与文学活动论考》，《南开学报》（哲学社会科学版）2004年第1期。

汪维真：《明清会试十八房制源流考》，《史学月刊》2011年第12期。

王保国、王淏：《〈列子〉真伪之辨与〈列子〉认知的重建》，《中州学刊》2020年第8期。

王篤堃：《〈尚书日记〉版本流变考》，《常州大学学报》（社会科学版）2019年第2期。

王锷：《李元阳〈十三经注疏〉考略——以〈礼记注疏〉〈仪礼注疏〉为例》，《中国典籍与文化》2018年第4期。

王官旺、王建军：《方弘静生平及其诗学思想略论》，《柳州师专学报》2005年第3期。

王桂平：《明代的学术流变与江苏私家刻书之关系》，《大学图书馆学报》2014年第6期。

王赫：《伪书的诞生：明中叶文化学术氛围与丰坊的作伪》，《文献》2020年第4期。

王嘉川：《〈诸子辨〉的性质考辨》，《浙江社会科学》2004年第5期。

王嘉川：《明末学术批评史上的一桩公案——周婴误批胡应麟学术态度考论》，《扬州大学学报》（人文社会科学版）2005年第4期。

王剑、王子初：《学理之异与议礼之争：嘉靖朝大礼议新论》，《求是学刊》2017年第2期。

王俊义：《顾炎武与清代考据学》，《贵州社会科学》1997年第2期。

王帅：《藏书宜子弟　种木长风烟——明代藏书家的刻书与抄书》，《收藏家》2018年第6期。

王水龙：《论周洪谟〈春秋〉学思想》，《湖北社会科学》2011年第

9期。

王亦旻：《杨慎〈行书禹碑考证卷〉真伪考辨及文献价值》，《文物》2010年第5期。

王永波：《〈升庵文集〉版本源流考》，《古籍整理研究学刊》2012年第6期。

王永波：《杜诗在明代的评点与集解》，《山西大学学报》（哲学社会科学版）2016年第4期。

魏宗禹：《明清时期诸子学研究简论》，《孔子研究》1998年第3期。

文廷海：《是"汉寿亭侯"还是"寿亭侯?"——关羽封爵考》，《中华文化论坛》2000年第4期。

吴长庚：《清代经典考据学之祖——顾炎武》，《湖南大学学报》（社会科学版）2007年第2期。

吴道良：《陆容和他的〈菽园杂记〉》，《明清小说研究》2001年第2期。

吴子林：《明清之际小说经典化的文化空间》，《文艺理论研究》2006年第3期。

解扬：《明代中叶的官方荀子形象——以〈大学衍义补〉中的〈荀子〉为中心》，《中国史研究》2016年第4期。

向燕南：《试析王阳明心学对明代史学的影响——兼及有关拓展史学思想史研究的思考》，《淮北煤炭师范学院学报》（哲学社会科学版）2006年第1期。

向燕南、石岩：《从叙史到考史：朱明镐及其〈史纠〉》，《辅仁历史学报》2009年第24期。

向燕南、石岩：《明末史家朱明镐的生平、交游与著述》，《历史文献研究》第31辑，华东师范大学出版社2012年版。

肖满省：《〈古周易订诂〉研究》，《周易研究》2013年第3期。

邢益海：《方以智著作的家传与整理》，《中山大学学报》（社会科学版）2018年第2期。

徐道彬：《徽州礼学发展与晚明考证学风》，《绍兴文理学院学报》（人文社会科学版）2019年第4期。

徐光台：《西学传入与明末自然知识考据学：以熊明遇论冰雹生成为

例》,《清华学报》2007年新37卷第1期。

徐建春:《王士性及其〈广志绎〉》,《杭州大学学报》(哲学社会科学版)1990年第3期。

徐建春:《王士性研究三题》,《浙江学刊》1994年第4期。

许建业:《援史学入诗学:胡应麟〈诗薮〉的诗学历史化》,《文学遗产》2020年第4期。

许如苹:《杨慎诗歌与诗学研究现况述要》,《书目季刊》2007年第41卷第3期。

薛新力:《〈明史艺文志〉编撰考》,《北京大学学报》(哲学社会科学版)2002年第S1期。

羊列荣:《明代"宋无诗"说考论》,《文汇报》2017年1月6日第W10版。

杨国荣:《经学的实证化及其历史意蕴》,《文史哲》1998年第6期。

杨国玉:《薛冈〈天爵堂笔余〉记〈金瓶梅〉事新考》,《河南理工大学学报》(社会科学版)2017年第1期。

杨海健:《王嗣奭年谱稿》,《中国诗歌研究》第10辑,社会科学文献出版社2013年版。

杨思贤:《从诸子到子书:概念变迁与先唐学术演进》,《江苏社会科学》2018年第4期。

杨绪敏:《论明代空疏学风形成和嬗变的原因及影响》,《北方论丛》2006年第4期。

杨绪敏:《明代求实思潮的兴起与考据学的成就及影响》,《江苏社会科学》2004年第4期。

杨艳秋:《朱国祯〈皇明史概〉考析》,《南开学报》1999年第1期。

杨钊:《杨慎、曾玙交游考》,《文艺评论》2014年第4期。

杨钊:《杨慎〈明故待封君南溧张公墓志铭〉考》,《文献》2008年第4期。

杨钊:《杨慎与刘大谟交游考》,《中华文化论坛》2014年第12期。

杨钊:《杨慎张佳胤交游考》,《北方论丛》2008年第2期。

杨钊、刘华钢:《张佳胤刘绘交游考》,《重庆文理学院》(社会科学版）2009 年第 2 期。

杨自平：《何楷〈古周易订诂〉的订诂成果析论》，《鹅湖学志》第 47 期，2011 年。

叶楚炎：《"前后场"与"分经取士"——明代通俗小说对于科举因素的细部吸纳》，《云梦学刊》2009 年第 5 期。

叶晔：《明代：古典文学的文本凝定及其意义》，《中国社会科学》2020 年第 2 期。

尤旭星：《近十年来中国内地焚书坑儒研究总结与问题前瞻》，《阴山学刊》2021 年第 1 期。

于浩：《邹忠胤〈诗传阐〉与明末清初诗经学》，《人文论丛》2018 年第 2 期。

袁辉：《"承""变"之道与学诗之法——杨慎论唐诗与六朝诗歌文本关系的批评史意义》，《中南民族大学学报》（人文社会科学版）2013 年第 5 期。

翟勇：《论作为藏书家的何良俊》，《苏州科技学院学报》（社会科学版）2010 年第 3 期。

詹石窗：《〈关尹子〉真伪问题与文学价值考论》，《太原学院学报》（社会科学版）2021 年第 6 期。

展龙、张卉：《薛应旂〈宪章录〉史料价值初探》，《唐山师范学院学报》2007 年第 3 期。

张德建：《论明代学术思想体系的建构与分裂》，《求是学刊》2014 年第 3 期。

张宏生：《杨慎词学与〈草堂诗余〉》，《南京师大学报》（社会科学版）2008 年第 2 期。

张家壮：《回归与超越：〈杜臆〉与"以意逆志"法》，《福建大学学报》（哲学社会科学版）2008 年第 1 期。

张剑：《考据学与古代文学研究》，《华南师范大学学报》（社会科学版）2016 年第 6 期。

张觉、刘妍妍：《明代全刻本〈韩非子〉流传考述》，《云南大学学报》（社会科学版）2008 年第 2 期。

张立文：《论"大礼议"与朱熹王阳明思想的冲突》，《南昌大学学报》（人文社会科学版）1999年第2期。

张士尊：《明代辽东都司与山东行省关系论析》，《东北师大学报》（哲学社会科学版）2008年第2期。

张循：《"词章"与考证学——追溯清代考证学来源的一条线索》，《学术月刊》2016年第5期。

张循：《谁是清学开山祖？——从阎若璩论钱谦益看明清之际考证学的兴起》，《清史研究》2017年第4期。

张玉来：《略论〈韵略汇通〉的几个问题》，《山东师范大学学报》（人文社会科学版）1986年第4期。

张增祺：《有关杨慎生平年代的订正》，《昆明师院学报》（哲学社会科学版）1980年第1期。

张仲谋：《杨慎〈词品〉因袭前人著述考》，《古籍整理研究学刊》2008年第4期。

张祝平：《杨慎、顾炎武考据学对贬宋论的推衍》，《广西社会科学》2011年第1期。

赵承中：《明代史学家朱国祯著述录略》，《文献》1990年第4期。

赵良宇：《论明代中后期史学考据的学术成就》，《齐齐哈尔大学学报》（哲学社会科学版）2015年第8期。

赵良宇：《明代考据学的学术特点及其学术地位》，《辽宁大学学报》（哲学社会科学版）2008年第4期。

赵树廷：《心学的绝唱，实学的序曲——焦竑学术递嬗的个案探析》，《山东大学学报》（哲学社会科学版）2008年第1期。

赵阳阳：《读四库提要札记两则》，《图书馆杂志》2013年第4期。

赵永康：《〈杨慎廿一史弹词〉考——兼析版本源流与蜀中流布》，《中华文化论坛》2014年第12期。

郑天熙：《论明代古文选本中的诸子》，《汕头大学学报》（人文社会科学版）2020年第12期。

周启荣：《明代儒学：杨慎与焦竑的文献训诂学及其阐释原则》，朱仙林译，《国际儒学》2022年第1期。

周启荣：《明清印刷书籍成本、价格及其商品价值的研究》，《浙江大学学报》（人文社会科学版）2010 年第 1 期。

周书灿：《再论中国古典学重建问题——以列子时代考订与〈列子〉八篇真伪之辨为例》，《浙江社会科学》2017 年第 8 期。

周翔宇：《明代经史学家朱睦㮮著作考》，《历史档案》2016 年第 3 期。

周雪根：《杨慎卒年卒地再证》，《贵州文史丛刊》2016 年第 3 期。

周膺：《杭州洪氏家族及其家族文化》，《浙江社会科学》2007 年第 5 期。

周幼涛：《禹穴新探》，《浙江学刊》1995 年第 4 期。

朱国伟：《"〈汉杂事秘辛〉明杨慎作伪说"考辨》，《明清小说研究》2012 年第 3 期。

朱政惠：《内藤湖南的〈中国史学史〉》，《历史教学问题》2010 年第 3 期。

朱志先：《杨慎汉史考据学探论》，《西华大学学报》（哲学社会科学版）2010 年第 5 期。

朱志先：《张燧〈千百年眼〉因袭杨慎〈升庵集〉考论》，《古籍整理研究学刊》2011 年第 1 期。

朱志远：《万历本〈百琲明珠〉非伪作辨考——兼论杨慎〈词品〉与〈百琲明珠〉的承传关系》，《文献》2016 年第 1 期。

邹建锋：《顾应祥理学思想引论——以〈惜阴录〉为中心》，《湖州师范学院学报》2010 年第 5 期。

邹阳：《杨慎〈庄子阙误〉真相发覆》，《湖北社会科学》2019 年第 2 期。

四 学位论文

陈彤：《明代〈尚书〉训诂述论》，硕士学位论文，扬州大学，2020 年。

成永兴：《明赵㟆书学思想研究》，硕士学位论文，陕西师范大学，2011 年。

丛培凯：《杨慎古音学文献探赜》，博士学位论文，台湾师范大学，

2014年。

代玉民:《焦竑与明清儒学研究》,博士学位论文,南京大学,2018年。

段齐琼:《梅守箕序跋研究》,硕士学位论文,安徽师范大学,2019年。

蒋乾:《杨慎谪滇时期旅迹交游研究(1524—1559)》,硕士学位论文,云南大学,2015年。

亢学军:《明代中晚期考据学研究》,博士学位论文,苏州大学,2004年。

柯卉:《王肯堂的生平与学术》,硕士学位论文,复旦大学,2001年。

李霞:《明代〈尚书〉学文献研究》,硕士学位论文,山东大学,2013年。

李宇舟:《张含与杨慎之交游及唱酬研究》,硕士学位论文,云南大学,2012年。

林惠美:《杨慎及其词学研究》,博士学位论文,高雄师范大学,2004年。

刘辉亮:《明代新都杨氏家族研究》,硕士学位论文,西华师范大学,2016年。

刘黎:《王维诗歌三家注研究》,博士学位论文,陕西师范大学,2011年。

吕斌:《胡应麟文献学研究》,博士学位论文,南京大学,2004年。

潘志刚:《王肯堂〈郁冈斋笔麈〉研究》,硕士学位论文,华中师范大学,2016年。

孙常凤:《顾大韶与晚明社会》,硕士学位论文,北京师范大学,2005年。

孙计康:《明代〈孟子〉考据学研究》,硕士学位论文,扬州大学,2010年。

王本业:《朱明镐〈史纠〉考据史学探微》,硕士学位论文,云南师范大学,2013年。

王赫:《丰坊经学作伪研究》,硕士学位论文,南京大学,2019年。

王镱容:《知识生产与文化传播——新论杨慎》,博士学位论文,"中央大学",2014年。

尹芳:《胡应麟诸子学研究》,硕士学位论文,扬州大学,2018年。

于浩:《明末清初诗经学研究》,博士学位论文,武汉大学,2016年。

郑伊庭:《明代考据学家之博学风气研究》,硕士学位论文,台湾师范大学,2010年。

五　中文译著

［法］罗杰·夏蒂埃：《书籍的秩序——14 至 18 世纪的书写文化与社会》，吴泓缈、张璐译，商务印书馆 2013 年版。

［美］艾尔曼：《从理学到朴学：中华帝国晚期思想与社会变化面面观》，赵刚译，江苏人民出版社 2012 年版。

［美］艾尔曼：《经学·科举·文化史：艾尔曼自选集》，复旦大学文史研究院译，中华书局 2010 年版。

［美］富路特、房兆楹原主编，李小林、冯金朋主编：《明代名人传》，北京时代华文书局 2015 年版。

［美］高彦颐：《闺塾师：明末清初江南的才女文化》，李志生译，江苏人民出版社 2005 年版。

［日］内藤湖南：《中国史学史》，马彪译，上海古籍出版社 2008 年版。

后　　记

　　吾乡先贤杨慎，我中学时即已熟知，但那时的我只是读其文而慕其人，真正将杨慎及其著作作为研究对象，源自2012年到南京大学跟从武秀成师做博士后研究。秀成师给我的研究题目是明代学者陈耀文。在研究过程中，我发现陈耀文的著作里，最受学界关注的是《正杨》，而这里的"杨"正是杨慎。于是，在整理和研究《正杨》时，我逐渐积累起许多与杨慎相关的资料，便萌发出以杨慎为题进行研究的想法，彼时的我正忙于博士后出站报告的撰写，故虽与秀成师就杨慎的课题有过几次简短的交流，终因无暇分心，只能暂时搁置。

　　2015年博士后出站，我顺利进入江苏第二师范学院文学院工作。文学院的前身是江苏教育学院中文系，而《杨慎评传》的作者丰家骅先生曾任中文系的系主任。缘此之故，我得以在入职后不久，即有幸到丰老的住所拜访他，当我看到丰老书房堆满杨慎研究的资料时，心中不禁油然生出一种亲切感来。于是我迫不及待地把搁置许久的打算研究杨慎的想法告诉丰老，丰老不仅肯定了我的想法，还特意强调了作为四川人的我应该担当起研究和传承杨慎学术思想的这份责任，丰老的肯定和期许，给了我莫大的鼓励。恰在此时，人文学部主任冯保善教授得知了我的研究设想，便鼓励我积极申报国家社科基金项目。于是，在与秀成师多次沟通和交流，并得到众多师友的帮助后，我的申报书得以逐渐完善，并于2017年以"杨慎与中晚明考据学群体研究"为题顺利获批国家社科基金青年项目。此后，经过五年的艰苦努力，项目最终以良好等级结项。呈现在这里的，正是这一结项成果的

后　记

最终形态，而它也是我与杨慎学术交集的一项初步成果。

在书稿即将付梓之际，首先要感谢秀成师，如果不是秀成师将我引入明代学术的殿堂，我想我很难有机会真正走进杨慎的世界，领略其超凡的魅力。秀成师甘坐冷板凳的治学精神、严谨细致的治学品格，无不深深影响着我。

感谢冯保善教授在课题的申报、内容的撰写、书稿的修订、出版经费的支持上给予的无私帮助。

感谢江苏第二师范学院科研处、财务处的领导，感谢校学术著作出版基金的各位评审专家。没有他们的鼎力支持，课题的顺利展开和书稿的如期出版将是不可能的事。

需要感谢的还有中国社会科学出版社，我的第一本专著就由中国社会科学出版社出版，感谢出版社再次将书稿纳入出版计划。感谢责任编辑刘志兵老师和幕后默默付出的工作人员，他们表现出的专业水准和认真负责态度，令人钦佩。

特别要感谢已经九十四岁高龄的丰老，当我将书稿呈请斧正并恳请赐序之际，丰老欣然答应。丰老作为杨慎研究的元老，见证了杨慎研究的逐步繁荣，能够得到丰老的肯定，是我莫大的荣幸。

最后感谢我的家人。父爱如山，母爱如海，姐弟情深。没有父母和姐姐一家人的默默支持，我不可能走出小山村，来到金陵，与同样从蜀地走出的杨慎来一场穿越时空的思想碰撞。感谢拙荆丁梦唯和犬子朱嘉祐，在我埋首爬梳文献和撰写书稿时，给我提供了舒适安心的家庭氛围和学术环境。

本书是我初步涉猎杨慎学术的尝试，虽已勉力为之，但终因学养不足，谬误之处在所难免，敬请方家教正。

荣　州　朱仙林
于金陵外秦淮河畔寓所
二〇二四年八月一日夜